중립에
기어를 넣고는
달릴 수 없다

진보언론연구

중립에 기어를 넣고는 달릴 수 없다
진보언론연구

처음 펴낸 날 2017년 1월 23일

지은이 이봉수
펴낸이 주일우
제작·영업 김용운
편집 김우영

디자인 박연주
인쇄 삼성인쇄

펴낸곳 이음

등록번호 제2005-000137호
등록일자 2005년 6월 27일
주소 03992 서울시 마포구 월드컵북로 18, 201
전화 (02)3141.6126
팩스 (02)6455.4207
전자우편 editor@eumbooks.com
홈페이지 www.eumbooks.com

ISBN 978-89-93166-75-0 03070
값 16,000원

이 도서의 국립중앙도서관 출판예정도서목록(CIP)은
서지정보유통지원시스템 홈페이지(http://seoji.nl.go.kr)와
국가자료공동목록시스템(http://www.nl.go.kr/kolisnet)에서
이용하실 수 있습니다.(CIP제어번호: CIP2017001317)

중립에
기어를 넣고는
달릴 수 없다

진보언론연구

이봉수

eum 이음

차례

사랑받지 못한 시민편집인의 '글투정'

시민편집인에서 물러나며

사랑받지 못한 시민편집인의 '글투정'

연산군은 성군의 자질이 있었으나 비명에 죽은 어머니의 한 풀이를 하다가 국정을 그르쳤다. 폭정을 저지른 연산군은 말년에 반성의 빛을 보이기도 했다. 뛰어난 시인이었던 연산군은 이런 시구도 남겼다. '용렬한 자질로 왕위에 있은 지 십 년인데, 너그러운 정사 못 펴니 부끄러운 마음 금할 길 없네.' 포악한 연산군에 견준다면 박 대통령 스스로 억울할 것이다. 그가 국민에게 사과하고 국정을 쇄신하는 모습을 보고 싶은 이유는 우리가 그래도 연산군 때보다는 나은 시대에 살고 있다는 믿음을 포기하고 싶지 않기 때문이다.(경향 2014.12.11)

2014년 말 〈경향신문〉 시민편집인으로 쓴 마지막 칼럼 '박 대통령과 연산군의 같은 점과 다른 점'의 마지막 문단이다. 시민편집인에서 잘린 이유는 한국언론진흥재단이 예산을 끊어버렸기 때문이다. 해마다 열 차례쯤 강연하던 재단의 언론사 수습기자교육 강사진에서도 동시에 축출됐다. 진보논객에 대한 정권의 졸렬한 언론탄압으로 느꼈지만 증거는 없었다.

그런데 최근 문화계 블랙리스트와 함께 언론계에도 〈한겨레〉〈경향〉 등 7개사가 좌파성향으로 분류되어 있는 문건이 폭로됐다. 언론재단이 시민편집인(문건에 적힌 행정명칭은 독자

권익위원회·고충처리인)제도를 지원한 예산내역과 성향이 적힌 문건이었다. 내가 잘린 이유와 증거가 드러난 것이다.

고대 중국의 요임금은 대로에 '비방지목'(誹謗之木)이라는 팻말을 세워두고 자신이 잘못한 정치에 비방까지 적을 수 있게 했다. 그러나 못난 지도자들은 쓴소리를 악담으로 여겨 결국 패가망신의 길을 걷게 된다. 박근혜도 마찬가지다. '박근혜 대통령 '처세술' 누구한테 배웠나'라는 칼럼에서 그의 행태를 사자성어로 풀이한 적이 있는데, 유아독존, 아전인수, 교언영색, 당동벌이(黨同伐異), 객반위주(客反爲主)가 그의 증세였기에 간절하게 쓴소리를 해보았지만 역시 소용이 없었다.

성역 없는 진상규명으로 유족들의 한을 풀지 못한다면, 진심으로 서민을 위한 정책들을 내놓지 못한다면, '정신적 내전' 상태라고 불릴 만한 편 가르기를 더 부추긴다면, 언론에 의해 일정 부분 '만들어진' 지지율을 믿고 일방적으로 국정을 밀어붙인다면, 박근혜 정권은 임기 말에 참담한 '일패도지'로 귀결될 공산이 크다. 그때 가서는 어떤 사자성어를 떠올릴까? 자승자박, 소탐대실, 인과응보, 진퇴유곡…. 그래도 국민을 위해 '사필귀정'으로 끝났으면 좋겠다. 악담이 아닌 쓴소리로 받아들였으면 한다. (경향 2014.9.18)

나는 2008년부터 6년간 〈한겨레〉에 이어 〈경향〉에서 시민 편집인으로 활동하면서 이명박-박근혜 정권과 보수언론은 물론이고 진보언론도 신랄하게 비판했다. 진보 쪽에서는 흔히 '기울어진 운동장' 타령을 하지만 그런 언론 지형을 만든 한쪽 당사자가 바로 그들이기 때문이다. 그러나 진보언론에서도 쓴소리는 좀처럼 받아들이지 않는다.

〈한겨레〉에 대해서는 정체성 혼란과 정치·선거·경제·전쟁·환경보도, 언어의 공공성 문제 등 전 분야에 걸쳐 저널리즘의 표준을 벗어난 보도들을 57회나 비판했고, 〈중앙일보〉와 '사설 속으로'라는 공동기획을 시작했을 때는 '진보언론의 균형 강박증이 빚은 일탈'이라 지적했다.

1면 '알림'에는 '다른 시각을 지닌 두 신문사의 사설을 깊이 살피면, (중략) 바르고 균형 잡힌 시각을 갖출 수 있게 될 것입니다'라는 구절이 있다. 그렇다면 지금까지 〈한겨레〉만 보아온 독자는 비뚤어지고 균형 잃은 시각을 가졌다는 말인가? (중략) 진보언론은 진보의 가치를 진리로서 수호하고 전파함으로써 보수언론이 기울여놓은 운동장을 바로잡으려 애써야지, 지면에서 보수·진보의 균형을 맞추려 한다면 그것은 중도언론일 뿐 진보언론이 아니다. (한겨레 2013.5.31)

이 글도 〈한겨레〉에서는 마지막 칼럼이 되고 말았다. 계약기간 열 달을 남겨놓고 시민편집인에서 해임된 것이다. 나는 사실 〈한겨레〉에서 두 번 쫓겨났다고 생각한다. 경제담당 기자-차장-논설위원-부장을 하면서 삼성의 자동차산업 진출과 전환사채를 통한 편법증여 문제 등을 끈질기게 비판해온 게 화근이었다. 결국 삼성과 '화해'하고 싶어했던 경영진에 의해 경제부장에서 쫓겨나자 사표를 던지고 영국 런던대로 유학길에 올랐다. 1997년 외환위기 요인 가운데 하나를 한국의 언론, 특히 경제저널리즘이 제공했다는 부채의식도 작용해 그것을 '미디어와 경제위기'라는 제목의 학위논문으로 쓰고 싶었다.

미디어비평을 공부하고 외국 일류 언론들을 모니터링 하면서 왜 한국 언론이 괴물이 됐는지 규명하고 싶었다. 내가 느낀 큰 차이는 언론인 충원·교육과정이 판이하고 미디어 상호비평이 활발하다는 점이었다. 수만 명 '언론고시낭인'이 대기하고 있는 언론사 공채는 한국 말고는 볼 수 없는 풍경이다. 저널리즘의 보편적 표준이 아니라 각 사의 규범, 선배들의 가치관과 문장 스타일까지 주입되는 도제식 언론인 교육은 시대착오적이다. 동업자 의식은 어디에도 있지만 '침묵의 카르텔'을 형성할 정도로 미디어 상호비평을 거의 하지 않는 풍토 또한 언론이 바로 선 나라에서는 찾아볼 수 없다.

귀국 후 국내 최초로 저널리즘스쿨대학원을 개설한 것은 그런 고민의 연장선에서 이루어졌다.[1] KBS '미디어포커스' 자문교수와 〈한겨레〉〈경향〉 시민편집인으로 활동한 것도 한국 언론을 혁신하는 데 헌신하고 싶었기 때문이다. 그러나 합리적 비판도 감정적으로 받아들이는 한국적 정서 때문인지, 일선기자들의 '평가는 대체로 매우 긍정적'이었지만,[2] 편집국 최고책

---

1 세명대 저널리즘스쿨은 홍경수(순천향대 미디어콘텐츠학과 교수)가 『언론학 교육의 혁신 모델』(한국언론학회 엮음, 커뮤니케이션북스, 2014)에서 성공 모델로 소개한 바 있다.

2 5년의 〈한겨레〉 시민편집인 활동에 대해서는 김세은(강원대 신문방송학과 교

임자들에 의해 수용된 것은 많지 않았다.

언론이 바뀌지 않으면 사회가 바뀌지 않는다. 세월호 참사 직후 우울증이 심해졌는데 나를 더 우울하게 만든 것은 지식인으로서 아무리 글을 써도 한국 사회가 바뀌지 않는다는 무력감이었다. 참사가 벌어지기 13일 전, '규제, 훨씬 더 강화해야 옳다'는 칼럼을 썼다. 청와대에서 규제개혁회의가 열려 규제를 '암 덩어리'로 매도하면서 규제완화 광풍이 불 때였는데, 〈한겨레〉〈경향〉도 규제완화를 선별해서 해야 한다는 정도의 소극적 논조를 펴고 있었기 때문이다.

우리가 선진국이 되기 위해서는 강화해야 할 규제가 완화해야 할 규제보다 훨씬 많다. 환경 규제뿐 아니라, 시장 규칙을 확립하는 공정거래와 소비자 보호 규제, 골목상권을 넘보는 대기업에 대한 독과점 규제, 금융 규제, 안전 규제, 사회적 약자 보호 규제 등이 그런 것들이다. 진보언론은 규제를 훨씬 더 강화해야 한다는 공세를 펼 때다. (경향 2014.4.3)

수)이 '한국 언론의 자기성찰'이라는 제목으로 논문을 쓰고 공저 『한국 언론의 품격』(나남, 2013)으로 발간했다. 김세은은 〈한겨레〉 기자들을 인터뷰한 결과 "기자들에게 유용했을 뿐 아니라 일반 독자의 입장에서도 매우 좋았다"거나 "굉장히 뼈아프고 날카롭게 지적해줬다"는 반응들이 나왔다고 전했다. 김세은은 '아무리 권위 있는 사람이 의미 있는 내용을 쓴다고 하더라도, 즉 형식이 아무리 잘 갖추어져 있더라도 들어야 할 사람이 들으려 하지 않는다면 아무 효용이 없고 '상처'만 남게 된다'며 '〈한겨레〉 시민편집인 제도는 절반의 성공이라 평가할 수 있겠다'고 썼다.

결국 선박 안전 관련 갖가지 규제완화가 원인이 되어 끔찍한 사고가 나고 말았다. 자기중심적인 생각이겠지만 내가 쓴 수많은 칼럼의 주장들을 열에 하나만이라도 우리 사회가 수용해주면 얼마나 좋았을까? 외환위기가 닥쳤을 때도, 삼성차가 망했을 때도, 토지공개념 관련법이 폐기됐을 때도, 종합부동산세가 사실상 무산됐을 때도, 느낀 무력감이었다. 언론도 마찬가지다. 특히 주인 없는 진보언론들이 주인 있는 보수언론들보다 혁신에서 뒤처질 때 안타까움이 컸다.

이 책은 그런 무력감과 안타까움의 소산이다. 오래전부터 출판사 대표들로부터 칼럼들을 모아 책을 내자는 제안을 여러 번 받았으나 "신문에 나갔으면 됐지, 뭘 또 책으로 내느냐"며 거절해왔다. 출판을 약속하고도 나름대로 완벽주의에 집착하는 '성격 결함'으로 학생 지도와 학교 일에 몰입하느라 마감시간 없는 일은 계속 미루다가 오늘의 상황에 이르렀다.

시의성 없는 칼럼들은 빼고 양심상 새로 몇 편의 긴 글들을 썼다. 영향력 면에서 진보매체 중에서도 '맏형'의 구실이 줄어들고 있는 〈한겨레〉를 위해서는 지난 여름 다녀온 '유럽 신문기행'을 화두로 진보신문의 반성과 진로를 논하는 글, "'한겨레'는 왜 '가디언'이 못 되나'를 썼다. 최근 시국상황을 진단한 '서러운 날들은 왜 반복되는가'란 글도 덧붙였다. 〈한겨레〉〈경향〉〈프레시안〉에 쓴 미디어비평 칼럼들은 주제별로 묶어 편집했다. 당시 언론의 과오와 맞물려 돌아간 시대상황은 역사로 남길 필요가 있기에 원문을 그대로 살리되 진전된 상황에 설명이 필요한 부분은 각주를 달았다.

〈한겨레〉 시민편집인에서 물러나며 내부통신망에 올린 글을 부록으로 붙이는 데는 망설임이 컸다. 그러나 〈뉴욕타임스〉 첫 시민편집인이었던 대니얼 오크렌트(Daniel Okrent)의 〈시민편집인 제1호〉(Public Editor #1)를 본 뒤 나도 수모를 당한 창피를 무릅쓰고 실어야겠다는 용기를 얻었다. 그는 시민편집인 칼럼을 엮어 펴낸 책 서문에서 자신에게 불평한 사람은 물론 모욕을 준 사람의 실명까지 죄다 밝혀놓았다. 다음 시민편집인을 위한 배려로 보였기에 나 또한 시민편집인 제도의 정착을 위해 재임기간에 있었던 일을 일부나마 밝히기로 했다. 그래도 감정이 실린 부분 등은 삭제해 분량을 절반으로 줄이고 실명도 뺀 채 실었다.

이 책을 내준 도서출판 이음의 주일우 대표와 까탈스런 저자의 거듭된 수정 요구를 너그럽게 받아준 제작의 김용운 부장, 박연주 디자이너, 김우영 편집자의 노고에 깊이 감사 드린다.

2017년 정초 이봉수

1 '한겨레'는 왜 '가디언'이 못 되나

우울한 유럽 '신문 기행'

세계 각국 신문 수집이 취미여서 지난 여름 영국, 프랑스, 스페인을 여행하면서도 현지신문들을 꽤 사 모으고 언론사도 방문했다. 그러나 한국의 언론 지형, 나아가 아직도 열망과 실망, 시민혁명과 보수반동이 반복되는 민주주의 상황과 대비돼 여행 기분을 잡치기도 했다.

이들 나라에서는 진보언론이 어떻게 주류 매체가 돼 민주주의를 떠받치는 기둥이 됐을까? 한국의 진보신문은 어쩌다 무기력증에 빠져 '헬조선'의 방관자가 됐을까? 흔히 '기울어진 운동장'을 탓하지만 운동장을 기울게 만든 한쪽 당사자가 바로 진보신문 종사자들 아닌가? 우울한 의문은 여행 내내 머리를 떠나지 않았다.

영국 〈가디언〉, 프랑스 〈르몽드〉, 스페인 〈엘파이스〉는 모두가 진보 또는 중도좌파 신문이면서 자국에서 최고의 영향력을 자랑하는 신문들이다. 반면 한국의 진보언론은 신뢰도는 대체로 높지만 영향력에서는 한참 순위가 밀린다. 신뢰도는 언론을 평가하는 중요한 지표다. 그러나 신뢰도는 '당연히 그래야 하는' 당위적 지표인 데 반해 영향력은 한국 사회를 움직이는 힘을 뜻할 뿐 아니라 광고유치에 힘이 되는 언론사의 생존 조건이기도 하다.

영국 언론을 소개하는 우리나라 책 중에는 이런 대목이 있다. "〈더타임스〉는 영국을 지배하는 이들이 읽고, 〈가디언〉은 영국을 지배하고자 하는 이들이 읽고, 〈파이낸셜타임스〉는 영국을 소유하는 이들이 읽고, 〈데일리텔레그래프〉는 영국의 영광을 그리워하는 이들이 읽는다." 틀린 말이다. 진보·보수를 막론하고 지금 영국을 지배하는 이들이 주로 읽는 신문은 〈가디언〉이다.

마침 영국에 도착한 6월 23일 브렉시트 관련 국민투표가 있었는데, 장기간 논란 과정에서 〈더타임스〉와 〈더선〉 등 루퍼트 머독 신문들은 선정적 보도로 더욱 평가절하된 반면 〈가디언〉은 브렉시트의 원인과 영향을 제대로 분석한 기사와 논평으로 판매부수가 한때 7만 부나 늘었고 인터넷판 접속건수도 최고기록을 세웠다.

프랑스 〈르몽드〉는 우파 드골 장군의 요청으로 창간된 이래 사회당 미테랑 정권 탄생에 기여하는 등 좌우를 아우르며 영향력 1위 자리를 지켜왔다. 〈르몽드〉는 콜롱바니 회장이 말한 '두 개의 적'과 아직까지는 꿋꿋이 싸우고 있다. 그가 말한 언론의 두 주적은 '돈'과 '시간'이다. '돈'은 재정적 독립 없이는 언론의 자유를 누릴 수 없다는 점에서 언론의 적이고, '시간'은 정보통신의 발달로 속보성이 강요되면서 권위 있는 논평을 할 여유를 주지 않는다는 점에서 또 다른 적이다.

스페인 〈엘파이스〉는 프랑코 총통 사후 창간돼 1981년 군부 쿠데타에 맞서면서 스페인 민주주의의 수호자가 됐다. 쿠데타의 밤이 지나자 대담무쌍하게 특별판을 제작해 민주주의 수호를 위한 시위에 나설 것을 시민들에게 촉구했다. 이 신문은 분리주의를 지지하지 않지만 스페인으로부터 독립하려는 카탈로니아 지방의 언어로도 인터넷판을 발간하는 등 비주류 목소리를 외면하지 않는다. 그러면서도 스페인 어디서나 가판대에 가장 많이 쌓여 있는 주류 신문이어서 부러웠다.

발행부수의 미신에 빠진 한국 신문

이들 신문도 종이신문 발행부수는 계속 줄고 있지만 영어권·불어권·스페인어권에 미치는 영향력은 여전히 절대적이다. 놀라운 사실은 세계적인 권위와 영향력을 자랑하는 이들 신문의 발행부수가 〈한겨레〉나 〈경향신문〉과 비슷한 20만 부 안팎이라는 점이다. 〈뉴욕타임스〉〈워싱턴포스트〉 등 세계의 다른 권위지들도 종이신문은 50만 부 안팎이다. 부수를 늘리기 위해 모든 독자에 영합하는 게 아니라 목표 독자를 정확하게 설정하고 질적 수준을 유지한다.

신문은 이제 광고효과가 크지 않은 것으로 판명됐는데도 이들 신문에 대기업 광고와 단체들의 의견광고 등이 많이 실리는 것은 여론을 형성하는 의제설정 기능, 곧 영향력이 막강하기 때문이다. 유럽의 공영방송처럼 의제설정에 강한 방송도 있지만 대부분 나라에서는 신문이 어젠다를 던지면 방송이 그것을 확산하는 식으로 진행되는 경우가 많다. 우리나라 종편채널들이 저마다 '신문이야기 돌직구 쇼' 같은 프로그램을 두고 있는 것도 같은 맥락이다.

권위지보다 의제설정 기능이 약한 황색지에는 광고다운 광고가 많이 붙지 않는다. 발행부수 1백만 부를 넘는 〈더선〉이나 〈USA투데이〉 같은 신문에 오히려 허접한 광고가 많이 실리는 이유는 이들이 대개 의제설정보다는 선정적 보도로 독자를 유혹하는 황색지인 탓이다.

사실 한국 신문은 발행부수의 신화, 아니 미신에 빠져 있다. 우리나라에서는 신문의 질은 둘째 치고 부수 많은 신문이

20

'일등신문'을 자처한다. 부수 많은 한국 신문들은 편집과 의제 설정 등에서 독자를 사로잡는 장기도 있지만, 정-경-언 유착과 값비싼 경품제공 등 불공정행위가 부수 확장에 크게 기여한 사실 또한 부인할 수 없다. 발행부수가 영향력으로 곧장 평가되는 것은 왜곡된 한국 신문시장의 한 단면이다.

각종 언론수용자 조사 결과들은 신뢰도에서 아주 낮은 평가를 받은 언론사가 영향력은 가장 큰 모순을 보여준다. 2016년 8월 〈시사인〉 조사에 따르면 '가장 불신하는 매체' 1위는 〈조선일보〉였다. 2016년 8월 〈기자협회보〉가 기자 300명을 대상으로 한 조사에서는 〈조선일보〉가 '가장 영향력 있는 언론사' 1위 (30%)를 차지했다.

두 조사에서 〈한겨레〉는 신문 중에서 신뢰도 1위였지만, 영향력이 〈조선일보〉는 물론이고 KBS, JTBC, SBS와 〈연합뉴스〉에도 뒤진 6위(2.3%)였다. 〈한겨레〉는 기자 대상 조사에서는 9년 연속 신뢰도 1위에 올랐고 이런 사실을 기사나 광고로 선전한다. 그런데도 영향력이 왜 떨어지는지는 깊이 고민하지 않는다.

신문 생존의 제1조건은 영향력

물론 매체의 영향력은 신뢰도와 깊은 상관관계가 있다. 〈한겨레〉는 1988년 창간 이래 최고의 신뢰도와 보수언론에 맞서는 의제설정자로서 강력한 영향력을 과시해왔다. 그러나 최근 들어 조사에 따라서는 신뢰도에서도 종종 1위 자리를 다른 매체에 내주는 등 자칫 군웅의 하나로 전락할 수도 있다는 전망을 낳고 있다.

미디어미래연구소가 2015년 12월 한국언론학회 회원 501명을 대상으로 조사한 바에 따르면 신뢰성에서 〈한겨레〉는 JTBC에 밀려 2위를 차지했다. 공정성에서는 YTN-JTBC-SBS-KBS-연합뉴스TV 같은 방송은 물론 〈경향신문〉(4위)에도 밀려 7위로 추락했다. 보수성향 언론학자가 많은 점을 고려하더라도 저널리즘을 연구하는 학자들 중에 〈한겨레〉가 공정하지 못하다고 생각하는 이가 많다는 사실을 보여준다.

유용성은 JTBC-SBS-YTN에 이어 신문 중에서는 〈중앙일보〉가 4위로 6위인 〈한겨레〉를 앞질렀다. 유용성은 뉴스정보의 사회적 의미와 실생활에 도움이 되는지를 묻는 항목으로 신문 구독 결정에 큰 영향을 미친다.

응답자의 연령별 평가에서는 신뢰성·공정성·유용성에서 JTBC가 20~40대의 높은 지지를 받았다. 50대에서도 JTBC는 공정성이 1위였고, 신뢰성에서 〈한겨레〉와 공동 1위를 차지했다. 매체의 다양화와 손석희의 활약이 반영된 결과라 해도 〈한겨레〉는 장기 독자의 가능성이 있는 청장년층에 대한 호소력(appealing power)이 떨어지고 있음을 보여준다. 〈한겨레〉에 벌써 '올드 미디어' 이미지가 덧씌워진 것인가?

영향력 면에서는 KBS가 1위지만 점수는 낮아지고 있고, 〈조선일보·TV조선〉이 2위, 〈중앙일보·JTBC〉가 3위를 차지했다. 〈한겨레〉가 복합미디어 그룹으로 변신하지 못한 데는 자본의 문제가 깔려있지만 그것으로 모든 것이 해명될 수는 없다. 세계적인 영향력을 가진 신문들도 방송을 끼고 있는 게 아니다.

민주주의 선진국들은 여론독점을 우려해 우리처럼 신방겸영을 대폭 허용하는 데가 거의 없기 때문이기도 하다.

주간지 시장을 예로 들면 계열사가 없어 시너지 효과도 낼 수 없는 〈시사인〉에 〈한겨레21〉이 압도적으로 밀린 것은 해명이 안 된다. 2016년 5월 발표한 한국ABC협회 정기공사 결과에 따르면 〈한겨레21〉은 〈시사저널〉에도 밀려 3위로 떨어졌다. 〈한겨레21〉이 근래 들어 혁신적인 시도들을 하면서 반전의 계기를 잡은 듯하지만 추세로 이어질 수 있을지는 모르겠다.

민주언론시민연합이 2015년 '올해의 좋은 신문·방송 보도상'으로 〈경향신문〉의 '노동자 울리는 노동법 심판들'과 JTBC의 '뉴스룸 팩트체크'를 선정한 것도 지나쳐볼 일이 아니다. 노동은 창간 초기 〈한겨레〉의 독보적 분야였고 노동계의 기대도 컸다. 그러나 요즘은 〈경향〉이 공인노무사 자격증을 딴 노동전문기자를 두고 무게 있는 기사를 내보낸다. 노동운동 또는 사회운동 단체의 의견광고들이 〈한겨레〉 대신 〈경향〉에 실리는 사례가 늘고 있는 것도 〈한겨레〉에 배신감을 느낀 탓일 수 있다. 〈한겨레〉 안에서는 민노총과 전교조의 일탈을 비판했기 때문이라고 말한다. 물론 노조와 시민운동단체도 비판할 수 있다. 그러나 〈한겨레〉는 그들이 잘하는 것에 대한 우호적 기사 또한 많이 내보내지 않았다.

한국 언론의 위기는 신뢰의 위기

신문의 위기는 어디서 온 걸까? 한국에서는 최대 요인을 플랫폼의 다양화와 뉴미디어의 등장에서 찾지만 거기에는 신문을 잘 못 만드는 한국 신문쟁이들의 평계가 일정 부분 실려 있다. 한국 언론의 위기는 무엇보다 신뢰의 위기가 가중시켰다고 보기 때문이다. 상당 부분 스스로 초래한 위기의 원인을 내생변수가 아니라 외생변수에서 찾는다면 개혁의 동력이 생길 수 없다.

신뢰의 위기는 보수신문이나 종편만의 문제가 아니다. 〈시사인〉 조사에 따르면 〈한겨레〉를 가장 신뢰한다는 응답률 자체가 2014년 8.4%, 2015년 7.0%, 2016년 5.4%로 하향곡선을 그렸다. 다양한 플랫폼과 뉴미디어의 등장 탓만 하면 JTBC가 2014년 8.8%, 2015년 11.3%, 2016년 11.6%로 상승곡선을 그린 것을 설명할 수 없다. JTBC는 종편으로 출발했지만 신뢰 구축에 성공하고 있음을 보여준다.

〈한겨레〉는 가장 불신하는 매체로도 〈조선일보〉(11.1%), KBS(8.2%) 등에 이어 6위(3.7%)에 올랐다. 〈한겨레〉를 신뢰하는 사람도 많지만 불신하는 사람도 적지 않다는 뜻이다. 흔히 진보를 대표하는 언론의 숙명이라고 생각하지만, 〈가디언〉 〈르몽드〉 같은 신문들은 보수 쪽에서도 혐오도가 높지 않다.

최근 어떤 조사결과는 열독률에서 〈한겨레〉가 〈경향신문〉에 역전된 것으로 나타났는데, 열독률 저하는 혐오도가 높아지고 있다는 뜻도 내포하기 때문에 〈한겨레〉로서는 심각하게 받아들여야 한다. 열독률 감소는 영향력 축소로 이어진다. 〈한겨레〉가 신뢰의 위기와 함께 닥친 영향력 실추의 위기를 어떻게 극복해야 할까?

이미지 관리에 실패한 〈한겨레〉

〈한겨레〉의 신뢰도와 영향력을 떨어뜨린 핵심 요인은 '진영논리에 사로잡힌 정파신문'이라는 낙인이다. 이 주장은 뒤섞여 엉클어진 한국 사회의 이념적 지형을 교묘하게 파고든 선전선동일 수도 있지만 일정 부분 자초한 측면이 있다. 이미지 관리에 실패한 것이다.

신문이 대중에게 주는 인상은 매체의 사활과 직결되는 요소다. 전 세계 신문의 벤치마킹 대상이 된 〈가디언〉이 천 몇 백억 원을 들여 지면혁신을 한 것은 크게 보면 이미지, 곧 인상을 바꾸는 작업이었다. 〈한겨레〉가 진보언론으로서 한국 사회에서 차지하는 위상이 낮아지고 독자층의 외연을 확장하지 못하는 것도 이미지 관리를 제대로 하지 못한 탓이 크다. 정파신문 이미지를 강화할 소지가 있는 기사들을 비판하면 이를 시정하기보다 오히려 '인상비평'이라는 식으로 매도하는 경우가 많았다.[3]

〈한겨레〉에 덧씌워진 '정파신문'의 이미지가 전적으로 보수세력의 오해와 보수매체의 악선전 때문이라고 할 수는 없다. 가장 오래된 진보매체인 〈한겨레〉에는 제보가 몰리고 일선기자들의 노력이 뒷받침돼 특종을 자주 터뜨리는 데다 내로라하

---

3 〈한겨레〉는 당시 시민편집인이던 나의 칼럼에 대해 2013년 5월 15일 창간기념호에서 '인상비평의 한계를 크게 뛰어넘지 못했다'는 등의 이유를 들어 계약기간이 10개월이나 남은 시민편집인을 교체했다. 한국에서 '인상비평'은 '대충대충한 비평' 정도로 비하하는 뜻이 담겨 있다. '인상주의'(impressionnisme)라는 말 자체가 르로이라는 비평가가 모네의 그림을 비아냥대며 붙여준 말이지만 인상파 화가들은 그렇게 구분되는 것을 자랑스럽게 여겼다.

는 전문기자들이 꽤 있어 전반적인 기사의 질은 결코 낮다고 평가할 수 없다.

'진경준 검사장 넥슨 주식 특혜매입 사건'은 〈한겨레〉의 특종으로 세상에 알려져 홍만표·우병우 등의 수사로 이어졌다. 최순실 사건도 〈한겨레〉가 2주 이상 연속 특종보도를 했다. 그러나 특종이되 다른 언론사가 받지 않는 '고독한 특종'들이었다. 뒤늦게 뛰어든 JTBC는 태블릿PC를 특종하면서 언론으로서는 이번 '박근혜-최순실 게이트'의 최대 수혜자가 됐다. 한국 갤럽이 조사한 12월 뉴스채널 선호도에 따르면 JTBC(45%)는 KBS(18%)를 제치고 압도적인 선호도 1위 뉴스채널이 됐다.

신문 선호도 변화는 조사된 게 없지만 간접정황 자료는 있다. 〈한겨레〉는 11월 16일부터 주주모집 캠페인을 벌이고 있는데, 12월 23일까지 실적은 새 주주와 기존 주주 1088명이 3억 8067만 원을 입금한 것으로 나타났다. 적지 않은 금액이지만 열화와 같은 성원이라고 할 수도 없다.

〈뉴스타파〉는 정기후원자가 2015년 말 3만 5천 명에서 올해 말 4만 2천 명으로 7천 명이 늘어 〈한겨레〉 주주 3분의 2 수준에 이르렀다. 그들은 주식만 맡겨놓고 있는 게 아니라 매달 자발적으로 후원금을 내는 '진성'후원자다. 〈오마이뉴스〉는 10만 인클럽 회원 2만 명을 확보하면 진보종편을 개국하겠다고 했는데 올해 4천4백 명이 늘어 1만 6천 명을 돌파했다. 매체간 비교 기간이 다르긴 하지만, 창간 초기 〈한겨레〉에 쏠리던 여망이 다른 데로 옮겨가는 조짐이 보인다.

매체 특성상 돈 주고 구독해야 하는 신문은 선호도를 끌어

올리기 힘들다는 점을 인정하지만, 부수와 자본을 늘리려는 노력이 부족하다는 점 또한 지적하지 않을 수 없다. 특히 자기 신문구독자를 대상으로 하는 '신뢰도 1위'와 '주주 모집' 광고는 확장효과가 크지 않다.

1987년 6월항쟁의 소산인 〈한겨레〉가 엄청난 특종 퍼레이드를 벌이고도 JTBC의 태블릿PC 특종이 더 부각된 요인은 무엇인가? 그 특종이 박근혜의 개헌 선언을 묻어버릴 만큼 폭발성이 크기도 했지만, 〈한겨레〉 보도는 정파적 시각을 담고 있다는 의구심이 다소 작용했다고 본다. 보수매체들은 보수정권에 우호적이기도 하지만 〈한겨레〉 보도를 의도적으로 무시함으로써 의제설정을 자기들이 주도하려 한다.

대특종을 해도 독자들이 자신의 정치적·종교적 성향에 맞지 않다고 생각하는 매체는 영향력이 크게 확대되지 않는 경향이 있다. 〈세계일보〉가 '수서 비리'와 '정윤회 사건'이라는 희대의 특종을 했지만 영향력이 크게 확장되지 않은 것도 같은 맥락이다. 언론수용자에게는 자신이 싫어하는 매체가 보도하는 의견뿐 아니라 사실까지 받아들이지 않는 '배제의 습성'이 있다.

사실과 의견의 분리는 객관주의 저널리즘의 전통으로 이어져 왔지만 한국에서는 일선기자의 기사에도 사실과 의견이 마구 뒤섞인다. 어떤 의미에서 한국의 기자는 거의 모두가 논설위원이다. 어떤 사안을 보도할 때 반론권을 주지 않거나 상반된 견해를 반영하지 않는 일이 일상적으로 벌어진다. 기사의 방향에 맞는 사람만 인터뷰해 기사를 작성하는 경향은 보수신문이 심하지만 〈한겨레〉에도 없지 않다.

〈한겨레〉가 주요 보수매체에 영향력이 뒤지고 후속 진보 매체들과 이미지 경쟁에서도 확고한 우위를 유지하지 못한 것은 첫째 정치기사의 정파성 탓이 크다고 본다. 〈한겨레〉 정치부나 논설실 안에는 최소한의 합의된 논조가 없고 기자들이나 논설위원들 사이에 심한 정치적 성향 차이가 지면에 드러난다.

〈가디언〉과 〈르몽드〉는 주요 현안이 발생하면 누구나 참석할 수 있는 편집국 회의를 소집해 논조를 결정하기도 한다. 때로는 정치부나 경제부에서 각자 합의하면 방향이 다른 기사를 내보내기도 한다. 유럽연합(EU) 가입과 탈퇴 같은 주제는 정치적 관점과 경제적 관점이 다를 수 있기 때문에 다양성을 존중한다는 차원에서는 긍정적 측면도 있다.

빗나간 총선보도 반성

4.13총선이 야권의 승리로 끝나자 〈한겨레〉는 칼럼과 정치부 기자방담 등을 통해 선거결과를 분석하고 민심을 읽지 못한 점을 반성했다. 그러나 그중에 '야권이 분열하면 패한다는 야권분열 필패론을 〈한겨레〉가 퍼뜨렸으니 반성해야 한다'는 등의 내용은 일종의 알리바이로 들린다. 우선 〈한겨레〉는 야권이 분열하면 패한다는 기사를 쓰기도 했지만 분열세력의 목소리를 과도하게 대변해 결과적으로 분열을 부추기는 기사도 꽤 많이 내보냈다.

설령 야권분열 필패론을 퍼뜨렸다는 점을 인정하더라도, 그것을 반성한다면 앞으로 〈한겨레〉는 야권분열을 방치하거나 조장하는 것이 야권의 대선승리라도 가져온단 말인가? 반성을 해도 제대로 해야 선거국면에서 〈한겨레〉의 신뢰도와 영향력이 커지고 한국 정치의 미래가 밝아질 수 있다.

첫 번째 잘못은 4.13총선을 야권의 압승이라고 보는 시각이다. 예측을 뒤엎고 여소야대가 됐으니 그렇게 볼 소지도 있지만, 그 예측 자체가 잘못된 예단이었다면 압승이라고 부를 수 있을까? 오히려 야당의 분열 때문에 민심의 분노를 제대로 반영하지 못한 절반만의 승리로 해석할 수도 있다. 선거예측이 자주 빗나가는 것은 상당수 정치부 기자들이 바닥 민심을 취재하는 대신 자신과 친하고 언론플레이에 능한 정치인의 말을 옮기는 데 치중하기 때문이다. 자신과 논조가 비슷한 기자가 쓴 기사의 프레임까지 서로 베끼면서 일종의 '확증편향'[4]에 빠지기도 한다.

두 번째 잘못은 앞서 지적한 대로 야권분열의 긍정적 효과를 과대평가하고 연대의 가치를 훼손한 것이다. 4.13총선은 야당분열로 외연을 넓혔다는 시각도 있지만 단합했더라면 더 큰 승리를 가져올 가능성이 컸다. 〈노컷뉴스〉 분석에 따르면 3자 구도로 치러진 총선에서 새누리당이 어부지리로 당선된 곳은 33석에 이른다. 새누리당은 여당 성향 무소속을 합치더라도 100석에 못 미치는 정당이 돼 국회선진화법으로도 '딴지'를 걸 수 없는 '선거혁명'이 될 뻔했다. 실제로 지지정당에 투표하는 비례대표선거에서 새누리당 지지율은 33.5%에 불과했다. 물

---

4 심리학자 레이먼드 니커슨은 "확증편향은 개인·집단·국가 등에서 발생하는 온갖 마찰과 논쟁과 오해의 요인"이라고 말했다.

론 국민의당은 지역에서 25석을 얻었지만 야당분열로 전국에서 내준 의석이 더 많다고 보는 게 합리적이다. 역대 선거는 야당이 분열했을 때 여당이 승리했고, 여당이 분열했을 때 야당이 승리했음을 입증한다.

세 번째 잘못은 진보언론인 〈한겨레〉가 진보정치 후퇴의 원인과 결과를 제대로 짚어주지 못한 점이다. 4.13 총선 결과를 요약하면 보수 양당체제가 보수 3당체제로 바뀐 것이니 보수블록은 더욱 강해졌다. 더불어민주당의 성향을 어떻게 볼 건지는 논란의 여지가 있으나 유럽에 갖다 놓으면 보수정당인데 더 보수적인 국민의당이 중간에 끼어든 셈이다.

원내 진보정당은 19대 국회에서 통합진보당 13석, 정의당 5석을 가졌으나, 20대에서 정의당 6석으로 줄어들었고, 녹색당, 민중연합당, 노동당 등의 소수 목소리는 입밖에 나오지도 않았다. 가장 큰 요인은 진보언론의 진보정당 외면이었다. 정의당 등은 〈한겨레〉 창간 목적에 부합하는 공약들이 가장 많았으나 〈한겨레〉는 '정책선거'를 부르짖으면서도 거의 외면했다. 청년 투표율이 크게 올랐지만 청년 정치인의 의회 진출은 더 줄었다.

〈한겨레〉는 선거 때마다 '수구정당의 집권을 막는다'는 명분 아래 사실상 보수정당인 지금의 야당을 지지해왔다. 1등만 당선되는 현행 선거제도와 '사표 방지'라는 일부 정치부 기자들의 그릇된 소명의식이 바뀌지 않는 한 진정한 진보정당의 목소리는 정치판에 끼어들 여지가 없다. 민주주의가 제대로 실행되는 나라치고 보수·진보 정치세력이 양립해 있지 않은 나라가 없는데, 그 전제조건은 보수·진보 정치세력을 지지하는 보수·진보 언론의 양립이다. 정치지형을 탓하기 전에 언론지형을 반성하고 바꿔야 하는 이유다.

〈한겨레〉 정체성 비판

나는 2013년 봄 〈한겨레〉 창간 25주년을 전후해 시민편집인으로서 〈한겨레〉의 정체성을 걱정하는 칼럼을 연거푸 쓴 적이 있다.[5] 〈한겨레〉는 그에 한참 앞선 시기에 스스로 '진보지'가 아니라 '진보적 정론지'임을 천명한 적이 있다. 편집목표는 '정론'이 중심이고 '진보'는 수식어가 되고만 것이다. 〈한겨레〉의 진보성은 구체적 가치체계로 설명되기보다는 '정론'이라는 모호한 말 속에 숨어버린 것이다. 사실 '정론'이란 사시는 내걸 필요도 없다. 너무나 당연한 거니까.

외국 일류 언론은 BBC 편집지침(Editorial Guidelines)처럼 추구하는 가치들(Values)을 천명하고 그것을 달성하기 위한 표준들(Standards)을 일일이 열거해놓았다. 그에 따라 일탈자를 징계하니 BBC에 2만 명 직원이 있고 노동당원이 다수인데도 편파성 시비가 일지 않는다.

〈가디언〉도 마찬가지다. 이 신문은 대체로 노동당을 지지하지만 블레어 정권이 우경화할 때 가장 신랄한 비판자였고, 캐머런의 보수당이 감세정책을 포기하고 의료복지체계를 확충하

---

5 '창간 25주년, '한겨레 정체성'을 생각한다' (한겨레, 2013.4.24). '고대 이집트인은 왜 정체성을 중시했나' (한겨레, 2013.5.31).

겠다고 하자 한동안 지지자가 됐다. 〈가디언〉은 이런 가치 중심의 논조와 베를리너판(323×470mm) 도입으로 영국의 주류가 보는 신문, 전 세계 신문이 벤치마킹하는 신문이 됐다. 문재인·안철수·김종인·심상정·이재명에 대한 평가도 그들이 추구하는 가치를 잣대로 삼으면 된다.

김종인을 예로 들면 그는 전형적인 보수정객이다. 헌법에 경제민주화 조항을 넣었다 해서 '경제민주화론자'라고 쓴 언론인이 〈한겨레〉에도 있지만, 독재정권과 재벌경제 체제 유지 그리고 재창출에 기여해온 그의 이력과 주장을 추적해왔다면 그렇게 쓸 수는 없다. 그는 금융실명제와 부동산 중과세에 반대했다. 경제민주화의 최대과제인 재벌개혁도 말뿐인 듯 실은 재벌 친화적 태도를 보인 적이 많았다. 독일에서 경제학을 배운 것과는 딴판으로 노동조합을 경영의 파트너로 인정하지 않는다. 그는 지난 총선 공천에서 더불어민주당의 진보성향 후보들을 내쳤고 북한궤멸론을 주장하는가 하면 사드(고고도미사일방어체계) 도입에 찬성하는 강경보수다.

〈중앙일보〉와 한국정치학회가 분석한 20대 국회의원 이념 성향에 따르면 김종인은 김무성보다 더 보수적인 정치인이다. 민주당 의원 중에서는 가장 오른쪽으로 치우친 인물인데 비상대책위원장으로서 당을 대표한 것은 우리 정당의 이념적 착종을 말해주는 코미디다. 〈한겨레〉가 김종인을 자주 부각시켜온 것도 같은 맥락에서 설명할 수 있다. 김종인은 물론이고 애초 그를 영입한 문재인도 호되게 비판하는 게 〈한겨레〉의 정체성에 맞는 보도였다.

〈한겨레〉 내부필진 중에는 박근혜를 '원칙과 신뢰의 정치인'으로, 안종범을 '경제민주화론자'로 평가한 이도 있다. 지금와서 〈한겨레〉는 박근혜의 국정농단을 신랄하게 비판하고, 사설 제목으로 '대통령의 몰락 방조한 안종범 같은 간신들'이라 비판한다. 당연한 보도지만 〈한겨레〉를 꼼꼼히 읽어온 독자라면, '이게 도대체 한 신문에 난 기사인가'라는 의구심이 들 터이다.

안종범은 '뉴라이트싱크넷'과 '바른사회시민회의' 등 우익단체에서 활동했고 자유기업원의 '자유주의 칼럼니스트'로 활동했는데 어떻게 '경제민주화론자'로 볼 수 있었는지 모르겠다. 〈한겨레〉는 유승민도 여당 내 개혁파로 부각시켜왔는데 그가 외환위기를 불러온 삼성의 자동차 진출에 결정적 기여를 한 점은 지적하지 않는다.

'탈이념'이 초래한 '헬조선'

심지어 〈한겨레〉에는 소수이긴 하지만 스스로 '진보언론'으로 불리는 것을 부담스러워하는 분위기까지 있다고 한다. '진보언론'은 진보세력의 기관지로 받아들여질 위험이 있다는 것이다. 보수 대 진보의 설정은 영구집권을 획책하는 기득권 세력의 프레임이라고도 했다. 일정 부분 근거가 있지만 그럴수록 전선을 분명히 하고 자칭 보수가 가짜 보수임을 폭로하는 게 진보언론의 올바른 태도다.

보수 대 진보의 대립을 비판하는 맥락에서 정치를 하는 사람이 안철수다. 그는 "이분법적 사고를 갖지 않은 분"과 정치를 하겠다며 "낡은 진보를 청산해야 한다"고 주장했다. '낡은 진보를 청산해야 한다'는 말은 류근일도 똑같이 했다.

나는 2011년에 시민편집인 칼럼에서 '탈정치'와 '탈이념'을 내세운 '안철수 신드롬'의 최대 피해자는 양극화에 시달리는 서민과 진보정당이 될 것이라고 예측한 바 있다.[6] 세계 역사상 서민이 보수기득권 세력에 대립하지 않고 자신의 권리를 찾은 적이 있었던가? 우리 정치사에서 '중도'는 보수로 옮겨가려는 세력이 내건 위장막인 경우가 많았다. 옷을 갈아 입으려니 치부를 가려줄 장막이 필요했던 것이다.

BBC 라디오 PD 일레인 글레이저는 『진지해져 봐』[7]라는 책에서 "이데올로기는 죽었다거나 악이라는 말 자체가 가장 이데올로기적인 주장"이라고 썼다. 실제로는 비판을 피하려고 정치적 목적을 감춘다는 것이다. 안철수는 "과도한 이념화가 민생문제의 소홀을 가져왔다"고 말하지만, '탈이념'이 우리 정치와 사회를 지배하는 동안 정작 민생 문제는 더 심각해졌다.

신자유주의의 본산인 미국과 영국의 정치판에서는 샌더스와 코빈으로 대표되는 진보세력이 상당한 지분을 챙기기 시작했는데 그보다 불평등이 훨씬 더 심각한 한국에서는 아직도 중도 타령이 한창이다. 현재 한국 진보진영의 주축은 70·80년대 민주화운동을 통해 형성된 세력이어서 불평등 문제에는 상대적으로 관심이 적었다. 보수가 하도 엉터리니까 진보주의자가 아니라 황석영·김훈·유시민 같은 자유주의자들이 '진보의

6 ''금융가'가 아니라 '정치'를 점령하라' (한겨레, 2011.10.26)
7 원제는 『Get Real』, 한국어판은 『겟 리얼—이데올로기는 살아 있다』, 마티, 2013

영역'에서 활동해왔다. 독재에 저항하다 해직된 〈한겨레〉 창간 멤버 중에도 그런 이들이 많았다. 그래도 초기에는 민족·민주·민생이라는 선명한 창간정신을 내걸었으나 신자유주의 도래와 함께 한국 사회가 우경화하면서 분배 문제 등에서는 〈한겨레〉도 동반 우경화한 측면이 있다.

보수세력과 보수언론은 끊임없이 탈정치를 부추겨왔고 진보진영에 몸담은 일부 논객들도 그에 동조해왔다. 사실 보수세력은 진보에게 끊임없이 중도로 오라고 유혹하면서 자기네는 중도로 가기는커녕 극우화해온 게 우리 정치의 역사다.

청년실업 문제가 그렇게 심각한데도 그동안 청년들이 선거를 비롯한 정치에 무관심했던 데는 청년들이 투표를 하려고 해도 마땅한 지지정당이 없었던 탓도 크다. 두 보수정당은 복지를 비롯한 각종 정책에서 큰 차이를 보여주지 못했고 진보정당에 투표해도 사표가 될 형편이니 투표장에 나가지 않은 것이다. 한국의 정당은 이념적으로 더 선명하게 대치해야 정치를 통한 사회문제 해결이 가능해진다.

수구·보수가 과점한 한국의 담론시장을 고려할 때 〈한겨레〉의 역할은 분명 '진보언론'이다. 그것이야말로 진보진영에서 〈한겨레〉의 영향력을 재건하고 보수진영에도 존재감을 과시하는 수단이 될 것이다. 양극화가 극심한 상황에서 중립에 기어를 넣고 한국 사회가 달릴 수는 없다.

신문 영향력은 오피니언이 좌우

영향력 있는 신문의 공통점은 오피니언면, 곧 의견면을 잘 만든다는 것이다. 〈가디언〉은 2005년 베를리너판으로 전환하면서 오피니언면을 광고 없이 5개면으로 확대하고 아예 자사 광고를 통해 오피니언(의견) 저널리즘을 추구하겠다고 천명했다. 〈가디언〉의 오피니언면 확대는 선견지명이 있는 선택이었다. 온라인과 모바일 등이 '매스미디어' 구실을 대신하면서 신문은 '프리미엄 미디어'로 갈 수밖에 없기 때문이다.

'인터내셔널 미디어컨설팅그룹' 후안 세뇨르 부사장은 2009년 세계신문협회 총회에서 '뉴스 대 분석'의 비율을 '8 대 2'에서 '2 대 8'로 바꾸고 신문에 잡지의 장점을 더한 '뉴스진'(Newszine) 형태로 가야 할 것이라고 말했다.

그러나 〈한겨레〉는 오피니언면 확충에 주저하면서 양적인 면에서 〈동아〉와 〈중앙〉에 뒤지고 질적인 면에서 〈경향〉과 큰 차이를 보이지 못했다. 창간 초기 〈한겨레〉가 선풍을 일으킨 원동력의 상당부분은 쟁쟁한 필진에서 나오는 거였는데 요즘은 강력한 힘이 느껴지지 않는다.

〈가디언〉은 세계적인 오피니언 리더답게 2016년 말 현재 236명의 칼럼니스트를 확보하고 있는데 대개 언론계에서 성장해 내로라하는 전문가가 된 이들이다. 한국 신문이 외국 일류 신문과 다른 점 중 하나는 교수가 필진으로 너무 많이 등장한다는 것이다. 물론 교수 중에는 통찰력 있는 칼럼을 쓰는 이도 있지만 일부는 현실을 제대로 조회하지 않고 교과서적인 지적에 그치거나 지나치게 가르치려 드는 이도 꽤 있다.

〈한겨레〉 열린편집위원회도 "칼럼마다 대체로 뭘 가르치

려 드는 경향이 강해 거부감이 있다"고 지적한 바 있는데,[8] 이
는 잘못 해석될 소지도 없지 않다. 가르치는 것 자체가 나쁜 보
도 태도는 아니기 때문이다. 지식산업이 지식을 포기할 수는 없
는 노릇 아닌가? 다만 거부감을 갖지 않도록 하면서 효과적으
로 전달하는 방법을 고민하는 게 저널리즘의 영역인데 아카데
미즘에 종사하는 학자들이 제 버릇을 못 고친 탓이다.

오피니언 저널리즘이 대세인 유럽 일류 언론은 가르치는
것을 언론의 소명으로까지 생각한다. 〈가디언〉 홍보부장 다이
앤 히스는 나와 인터뷰하면서 "논평과 분석은 신문의 핵심역할
이 됐으며 독자들이 세상을 더 잘 이해할 수 있게 하기 위해서
는 알리는 것 말고도 교육하고 자극하고 도울 의무가 있다"고
말했다.

BBC는 아예 '정보를 알려주고(inform) 시청자를 교육하
고(educate) 즐겁게 하는(entertain)' 것을 방송의 사명으로
삼고 있다. 미디어는 민주주의 교육장이다. 선거보도만 하더라
도 한국 언론은 지역편중 투표 등 그릇된 투표행태와 결과가
나타나더라도 그것조차 '민심은 천심'이라는 식으로 보도하지
만, 유럽 언론은 그런 선거 결과를 공론장으로 끌어내 유권자를
비판한다.

〈한겨레〉 내부 필진은 대개 '연조' 높은 이가 논설위원이
나 선임기자 등으로 옮겨 가는 관행이 상존해 체계적인 선발과

8 '오피니언면·만평 분석' "교수 등 지식인 편중된 필진, 칼럼서 가르치려 들어"
(한겨레, 2014.4.17).

전문화 과정을 밟지 못한다. 일선기자 칼럼도 너무 뜸하게 나와 '필진 양성소' 구실을 제대로 하지 못한다. 내부 칼럼진 구성에도 경쟁을 도입하고, 오래도록 칼럼을 써온 필자에게는 재충전의 기간도 줘야 한다. 꼭 유학이나 연수가 아니라 취재현장에 보내는 것도 방법이다.

오피니언 저널리즘을 추구하는 영국의 권위지들을 16년간 모니터링 하면서 알고 싶었던 것은 세계적 명성의 칼럼니스트들이 읽히는 칼럼을 쓰기 위해 어떤 수법을 동원하는가 하는 것이었다. 수법의 키워드를 뽑아보니 공교롭게도 'i'로 시작하는 네 단어로 요약됐다. 새로운 정보가 있고(informative), 지적 욕구를 충족시키고(intellectual), 흥미롭고(interesting), 영향력이 있다(influential)는 것이다.

〈가디언〉은 오피니언면에서 독자의견도 소중히 여긴다. 독자의 편지와 이메일에 매일 한 면을 할애하고, 독자가 〈가디언〉에 실린 전문가 칼럼을 비판하는 난도 있다. 히스 홍보부장은 "논평은 쌍방향적이어야 하기에 온라인에도 '논평은 자유'(Comment is Free)라는 플랫폼을 만들었다"며 "독자들은 우리 필진과 경쟁한다"고 말했다. 그녀는 "독자의 글을 신문에 실을 때도 그 내용이 솔직하고 공정해야 하는 등 〈가디언〉의 편집 가이드라인을 적용한다"고 덧붙였다. 〈한겨레〉도 쌍방향 논평의 활성화가 시급해 보인다. 야당성향이면서 지지하는 정치인에 따라 특정 칼럼을 싫어하는 독자들의 혐오도를 누그러뜨릴 수 있기 때문이다.

미디어면은 이슈 논쟁의 격투기장

〈가디언〉이 영국에서 가장 영향력 있는 신문이 된 요인으로는 베를리너판으로 디자인과 콘텐츠를 혁신한 점이 꼽히지만, 그 중에서도 미디어면을 통해 보수언론의 아성을 무너뜨리는 전술이 주효했다. 미디어 기사를 매일 여러 건씩 내보내고 매주 두툼한 미디어 섹션을 발간했다. 최강으로 구성된 미디어팀은 보수언론재벌인 루퍼트 머독의 〈더타임스〉〈더선〉〈뉴스오브더월드〉와 싸우며 보수언론의 허구성을 가차없이 파헤쳤다.

〈더타임스〉는 세계 최고의 권위지였으나 주인이 바뀌면서 저널리즘의 표준을 이탈하자 〈가디언〉 미디어팀의 집중공략 대상이 됐다. 〈가디언〉은 〈뉴스오브더월드〉의 전화 해킹 사실을 끈질기게 추적보도해 2011년에 폐간시키기도 했다.

한편으로 정보사회학의 대표적 연구자 마누엘 카스텔스의 지적처럼 〈가디언〉은 정치가 미디어 영역 안에 존재하게 된 점을 일찌감치 간파하고 미디어면 확대를 통해 정치적 영향력을 높이려 했다. 미디어면이야말로 보수언론의 논조를 비판하면서 자연스레 토론을 유도하고 진보이념을 전파하는 '진지'로 여긴 것이다. 딱딱한 비판기사뿐 아니라 현대인의 생활 깊숙이 침투한 미디어의 이모저모를 흥미롭게 엮어낸다.

보수신문의 영향력이 우리나라에서 유독 큰 데는 진보언론의 관대한 태도가 한몫했다. 동업자를 건드리지 않는 온정주의 탓인가, 각자 기득권을 보호받기 위한 침묵의 카르텔인가? 한국 언론의 보수·진보 두 진영은 아주 가끔 국지전만 벌일 뿐 장기 휴전 상태다. 기존체제가 유지될 때 덕 보는 쪽은 시장을 과점한 보수언론이다.

'기울어진 운동장'을 탓하지만 입법·행정·사법부에는 수백 명 기자를 보내면서 제4부라 일컫는 언론을 취재하는 기자는 고작 한둘이고 그것도 다른 분야를 겸하기도 하는 게 우리 진보언론의 현실이다. 미디어가 미디어의 중요성을 모르기에 빚어지는 처사다.

'세계 독립언론 콘퍼런스'를 주최하라

〈한겨레〉는 〈중앙일보〉와 '사설 속으로'를 통해 콘텐츠 제휴를 하고 있는데 그럴 게 아니라, 세계에서 손꼽히는 독립언론들과 제휴해야 마땅하다. 미디어와 문화 연구로 유명한 런던대 골드스미스 칼리지에서 공부하던 시절 LSE 등과 합동 콘퍼런스를 할 때 〈한겨레〉가 어떻게 생겨난 신문인지 소개한 적이 있다. 6만여 국민주주가 창간한 신문이 있다는 사실에 세계 각국 출신의 언론학자와 학생들은 놀라움을 금치 못했다. 〈한겨레〉는 세계언론사에 남을 독특한 소유구조와 지배구조, 그리고 편집권 독립을 성취한 신문인데도, 우선 생존에 급급할 수밖에 없었던 창간멤버들의 국제감각 부족으로 그 존재감을 드러내지 못했다.[9]

이에 견주면 '모든 시민은 기자다'라는 개념으로 창간한 〈오마이뉴스〉는 오연호 대표의 활약으로 〈뉴욕타임스〉〈가디

---

9   나중에 런던에 있는 웨스트민스터 대학에서 〈한겨레〉를 주제로 한 박사학위 논문이 한 편 나왔을 뿐이다.

언〉등 세계 언론에 대대적으로 보도됐다. 지금이라도 〈한겨레〉가 전 세계에 존재감을 과시하는 홍보방안을 찾아야 한다. 2018년이면 〈한겨레〉가 창간 30주년을 맞는데 '세계독립언론 콘퍼런스' 같은 대회를 여는 방안도 검토해볼 만하다. 한국에는 〈한겨레〉 말고도 〈오마이뉴스〉〈뉴스타파〉 등 세계에 내놓을 만한 독립언론의 대표주자들이 많다.

콘퍼런스 개최 뒤에도 기사 제휴 등으로 지속적 협력관계를 유지하면 한국 관련 기사는 〈한겨레〉 보도를 받게 되고 한국을 대표하는 신문의 위상을 누릴 수 있다. 〈위키리크스〉 설립자 줄리언 어산지가 엄청난 비밀들을 제보할 언론사로 〈가디언〉〈르몽드〉〈뉴욕타임스〉〈슈피겔〉〈엘파이스〉 5개를 선정했는데 모두 진보 또는 독립언론이다. 〈한겨레〉도 끼어들 만한 자격이 충분했다.

〈뉴스타파〉가 국제탐사보도언론인협회(ICIJ) 협력해 조세회피처를 이용한 한국인 명단을 발표한 적이 있는데 〈한겨레〉는 그들의 파트너가 되기 위해 어떤 노력을 기울였던가? '이건희 성매매 동영상'을 폭로한 이들도 〈한겨레〉와 미리 접촉했다는데 〈뉴스타파〉에 뺏긴 것은 아쉽다.

한국 언론의 세계뉴스 보도는 서방의 이해와 시각을 반영한 것이 주류를 이룬다. 〈한겨레〉는 좀 낫긴 하지만 큰 차이가 없다. 〈한겨레〉가 미국·중국·일본에 특파원을 두고 있는 것도 그들 나라에 대한 기사 편중과 무관치 않아 보인다. 사실 영향력이 줄어든 일본에 특파원이 상주할 필요가 있는지 의문이다. 일본은 취재거리가 있을 때 서울에 '상주'하는 분야별 전문기자를 보내더라도 충분히 커버할 수 있다고 본다. 그보다 기사의 보고인 중동 또는 유럽에 특파원이 상주하면서 두 지역을 커버하는 것이 남다른 지면을 만드는 방안이다.

'주주 대접'과 방송 진출

진보언론사와 시민단체 등 9군데에 기부를 해왔는데 대개 소식지나 기념품을 보내주고 그들이 주최한 강연이나 행사에 초청하는 등 나름대로 보답하려는 성의가 가상하다. 〈한겨레〉는 예외다. 주주인데도 아무런 연락이 없다가 주총 의결권 위임장만 해마다 받아가곤 한다.

알다시피 주식회사는 자기자본과 타인자본으로 굴러간다. 〈한겨레〉는 상장이 안 됐으니 주주모집 캠페인을 통해 자기자본을 확충할 수밖에 없고 그래도 부족한 투자금은 금융기관에서 빌릴 수밖에 없다. 사실 금융차입은 경계해야 하지만 지나치게 두려워해서 투자가 위축돼서도 안 된다. 빚낸 돈도 자산이기 때문이다.

최고의 '주주 대접'은 말할 것도 없이 배당이다. 〈한겨레〉는 지금까지 한번도 사례가 없는데 이제는 배당요건을 맞춘 뒤 소액이라도 배당할 각오를 해야 한다.[10] '주주 대접'에 들어가는 돈은 지출이 아니라 더 많은 자기자본 증액으로 연결된다. 상장요건을 채운 뒤 주식시장에 회사를 공개하는 방안도 검토할 필

---

10 배당률 2%를 적용해 5000원 1주당 100원을 배당할 경우 622만 주를 가진 주주들에게 6억 원이면 배당을 할 수 있다. 그러나 대부분 소액주주들은 배당을 받아가기보다는 증자에 다시 참여할 가능성이 크다고 본다.

요가 있다. 경쟁에서 살아남기 위해서는 적극적으로 투자해야 하고 그러려면 어떤 식으로든 자본을 늘려야 한다.

배당을 하려면 무엇보다 광고수익을 올려야 하는데, 〈한겨레〉는 재벌 광고 의존도가 지나치게 높다. '4대재벌의 언론사 광고 지배력 분석'[11]에 따르면 2014년에 8개 신문 중 〈한겨레〉의 4대재벌 광고비중은 25%로 가장 높은데 이는 14% 수준인 조·중·동의 두 배에 가깝다. 〈한겨레〉가 삼성과 현대에서 받는 광고는 조·중·동의 3분의 1 수준인데도 다른 중견기업이나 중소기업 광고가 워낙 적어 재벌 광고의 비중이 크게 나타나는 것이다.

이는 재벌의 소유·지배구조와 경영비리 등을 앞장서 비판해야 할 〈한겨레〉에 점점 더 무거운 족쇄로 작용할 가능성이 높다. 이 족쇄를 풀기 위해서는 중견그룹과 중소기업 광고를 획기적으로 늘릴 필요가 있다. 우리 경제의 건전한 성장과 경제 민주화를 위해서도 〈한겨레〉는 편집국과 광고국에 중견·중소기업 전담 조직을 확충하고 지금보다 훨씬 많은 관심을 기울여 궁극적으로는 그들을 우군으로 삼아야 한다.

주주의 실질적 권리는 경영권 창출에 있다. 우리사주조합원만의 리그가 아니라 오픈 프라이머리 등으로 일반주주도 경영진 선출에 참여할 수 있어야 한다. 이는 선출되지 않았으면서도 선출된 권력들보다 더 큰 권한을 행사하는 언론재벌들과 대비돼 〈한겨레〉의 위상을 튼튼하게 받쳐줄 것이다.

---

11 민주정책연구원 보고서, 2015.11.

〈오마이뉴스〉가 '진보종편'을 만들겠다며 10만인클럽 회원을 모집하고 있는데, 영상시대를 맞아 방송은 이제 피할 수 없는 출구가 되고 있다. '최순실-박근혜 게이트'에 뒤늦게 뛰어든 종편들이 맹활약하는 것은 파급력 높은 영상제보들이 방송으로 향하기 때문이다. 정권이 바뀌어 수많은 특혜를 취소하고 콘텐츠 심사를 원칙대로 엄격히 하면 현재 종편체제가 그대로 유지되지는 못할 것이다. 그것은 진보언론도 힘을 합치면 방송 진출의 기회를 잡을 수 있다는 의미다. 이대로 가면 권력은 종편에서 나올지 모른다.

자기성찰 무풍지대 〈한겨레〉

〈엘파이스〉에서 배울 만한 제도는 '독자의 변호인'(Reader's Advocate)이다. 이는 옴부즈맨과 비슷한 제도라고 볼 수도 있지만 '악마의 변호인'(Devil's Advocate)을 연상하게 한다. '악마의 변호인'은 교황청에서 시성, 곧 성인으로 승인하기 전에 반대의견을 전담하는 이를 일컫는다. '독자의 변호인'은 무조건 독자의 편에서 이의를 제기해 기자 개인의 일탈은 물론이고 편집국이 '집단지성' 대신 '집단오류'나 '확증편향'에 빠지는 사태를 막는다.

세계의 권위지들은 '사과에 능한 신문들'이라 해도 과언이 아니다. 〈가디언〉은 정정을 넘어 '정정·해명'(Corrections and Clarifications)난을 매일 내보내고 〈뉴욕타임스〉는 '사과 잘해 권위지가 됐다'는 말을 들을 정도로 사과에 망설임이 없다. 〈뉴욕타임스〉는 1853년에 보도한 일화가 '노예 12년'이란 제목의 영화로 나오자 당시 보도의 주인공 이름이 한 글자 틀렸다는 정정기사를 크게 내보냈다.[12] 독자의 제보에 따른 것인데 정정기사가 때로는 신뢰도를 높이는 상업적 수단으로 활용되는 느낌이 들 정도다.

〈르몽드〉는 서울 서래마을에서 프랑스 여인이 영아 둘을 죽여 냉동고에 보관한 사건과 관련해 한국 수사기관이 인권침해나 하는 것처럼 보도했다가 로랑 그레이사메르 주필이 구구절절이 사죄하는 칼럼을 쓸 정도로 통렬히 반성했다.[13]

〈한겨레〉도 권위지가 되려면 사과에 인색해서는 안 된다. 〈한겨레〉는 16대 대통령 선거에서 이회창 후보 아들의 병역비리 의혹을 보도하면서 확인되지 않은 김대업의 주장을 크게 보도했다가 허위라는 판결이 내려졌다. 17대 대통령 선거에서는 이명박 후보의 BBK 사건을 보도하면서 김경준의 주장을 크게 보도했다가 명예훼손에 따른 손해배상 판결을 받았다.

이 두 사건은 모든 진실이 명백하게 밝혀지지는 않은 상태라는 점에서 〈한겨레〉로서는 억울할 수도 있다. 그러나 확인되지 않은 것은 크게 쓰지 않는 게 저널리즘의 원칙이다. 또 〈한겨레〉 주장처럼 '판결이 언론 자유에 대한 심각한 위협'이라고 보기에는 무리가 있다. 그 점에서 몇 년 뒤 신문 귀퉁이에 조그맣게 사과할 일은 아니었다. '지연된 정의는 정의가 아니다'라는 금언은 언론의 정정보도와 사과에도 같이 적용돼야 한다.

---

12 'The New York Times Correction of the Day' (NYT, 2014.3.4)
13 'Pourquoi plus personne ne la regardait'(왜 그녀를 더 주목하지 않았던가)
     par Laurent Greilsamer' (Le Monde, 2009.12.17)

자기수정과 반성이 신속하고 통렬하게 이루어지지 않는 것은 신문을 만드는 주체가 정정과 사과까지 해야 하는 조직구조에서 발생한다. 편집진으로부터 완전히 독립된 시민편집인 또는 '독자의 변호인'이 필요한 이유다. 〈한겨레〉는 〈뉴욕타임스〉보다 불과 3년 뒤진 2006년에 시민편집인 제도를 도입했지만 아직도 제대로 뿌리내리지 못하고 있다.

심지어 시민편집인이 잘못을 지적하면 "미리 말해주면 신문도 좋아지고 서로 좋지 않느냐"는 편집간부의 불평도 들어야 했다. 시민편집인은 또 하나의 참모나 데스크가 아니라 전체를 '긴장시키는 사람'이라는 제도의 취지를 모르는 태도였다.

혁신—가죽을 벗기는 고통의 길

한국 언론계는 디지털 쪽에서 수많은 혁신을 시도하고 있다. 그럼에도 별 성과가 없는 것은 플랫폼 등 기술만 도입했지 임직원들의 행태는 바꾸지 못했기 때문이다.

뉴욕대 SNS 전공 교수인 클레이 셔키는 "혁명은 한 사회가 새로운 기술을 수용할 때 일어나는 게 아니라 새로운 습관이 사회에 확산될 때 일어난다"고 했다. 〈가디언〉 편집국장 러스브리저는 일찌감치 2006년에 '디지털 퍼스트'를 선언하고 2009년 1백 명을 감원할 때도 디지털에 잘 적응하지 못하는 이들 위주로 정리해고했다.

독일 〈디벨트〉는 취재기자 3백 명이 디지털판에 기사를 올리면 고작 12명인 종이신문 담당자들이 디지털 기사 중에서 다음 날 아침 독자들이 읽을 만한 기사를 골라 지면에 배치할 뿐이다. 이제 편집국 시스템도 디지털편집국장-신문담당부국장 체제로 전환하는 방안을 검토할 때가 됐다고 본다.

독일 〈슈피겔〉의 혁신보고서는 자사를 망치는 다섯 가지 '슈피겔 스타일'을 적시했다. △우리 스스로 중요하다고 추켜세운다 △약점을 인정하지 않고 지적도 하지 않는다 △새로운 것에 놀라지 않는다 △새로는 시도를 너무 적게 한다 △우선 순위를 잘못 설정하고 있다. 보고서는 또 사원조합의 막강한 영향력도 경영진의 경영전략수립을 제약한다고 지적했다.

'한겨레 스타일'도 심하면 심했지 덜하지 않은 듯하다. 자기도취에 빠져 반성하지 않고 약점과 혁신에 대해 얘기하길 꺼린다. 성과 평가를 무시하면서 평균주의에 길들어 가고 외부 수혈에는 알레르기 반응을 보이기도 한다. 아무리 실력 있는 필진도 정년이 되면 아무도 잡는 이가 없다. 인재산업인 언론이 인재를 아끼지 않고 살아남을 길은 없다. 임금이 부담되면 급여는 대폭 삭감하되 예우는 해줄 수 있다. 아래위로부터 호된 질책은 사라지고 외부 비판에도 만성이 된 듯하다. 사회를 향해서는 늘 개혁을 말하면서 스스로를 개혁할 의지는 별로 없다. 경제민주화를 외치면서 막상 내부 구성원의 경영참여는 제대로 실천하지 않는다.

내부구성원들에게는 지나친 비하로 느껴질 수도 있겠지만 적어도 나는 그렇게 본다. 무엇보다 경영과 편집, 투트랙 혁신의 비전과 추진의지가 보이지 않는다. 사실 경영뿐 아니라 편집도 '지면혁신위원회' 같은 것을 꾸려 위임할 게 아니라 최고경영자가 진두지휘해야 한다. 한국에서는 편집권 독립이 마치 언론사 최고경영자가 신문과 방송의 품질에 책임지지 않아도 좋다는 펑계로 작용하는 측면이 있다. 〈르몽드〉는 창간 이래 회장이 직접 주재하는 아침 7시반 스탠딩 회의에서 그날의 톱기사를 정한다.

사장은 발행인으로서 모든 책임을 진다는 뜻에서 적어도 분기별로 지면을 반성하는 '발행인 편지' 같은 것을 띄울 필요가 있다. 끊임없이 자기반성을 하지 않으면 외부 감동을 살 수 없고 내부 혁신도 불가능해진다.

'개혁'(改革)이나 '혁신'(革新)은 말 그대로 가죽을 벗겨내고 새롭게 바꾸는 일이다. 개혁은 내부 구성원들이 고통을 받아들일 각오를 할 때 비로소 시작된다.

2 서러운 지난날들은 왜 반복되는가

서럽고 쓰리던 지난날들도
다시는 다시는 오지 말라고
땀 흘리리라 깨우치리라
거칠은 들판에 솔잎 되리라

결정적 순간에는 영화도 그렇듯이 주제곡이 등장한다. 양
희은의 「아침이슬」과 「행복의 나라」를 따라 부르던 군중은 「상
록수」를 부를 때는 숙연해지며 눈물을 흘리는 이도 많았다. '거
칠은 들판'은 노동현장과 진눈깨비 흩날리는 광화문광장이었
고 '솔잎'은 백만이 넘는 군중과 티브이로 그 광경을 지켜본 수
천만 민중이었다. 서럽고 쓰리던 날들은 왜 반복되는가, 다시는
오지 말라고 그렇게 소망해도.

70년대 금지곡 「아침이슬」과 「상록수」는 유신시대를 관통
하는 저항가요였다. 10.26사건으로 유신의 핵인 박정희가 제거
돼 '상황끝'인 줄 알았는데, 전두환과 노태우 그리고 이명박과
박근혜로 끊임없이 핵분열하면서 저항가요 또한 40여 년간 재
생되는 게 한국의 현실이다.

선진국에서 저항가요는 「라 마르세예즈」처럼 애국가 반열
에 오른 것들을 빼고는 다시 광장에 불려 나오는 일이 드물다. 그
들은 노래에 담긴 혁명정신을 과격하게는 왕의 목을 날리는 '레
짐 체인지'로, 온건하게는 제도개혁으로 구현해왔기 때문이다.

한국은 어떤가? 요즘 우리 국민은 막장 드라마보다 더 재
미있고 황당하고 참담하다는 뉴스에 빠져 있다. 주말에는 분노
를 표출하려고 광장으로 모여들지만, 수구세력은 끈덕지게 반

전을 노린다. 이 드라마는 앞으로 어떻게 전개될까? 뉴스가 막장 드라마와 궁중사극의 요소를 두루 갖췄으니 몇 백 년, 천 년 뒤까지도 사극의 단골 소재가 될 것이다. 드라마를 제대로 만든다면 그 주인공은 누가 될까? 드라마에서 검찰·기자·재벌·정치인은 어떻게 그려질까?

국정농단 주범은 김기춘 정점의 공안세력

우선 박근혜는 최순실의 조종을 받는 꼭두각시로 그려질 것이다. 그러나 드라마를 제대로 만든다면 최순실의 역할은 제한적으로 묘사하고 대신 김기춘을 국정농단의 주범으로 부각해야 마땅하다. 최순실의 국정농단은 김기춘에 견주면 훨씬 가볍다. 아버지의 명예회복을 넘어 우상화를 꿈꾼 박근혜를 조종한 점은 둘 다 같지만, 최순실이 사적 이익을 추구한 반면 김기춘은 총체적으로 민주공화국을 유린했다. 문화체육부 인사개입 문제로 검찰이 수사를 하고 있지만 전체 죄과에 견준다면 곁가지에 불과하다.

김기춘은 5.16장학생 출신으로 새파란 검사 시절부터 공안검사 경력을 쌓으며 유신헌법 초안 작성에 참여했다. 중앙정보부 대공수사국장 등으로 재직하며 민주인사를 탄압하고 고문으로 간첩을 조작해내고 강기훈 유서대필 사건을 주도했다. 또 초원복집 사건으로 지역감정에 불을 붙이고 노무현 대통령 탄핵 때 법제사법위원장으로 검사 구실을 하면서 한국의 민주주의를 짓밟았다.

김기춘은 2010년 10월 26일 박정희 31주기 추도식에서 박근혜가 보는 가운데 "각하께서 못 다 이루신 꿈들이 박(근혜) 대표를 통하여 활짝 꽃필 수 있도록 언제까지나 함께 하시고 가호해 주시기를 기원합니다"라며 박정희를 '수호신'으로 미화했다.

그는 실제로 7인회 멤버로서 박근혜 정권 창출에 기여한 뒤 비서실장 자리를 꿰차고 한국 사회를 극단적인 이념 대립의 소용돌이 속으로 몰아넣었다. '국정원 댓글 사건'을 파헤치던 채동욱 검찰총장을 축출하고, 법원도 "길들이도록" 지시했다. 그는 세월호 참사 진상을 조사하려는 세월호특별법이 "국난을 초래한다"며 세월호집회에는 극우단체에 맞불집회를 열도록 지시했다. 역사교과서 국정화를 기획하고, "문화·예술계 좌파 책동에 투쟁적으로 대응해야 한다"며 블랙리스트를 만들기도 했다. 블랙리스트는 문화·예술계를 넘어 학계·언론계 등에도 존재한 것 같은데 철저한 조사가 필요하다.

'정신적 내전' 유발한 뉴라이트의 약진

정부가 영향력을 갖는 하찮은 자리까지 사상검증을 하고, 유신체제에 기여했거나 그 시절을 흠모해 마지 않는 뉴라이트들을 대거 요직에 앉힌 것도 인사위원장을 겸하던 김기춘이었다. 그를 정점으로 하는 유신잔당과 뉴라이트는 한국정신문화연구원을 계승한 한국학중앙연구원(원장 이기동), KBS 이사회(이사장 이인호), MBC 방송문화진흥회(이사장 고영주) 등을 모조리 장악하는 데 성공했다. 그들은 역사교과서 국정화를 주도하고 공영방송을 어용방송으로 전락시켰다. 그들이 노린 것은 국민의 정신까지 지배한 유신시대의 부활이었다.

특히 공안검사 출신인 고영주는 문재인을 공산주의자로 매도할 만큼 극도로 우편향돼 있지만 공정성이 생명인 공영방송 이사장 자리를 꿰찼다. 그는 방송문화진흥회 이사장으로서 방송문화를 진흥하기는커녕 MBC를 나락으로 떨어뜨렸다. 한직으로 밀린 무능한 인물도 자기 이념에 동조하면 요직에 앉히는 인사농단이 빚은 언론참사였다. 편파왜곡보도가 얼마나 심했으면 MBC는 광화문 집회현장에서 생방송조차 진행할 수 없을 정도로 여론의 뭇매를 맞고 있다.

MBC는 세월호 참사 때도 현장에 맨 먼저 달려간 목포 MBC 취재진이 "160여 명밖에 구조하지 못했다"고 보고했지만 서울 보도본부가 무시함으로써 '전원구조'라는 초대형 오보를 바로잡을 기회를 놓쳤다. 저널리즘의 표준만 지켰더라도 정부의 초기대응 속도가 빨라져 구조된 인원도 늘었을 터이다. 박근혜가 3차 담화에서 엉뚱하게도 언론 탓을 했지만 그런 언론을 만든 총책임자가 바로 자신이다.

정권 초기와 말기가 전혀 다른 검찰

박근혜 정권의 국정농단은 정치적 중립을 지키고 사회를 감시해야 할 검찰을 오히려 정치검찰로 악용한 데서 비롯된 것이다. 김기춘과 함께 공안통치의 상징이 된 인물은 '리틀 김기춘' 소리를 듣는 황교안이다. 그는 경기고 동기인 이종걸과 노회찬이 유신반대 유인물을 뿌릴 때 유신체제를 옹호하는 학도호국단 연대장이었으니 일찍부터 유신이 길러낸 '인재'였던 셈이다.

민주주의를 유린하고 독재를 지탱하는 핵심 인물 중에는 법대 출신이 많다. 7인회 멤버도 다섯이 서울법대 출신이고 둘이 육사 출신이다. 육사와 법대 출신, 곧 '육법당이 유신체제를 지탱한다'는 말이 있었는데 유신이 선포되고 44년이 지나도록 우리 사회는 공안세력의 손아귀를 벗어나지 못하고 있는 것이다.

진경준, 김형준 등 검찰비리 연루자뿐 아니라 노무현을 죽음으로 몰고 간 우병우와 이인규도 모두 서울법대 출신이다. 그러고 보니 촛불집회에 기름을 끼얹는 막말의 주인공 김진태도 서울법대 출신이다. 국회가 탄핵을 가결해도 최종관문인 헌재의 소장으로 버티고 있는 박한철 역시 서울법대와 대검 공안부장 출신이다.

박정희·전두환 시대를 산 7080세대들은 전공과 상관없이 사회과학 서적을 탐독하곤 했다. 그런데 서울법대 다니는 친구의 집을 방문했다가 깜짝 놀란 적이 있다. 고시서적 말고는 일절 책이 없는 게 아닌가? 다른 책은 고시공부에 방해가 된다나?

우리는 반 세기 동안 그런 수준의 사람들이 지배하는 사회에 살아왔다. 서울법대는 홍성우·황인철·조준희·조영래 같은 인권변호사를 비롯해 소신껏 일하는 법조인도 많이 배출했지만 독재에 기여한 부분은 깊이 반성해야 한다. 서울중앙지검장이 지휘하는 특별수사본부가 힘을 좀 내니까 검찰을 향한 분노가 누그러지고 기대감도 생겼다. 그러나 〈한겨레〉 등이 오랜 기간 특종보도를 이어가도 꿈쩍하지 않았던 게 바로 그 조직이다.

검찰은 늘 정권 초기와 말기에 전혀 다른 태도를 보여왔다. 이번에도 수사검사들은 비서관이 박근혜와 전화한 내용을 들고 "어쩌면 저렇게 무능할까"라는 반응을 보였다는데, 그들은 그동안 어디에 유능했던가? '권력의 시녀' 소리를 들으며 체제 유지에 앞장서다가 국정파탄과 레임덕 현상이 생길 때쯤에야 민심에 밀려 수사에 착수하곤 했다.

최악의 조합, 유신잔당+언론

이런 검찰의 행태를 똑같이 반복해온 게 언론이다. 모든 언론이 지금 최순실-박근혜 커넥션을 비난하고 있지만, 그들의 국정농단을 조장한 게 누구인가? 하나만 예를 들어보자. 최순실이 '박근혜 인형'에게 한복을 입혀 외교무대에 세우고 빨간 옷을 입혀 '투자활성화복'이라 선전할 때 보수언론은 '패션외교'니 '패션정치'니 하면서 얼빠진 행태를 오히려 부추겼다. 〈동아일보〉는 무려 4개면을 펼쳐 '박근혜 패션 프로젝트'를 내보내기도 했다.

누가 뒤에서 조종하는지는 몰랐지만 아무래도 '무당끼'가 끼어든 것 같아 취임 1주년 무렵 세명대 저널리즘스쿨 학생에게 "도대체 얼마나 많은 옷을 갈아 입었는지 박근혜 사진을 전수조사해 〈단비뉴스〉에 보도해보라"고 했다. 그랬더니 공식석상 의상만 1년 만에 무려 122벌! 희대의 인형술사 최순실은 자신의 꼭두각시가 꼬까옷을 입고 자신이 주입한 메시지로 세상을 뒤흔들 때 얼마나 희열을 느꼈을까?

박근혜 정권은 공영방송 어용화에 그치지 않고 비판언론에는 툭하면 소송을 제기해 재갈을 물리려 했다. 극우언론에는 재정 지원을 퍼붓고, 종편에는 특혜를 아끼지 않았다. 탄압과 회유의 수법들은 괴벨스의 나치 선전체제와 유신체제에서 배운 언론대책이었다. 자발적으로 박근혜 정권 창출과 유지에 헌신한 언론이 많았던 게 차이라면 차이였다. 사실 유신 때도 언론자유가 있었더라면 유신잔당들이 독재자의 딸을 내세워 재집권하는 일은 없었을 터이다. 그나마 그 누구도 청산하지 못한 '박정희 신화'를 딸이 일부라도 허물고 있는 것은 다행이다.

재벌이 '피해자'라고?

'박정희 신화' 중 아직도 기승을 부리는 것은 개발주의와 재벌에 특혜를 주는 성장지상주의다. 박정희는 물론 공과가 있는 인물이지만, 지금은 그 폐해가 크다. 개발주의는 '생태' '환경' 등 참신한 주제로 포장한 신개발주의로 둔갑해 4대강을 오히려 망쳐놓는 것으로, 성장지상주의는 재벌의 비리를 눈감아주고 특혜를 주는 정경유착으로 재림했다. 최순실-박근혜 게이트의 검찰 공소장을 뜯어보면 재벌은 모두 '피해자 롯데' 식으로 표현되어 있다.

그들이 정말 피해자인가? 삼성은 '2백억+a'의 푼돈으로 '이재용 세습'으로 가는 관문인 삼성물산과 제일모직 합병문제를 통과했다, 국민 대부분이 가입한 국민연금에 수천억 원의 손실까지 끼치면서. 그동안 수백조 원 삼성그룹을 물려받으면서 고작 수백억 원 상속증여세만 낸 것은 정경유착이 아니고는 설명할 수 없는, 사실상 조세포탈의 범죄다.

유신체제의 최대수혜자였던 유신잔당 중에서도 '친박' 정치인들은 '시민혁명'에 맞닥뜨린 지금도 반전을 꾀하려고 온갖 술수를 부리고 있다. 생존에만 급급하는 정치낭인은 물론이고 진정한 보수의 가치가 훼손되는 것을 걱정하는 일부 정치인까지 회유해 일단 탄핵을 저지하려 든다.

현대사를 뒤돌아보면 해방은 친일파의 재집권으로 의미가 반감됐고, 4.19혁명은 5.16쿠데타로 뒤집혔다. 6월항쟁은 유신잔당의 반간계(反間計)에 민주진영이 분열하면서 쿠데타 세력의 재집권으로 귀결됐다. 민중은 비주류인 노무현을 대통령으로 만들었으나, 그는 탄핵 파동 끝에 간신히 임기를 이어갔고 결국 검찰과 언론의 흉기에 숨졌다. 하긴 노무현도 박정희가 키워놓은 삼성재벌의 영향권 안에 있었다. 김대중도 유신잔당의 보스인 김종필과 손을 잡고서야 정권교체를 할 수 있었을 정도로 유신의 뿌리는 깊고 넓게 퍼져 있다.

민주공화국은 관용으로 건설되지 않는다

청산되지 않은 역사는 반드시 반복되고 부역자는 다시 부역한다. 일제 때 순사였던 친일파 최태민은 '빨갱이' 잡는 경찰로 변신했고 각종 종교 지도자로 변신을 거듭하면서 두 가문 2대에 걸쳐 국정을 농단했다. 반민족행위특별조사위원회에서 풀려난 친일 헌병 박종표가 마산경찰서 경비주임이 되어 김주열 학생의 눈에 직격으로 최루탄을 쏜 것은 드라마보다 더 슬픈 우리 역사다.

페르낭 브로델은 역사학과 구조주의를 결합했다. 그가 보고자 한 것은 역사적 사건이나 현상들과 함께 흐르면서 그 이면에 숨어 있는 장기적 구조였다. 한국 사회는 36년간의 친일을 청산하지 못했고 그보다도 더 오랜 기간 한국 사회를 지배해온 유신잔당의 기득권체제를 극복하지 못했다. 민주공화국은 관용으로 건설되지 않는다. 알다시피 상록수의 가사는 이렇게 끝난다. 이번에는 소망이 이뤄질까?

우리들 가진 것 비록 적어도
손에 손 맞잡고 눈물 흘리니
우리 나갈 길 멀고 험해도
깨치고 나아가 끝내 이기리라

3 '귀태 박근혜체제' 낳은 건 언론

'철의 여인'에 대한
환상을 깨라

"정신병원에 들어온 걸 환영합니다." 영화 「철의 여인」에서 초선의원이 된 마거릿 대처가 처음 등원하자 선배 의원이 던진 말이다. '정신병원' 소리를 들을망정 영국 의회에서 우리 정치인이 배워야 할 것은 국민을 상대로 거짓말을 하지 않는다는 점이다. 우선 보수·진보 양당 정치의 전통이 뿌리내린 덕분에 선거 때마다 이합집산하고 당명을 바꾸고 실현 불가능한 거짓말을 할 필요가 없다. 거짓말을 했다가는 정치인의 정직성을 엄하게 추궁하는 언론보도로 가차없이 정계에서 추방된다.

유권자는 정치인의 공약을 믿고 투표를 하는데 사실상 실천 불가능한 공약을 내놓는 것은 '사기'에 가깝다. 경제 메시아 대망론에 편승한 '747 공약'은 사기성이 농후했다. 경제부 기자를 포함한 '이코노미스트'는 상당수가 '747 공약'의 실천이 어려울 줄 알았다. 그러나 '이명박 대통령'을 통해 '잃어버린 10년'에서 벗어나려던 보수언론의 담론활동과 진보언론의 소극적 대응으로 '국민사기극'이 성사되고 말았다.

실은 나도 대통령선거 며칠 전 KBS 라디오 '박인규의 집중 인터뷰'에 출연해 미디어 선거의 문제점을 지적하면서 좀 더 과감하게 말하지 못한 게 후회된다. "747 공약이 가능하다고 보느냐"는 질문에 '사기'라고 말하려다가 '환상'이라는 방송용 표현으로 순화하고 만 것이다.

이번 총선의 공약과 공천자 면면들, 그리고 언론의 보도태도를 살펴보면 국회 개원 뒤에 유권자들은 또 속았다고 한탄할 게 분명하다. 언론은 무엇보다 공약의 실천 가능성과 그 공약이 누구를 대변할지 따져야 하는데, 1·2등 후보 위주의 여론조사 결과나 그들의 시장 방문 등 동정을 보도하는 데 집중한다. 그러니 유력 정치인들은 정책보다 홍보에 인력과 돈을 집중하고 캠프마다 전·현직 언론인이 득시글거린다.

한나 아렌트의 말대로 정치의 절반은 이미지를 만드는 것이고 나머지 절반은 사람들이 그 이미지를 믿게 만드는 것이라면 우리 언론은 그런 정치의 충직한 동반자들이다. 특정 정당이 다수당이 됐을 때 어떤 세상이 펼쳐질지 실상을 구체적으로 그려내지 못하니 대중은 자신의 이해관계를 대변해줄 정당 대신 기득권 정당에 투표하는 '계급 배신'을 하게 된다.

〈한겨레〉가 한겨레사회정책연구소와 함께 '눈높이 정책검증'(3.19,23)을 시도한 것은 유권자 편에서 공약을 분석했다는 점에서 참신했다. 몇몇 사설과 칼럼, '총선 이슈 분석'(3.27) 등을 통해서도 나름대로 의제활동을 해왔다. 그러나 분량이 충분치 못했고, 여당의 재집권 논리를 부수는 데 힘이 부친다는 느낌이었다.

여당과 보수언론이 띄운 문재인-손수조 대결구도와 '젊은 피' 프레임에도 〈한겨레〉가 과도하게 관심을 보일 필요가 있었을까? 〈한겨레〉는 어느 신문보다 빨리 긴급여론조사를 실시해 부산 사상구를 '빅매치 지역'에 넣었고(3.5), 6면 머리로 "손수조, 젊은이들 희망 줄 것"이라는 기사와 문재인 후보 관련 기사를 대비시켰다(3.14).

또 여당의 'MB 차별화' 전략에 효과적으로 대응하지 못했고, 이명박 정권보다 더 퇴행적인 수구정권이 탄생할 가능성을 지적하지 못했다. 2007년 한나라당 대선후보 경선 때 그중에서는 그래도 '이명박 후보가 가장 진보적'이라는 평가를 받았던 대목에 유의할 필요가 있다.

지난번 칼럼에서 재벌개혁과 관련해 주로 민주통합당을 비판했으니 이번에는 여당이 재집권했을 때 어떤 일이 벌어질지 예상해보자. 새누리당은 '국민과의 약속'에서 '복지, 일자리, 경제민주화'를 천명하고, 전국에 내건 현수막에도 그것을 부각시켰다. 결론부터 말하면 새누리당이 '약속'을 모두 실천할 가능성은 없다고 본다. 부문별로는 이명박 정권보다도 더 후퇴할 조짐들이 많다.

우선 경제민주화는 한참 뒷걸음칠 가능성이 높다. 박근혜 비상대책위원장을 둘러싼 경제학자들은 대개 재벌개혁과 거리가 먼 시장만능주의자들이다. 나성린·유승민·유일호 의원 등이 지역구 공천을 받은데다 안종범·이만우·김현숙 교수 등이 대거 가세했다. '줄푸세', 곧 '세금은 줄이고 규제는 풀고 법질서는 세우자'고 줄기차게 주장하던 이들이 갑자기 부자증세, 재벌규제, 공안통치 완화로 돌아선다는 것은 상상하기 어렵다.

박 위원장 자신이 재벌개혁에 전혀 뜻이 없어 보인다. 재벌의 폐해를 줄이자는 사람들을 "대기업 해체를 외치는 세력"으로 싸잡아 매도했다. 비상대책위원장을 맡은 직후만 해도 '재벌은 바뀌어야 한다'더니 상황이 조금 호전되자마자 말을 바꾸는 판국에, 집권한다면 그 결과가 어떻게 되겠는가.

부자증세 의지가 없다는 사실은 지난해 말 박 위원장의 반대 발언 한마디에 버핏세가 무산되는 과정에서 드러났다. 부자증세가 없다면 결국 복지도 어려워진다. 오히려 복지 재원을 마련한다는 명분으로 이익이 많이 나는 인천공항이나 KTX 등을 거대자본에 넘겨줄 가능성도 있다.

일자리 창출 역시 고용이 줄어드는 재벌경제체제에 의존한다면 이명박 정권의 전철을 답습할 것으로 보인다. 박정희 대통령 이래 토건을 중시하는 발전모델도 이어받을 것 같다. 박 위원장은 이명박 정권조차 타당성이 없다고 포기한 동남권 신공항도 재추진하겠다는 의지를 밝혔다.

박 위원장은 한나라당 대권주자 시절 "대처 총리처럼 대한민국병을 고치고, 귀족노조의 불법파업이나 시위에 단호하게 대처하겠다"고 말했다. 대처의 치명적 결함은 사회적 약자를 비롯한 반대자의 의견에 귀를 기울이지 않은 데 있었다. 박 위원장 또한 상대방 의견을 "토 달지 말라"는 한마디로 일축한다.

차이도 있다. 대처는 식품가게 주인 딸로 태어났지만, 박 위원장은 대통령 딸이었다. 외국을 오갈 때는 정치인들이 공항 귀빈실을 가득 메운다. "나오지 말라"는 한마디면 없어질 구태인데 오히려 즐기는 듯하다. 소위 '민주화 시대'의 '권위주의적 대통령'. 어쩌면 그런 대통령 탄생의 징검다리가 될지도 모르는 총선이다. 진보언론의 책임이 무겁다. (한겨레 2012.3.27)

"박근혜 불쌍하잖아요"
그것으로 선거 끝

새누리당 이준석 비상대책위원이 '앵그리 버드' 인형을 들고 박근혜 위원장 바로 옆에 앉아 개표방송을 보는 장면이 언론의 집중조명을 받았다. 이에 앞서 홍준표 전 대표는 '홍그리 버드'로 분장해 새누리당의 '파격적 변신'을 홍보했다. 언론들은 '청년의 귀여운 행동' 또는 '전 대표의 헌신' 정도로 보아 넘겼으나, 두 장면에는 고도의 홍보선전술이 숨어 있다.

'앵그리 버드'는 핀란드 게임업체가 만든 캐릭터로 '알을 훔쳐 먹는 돼지에게 화를 내는 어미 새'를 그린 것이다. 여기서 돼지는 기득권층을 상징한다. 원래 '부자 정당' 하면 한나라당을 연상했는데, 새누리당은 그런 이미지에서 멋지게 탈출했다. 99%가 화를 내야 할 판국에 1%가 오히려 '앵그리 버드'를 자처하고 나선 것이다. 수세를 공세로 전환하는 적반하장의 수법이다.

파란색을 상징색깔로 삼던 한나라당은 새누리당으로 개명하면서 유럽 등지에서 진보당을 상징하는 빨간색까지 차용해 버렸다. 영국 노동당은 1900년 창당 이래 빨간색을 상징색깔로 써왔고 보수당은 파란색으로 맞서왔다. 우리나라에서는 '레드 콤플렉스'를 피하기 위해 민주노동당이 주황색, 통합진보당이 보라색을 쓰는 사이, 보수정당이 마케팅 효과가 가장 크다는 빨간색을 선점한 것이다.

새누리당의 전략은 일단 전선을 복잡하게 만드는 데 성공했다. 1% 부자와 99% 서민의 현실이 너무나 다른 양극화 시대에 피아 구분마저 모호해진 것이다. '이념의 시대가 갔다'고 끊임없이 써댄 보수언론의 주장이 실현된 걸까?

〈한겨레〉와 한국사회여론연구소의 대선 여론조사 결과를 보면, 새누리당의 이념성향을 진보로 본 응답자가 25.4%에 이르고, 중도 19.3%, 모름·무응답 5.8%, 보수 49.5%로 나타났다. 이 점에 〈한겨레〉 보도(3.23)가 주목하지 않았으나, 겨우 절반 정도만이 새누리당을 보수정당으로 바로 알고 있다는 사실은 충격적이다. 그러나 유권자의 이념성향은 진보(36.4%)와 중도(34.6%)가 보수(26.1%)를 압도하고 있는 것으로 나타났다. 이는 진보 또는 중도인 사람이 압도적으로 많은데도 무조건 또는 무지로 새누리당을 지지하는 '계급배신'이 광범위하게 일어나고 있음을 말해준다.

이번 총선 결과를 놓고 언론은 야권연대의 전략 부재와 지도부의 무능을 신랄하게 비판했으나, 언론의 책임 또한 가볍지 않다고 본다. 정당의 정책 검증이나 후보의 정치적 자질 대신 이미지 선거를 부추긴 보수언론에 견주면 〈한겨레〉는 그런대로 선거보도 원칙을 지켰다고 할 수 있다. 그러나 정도의 차이는 있었지만 대선 주자들 동선 위주 보도 행렬에서 열외가 없었다.

이미지 선거에서 발군의 실력을 뽐내고 득을 본 것은 박근혜 위원장이었다. 부모를 모두 총탄에 잃고 이명박 정권 실세 등 '마초'들의 핍박을 받으면서도 그 당을 재건하기 위해 손에

붕대를 감고 전국을 뛰는 모습은 인기 드라마 주인공 이상이었다. 분위기를 파악하기 위해 유세장에 들렀다가 나이 든 남녀 청중에게 '왜 박근혜를 지지하느냐'고 물어보았다. "불쌍하잖아요." 그것으로 '선거 끝'이었다. 스포츠스타든 정치인이든 팬이 되는 것은 이성이 아니라 감성에 좌우된다.

"제주해군기지, 한미FTA, 모두 자기들이 시작해놓고 말 뒤집는 야당에게 어떻게 나라를 맡기겠습니까?" 박 위원장의 연설 내용은 전국 어디서나 거의 똑같았고 그가 던진 메시지는 그의 내면적 깊이나 한국 사회 주요 이슈에 대한 소신을 제대로 알 수 없을 만큼 단순한 것들이었다.

한명숙·문재인 등은 노무현 정부의 적장자들이었으니 참여정부의 업적만 물려받을 게 아니라 과오에 대해서도 반성하고 선거에 임하는 게 옳았다. 그런 절차 없이 선거판에 그 이슈들을 끌어들인 것 자체가 모순이다. 야당 지도부가 강원·충청도를 소홀히 한 채 한명숙 대표가 제주도를 두 번이나 방문한 것은 상대방 선거운동을 도와주는 격이었다. 〈한겨레〉도 한미FTA와 제주해군기지 문제를 계속 이슈화했는데, 옳고 그름을 떠나서 총선 국면에서는 보수표 결집을 부추겼을 가능성이 높다.

말이나 이미지를 장악하면 그것이 진실이든 아니든 강제력 없이도 자발적 복종을 이끌어낼 수 있는 게 헤게모니 싸움이다. 나치 선전상 괴벨스가 말한 대로 승리한 자는 진실을 말했느냐 따위를 추궁당하지 않는다. 괴벨스는 "위기를 성공으로 이끄는 선전이야말로 진정한 정치예술"이라고 말했는데, 지금 한국 상황을 보고 한 말처럼 들릴 정도다.

언론들은 '유권자가 차려준 밥상을 야당이 차버렸다'고 비판하지만, 언론 역시 '차려진 밥상' 보듯 선거판을 읽은 느낌이 든다. 〈한겨레〉는 정치전문가 패널 28명 중 22명은 민주통합당, 5명은 새누리당이 제1당이 될 것으로 전망한다고 보도했다(4.9). 결과적으로 오보가 됐는데 보수층 결집에 기여했을 수도 있다.

여론조사나 전문가조사에 의존하는 판세분석 보도는 왜곡된 여론을 더욱 증폭시키거나(밴드왜건 효과), 불리해 보이는 쪽으로 표를 결집시키는(언더독 효과) 현상을 초래하기 때문에 선거를 통한 '진정한 민의' 수렴에 장애가 된다. 흥미롭게 보도하는 게 언론의 숙명일지 몰라도 BBC에 이어 〈경향신문〉이 판세보도를 자제하려 노력하는 것을 눈여겨봤으면 한다.

진보언론 보도에서 가장 아쉬웠던 점은, 보수정당이 다시 의회를 장악하면 계속될 한국 사회의 퇴행현상을 절실하게 설명해주지도 못했고, 의회권력이 교체됐을 경우 서민들의 살림살이가 어떻게 나아질지 그려주지도 못했다는 것이다. 막판에는 '김용민 막말 파문'을 최대 이슈로 만들려는 보수언론에 맞서 '문대성'과 '김형태' 이슈를 대서특필했는데, 부작용은 정책선거의 완전실종이었다. 재벌·언론·사법개혁과 양극화 해소 등을 향한 대중의 열망도 함께 사라졌다.

야당의 선거 패인 분석에서는 '중도가, 좌로 쏠린 야권연대 지지를 주저했다'는 식의 기사들(4.16 '총선평가토론회' 등)이 나왔다. '정권심판론 피로증이 패인'이라는 시각과 '안철수 이외 대안 없다'는 '주술적' 전망도 있었다. 그 패인 분석은 일

67

리가 있지만 향후 '정권심판론' 자체가 위축돼서는 안 될 것이다. 선거 사상 유례 없는 '야당심판론'이 대선에서도 먹혀들 가능성이 있다. 진실을 말한 패배자가 비판받는다면 괴벨스식 '정치예술'은 앞으로도 우리 정치판을 휘저을 것이다. (한겨레 2012.4.24)

'정치 가문'의 실패와
박근혜의 대통령 도전

미국에서 애덤스, 해리슨, 부시, 세 가문은 직계로 대통령을 둘씩 배출했다. 애덤스와 부시 가문에서는 부자 대통령이 탄생하고, 해리슨 가문에서는 손자가 또 대통령이 된다. 공통점은 가문의 두 번째 대통령이 선대에 훨씬 못 미쳐 '실패한 대통령'이 되고 말았다는 것이다.

해리슨 가문은 미국 대통령 선거를 타락시킨 것으로도 정치사에 남았다. 9대 대통령 윌리엄 해리슨은 선거를 정책이 아닌 쇼와 흑색선전의 대결장으로 만들고 당선된 첫 대통령으로 평가된다. 그는 테쿰세가 이끄는 인디언동맹을 잔인하게 토벌하고 정치적 기반을 닦았다. 인디언한테 경기도만한 땅을 강탈해 치부하고도 통나무집에 사는 서민으로 포장하고 선거를 치렀다. 처음 로고송을 도입해 전국을 누비는가 하면 폭로와 비방으로 이미지 선거전을 폈다. 그러나 취임식장에서 추운 날씨에 외투까지 벗고 100분 가까이 연설하다가 폐렴에 걸려 한 달 만에 죽었다.

대통령 할아버지와 상원의원 아버지의 후광으로 대통령 후보가 된 벤저민 해리슨 역시 흑색선전으로 영국계와 아일랜드계 유권자를 이간질하고 상대 후보를 매도해 대통령에 당선됐다. 그러나 그도 잇단 정책 실패로 지지자들마저 실망시키고 말았다. 흑색선전과 이미지 선거에 결정적 구실을 한 것은 진실 보도를 외면하고 이미지 만들기에 앞장선 미국 언론이었다.

2012년 한국에서 벌어지고 있는 대통령 선거에도 시대와 나라가 다를 뿐 놀랄 만한 유사성이 발견된다. 대통령 딸이 유력 후보로 등장했을 뿐 아니라 흑색선전과 이미지 선거 양상도 흡사하다. 박정희 대통령은 강탈한 재산으로 정수장학회와 영남대재단을 만들었으면서도 '청렴한 이미지'로 남았는데 비극적 최후를 맞이한 것 또한 윌리엄 해리슨을 닮았다. 권력의 '세습'을 돕기 위해 유수 언론이 후보의 이미지 만들기에 적극적인 것도 기시감이 있다.

선대 대통령의 공과가 뚜렷하면 그 공적이나 과오 자체가 선거 이슈로 떠오르기 마련이다. 그러나 박근혜 후보는 아버지 후광효과를 최대한 누리면서 과오에 대해서는 얼버무리려 든다. 그 대신 말꼬리 잡기와 흑색선전으로 국면을 전환하려 한다. 북방한계선(NLL) 논란이 대표적이다.

이때 정론지의 역할은 역시 진실 추구다. 북방한계선을 둘러싼 논란에서 중요한 진실은 녹취록의 유무가 아니라 북방한계선의 성격이다. 그 성격 규정에 따라 남북관계가 더 경색될 수도 있고 해빙의 계기가 될 수도 있다. 그럼에도 새누리당과 보수언론은 노무현-김정일 회담 당시 '비밀 녹취록'이 있었다며, 특히 청와대 비서실장이던 문재인 후보에게 이념공세를 폈다. 그들은 대통령 후보들에게 월북을 막기 위한 북방한계선이 영토선임을 인정하라고 윽박지르고 있지만, 그거야말로 진실과 거리가 먼 흑색선전이다. 새누리당의 뿌리인 김영삼 정부는 물론이고, 그 선을 그은 미국 정부조차 영토선이 아닐뿐더러 국제법에 반하는 것이고 '북방한계선 사수'는 한미 상호방위조약 적용 대상이 아니라고 밝힌 바 있다.

그러나 〈한겨레〉는 새누리당과 보수언론이 만든 프레임에 말려들어 녹취록이 없다는 주장을 전달하는 데 치중하면서, 일부 진보매체에 견주어 북방한계선의 성격을 이슈화하는 데는 소홀했다는 느낌이 든다. 사설에서도 녹취록의 존재를 부인하는 데 중점을 두고, '국회 해당 위원회가 자료를 요청해 비공개로 보면 될 것'(10.11)이라 했는데, 남북관계의 미래를 위해 바람직한 주장이었는지 의문이다. 〈한겨레〉는 지난 2007년 '북방한계선이 영해선이라고 한다면 위헌적 주장'이라는 서주석 전 청와대 안보수석의 기고문(8.28)을 실어 보수언론과 대립각을 세운 적이 있는데, 이번에는 그런 '전의'가 안 보인다.

북방한계선을 영토선으로 보는 것은 국익에도 손해나는 일이다. 지금 서해 북방한계선 근해에서 남북 대치 국면을 틈타 '어부지리'를 챙기는 이는 중국 어부들이다. 1980년 백령도 레이더기지에서 해군장교로 복무할 때 어선 통제 업무도 맡았는데 어민들에게 들은 푸념이 "남북이 함께 조업하는 날이 오면 얼마나 좋겠느냐"는 것이었다. 북방한계선 근해는 특히 고기가 많았는데, 남북의 병사들에게는 접적해역이지만 고기들에게는 안전지대였던 셈이다. 어민들의 오랜 소망이 노무현-김정일 회담 때 남북공동어로수역으로 성취되는 듯했지만 헛된 꿈이 되고 말았다.

일본과도 독도 근해를 공동어로수역으로 설정해놓은 터에 같은 민족끼리 그것 하나 합의보지 못하고 있다. 사실 영토선조차도 국가 간에 중요한 것이지 언젠가 통일될 민족 내부에서 영토선을 다투는 건 긴 역사적 안목으로 보면 별 의미가 없다. 삼국시대에 국경이 어디였는지 지금 와서 뭐 그리 중요한가?

유신시대 재조명과 관련해서는 〈한겨레〉가 정수장학회 이사장과 MBC 간부들의 비밀회동과 대화록을 특종보도(10.13, 15) 함으로써 장학회와 박근혜 후보가 어떤 유착관계인지를 파헤치는 개가를 올렸다. 그러나 유신시대의 시작(10.17)과 끝(10.26)이 모두 들어 있는 10월에 유신시대의 참혹한 정치사회상을 취재해 내보내는 연재물 하나 없었던 것은 아쉬웠다.

〈한겨레〉는 한홍구·안병욱·강만길 교수 등 주로 역사학자들이 쓴 연재물을 내보내긴 했다. 그러나 유신은 박근혜 후보의 말처럼 역사에 맡길 게 아니라 현재진행형이란 점에서 집중조명이 필요하고, 기자들이 직접 나설 사안이었다. 당시 끔찍한 고초를 겪고도 가슴속으로만 끙끙 앓아야 했던 사람이 한둘인가? 그들이 살아있을 때 언론이 증언을 들어두어야 역사학자들이 '사초'로 활용할 게 아닌가?

노동자나 대학생으로서 유신을 뼈저리게 체험한 세대는 지금 50대 중반 이후다. '유신의 퍼스트레이디'가 대통령 자리를 넘보는 오늘의 사태는 시간의 흐름 속에 고통을 기억하는 이가 적어진 탓이 크다. 〈한겨레〉는 유신시대의 진실 규명보다 박근혜 후보에게 사과를 요구하는 데 목소리를 보탰는데 그렇게 해서 얻어낸 결과가 무엇인가? 그의 신념이 바뀌었을까?

'민족중흥의 지도자였던 아버지와 어머니를 비명에 보낸 고아, 결혼도 하지 않고 가정을 지켜온 처녀 가장, 그러고도 웃음을 잃지 않는 고상함, 이명박 정권의 박해 속에서도 여당을 지켜낸 '선거의 여왕', 거기에 아버지의 과오를 반성하기까지!' 어떤 인생도 뺄 거 빼고 묘사하면 감동의 드라마가 된다. 박근혜 후보가 대통령이 된다면 보수언론의 이미지 만들기와 진보언론의 직무태만이 만들어낸 합작품일 것이다. (한겨레 2012.10.30)

박근혜 후보는 왜 '국민 불행'을 추진하나

'역사는 반복된다'는 금언은 쓰라린 역사를 가진 이들에게는 저주나 다름없다. 나라 경제가 국제통화기금(IMF)과 국제금융자본의 손아귀에 떨어지기 1년 전인 1996년의 우리 모습이 지금과 흡사했다. 당시 한국 경제의 위기요인은 순환출자에 의한 재벌의 선단경영과 과잉중복투자에 있었다. 그런데도 재계는 노동자의 임금을 위기의 주범으로 몰아 김영삼 정부로부터 '임금총액 동결 선언'과 함께 경기부양책을 이끌어냈다.

언론의 태도 또한 달라지지 않았다. 지금의 '한국경제 사막화' 담론은 〈한겨레〉도 보도했듯이(11.12) 과거 '경제위기론'의 수많은 버전 중 하나일 따름이다. 〈한겨레〉 재직 때 경험한 바로는 96년에도 대부분 언론이 선정적으로 위기론을 증폭하며 정부 경제팀에 경기부양책을 촉구했다. 〈한겨레〉는 '경제팀은 조바심 갖지 말라'(96.6.29 사설)며 단기부양책을 경계하는 목소리를 냈으나 대세를 돌리지는 못했다. 그나마 안정적 성장을 추구하던 나웅배 부총리팀은 결국 한승수 팀으로 경질되고 '경기종합대책'이 발표됐다. 재벌개혁은 손도 못 대 외환위기를 자초했다.

김대중 대통령은 'IMF 처방'을 충실히 따르면서 절호의 재벌개혁 기회를 놓쳤고, 노무현 대통령은 삼성과 손잡고 "권력이 시장으로 넘어갔다"는 말까지 했다. 재벌을 섬겼던 이명박 대통령 집권기에 서민들의 경제상황이 얼마나 피폐해졌는지는 말할 필요도 없다. 재벌은 여전히 한국 경제의 견인차 중 하나임을 부인할 수 없으나 그들의 상당수는 중소기업과 서민경제의 동반자가 아니라는 사실 또한 명백해졌다.

'청년백수' 1백만과 비정규직 6백만에 가계부채는 1천조 원에 이른다. OECD 회원국 중 한국은 저임금 노동자 비율 1위에 사회복지지출 비율은 꼴찌 수준이고, 노동시간과 산재사망률은 모두 1위다. 그러니 40대 암사망률 세계 1위에 세계 최고 자살률과 최저 출산율을 기록하는 나라가 '대한민국'일 수밖에 없다.

영국 〈가디언〉과 〈인디펜던트〉는 양면 또는 전면에 자주 초대형 그래픽을 넣어 인상적으로 담론활동을 하는데, 국가 비교 그래픽에서 한국은 1·2위 아니면 꼴찌에서 1·2위인 경우가 많다. 좋은 1위도 있지만 부끄러운 랭킹이 훨씬 더 많다. 한국이 얼마나 양극화해 있고 경쟁적이고 '빨리빨리 문화'에 젖어 있고 과로하는 사회인지 한눈에 알 수 있다.

이런 암담한 사회현실을 정치가 방치할 리는 없을 테니 총선 때까지만 해도 국민들의 여망이 컸다. 가장 보수적인 박근혜 후보가 경제민주화 이슈를 선점하고 김종인 씨를 국민행복추진위원장으로 영입했으니 누가 집권해도 재벌개혁은 이루어질 거라는 희망이 있었다. 보수정당의 변신에 대한 기대심리는 한 여론조사에서 '경제민주화를 잘할 것 같은 정당은 새누리당'이라는 결과가 나올 정도로 높았다.

박 후보를 통해서는 이루어질 수 없는 가상현실을 믿게 만든 것은 언론이었다. 경제민주화의 핵심은 재벌개혁인데 박 후보는 사실 애초부터 재벌개혁에 유효한 정책수단을 언급한 적이 없다. 논란과 갈등에 주목하는 언론의 속성상 김종인·이한구 등 여당 내 경제민주화 논쟁이 크게 부각되면서 새누리당이 그 주역으로 떠올랐을 뿐이다.

아니나 다를까, 김종인 위원장이 제시한 순환출자 금지 등 재벌개혁의 핵심 수단은 박 후보의 공약으로 채택되지 않았고 스스로 토사구팽 신세가 되고 말았다. 박 후보의 대통령 당선으로 재벌개혁이 또 좌절된다면 김 위원장은 결과적으로 재벌의 수호자였다는 오명을 들을 수밖에 없다. 헌법에 경제민주화 조항을 끼워넣은 공로자였던 그가 최소한의 명예라도 회복하려면 박 후보가 재벌개혁의 최대 걸림돌임을 선언해야 한다.

실은 재벌 중심 성장주의 정책의 본산인 보수당에 선거용 장식품으로 영입된 그가 모든 실세들의 저항까지 돌파하고 재벌개혁을 이룩할 거라고 본 언론의 해석이 원래 만화 같은 발상이었다. 여당 안에서 그나마 합리적으로 사고하는 경제관료 출신들조차 뒷전이고, 수십 년간 재벌 의존형 성장지상주의 경제의 이데올로그로 활약해온 김광두·안종범, 근본이 재벌 출신인 이한구·현명관 등이 주도하는 재벌개혁에 기대를 걸다니!

한국 정치사의 연장선상에서 오늘의 정치를 전망하지 못하고 경제사에서 현실경제의 교훈을 끌어내지 못하는 게 우리 학계와 언론계의 한계이기도 하지만, 〈한겨레〉는 종종 '인물의 역사'에도 어두운 면모를 드러낸다. 뉴스를 전망해주는 토요판 '다음주의 질문'에서 김종인·안종범을 '경제민주화론자'로 분류한 적도 있다. 그 기사(4.21)에서 '이들은 정부가 개입해 시장의 실패를 조정해야 공동체가 건강하게 유지된다고 본다'며 '재벌이 이런 사람들을 좋아할 리 없다'는 분석까지 덧붙였다. 그러나 성균관대 교수였던 안종범 의원은 대표적 신자유주의 경제학자로 2007년 대선 때도 박근혜 후보의 '줄푸세' 공약을 만든 주역이었다.

박 후보 진영은 신규 순환출자만 금지하면 된다고 하지만,

이는 암환자의 치료를 포기하고 그의 감기증세에 처방을 내리는 수준밖에 안 된다. 삼성 등 대재벌의 독과점과 한국 사회 지배는 현상유지가 아니라 더 강화되고 서민의 삶은 이명박 정권 때보다 더 팍팍해질 것이다. 공정거래위원회 설명을 보더라도 순환출자는 1%의 지분으로 계열사 지분 60%를 지배하는 '뺑튀기 기계'나 다름없다. 박 후보는 '투트랙론'이라는 이름으로 성장을 다시 들먹이고, "정치의 본질은 민생"이라며 전국의 시장과 산업현장을 방문하는 '민생쇼'를 몇 달째 벌이고 있다. 한국 경제의 치유책은 악수세례가 아니라 재벌규제를 비롯한 제도개혁에 있음을 진짜 모르는가? 그는 15년 국회의원 생활을 하는 동안 민생법안을 한 건도 낸 적이 없다. 총선 때 약속했던 개혁법안조차 여당의 반대로 계류중이니 유권자에 대한 배신은 이미 시작됐다.

결국 이명박에 이어 정책 없는 메시아적 선동에 대중이 또 넘어갈 가능성이 높아지고 있다. 경제민주화를 포기했으면 지지 후보를 바꿔야 하는데 메시아의 정치가 통하는 곳에서는 그게 불가능하다. 선거 전 열망이 선거 후 실망으로 바뀌는 것은 예정된 코스다. 국회를 장악한 터에 박근혜 후보가 대통령이 된다면 국민의 행복을 추진하기는커녕 불행을 가중시킬 수 있다. 메시아의 허상을 벗기고 실상을 말하는 언론의 역할이 더욱 절실해진 이유다. (한겨레 2012.11.27)

고장난
민주주의 제도의 비극

한국인들은 5년마다 받들어 모실 '임금'을 투표로 뽑는다. 임금도 잘못하면 축출되거나 왕조가 망할 수 있는데, 우리 대통령은 임기가 보장되고 악정을 저질러도 단임제이니 책임지지 않는다. 사실 민주주의가 착실히 뿌리내린 나라치고 대통령제를 택한 나라는 많지 않다. 미국의 대통령제는 의회가 강력하게 견제하고 지방분권도 잘되어 있다. 러시아도 대통령과 총리가 권력을 분점한다. 우리나라만큼 대통령 권한이 막강하면서도 책임성이 약한 정치체제는 선진국에서 찾아볼 수 없다.

'환호작약'과 '망연자실'. 대선이 끝나고 국민 감정이 이처럼 극단으로 표출되는 것은 바로 대통령제 자체의 모순 때문이다. 이번에도 표 차이는 3.6%에 불과하지만 가져가는 것은 전부 아니면 전무. 대통령이 직간접으로 인사권을 휘두를 수 있는 자리만도 7천~1만 개나 된다고 한다. 기관장으로 임명된 사람들이 또 수십만 명 물갈이를 해대니 대선이 사생결단의 전쟁이 될 수밖에 없다. 물갈이 규모로 본다면 조선시대 서인이 남인을 몰아낸 '경신대출척'이나 남인이 국면을 바꾼 '기사환국'도 약과다. 대축출이나 재집권이 5년마다 되풀이되는 것이 지금 정치현실이다.

더 큰 문제는 날로 다원화하는 사회에 대통령제가 부적절한 정치체제라는 점이다. 대통령제는 소수는 물론이고 국민 절반의 목소리마저 무시하는 한계를 안고 있다. 대선은 대통령을 뽑는 절차인 동시에 우리 사회의 온갖 이슈들이 활발하게 토론되는 공론장이다. 그러나 선거의 패자가 주장했던 의제들이 승자에 의해 수렴될 여지는 거의 없다. 지역간, 계층간, 세대간 갈등은 선거과정에서 해소되기보다는 증폭되는 게 상례다. 선거 결과는 보수든 진보든 한번은 희극으로, 한번은 비극으로 다가간다.

대선 이후 〈한겨레〉를 포함한 언론들이 '상생'과 '통합'을 말하지만 무슨 소용이 있으랴. 현실은 '상극'과 '분열'로 치달을 가능성이 크다. 〈한겨레〉는 사설에서도 '자신과 생각이 다른 사람이나 세력의 이야기를 충분히 듣고 국정에 반영해야 한다'(12.20)고 박근혜 당선인에게 촉구했다. 그러나 '좌빨정책'으로 몰아붙인 문재인 후보의 경제·복지·대북정책 등을 받아들일 가능성은 없다. 언론들은 반대표가 많이 나온 호남에서 총리를 발탁해야 한다고들 하지만, 김황식 총리에서 보듯, 구색 맞추기용 이상이 되기는 힘들다. 대통령제에서 총리는 승자독식의 적나라한 모습을 가리는 위장막인 경우가 많다.

승자의 선의에 기대는 상생과 통합은 대개 집권 초기에 시늉으로 끝난다. 여기서 제도적으로 그것을 보장할 필요성이 제기된다. 문재인뿐 아니라 박근혜 후보도 책임총리제와 분권을 약속했으니 제대로 하려면 개헌을 마다할 수는 없으리라. 벌써부터 공약을 다 지킬 필요는 없다고 말하는 기득권층에 맞서 〈한겨레〉가 개헌을 끈질기게 주창해야 하는 이유다. 진정한 보수라면 우리 사회를 지탱하기 위해 함께 제도개혁에 나서야 하지 않을까?

언론이 '국민의 선택'이라며 승자의 가치와 정책에 무조건 승복하라고 강요해서는 안 된다. 이번 대선은 고령화 사회의 또 다른 문제가 드러난 선거이기도 했다. 노인들의 의사는 존중돼야 하지만 과도하게 반영된 것 또한 사실이다. 역사적으로 기성세대가 전쟁을 결정하면 청년들이 피를 흘려야 했다. 세대투표의 패자인 상대적으로 젊은 층은 승자인 늙은 층의 아들딸이 아닌가? 좌절하는 청년들의 미래를 기성세대가 열어주지 않는다면 그 화는 끝내 모두에게 돌아간다.

분권형 대통령제는 책임총리를 헌법에서 보장한다. 대통령은 국민이 직접 선출하고 총리를 비롯한 각료는 의회에서 뽑는다. 50여 개국에서 채택하고 있는데 특히 동유럽국들이 민주화 이후 제일 많이 택한 정치체제라는 점에서 우수성이 입증됐다.

의원내각제는 민주주의 역사가 긴 나라에서 주로 택하고 있는 제도다. 내각제에는 협력적 통치의 정신이 가미되어 있다. 과반수 의석을 확보하지 못하면 연정을 해야 하고, 과반을 확보한 정당일지라도 의회에서 야당을 동반자로 삼지 않으면 통치가 어렵다. 내각제 국가에서는 보수·진보정당의 정책마저 상당히 근접해 있다.

대통령제의 모순은 국민 절반의 지지조차 못 얻은 정권도 전권을 행사한다는 것이다. 내각제라면 36.6% 득표율을 기록한 노태우 정부 대신 김영삼-김대중의 연정이 들어섰을 것이다. 531만 표 차이로 이긴 이명박은 선거인 대비 득표율이 고작 30.5%였는데도 5년간 전횡을 일삼았고, 국민은 그저 지켜볼 수밖에 없었다.

토론을 꺼리는 박근혜 후보는 의원내각제였다면 정권을 잡지 못했을 것이다. 영국에서는 장관들이 야당의 예비내각과 토론하며 정책경쟁을 하는 모습을 BBC 중계를 통해 늘 볼 수 있다. 매주 수요일 정오부터 30분간은 아예 'PMQs'(Prime Minister's Questions)라 하여 총리가 야당 당수들과 현안을 놓고 격돌한다. 영국인들은 이 토론들을 보면서 현안을 이해하고 정치인들의 능력을 가늠한다. 지지를 잃은 정권은 언제든 교체될 각오를 해야 한다.

단 한번 양자 토론으로 대통령을 뽑은 우리는 과연 민주주의 국가에 살고 있기나 한 건가? 그렇게 뽑힌 대통령이 임명한 총리와 장관들은 국민은 안중에 없고 대통령한테만 충성한다. 구청장도 선거로 뽑는 시대의 아이러니가 아닐 수 없다. 내각제에서는 요직에 누가 앉을 것인지 알고 투표하니 집권 후 '인사가 망사'가 되는 일은 없다. 논리보다 저주가 무기인 윤창중 씨 같은 극우논객이 대변인이 될 줄 알았으면 표를 주지 않았을 유권자도 꽤 있을 것이다.

살벌하게 말하는 사람은 지지자를 결속할 수는 있어도 상생의 정치는 불가능하다. 영국의 정치는 치열하게 토론하면서도 유머를 잃지 않는다. 윈스턴 처칠은 정치적 라이벌인 한 여성이 "내가 당신 아내라면 당신의 커피에 독약을 타겠다"고 하자 위트 있게 대꾸했다. "내가 당신 남편이라면 그 커피를 당장 마셔버릴 거요."

국민을 즐겁게 하는 정치, 소외된 이들의 눈물을 닦아주는 정치는, 전부 아니면 전무로 귀결되는 대통령제로는 불가능하다. 제도마다 장단점이 있지만 단점이 너무 많아 민주주의를 파괴하는 제왕적 대통령제를 방치한다면, 우리 미래는 암담할 수밖에 없다. 진보언론이 수수방관해서는 안 될 중대한 과제다. (한겨레 2012.12.25)

박근혜의 독배
'구별짓기 정치'

청소년들은 왜 '왕따'를 만들어 괴롭히는 짓을 일삼을까? 죽음까지 유발하는 철부지들의 행동에 어른들은 어이없어 하지만, 어른들 역시 적과 동지를 만드는 데 익숙하다. 나치즘에 이론적 토대를 제공했던 카를 슈미트는 저서 『정치적인 것의 개념』에서 '정치는 곧 적과 동지를 구별하는 것'이라 했다. 슬라보이 지제크 등 좌파 정치철학자들까지 슈미트를 자주 인용하는 것은 그가 인간의 본성과 정치의 내면을 잘 파악한 때문일 터이다. 그러나 나치즘이 끝내 붕괴했듯이 본성에 내맡긴 정치는 파멸에 이르기 십상이다.

취임 한 달째 지지율에서 박근혜 대통령이 꼴찌로 추락한 것은 적을 설정함으로써 권력을 유지해왔던 독재자들의 전철을 밟고 있기 때문이다. 선거국면에서는 '적'일 수 있는 상대편을 당선 뒤에도 포용하지 못한 탓이다. 그가 국민 절반을 여전히 '적'으로 본다고 판단할 근거는 정부 요직 인사에서 드러난다.

박근혜 인사의 결정적 코드는 도덕성이나 능력보다 충성도나 저돌성을 높이 친다는 건데, 그것은 격파해야 할 적대세력을 상정할 때 중시되는 참모 인선 기준이다. 나치 선전장관 괴벨스는 기자 채용시험에도 낙방했으면서 독설로 '공공의 적'을 만들어내는 데 능숙해 히틀러의 신임을 받았다.

박 대통령이 윤창중 씨를 '자신의 입'으로 삼은 이유도 짐작이 간다. 윤 씨는 대선 직후 국민을 '대한민국 세력'과 '반대 한민국 세력'으로 구별짓고, 박 당선인에게 "반대세력에 대해 섣부른 감상주의, 낭만주의에 빠져서는 절대 안 된다는 사실을 인식하고 '단칼'로, '한 방'으로 '박근혜 정권'을 세워야 한다"고 촉구하는 인터넷 칼럼을 썼다.

국민통합에 부적격자라는 숱한 비판에도 그를 인수위원회에 이어 청와대 대변인으로 재신임한 것은 박 대통령 스스로 반대세력에 대해 전선을 구축하고 싶었기 때문이라 볼 수밖에 없다. 가령 강성 노동운동에 대해서는 박근혜 자신이 적대감을 드러낸다. 그는 2007년 한 강연에서 "강성·귀족·비리노조"라고 지칭하며 "이들은 노동자가 아니라 공공의 적"이라고 규정했다.

야당과 진보언론은 정부 요직 후보자 중 12명을 낙마시켰으니 박 정권의 인사전횡에 상당한 제동을 걸었다고 자부할 수도 있다. 〈한겨레〉는 한만수 공정거래위원장 후보의 거액 국외 비자금계좌 운용과 세금 탈루 의혹(3.25)을 특종보도해 사퇴시키는 개가를 올렸다. 그리고 사설 등을 통해 대통령이 '인사 실패에서 교훈을 얻어야'(3.23) 하고, '사과해야'(3.26) 한다고 촉구했다.

그러나 '교훈'과 '사과'뿐 아니라 인사팀을 문책한들 크게 달라질 게 있을까? 인사 실패의 몸통은 박근혜 자신이다. 대선 직후 이 난에서 지적한 것처럼 '고장난 민주주의 제도의 비극'을 끝내려면 제도와 정치풍토를 바꿔야 한다. 내각제 개헌이 당장 어렵더라도 대안이 없는 건 아니다. 국민들이 투표권을 행사하기 전에 대통령 후보별로 '예비내각' 명단을 발표하게 언론이 유도하는 건 어떨까?

이 국면에서 야당과 진보언론이 간과하지 말아야 할 것은 인사 실패에도 불구하고 박 정권이, 정치적으로 반대편에 선 국민들을 적으로 돌리는 '대국민전선'을 형성하는 데는 별 차질이 없었다는 점이다. 청와대와 당의 요직을 강성 우파 정치인과 '뉴라이트' 출신 학자 등이 차지했고, 체제나 정권 유지와 관련된 정부 요직에 공안검사 출신과 극우 안보지상주의자가 대거 포진했다. 그들은 정권 반대세력을 '공공의 안전을 해치는 적'으로 몰아붙이는 데 익숙하다.

이한구 원내대표는 우파 언론까지 '종합비리세트'로 지적한 이동흡 헌재소장 후보에 대해 "좌파가 낙마시키려는 후보를 물러나게 할 수 없다"며 옹호했다. 이 후보는 끝내 사퇴했지만, 그것으로 나아진 게 무엇인가? 헌재 재직 시 이동흡과 거의 같은 보수적 의견을 냈던 박한철 후보로 선수교체가 이뤄졌을 뿐이다. 한술 더 떠 검사 출신이 처음으로 헌재까지 접수하게 된 것이다. 법무부 장관과 낙마한 차관이 강성 공안검사 출신이고, 인사검증을 맡은 청와대 민정수석과 민정비서관, 공직기강비서관이 모두 검사 출신이니, 검사, 특히 공안검사 최전성기가 도래한 것인가? 박만 방송통신심의위원장도 공안검사 출신이니 집권세력이 한국 사회를 규율하려는 조바심이 어느 정도인지 드러난다.

박 정권의 또 다른 축은 '안보지상주의'를 부르짖는 군부 강경파들이다. 육군참모총장 출신 둘이 청와대 참모로 발탁된 데 이어 국가정보원장에도 참모총장 출신이 내정됐다. 남재준 국정원장 내정자는 스스로 규정한 '좌파'에 극도의 증오심을 표출한 적이 있는데, 원세훈 전 원장보다 사상적 편향이 더 심한 인물이라 할 수 있다. 안보가 중요하지 않다는 게 아니라 국가 안보와 정권안보를 동일시하니 문제가 되는 것이다.

청문회 국면에서 〈한겨레〉가 좀 더 집중해야 했던 분야는 공직자로서 사상적, 정치적으로 편향돼 있지 않은지를 검증하는 일이었다. 공직자의 도덕성도 중요하지만 편향성이야말로 업무수행 과정에서 국민들에게 엄청난 영향을 줄 수 있기 때문이다. 반면 김병관 국방부 장관 후보가 천안함 사건 다음 날과 애도기간에 군골프장 출입을 했다(2.28)는 기사는 감정에 치우친 지엽적 보도라 할 수 있다. 그는 예비역이기도 하지만 현역일지라도 부대 내 계룡대골프장에 있는 것은 비상대기하는 거나 다름없지 않은가?

사상 검증을 비판하면서도 정부 고위공직자들의 사상적 편향성을 문제 삼는 이유는 그것이 국민을 상대로 사상 검증을 하려는 포석으로 파악되기 때문이다. 핵심요직을 차지한 이들의 면면을 보면 앞으로 5년간 한반도에서 이념갈등이 얼마나 더 고조될지 걱정된다. 안보라인과 공안라인은 이제 강경일변도로 북한을 대하고 남한을 다스리려 들 가능성이 높다.

국회가 이석기·김재연 의원의 자격심사를 하겠다는 것은 한국 사회가 다시 매카시즘의 광풍 속으로 들어가는 전조로 보인다. 그들의 대북관에 동조하지 않을지라도 우파 정당들이 합세해 소수의 입을 봉하려는 태도는 '말하는 집'이라는 뜻인 의회(Parliament)의 목적에 어긋난다.

1950년대 미국 사회에 몰아친 매카시즘을 걷어낸 종결자는 언론인이었다. 당시 CBS 방송진행자였던 에드워드 머로는 매카시 상원의원에 대한 심층보도를 통해 매카시즘의 허구성을 낱낱이 폭로했다. 그의 특집방송 마지막 코멘트가 인상적이었다. "반대와 (조국에 대한) 불충을 혼동해서는 안 됩니다." (한겨레 2013.4.5)

성공한 대통령은
언론과 사이가 나빴다

'대서양에 의해 뉴스 전달이 지연될 수밖에 없었던 환경이 1770년대 영국과 미국을 갈라놓은 한 요인이었다.' 언론사학자

미첼 스티븐스의 주장이다. 모든 인쇄물에 인지를 붙이도록 강요한 인지조례를 비난하는 결의문이 버지니아 하원에서 통과된 뒤 그 뉴스가 영국에 알려진 게 석 달 만이었다. 조세저항에 부딪혀 뒤늦게 인지세를 폐지했지만 그 뉴스가 미국에 전달되는 데 또 65일이 걸렸다. 정보 결핍이 식민지 사람들의 불만을 가중시켜 독립운동의 한 기폭제가 된 것이다.

인터넷과 방송이 실시간으로 뉴스를 전하는 21세기에도 한국의 언론 수용자들 사이에는 '대서양'만 한 간극이 있는 듯하다. 나라를 두 쪽 낼 정도로 보수와 진보 세력을 갈라놓은 주역은 저널리즘의 표준을 외면한 한국 언론이다. 두 세력에 속한 사람들 사이에는 대화와 공존은 없고 대립과 적개심만 있다. 우리 사회의 이슈를 둘러싼 상반된 주장의 근거는 자기가 선호하는 언론매체의 논조인 경우가 많다.

매체나 사람마다 견해는 다를 수 있고, 그것이 민주주의 사회의 바람직한 모습이기도 하다. 그러나 그 견해가 정보의 결핍 또는 왜곡에 근거해 일종의 집단의식으로 굳어진다면 문제는 심각하다. 특히 최근 국가정보원의 '선거개입'과 소위 '내란음모' 사건에 대한 종합편성채널 등 보수언론과 공영방송의 보도 태도는 '언론이 직접 정치를 한다'고 볼 만큼 정도를 벗어나고 있다. 〈미디어오늘〉 분석에 따르면 이들 매체는 국정원의 선거개입에 대해서는 축소·왜곡 보도를 해오다가 내란음모 사건은 과장·편파 보도를 하고 있다.

국정원이 터뜨린 내란음모 사건은 모든 이슈를 삼키는 블랙홀인데, 진정한 보수·진보 언론이 양립한 사회라면 집권당이 큰 정치적 이득을 얻기 힘든 사건이었다. 당장 〈뉴욕타임스〉는 '국내 정치에 개입한 혐의로 이미 충격을 준 국가정보기관이 다시 정치적 폭풍을 촉발시켰다'고 보도했다.

사실 청와대 비서실장과 민정수석이 온건파에서 공안검사 출신 강경파로 바뀌고 역시 공안통인 황교안 법무부 장관과 팀을 이뤘을 때 유신시대의 공안 사건이 재연되지 않을까 하는 걱정이 앞섰다. 김기춘 비서실장은 유신헌법의 산파였고, 민청학련과 인혁당 사건, 2·1명동구국선언 사건 등 수많은 내란음모 사건 때 중앙정보부 대공수사국 등의 요직에 있었다. 노태우 정부에서는 검찰총장이 되어 3백여 명의 시국사범을 구속하는 등 '공안정국 조성 전문가'로서 경력이 화려하다. 그런 그가, 걸려들기 딱 좋게 어설픈 짓을 한 사람들을 그냥 봐줄 리는 없었다.

그러나 이번 공안정국 조성은 김기춘 등을 불러들인 박근혜 대통령의 뜻이라고 보는 게 옳다. 대통령은 초연하게 러시아로 날아가 외교활동에 전념하고 있는 듯하지만, 공안정국이 누구의 '희망사항'인지는 기시감이 있다. 박정희 대통령은 '최후의 만찬'에서 김재규 중앙정보부장을 이렇게 힐난했다. "중앙정보부가 좀 매섭게 해야지. 야당 의원들의 비행(非行) 사실을 움켜쥐고 있으면 뭣해. 딱딱 입건해 잡아들여야 할 것 아냐."

아니나 다를까? 내란음모 사건은 국정원 선거개입은 물론이고 경제민주화와 복지 공약 포기 논란 등을 모두 집어삼키고 말았다. 대통령 '지지율'은 더 치솟을 가능성이 높다. 새누리당은 내친김에 민주당과 문재인 의원까지 '종북'의 파트너였다며 의원직 사퇴를 거론했다. 통합진보당 내 일부의 시대착오적 발언을 빌미로 매카시즘이 정치판을 휩쓸고 있다. 실행 가능성도 희박한 '생각'을 처단한다며 엄청난 정치적 '액션'을 실행한 것이다.

매카시즘의 본고장인 미국에서도 "생각이 아니라 행동만이 처벌될 수 있다"는 몽테스키외의 법사상을 받아들여 매카시즘의 광풍을 잠재운 지 오래다. 1919년에 이미 올리버 홈즈 대법원 판사는 '명백하고 현존하는 위험'이 없는 한 말과 언론은 보호돼야 한다고 천명했다. 국정원이 지난 5월 발언 내용을 입수하고도 검거에 나서지 않았던 이유는 '현존하는 위험'이 없었기 때문일 터이다.

언론은 이런 때일수록 기본으로 돌아가야 한다. 내란음모 보도와 관련해 언론이 취할 길은 피의사실 공표죄를 무시하며 마구 쏟아내는 국정원의 일방적 언론플레이에 놀아나지 말고 사실확인에 나서는 것이다. 130명이 집회에 참석했다는데 어느 진보언론도 그들을 찾아가서 사실을 재구성하려는 노력을 하지 않는 것은 기이한 현상이다. 참석자의 말은 가감해서 들어야겠지만 적어도 중요한 취재원임에는 틀림없지 않은가?

지지언론을 확보하려는 노력은 지지세력을 확대하기 위한 정당의 정치행위다. 그러나 방법이 문제다. 국민 3분의 2의 반대를 무릅쓰고 이명박 정권이 종편을 허용한 것은 정권 재창출에 유리했기 때문이다. 방송통신위원회가 출범 이래 무려 84건의 법정제재를 받아 공정성 등에 중대한 하자가 있는 종편을 감싸고도는 것도 같은 이유이다.

하기야 미국에서 언론자유의 수호자처럼 떠받드는 토머스

제퍼슨도 지지언론을 확보하려 애썼다. 그는 대통령 취임 전 한 신문 편집인에게 정부 인쇄물을 발주하겠다며 워싱턴으로 회사를 옮기게 해 우군으로 삼았다. 제퍼슨은 반대언론을 혐오하면서도 때로는 귀를 기울였다. 링컨을 비롯한 성공한 미국 대통령들 중에는 언론과 사이가 나쁜 이가 많았다. 반면 박근혜 정권은 공영방송과 종편은 물론 대형 신문들까지 우군으로 확보하고 있다. 반대 목소리에는 철저히 귀를 닫는다. 견제가 약한 정권은 독재나 실패로 귀결될 가능성이 크다는 사실을 세계 언론사와 정치사는 말해준다. 멀리 갈 것도 없이 박정희·이명박 정권이 그랬다. (경향 2013.9.05)

'대통령 지지율'의 함정, 누가 빠지게 될까

갤럽 편집장인 프랭크 뉴포트는 '여론조사의 역사는 한편으로 여론조사 반대의 역사'라고 토로했다. 여론조사의 중요성을 강조한 저서(Polling Matters, 2004)에 나오는 얘기지만, 여론조사에 대한 부정적 시각 또한 만만치 않음을 방증한다.

여론조사와 언론보도가 자칫 빠져들기 쉬운 것이 '상반된 결과의 딜레마'다. 2000년 3월 갤럽 여론조사에 따르면, 백악관 인턴 르윈스키와 '성적 관계'를 가져 탄핵 위기에 빠졌던 빌 클린턴 대통령의 직무수행에 대한 지지는 63%였으나 클린턴에 대한 지지 여부를 물었을 때는 35% 지지에 불과했다.

'박근혜 대통령이 지지율 60%대 고공행진을 하고 있다'는 식으로 보도되고 있으나, 정확하게 말하면 그것은 지지율이 아니다. 대통령 지지율로 보도되는 여론조사의 설문은 대개 '대통령이 일을 잘하고 있다고 생각하세요, 잘못하고 있다고 생각하세요'로 되어 있다. 이는 직무수행능력에 대한 설문이기에 '대통령을 지지하느냐, 안 하느냐'라는 설문과는 전혀 다른 것이다. 극단적 예를 들면 무자비한 독재자도 직무수행능력 면에서 지지율이 높을 수 있지만 독재자 자신에 대한 지지율이 높다면 조작된 것이다. 유신 때처럼 독재체제는 얼핏 효율적으로 보이는 데다 언론 장악을 기초로 하기 때문에 얼마든지 지지율을 높일 수 있다.

클린턴과 달리 박 대통령의 직무수행능력에 대한 지지율에는 많은 거품이 끼어 있지만 우리 언론은 대개 이를 간과하고 높은 지지율만 반복해서 보도한다.

첫째, 대통령의 직무수행능력이 전임자와 비교되면서 생긴 거품이 있다. 전임 대통령의 실정에 대한 반사효과를 후임 대통령이 누리는 것이다. 4대강 비리 등 전 정권의 실정이 수사를 통해 부각되자 비정상적인 것을 바로잡는 박 대통령의 결단인 양 인식되고 있다. 그러나 '4대강 죽이기'는 당시 여당 대표로서 아무 말도 하지 않은 박 대통령에게도 책임이 크다. 행정수도 사례도 있지만, 수십조 원을 강물에 처넣기 전에 제어할 힘을 가진 이는 박근혜 대표밖에 없었다.

둘째, 직무수행능력에 대한 지지율은 직전 시기와 비교되는 상대적 점수라는 사실이다. 집권 직후에 인사 무능 등으로 지지율이 40%대로 내려갔던 때와 비교해 그때보다는 잘한다는 평가가 지지율 반등으로 나타난다는 것이다. 우등상보다는 노력상에 가깝다.

셋째, 집권 초기에는 재임기간이 많이 남았으니 앞으로 잘할 거라는 기대치가 지지율에 반영된다. 대통령제에서는 의원내각제와 달리 대통령의 임기가 보장되니 야성향 사람들도 한동안 집권 가능성이 없는 야당보다 대통령에게 일단 기대를 걸 수밖에 없다.

넷째, 야성을 상실한 야당이 박 대통령의 지지율 상승에 일조하고 있다는 점이다. "민생을 외면하는 장외투쟁이 국민 저항에 부딪힐 것"이라는 박 대통령 말이 나오고 6일 만에 야당은 사실상 장외투쟁을 접고 말았다. 대통령 가능성이 있는 강력한 리더가 야당을 이끌어야 비교대상이 돼 대통령 지지율이 빠지게 된다.

다섯째, 지지율 상승의 일등공신은 언론이다. 안 그래도 기울어져 있던 언론 지형은 이명박 정권에서 보수일색의 종합편성채널을 허가하면서 완전히 기울어 박 대통령이 혜택을 톡톡히 보고 있다. 박정희 대통령이 '신화'로 남은 것은 언론에 재갈을 물린 측면이 컸지만, 박근혜 대통령에 대한 보수언론의 충성은 자발적인 측면이 강하다. 이른바 '잃어버린 10년' 뒤 보수세력의 응집력이 더욱 강해진 탓이기도 하다.

일부 보수 신문과 방송은 박 대통령의 패션과 외국어 구사 등 지엽적인 것을 대대적으로 보도해, 연예인을 쫓아다니는 10대의 팬덤 수준으로 정치를 희화화했다. '패션 외교'니 '투자 활성화복'이니 하는 신조어들이 쏟아지는데, 빨간옷을 입으면 투자가 활성화한다니 대통령이 영험 있는 무당이라도 된단 말인가? 박 대통령은 취임 후 재래시장을 네 번이나 방문했는데, 빈대떡이나 사먹는 '민생쇼'가 민생에 기여하는 것은 빈대떡값 말고는 없다. 쇼를 벌이며 지지율이 고공행진을 하는 사이 현실에서는 정작 민생에 도움 되는 복지공약들이 계속 후퇴하고 있다. 만들어진 지지율만 믿고 대통령이 오만에 빠지면 본인과 국민이 불행해진다.

한나 아렌트가 "정치의 절반은 이미지를 만드는 것이고, 나머지 절반은 사람들이 그 이미지를 믿게 만드는 것"이라고 비꼬았는데, 진보언론은 그런 '이미지 정치'의 폐해를 바라보기만 할 건가? 박 대통령이 잘하고 있는 것이 외교와 대북관계라는데 그 성과가 얼마나 되는지 진보언론은 왜 제대로 짚어보지 않는 건가? 개성공단과 이산가족 상봉만 하더라도 남북한 당국이 서로 을러대다가 제자리로 돌아간 것밖에 없는데 어떤 업적을 새로 쌓았다는 건가? 남북한의 최고권력자가 적대적 공생관계에 있는 게 아닌가 하는 의구심마저 든다.

내치의 경우 경제민주화와 복지는 취임 반년 만에 거짓공약임이 드러나고 말았다. 원래 야당의 정책이었으니 선거 때 잠시 차용한 짝퉁공약이었나? 채동욱 검찰총장에 대한 압박은 감사원·국정원·경찰청·국세청에 이어 5대 권력기관장을 모두 '권력의 충복'으로 교체하려는 시도임에 틀림없다. 최고권력에 맞서는 사람의 사생활을 들춰 밀어내는 것은 전래의 수법이다. 그러나 비열하게 정치하는 이들의 종말은 비슷하다. 클린턴 탄핵 국면에서 정치적으로 자멸한 사람은 성추문을 이용해 탄핵을 주도한 공화당의 뉴트 깅리치 하원의장이었다. 미국과 다른 것은 우리 언론이다. (경향 2013.9.26)

청와대 기자들은 죽었다, 민주주의와 함께

닉슨 대통령이 각료회의실에 쳐들어온 기자들을 보며 말했다. "당신네들이 들어올 때 우리가 '공해' 문제를 논의하고 있었던 것은 우연의 일치입니다."

미국 기자들이 탄 헬리콥터가 산디니스타 군의 사격을 받고 불시착했을 때 레이건 대통령이 말했다. "그들 중에 좋은 이도 있지."

백악관 최장기 출입기자 헬렌 토머스의 자서전 『백악관의 맨 앞줄에서』(답게, 2000)에 소개된 일화들이다. 언론을 마음대로 주무르는 독재자를 빼고 언론을 좋아하는 권력자가 어디 있으랴. 그러나 민주주의 국가 대통령들은 재임기간에 언론의 감시를 받는 것을 의무라 여겨 언론을 완전히 피하지는 않는다. 1993년 대통령직에서 물러난 조지 부시는 "나는 백악관에 있을 때 '언론의 자유'를 믿었지만 지금은 '언론으로부터 자유'를 믿는다"고 토로했다.

특히 대통령제에서 대통령이 언론을 기피하면 제도 자체가 치명적 타격을 입게 된다. 정치와 행정을 비밀주의에 의존하면서 언론의 견제를 받지 않으면 비효율과 독재로 치닫기 쉽다. 내각제에서는 모든 현안을 의회에서 토론하니 언론은 중계만 하더라도 국민들이 정치를 감시하고 참여하는 데 큰 문제가 없다. 영국에서는 매주 수요일 정오부터 30분간 총리가 야당 당수와 토론을 벌이고, BBC가 생중계한다.

미국의 성공한 대통령들은 언론을 싫어하면서도 적극적으로 활용해 국민에게 다가서려 했다. 라디오 '노변정담'으로 유명한 프랭클린 루스벨트는 기자회견도 정기적으로 한 첫 대통령이고, 케네디는 기자회견 생방송을 허용한 첫 대통령이다. 걸프전을 치른 조지 부시는 4년간 2백 회 가까운 기자회견을 했으니 매주 한번꼴이다.

박근혜 대통령은 취임 이래 국내 언론과 한번도 기자회견을 하지 않은 진기록을 갖고 있다. 대선 후보 시절 의혹을 해명하기 위해 긴급 기자회견을 한 것이 마지막이었다. 집권 후에도 외국 언론과 꽤 여러 번 인터뷰한 것에 견주면 국내 언론 홀대가 아주 심하다. 9월 26일 복지공약 후퇴를 해명할 때도 기자들을 대기시켰다가 국무회의장에 입장하게 해 5분 정도 발표문을 읽은 게 고작이었다. 역시 질문은 받지 않았다.

박 대통령이 언론을 국정 감시자가 아니라 자신의 동정을 보도하고 정책을 선전하는 도구쯤으로 생각하는 것은 부친의 언론관을 닮았다. 총리까지 그들을 닮아 국정원 선거개입과 관련해 첫 대국민담화문을 읽은 뒤 아무런 질문을 받지 않고 퇴장했다.

박 대통령은 브리핑룸 대신 재래시장을 자주 찾는다. 골치 아픈 질문 대신 지지자들의 환호를 받을 수 있기 때문일까? 민생을 위해 바쁜 시간을 할애하는 대통령상을 부각시키면 지지율도 올라간다. 그러나 대통령의 '민생탐방'만큼 이미지를 쉽게 조작할 수 있는 이벤트도 없다. 사전에 구청이나 지역구 의원 등을 통해 여당 지지 상인들을 파악해 그 가게에 들러 물건을 사는 게 보통이다.

정부에 불만이 있거나 야당 성향 상인들은 만나지 않도록 동선을 짜니 진짜 민심을 수렴하는 데는 오히려 방해가 된다. 박 대통령이 지난해 크리스마스 때 선물을 사 들고 독거 노인의 방으로 막 들어서는 사진이 신문에 실린 적이 있는데, 계획된 동선이 아니라면 사진기자가 수많은 방 중에 하필 그 쪽방 안에서 대기하다가 사진을 찍지는 못했을 터이다.

이번 유럽순방에서도 똑같은 양상이 되풀이되고 있다. 박 대통령은 청와대에서 외국 언론과 사전 인터뷰를 했을 뿐 한국 기자들은 그의 동정을 보도하는 데 급급했다. 유럽까지 가서 보도하는 내용이 거의 같다면 비싼 취재경비를 부담하며 기자단이 떼로 몰려갈 이유가 뭔가?

내용에 차이가 있다면 누가 더 찬양 보도를 화끈하게 하느냐에 있는 듯하다. 박 대통령이 가는 곳마다 '비가 그치고 햇빛이 쨍쨍 비친다'거나, 공장을 방문하면 '창조경제 세일즈'라고 써댄다. 미술관을 방문하면 '문화외교'요, 옷을 갈아입으면 '패션외교'라는 찬사가 이어진다. 지난번 아·태경제협력체(APEC) 정상회의 때 '박 대통령의 패션외교에 전 세계가 반했다'더니 프랑스와 영국 사람들은 뒤늦게 반한 건가?

불어로 연설하자 종편채널에서는 '박 대통령은 도대체 몇 개 국어를 하는지'라는 감탄사가 터져 나온다. 사실 줏대 있는 나라 정상들은 제 나라말로 연설한다. 국내 정치에 대해서는 모른 체하면서 남이 써준 영어·중국어·불어 연설문을 읽고 또 읽으며 발음 연습을 할 대통령을 상상하면 안쓰럽기까지 하다. 찬사가 이어지니 대통령으로서는 '힐링 여행'이 될지도 모르지만.

황금마차와 버킹엄궁 국빈만찬이라는 '지상 최고의 의전'에 감동하는데 외교는 원래 의전으로 혼을 빼놓고 실리를 챙기는 것 아니던가? 돈 안 드는 말로 주고받는 덕담에 취하면 이명박 대통령처럼 된다. "세계가 나를 녹색성장의 아버지라고 한다"나. 주요 20개국(G20) 정상회의 경제효과만도 24조 원이라 했는데, 제 돈 들여 국제대회와 국제회의를 자주 열기로 유명한 한국의 경제 형편이 안 펴지는 건 무슨 영문인가? 핵안보정상회의 때 발표한 '서울 코뮈니케'를 실천하고 있는 정상이 얼마나 될까? 모르긴 몰라도 출국하면서 다들 잊어버렸을 것이다.

이번에도 우리 대통령이 프랑스와 영국에서 무엇을 챙기고 무엇을 내줬는지 아리송하다. 외교 성과를 깎아내리자는 게 아니라 얻은 것만 대서특필하는 보도행태를 문제 삼는 것이다. 〈르몽드〉는 '박 대통령이 한국의 공공부문 조달시장 등을 외국 기업에 개방한다고 연설해 프랑스 기업인들 박수갈채를 받았다'고 보도했는데, 국내 언론은 눈에 띄게 보도한 데가 없었다.

늘 그랬듯이 투자협력 양해각서는 대통령이 가지 않더라도 기업들이 이미 성사시켜 놓은 것을 때맞춰 체결하는 '진상품'일 경우가 많다. 프랑스·영국 언론들을 검색해보았더니 기사 수도 아주 적었지만 우리 언론처럼 들뜬 내용은 찾아보기 어려웠다. 오히려 박근혜 대통령이 처한 국내 정치상황과 프랑스·영국 교민들의 국정원 규탄 시위를 곁들여 보도했다.

국내에서는 국가기관 선거개입이 계속 폭로되는 가운데 초유의 정당 해산심판이 청구되고 지난 대통령선거 후보가 소환됐다. 대선에서 자신과 맞섰던 유력 후보가 모두 수난을 겪고 있는 상황에서도 청와대는 아무런 관련이 없는 것처럼 침묵한다.

대통령 '책임제'가 대통령 '무책임제'처럼 운용되고 있는 현실은 대통령 탓이 크지만 언론에도 책임을 묻지 않을 수 없다. 특히 청와대 홍보담당관처럼 처신하는 상당수 청와대 출입 기자들의 책임은 더욱 엄중하다.

몇몇 청와대 출입기자들에게 취재했더니 오전 7시 30분과 오후 5시 30분에 이정현 홍보수석이 '브리핑'이라는 것을 하지만 보도되길 원하는 것만 얘기할 뿐 건질 게 별로 없다는 반응이었다. 조금만 '까칠한' 질문을 하면 이 수석은 10초쯤 입을 꾹 다물어 버려 기자들이 알아서 다음 질문으로 넘어간다고 한다. 대통령은 아예 만날 수도 없고 홍보수석에게도 잘못 보일까 전전긍긍하니 대통령 미화와 성과 위주로 보도가 된다.

민감한 얘기를 하다가도 뒤늦게 '비보도'(off the record)

요청을 하거나 중요 사안은 '엠바고'(embargo)를 걸어 특정 시점까지 보도를 통제하기도 한다. 대통령이 보안만 중시하니 정치와 정책에 전문가 견해를 비롯한 여론이 반영될 여지는 줄어들고 정책 실패 가능성은 커진다. 때로는 비보도 요청이 필요하긴 하지만 주요 언론사 기자들 입김이 센 기자단에서 청와대의 협조요청을 깬 기자들을 장기간 출입정지하는 것은 자승자박 의미도 있다.

청와대 기자실의 '평화'는 국민의 알 권리 침해로 연결되기 십상이다. 기자들이 단합해 최고권력자의 '보도관제'에 저항하면서 정기 또는 수시로 기자회견을 요청하고 까다로운 질문을 끈질기게 던져야 한다. 그것이 대통령제 아래서 실질적 민주주의를 실현하는 관건이다.

9월에 숨진 데이비드 프로스트는 BBC에서 일하면서 영국 총리 6명과 미국 대통령 7명을 까다롭게 인터뷰했다. 그는 워터게이트 사건 뒤 닉슨을 물고 늘어져 사과를 받아낸 '세기의 인터뷰'로 이름을 떨쳤다.

7월에 숨진 헬렌 토머스는 미국 대통령 10명에게 모두 껄끄러운 질문을 던진 것으로 유명하다. 그는 조지 부시 대통령이 3년간 기자회견장에 초청하지 않다가 출입금지를 푼 첫날 또 이런 질문을 했다. "당신은 왜 전쟁을 원했는가? 당신은 석유 때문이 아니라고 말했는데, 그러면 무슨 이유인가?"

토머스는 기자가 되고 싶은 젊은이들에게 "당신이 사랑받고 싶다면 이 직업에 뛰어들지 말라"고 충고했다. 그는 "기자들이 권력자 앞에서는 무례해도 된다"고 했다. "기자는 대통령에게 질문하고 책임을 물을 수 있는 유일한 기관입니다. 그렇게 하지 않으면 그는 왕이 될 수 있습니다."

권력자에 대해 경외심이 생기면 기자는 끝장이다. 150명이 넘는 청와대 출입기자들은 각 언론사에서 파견한 엘리트들이다. 그들이 자부심을 가지려면, 아니, 최소한 '군주제'를 원하지 않는다면, 청와대 기자실의 '침묵하는 전통'을 깨야 한다. 영국과 미국 언론은 민주주의를 누리기만 하는 게 아니다. (경향 2013.11.7)

강아지 이름만 밝힌
대통령 기자회견

"요즘 시대에 가장 믿지 못할 것이 방송과 신문이다." 영화 「변호인」에서 주인공 친구인 기자가 말한 '요즘 시대'는 30년이 지났지만 마치 지금 언론 상황을 말하는 듯하다. 차이가 있다면 당시에는 보도를 제대로 못할망정 독재에 비분강개하는 기자가 꽤 있었고 지금은 아무 생각 없이 상황에 순종하는 기자가 주류를 이룬다는 점이다. 대통령 기자회견을 보고 떠오른 생각이다.

1987년 6월항쟁의 도화선이 된 박종철 고문치사 사건이 보도된 것은 폭압정치의 틈새를 뚫고 나오려는 기자들의 의기가 남아 있었기에 가능했다. 그러나 그들 신문은 지금 거대한 선거비리가 불거졌는데도 축소보도에 급급하는가 하면 대통령 기자회견이라는 기회도 그냥 날려버렸다.

대통령 기자회견은 국민에게 현안을 설명하고 반대자와 소통하는 정치행위인데, 설명도 소통도 없었고 공안통치 말고는 정치도 사라졌다. 나라가 시끄러운 국가기관 선거개입에 대해서는 재판 중이라는 이유로 혼자 입을 다물어버렸다. 재판도 시작하기 전에 종북몰이를 하던 공안사건들과 전연 딴판이다.

박근혜 대통령은 "과거 불법으로 떼쓰면 적당히 받아들이곤 했는데, 이건 소통이 아니다"라며 자신은 현장 방문과 청와대 초청 등으로 소통을 잘해왔다고 말했다. 국민 다수가 공공부문 사영화에 반대하고 야당을 비롯한 상당수 국민은 철도파업도 지지했는데 그들은 졸지에 '떼나 쓰는' 국민과 정당이 되고 말았다.

소통은 원래 반대자의 목소리를 경청하는 것이고, 민주주의도 그것을 수렴한다는 점에서 독재나 공산주의와 다르다. 야당은 영어로 '반대당'(Opposition Party)이라 부를 만큼 반대가 존재 목적이다. 선거의 공정성과 노동자의 권리를 지키고 공기업의 사영화를 막으려는 노력을 '국론분열'이니 '소모적 논쟁'이라 말한다면 박정희나 전두환처럼 민주주의 개념 자체가 없는 사람이니 공무를 맡아서는 안 된다.

현장 방문과 청와대 초청도 소통에 도움이 되려면 반대자들을 만나야 한다. 〈경향신문〉에 따르면 여당과 야당의 청와대 초청건수가 12 대 2라고 한다. 지난달 19일에는 새누리당 당직자

6백 명과 오찬을, 지도부와 만찬을 하며 대선 승리를 자축했고, 1월 7일에는 또 새누리당 국회의원과 원외당협위원장 240명을 청와대로 초청했는데, '당내 행사'에 왜 국민세금을 쓰는지 모르겠다.

프랑스혁명 전 루이 왕조 때 백성들이야 멀건 귀리죽을 마시든 굶든 신하들만을 초청해 벌인 궁정만찬을 생각나게 한다. '궁정만찬'에서 분위기를 깨가며 쓴소리를 할 용사가 있을까? 필경 아부와 반대자 규탄의 경연장이 될 터이다.

케네디 대통령과 반핵운동가 라이너스 폴링의 백악관 만남은 어땠나? 노벨 화학상을 받은 폴링은 반핵운동을 펴다가 반국가사범으로 찍혀 연방수사국의 감시와 수사를 받은 인물이다. 미국 노벨상 수상자들을 위한 백악관 만찬이 있던 날도 그는 백악관 앞에서 온 종일 반핵시위를 했다. 만찬 시간이 되자 턱시도로 갈아입고 들어간 그에게 케네디가 말했다. "당신이 만찬에 참석한 데 경의를 표합니다." 쓴소리를 멈추지 않은 폴링은 그해 겨울 노벨 평화상까지 받았다.

케네디 암살 뒤 대통령이 된 존슨은 '위대한 사회'를 만들기 위해 사회복지를 대폭 강화하는 법안을 추진했다. 텍사스 출신인 그는 같은 남부 출신 상원의원들이 몰려와 법안을 저지하려고 압력을 가하자 대답했다. "나는 국민의 대통령이란 말이오."

성공한 대통령은 반대자의 쓴소리를 수렴하고 지지자의 떼쓰기를 뿌리치는데, 박 대통령은 기득권을 지키려고 떼쓰는 사람들에게 둘러싸여 쓴소리를 멀리한다. 그는 사영화 반대 목소리 등을 '잘못된 유언비어'로 규정하고 단속해야 한다고 말했다. 유언비어 중에는 물론 잘못된 것도 있다. 프랑스혁명 직전에도 유언비어가 난무해 '마리 앙투아네트가 추기경의 아이를 임신했다'는 글이 불법 출판물 『리벨레』에 실리기도 했는데 허가된 신문보다 더 신뢰를 받았다.

박 대통령은 박정희·전두환 시대에 이어 자신의 치세에 왜 '유언비어'가 난무하는지 살펴야 한다. 왕조시대 임금은 가뭄 드는 것조차 자신 탓으로 돌렸다. 왕이 실정을 하면 갈아치워야 한다고 주장한 맹자는 "임금이 바르면 바르지 않은 이가 없다"며 "임금을 바르게 하면 나라가 안정된다"고 했다. 박 대통령은 수많은 대선공약을 파기하고도 진솔한 사과 한마디 없었다. 그러면 공약집이야말로 '유언비어 모음집'이 아닌가?

현재로서는 '철도 민영화 안 한다'는 것이 대통령의 진심일 수 있다. 그러나 1년도 안 돼 주요 대선공약들을 거의 다 파기한 박근혜 정권의 약속을 국민들은 믿지 않는다. 시장주의자들의 신앙이나 다름없는 사영화 행진이 과연 유언비어로 끝날까? 새누리당 홍보책자 『늑대가 나타났다』는 'KTX 자회사 민영화는 괴담'이라며 반대자들을 이솝우화의 양치기 소년에 비유했다.

이솝우화의 교훈은 '거짓말하면 안 된다'는 거지만, 사실로 드러난 건 결국 늑대가 나타났다는 점이다. 철도 역시 적자가 나면 공익성은 뒷전으로 밀리고 적자노선부터 팔아치울 가능성이 있다. 현오석 부총리는 "공기업이 못하면 민간이 들어올 수밖에 없지 않느냐"며 속내를 드러냈고, KTX 분리가 결국 민영화를 겨냥하고 있다는 코레일 내부보고서도 폭로됐다.

대자보와 '유언비어'가 난무하는 상황을 대통령 탓으로만 돌릴 일은 아니다. 언론의 책임도 상당하다. 지난해 11월 8일 '청와대 기자들은 죽었다, 민주주의와 함께'라는 제목의 시민편집인 칼럼에서 기자회견 한번 하지 않은 대통령과 청와대 기자들을 비판한 적이 있는데, 그마저 후회스럽다. 안 하는 것만도 못한 기자회견을 지켜보았는데 이런 식이라면 임기 내내 하지 말 것을 당부 드린다.

질의응답의 내용과 순서까지 각본으로 짜놓았으면서 홍보수석이 기자들 손을 들게 한 뒤 지명을 하는 모습은 가관이었다. 국민을 선전 대상으로만 여기는 박근혜 정부 연출의 희극인 동시에 한국 언론의 비극이었다. 한 보수신문은 드라마 주인공인 박 대통령의 복장에 주목해 '분홍색 재킷에는 선이 분명히 살아있었다'며 '선을 통해 단호함과 엄격함도 느끼게 했다'고 평가했다.

〈경향〉과 〈한겨레〉 등 몇 안 되는 진보매체들은 '사다리타기'에서 탈락해 질문 기회마저 없었다고 한다. 수백 명 기자가 출입하는 청와대이니 질문 기회를 못 잡을 수도 있지만 그 자체가 우리 언론 지형도가 기울어 있음을 말해준다. 기자회견을 통해 내가 새로 알게 된 것은 시대착오적 경제3개년계획과 청와대에서 키우는 강아지 이름뿐이다.

대부분 청와대 기자들은 감동도 긴장도 없는 80분 드라마의 충직한 엑스트라였다. 인터뷰나 기자회견은 원래 말꼬리를 잡고 재질문을 해야 의미가 있는 보도방식이다. 그러지 않으면 당사자의 해명과 선전으로 끝나게 돼 있다. 예상치 못한 질문을 했을 때 국민은 정치인의 본모습을 선명하게 보게 된다. 한 종편방송 여기자는 기자실을 방문한 대통령에게 "너무 안고 싶었어요"라며 품에 안겼다. 박 대통령에게는 청와대 기자도 감시견이 아니라 애완견이다. (경향 2014.1.9)

규제,
훨씬 더 강화해야 옳다

내가 영국에 살던 2004년 무렵 삼성은 영국인에게 애증의 대상이었다. 영국인들이 가전제품 매장에서 삼성·LG 제품에 감탄사를 연발할 때는 나도 덩달아 으쓱했지만, 영국 언론이 '삼성에 뒤통수를 맞았다'는 식으로 보도할 때는 창피했다.

삼성은 여왕까지 초청해 거창하게 준공식을 한 윈야드 공장을 불과 8년여 만에 폐쇄해 영국인들의 반감을 샀다. 삼성은 대대적인 투자를 하겠다며 82만여 ㎡(약 25만 평)의 땅을 확보하고, 영국 정부에서 1050만 파운드의 보조금까지 받은 터였다.

이건희 회장이 "한국에 공장 지으려면 도장이 1천 개나 필요할 정도로 규제가 많다"면서 영국에 지은 공장에 그새 무슨 일이 일어났던 걸까? 삼성은 "인건비가 동유럽에 비해 5~6배 이상 들어가 철수할 수밖에 없다"고 설명했지만, 영국 언론은 삼성이 영국의 기업 환경에 적응하지 못한 탓이라고 했다.

영국은 보조금까지 주면서 기업을 유치하지만, 노사·환경·회계·공정거래 관련 기업 규제는 상당히 까다롭다. 선진국은 대부분 그럴 뿐 아니라 불법행위를 엄단한다. 법은 노사 쌍방에 엄격해 노조 설립을 방해하거나 활동을 탄압하는 일은 상상도 못한다. 윈야드 공장의 인건비 상승 역시 삼성은 노조 탓으로 돌리고 싶었을 터이다. 청와대 규제개혁회의에 초청된 영국대사가 영국을 규제개혁의 모델로만 얘기한 것은 유감이다.

박근혜 대통령이 규제를 '암 덩어리'로 매도하면서 규제 완화 광풍이 불고 있다. 광풍의 특징은 필요한 것까지 날려버린다는 점이다. 규제개혁회의는 그동안 규제 철폐에 목을 매왔던 시장지상주의 논객과 민원인 등이 집결해 규제를 '악의 축'으로 단죄한 대국민 쇼였다. 물론 불필요한 규제도 있다. 그러나 그런 것은 정부가 그냥 없애면 되는 일이었다. 회의에서 거론된 '액티브 엑스'도 여야 합의로 법 개정안이 올라가 있고 업계도 개편을 추진 중이었다.

요란한 쇼를 벌이는 와중에 아무런 견제 없이 슬쩍 부활한 것이 바로 보수의 '줄푸세' 본능이었다. 지난 대선 때만 해도 사회 양극화와 무소불위 경제권력에 제동을 걸어야 한다는 공감대가 형성되면서 박근혜 후보도 복지 확대와 경제민주화를 공약으로 내세웠으나 역시 본능은 감추지 못하는 걸까? 세금은 '줄'이고 규제는 '푸'는 쪽으로 일대 전환을 해버렸다. '공약 사기'에 대해 대국민 사과를 해야 할 판에 오히려 남을 질책하고 나선 셈이다.

논란의 귀결은 대개 누가 이슈를 선점하느냐에 좌우된다.

'도장 1천 개'나 '암 덩어리'처럼 무리한 표현일수록 한번 규정되고 나면 이성이 끼어들 틈이 없다. 대통령이 '규제는 쳐부숴야 할 원수'라고 단정하는 권위주의적 포퓰리즘 아래 '착한 규제' 논리가 먹혀들 가능성은 거의 없다.

국정감사 대상인 산업연구원장은 국민의 대의기관인 국회의원의 입법활동을 '황사'라고 비난했다. 한국 사회에 규제가 왜 필요한지에 대한 성찰이 일언반구도 나오지 않은 '회의(會議)'는 '여럿이 모여 의논하는 자리'가 아니라 '규제 성토대회'였고 '보수 부흥회'였다.

〈경향신문〉은 규제개혁회의 이후 일관되게 제동 없는 규제 완화의 문제점을 지적해왔다. 특히 회의에서 거론된 곳에 기자들이 직접 나가 보고 쓴 현장기사들은 진보언론 중에서도 단연 돋보였다. 관광호텔을 추진하고 있는 학교 지역(3.28), 녹지를 공장용지로 바꾸려는 여수산업단지(3.28), 농가 옆에 공장이 밀집한 김포 대곶면(4.1), 공원을 만들기 위해 이전되는 공장들이 '민원'을 제기한 인천내항 지역(4.1) 등의 실태를 르포 형태로 보도함으로써 기업만이 아니라 주민의 목소리를 균형 있게 전달했다.

아쉬웠던 점은 '줄푸세'로 정책기조를 전면 수정하기 위한 대대적 선전활동인 규제개혁회의의 성격을 처음부터 제대로 짚어주지 못한 것이다. 첫 회의를 보도한 〈경향〉 1면 머리기사 제목이 '할 수 없는 것이면 '손톱 밑 가시' 선정 왜 했나, 어떻게든 되게, 창의적으로 규제 풀라'(3.21)는 것이었는데, 얼핏 '국정홍보신문'을 보는 느낌이 들었다.

사실과 의견을 분리해 비판은 해설이나 사설에서 하는 게 옳다고 생각할 수도 있다. 그러나 회의의 진짜 의도를 간파하고 그것을 폭로하는 일도 '사실' 보도에 해당하는 거 아닐까? 영국 〈가디언〉이나 〈인디펜던트〉 등 '의견(opinion) 저널리즘'을 추구하는 유럽 권위지들이 자주 쓰는 수법이기도 하다.

지방선거를 앞둔 시점에서 7시간 동안 방송3사와 종합편성채널, YTN 등 케이블방송까지 총동원해 선전전을 편 것은 크게 문제 삼을 일이었는데 적절한 지적이 없었다. 정부가 섭외한 중소상공인들을 전면에 내세운 것도 대기업 규제 완화에 대한 거부감을 줄이려는 포석으로 보였다. 민원인의 준비된 질의에 장관의 준비된 답변이 반복되는 '역할극'을 국민이 7시간이나 본 셈이다.

이 국면에서 진보언론의 임무는 불필요한 규제로 지목된 것에 대한 '진상규명'을 넘어 우리 사회에 왜 규제가 필요하고 어떤 분야에서 규제를 더 강화해야 하는지에 대해 공세적으로 의제설정을 하는 일이라고 생각한다. 우선 한국은 어떤 사회인가?

〈가디언〉은 신문 맨 안쪽에 연결된 두 면을 펼쳐 '이번주의 그래픽'이라는 이름 아래 각종 통계치를 보여줌으로써 힘 있게 의제설정을 한다. 기가 막힌 것은 한국이 너무나 자주 1·2등 아니면 꼴찌에서 1·2등을 한다는 사실이다. 〈가디언〉 모니터링 결과와 최근 통계들을 합한 거여서 통계연도가 다르지만, 한국이 세계에서 1등을 한 것은 너무나 많다. 인터넷 분야 1위 등 좋은 것도 꽤 있지만 나쁜 게 대부분이다. 저출산율, 자살률, 40대 암사망률이 세계 1·2위를 다투고, 1인당 증류주 소비량, 곧 위스키·소주 등 독주 소비량이 제일 많은 데가 우리나라다.

OECD 국가 중에서는 10만 명당 산재사망자, 연간노동시간, 남녀임금격차, 저임금노동자비율, 노인빈곤율이 1위인데도, 사회복지 지출은 꼴찌 수준이다. '선진국 클럽'에 들었다지만, 위험을 무릅쓰고 열심히 일하면서도 저임금을 받는 사람이 너무나 많고, 암에 걸리거나 아니면 독주라도 마시면서 버텨야 하는 게 우리의 노동현실이다.

한국 사회가 그만큼 역동적이라는 증거도 되지만, 너무 경쟁적이고 과로하고 '빨리빨리 문화'에 젖어 있고, 양극화한 사회임을 말해준다. 정부에 맡겨진 책무는 이런 불안한 노동 현장에 안전을 도모하고 삶의 질을 개선하고 양극화에 제동을 거는 것이다. 상당 부분 규제를 통해 달성할 수밖에 없는 정책 목표들이다.

박 대통령은 "돈 한 푼 들이지 않고 투자를 늘리는 방법은 규제 완화뿐"이라고 말했는데, 규제 완화는 개인에게 이익을 안겨주는 대신 사회에 비용을 전가하는 게 많다. 환경 규제 완화가 대표적이다. 환경영향평가제가 형식적으로 운용돼 산허리를 허물고 하천에 콘크리트를 싸바르는 공사가 전국에서 계속 진행되고, 학교 근처에까지 러브호텔이 들어서려 한다. 우리나라 호텔 중에는 숙박업보다는 이상한 용도로 밤낮없이 돈을 버는 데가 많다. 호텔 주차장에 번호판 가려주는 천막을 드리운 나라가 세계 어디에 또 있을까?

도시의 밤을 대낮처럼 밝히는 간판과 전광판 등 빛공해와 국도변에 난립한 음식점 간판공해 역시 세계 1위일 것이다. 정부가 매사를 사적 이익 추구에 맡겨두고 공적 책무를 소홀히 한 결과다. 그린벨트와 수도권 공장입지 규제마저 대폭 완화할 태세인데 안 그래도 심각한 수도권 과밀화와 지방 황폐화를 더 부추기겠다는 건가?

우리가 선진국이 되기 위해서는 강화해야 할 규제가 완화해야 할 규제보다 훨씬 많다. 환경 규제뿐 아니라, 시장 규칙을 확립하는 공정거래와 소비자 보호 규제, 골목상권을 넘보는 대기업 등에 대한 독과점 규제, 금융 규제, 안전 규제, 사회적 약자 보호 규제 등이 그런 것들이다. 진보언론은 규제를 훨씬 더 강화해야 한다는 공세를 펼 때다. (경향 2014.4.3)

총체적 국가 재난, 대통령 책임이다

해군에서 함정 병과 장교로 복무하던 시절 들은 얘기가 요즘처럼 절실하게 떠오른 때는 없었다. '위기 때 최고의 배(ship)는 리더십(leadership)이다'(The best ship in times of crisis is leadership). 바다를 제패한 영국과 미국의 해군이 사관을 양성할 때 쓰는 금언이라고 한다.

미국 해군사관학교 기숙사 로비에는 '배를 포기하지 말라'(Don't give up the ship)는 구호가 새겨져 있다. 1813년

영·미전쟁 때 체사피크호 함장 제임스 로렌스가 죽어가면서 한 명령이다.

그런 리더십과 포기하지 않는 불굴의 정신 때문인가? 리더십의 상징이라 할 만한 미국 대통령을 60년대부터는 해군장교 출신이 독차지하다시피 했다. 35대 케네디부터, 존슨, 닉슨, 포드, 카터, 41대 조지 부시에 이르기까지 40대 레이건을 뺀 6명이 모두 해군장교 출신이다. 2차대전 때 해군사관생도였던 카터를 빼고는 모두 참전해 리더십이 뭔가를 보여주는 일화를 남긴 이가 많다. 우리나라는 병역을 기피하지 않고 입대해, 탈영하지 않고 제대한 대통령이 한 사람밖에 없으니 달라도 너무 다르다.

해난사고에서 육상동물인 사람이 살아나올 가능성은 높지 않다. '위험'(risk)이라는 영어 단어 자체가 '암초'라는 뜻의 고대 그리스 항해용어에서 유래했다. '재난'(disaster)이라는 영어 단어도 '별이 없다'는 뜻이니 밤에 항해하는 뱃사람에게는 황당한 일이 아닐 수 없다. 영국에서 수영은 '국가적 교육과정'(national curriculum)에 포함돼 초·중·고교에 작은 옥외수영장 정도는 갖추게 한다. 독일 등에서도 맨몸으로 물 위에 떠있는 생존훈련을 시킨다. 해양훈련이 돼있지 않으면 공포감 자체가 '죽음의 신'으로 다가온다.

그래서 더욱 바다를 아는 뱃사람에게 리더십과 희생정신이 요구되는 것이다. 영국처럼 '뱃사람 정신'이 강한 나라의 해난사고에서 아이와 여성을 구명보트에 태워 보내고 선장과 선원들이 배와 운명을 같이하는 사례가 종종 나오는 것은 그 때문이다. 버큰헤드호와 타이타닉호 침몰 사건이 대표적이다.

세월호 침몰은 리더십과 의무감 부재의 한국 사회가 얼마나 처참하게 가라앉고 있는가를 보여준 사건이다. 이른바 '사회지도층'에 속하는 사람일수록 의무감이 부족하고 비리에 연루된 사람이 많은 나라에서 선장만 예외일 수는 없다. 귀한 신분일수록 의무를 다하는 '노블레스 오블리주'는커녕, 높은 사람일수록 빨리 위험에서 탈출하고, 유식한 사람일수록 그 지식을 자기 이익을 위해 쓰는 사회가 우리나라다.

어처구니없는 세월호 침몰 이후 허둥대는 정부의 구조활동과 대책, 상식조차 모자라는 언론보도와 근시안적 원인진단은 앞으로도 한국에서 후진국형 대형 인명사고가 빈발할 것임을 예고하는 흉조들이다.

언론은 이번 사건 보도에서 저널리즘의 기본조차 지키지 않았다. 저널리즘의 표준을 배우지 않은 채 기자가 되고 재교육도 받지 않으니 한국 저널리즘이 이 꼴인가? 재난보도는 인명을 다루는 건데도 추측보도가 난무했고, 오열하는 유가족에게 카메라를 들이대거나 잔인한 질문으로 슬픔을 더하는가 하면 인터뷰로 유언비어를 전파하기도 했다.

언론윤리를 팽개치고 취재경쟁에만 몰입하는 한국의 사건 보도 행태는 가족을 심각한 2차 피해자로 만든다. 미국에서는 2007년 버지니아 공대 총격 사건 때 연방수사국(FBI)이 범인 조승희 씨 가족을 비밀장소에 보호하고 언론들도 가족에 대한 보도를 삼간 반면 우리 언론은 가족의 사생활까지 까발렸다. 런던 지하철 테러 사건 때는 영국에 있었는데, 전 세계 유수 언론들이 폭발장소 수 등을 과장 보도하는데도 BBC는 취재지침을 준수해 확인된 4곳만 정확하게 보도함으로써 국민들이 결국 BBC로 채널을 돌리게 했다.

세월호 침몰 다음 날 신문은 거의 다 사고 원인을 좌초로 보도했는데, 물위로 솟아 있는 멀쩡한 선수를 보면 상식으로도 좌초가 아님을 유추할 수 있었다. 일부 긁힌 자국이 보였지만 녹슨 걸로 미루어 오래된 것이 분명했다. '항해사가 조타키를 잡았다'고 보도한 언론도 많았는데, 항해사는 조타수에게 지시할 뿐 조타키를 잡는 이가 아니다.

〈경향신문〉은 사고원인 분석 기사(4.18)에서 '사고해역이 왼쪽으로 뱃머리를 돌려 가는 지점'이라며 '세월호가 좌현으로 기운 것도 이와 무관하지 않다는 분석이 나온다'고 썼다. 그러나 왼쪽으로 뱃머리를 돌리면 우현으로 기우는 게 배인데, 이해가 안 가는 대목이다.

보수신문과 방송의 '박근혜 대통령 지키기'는 사건 보도마저 정파성에서 헤어나지 못하고 있음을 드러냈다. 이들 언론만 보면 '대통령만 고군분투' 하는데 관료들이 문제이며, 대통령은 박수를 받는데 총리와 장관은 물병 세례와 야유를 받았다. 대참사에도 박 대통령 지지율은 견고하다고 보도하는가 하면, "구조작전 잘 되면 오히려 지지율이 오를 수 있다"는 정치평론가까지 등장시켰다.

박 대통령이 "구명조끼를 학생들은 입었다고 하던데 그렇게 발견하기가 힘듭니까"라는 엉뚱한 질문을 하자, 신문들은 '보고를 제대로 하지 않았다'며 참모들에게 화살을 돌렸다. 학생들이 구명조끼를 입고 망망대해에 떠다니는 게 아니라 배 안에 갇혀 있다는 것은 TV를 지켜본 국민이 다 아는 사실이었다. 구명조끼는 만능이 아니다. 헤엄칠 줄 아는 사람에게는 탈출에 방해가 될 수도 있다. 배가 기울고 선실에 물이 차면 탈출로가 물속에 있을 수도 있는데 구명조끼는 잠수를 불가능하게 하기 때문이다.

박 대통령은 '컨트롤타워' 부재를 질책했는데, 대통령중심제에서 최고의 컨트롤타워는 대통령 자신이다. 박 대통령의 '제3자 화법'은 입헌군주제인 영국의 '여왕 화법'이다. 여왕은 권한이 없으니 책임을 남에게 돌려도 된다.

박 대통령은 "용납될 수 없는 살인과도 같은 행태였다"고 선장을 비난했다. 선장과 불법행위자, 그리고 배임을 한 관료들도 처벌받아 마땅하지만, 대통령이 자신의 과오도 사과했더라면 '지위 불문 책임론'이 더 엄중하게 들렸을 터이다.

박근혜 정권은 행정안전부를 안전행정부로 바꿨으나 '안전'보다는 '정치'를 더 우위에 뒀다. 초대 안전행정부 장관에 전문성도 없는 측근 정치인 유정복 씨를 임명하더니 그마저 업무를 파악하자 침몰 사고 얼마 전 인천시장 후보로 차출해버렸다.

박 대통령이 진정으로 국민의 사고사를 줄이고자 한다면 국정기조를 완전히 바꿔야 한다. 규제완화를 몰아붙이고 있는데, 이번 사고도 선박 분야 규제완화가 '고물선'을 들여와 증·개축하게 만든 주범이었다. 지금도 일본의 퇴역 여객선들이 페인트칠만 곱게 한 채 우리 연안항로를 누비고 있다.

세월호에 온 국민 시선이 쏠린 22일에도 국무회의에서는

3개층까지 아파트 수직증축을 허용하는 주택법 시행령 개정안
이 통과됐다. 현대건설 출신 이명박 대통령도 꺼린 아파트 수직
증축을 건설경기를 활성화한답시고 허용해버린 것이다. 삼풍
백화점 붕괴도 증·개축이 주범이었다.

세월호 침몰 원인 중 한국 사회가 가장 뼈아프게 반성해
야 할 부분은 한국의 노동시장을 비정규직 위주로 바꿔놓은 것
이다. 외환위기 직후 김대중 대통령이 첫 단추를 잘못 끼운 탓
도 있지만 '노동시장 유연화'라는 미명 아래 정규직을 비정규직
으로 바꾸는 일이 줄기차게 진행돼왔다. OECD 국가 중 한국은
연간노동시간과 저임금노동자비율 1위이고 비정규직비율 2위
다. 10만 명당 산재사망자수 1위는 그 결과일 따름이다.

선박의 안전을 위해서는 선장의 권위있는 통솔이 무엇보
다 중요하다. 모든 기관에 상관이 오면 상석에 앉히는 게 관행
이지만, 함정의 함장석에는 대통령도 앉지 못하게 한다. 이번
침몰에도 '월급 270만 원짜리 1년 계약직 선장'이라는 통솔 안
되는 고용구조가 사고 요인으로 도사리고 있었다. 선장과 선원
들이 자신의 고용도 불안한데 기업주의 무리한 선적요구를 거
부할 수는 없었다. 〈경향〉이 맨 먼저 보도한 대로 '안전핵심 갑
판·기관부 절반이 비정규직'(4.19)인데 '위급상황 대응 취약'은
필연이었다.

이제는 안전이 상품이 되는 시대다. 항공업계에서는 오
스트레일리아 콴타스항공이 안전을 상표로 내세워 성공했다.
'2013년 안전한 항공사 순위'에서도 1위를 한 콴타스는 1951년
이래 사망사고가 없었다. 콴타스는 보유 비행기의 평균연령을

6~7년 정도로 유지하면서도 안전점검과 보수를 전담하는 자회사에 매출액의 10% 이상을 지원하고, 객실승무원도 사고에 대비해 힘센 남자를 많이 채용한다.

안전에 대한 투자를 낭비라고 생각하는 대다수 우리 기업들은 산업현장의 안전관리자 70%를 비정규직으로 고용하는 '모험'을 감행하고 있다. 안전을 책임져야 할 엔지니어링·건설·감리회사 중에는 기술사·기사들을 고용하지 않고 돈 몇 푼 주고 자격증을 빌려서 형식요건을 맞춘 회사도 수두룩하다. '비정규직 1천만 시대'는 안전을 염두에 두기는커녕 직업 자체에 자부심을 갖지 못하는 노동자가 절반이 넘는다는 말이다. 이들이 안전점검을 하고 배와 버스를 몬다. 이런 불안전지대를 정부와 언론이 방치하고 있다가 사고가 나면 '애도 무드'나 조성하고 끝내는 행태를 언제까지 반복할 건가?

이번 참사의 원인을 개인과 기업에만 돌리면 사고는 또 난다. 자본주의 사회는 눈앞에 보이는 이익과 보이지 않는 위험 사이에서 위험을 무릅쓰게 돼 있다. 거기에 제동을 거는 것이 '위험사회'에 대처하는 정부와 언론의 임무다. 우리는 운명공동체임을 강조할 때 '같은 배를 탔다'고 말한다. 좋건 싫건 한국호의 선장은 지금 박근혜 대통령이다. 그의 책임이 가장 무거운 이유다. (경향 2014.4.24)

박근혜 정권과 언론에
가망이 없는 이유

세월호 참사 한 달째, 국민적 분노와 슬픔이 오히려 더해 가는 것은 아직도 시신을 다 수습하지 못한 때문만이 아니다. 지난 한 달, 박근혜 정권과 언론이 보인 행태가 국민들을 더욱 깊은 절망의 바닷속으로 밀어 넣고 있기 때문이다. 끔찍한 사고를 당하고도 근본 원인을 헤아리지 못하고 이기심과 탐욕을 과적한 채 여전히 위험수역으로 '한국호'를 몰고 간다.

'세월호를 잊지 말자'고들 하지만 세월이 흐르기도 전에 그 의미를 잊어버렸다. 아니, 우리 사회는 세계 최고의 경쟁지상주의와 성장제일주의, 그리고 배금주의와 천민자본주의를 향한 질주를 멈춘 적이 없다. 자본의 이윤 추구에 걸리적거리는 규제를 풀어 일자리를 창출하겠다는 등의 기본노선, 곧 '줄푸세' 정책을 집권세력이 전환하겠다는 말을 한 적이 있는가? 친정권 방송과 신문은 추모 분위기가 분노로 표출되는 것마저 못마땅해 하는 기색이 역력하다. 기업사회인 한국의 근본적 방향전환을 요구할까 봐 경계한다.

보수·진보 할 것 없이 언론과 야당이 촉구한 책임추궁의 핵심은 관련자 엄벌과 대통령 사과, 그리고 개각이다. 사고가 '인재'이니 이제 관련자를 문책하고 안전대책과 매뉴얼만 잘 만들면 사고가 방지될까? 아니라고 생각한다.

우선 대통령의 '대국민 사과'는, 버티다가 한다니까 사고

수습의 전환점이나 되는 것처럼 '기대'되는데, 즉각 당연히 해야 하는 것이었을 뿐이다. 권위주의적 포퓰리즘의 한 특징은 잘못을 인정하거나 사과하는 것을 극도로 꺼린다는 점이다.

대통령책임제에서 총리를 비롯한 내각에 책임을 묻는 건 무슨 소용이 있을까? 총리에게 책임을 지우는 게 '블랙 코미디'인 줄은 누리꾼이 잘 안다. 정홍원 국무총리가 "책임지고 물러나겠다"고 하자, 트위터에는 이런 글이 돌아다녔다. '정홍원이 누구? 아, 물병 맞은 아저씨.' 역대 총리의 존재감 없음은 서울시장 후보 경선에서 번번이 패배한 데서도 알 수 있다.

권한이 없는 이에게 책임을 묻는 것은 자체 모순일 뿐 아니라 진짜 책임져야 할 권력자에게 면죄부를 주게 된다. 모든 권한을 틀어쥔 '제왕적 대통령'의 모습을 극명하게 보여주는 코미디가 그의 '깨알지시'를 받아 적는 청와대 회의 장면이다. 그것을 볼 때마다 드는 느낌은 수첩을 복사해서 나눠주면 될 일인데 장관과 참모들이 고생한다는 거였다. 최고권력자의 말을 일제히 받아 적는 나라가 남북한 말고 어디 있는지 모르겠다.

권위주의적 포퓰리즘은 의전, 곧 격식과 행사를 중시하고, 명령체계의 일사불란함을 귀한 가치로 삼는다. 박 대통령이, '윗분의 뜻을 받들어' 모시는 데 이력이 난 김기춘 비서실장을 좋아하고, 맘에 들지 않거나 토를 다는 사람에게 레이저 광선을 쏘는 것도 같은 정서다. 그런 분위기에서 인사권을 쥔 대통령에게 목 내놓고 쓴소리할 사람이 있을까?

권력이 분산된 민주주의 국가보다 독재국가에서 대형 사고가 잦은 것은 권위주의가 부패의 온상이 되어 안전 시스템을 망가뜨리고 원활한 의사소통에 의한 사고 예방을 방해하기 때문이다. 세월호 사고 직후 현장 지휘체계가 제 구실을 못한 것은 상관의 지시 없이 움직이면 손해라는 생각이 앞서 보고하기에 바빴던 탓이다. 툭하면 민원인과 시위대가 청와대로 몰려가는 것도 자업자득이다.

권한은 대통령이 장악하고 있는데 책임은 분산시켜 놓은 것이 지금의 재난구조체계다. 지방행정연구원은 최근 '재난 대응 컨트롤타워를 대통령 직속기구로 둘 경우 대통령 책임이 무거워진다'며 대통령의 안위를 더 걱정하는 보고서를 내놨다. 야당의원이 대통령을 비난하면 여당의원들이 '결사옹위'를 하고 나서는 것도 북한을 닮았다.

세월호 관련 외국 언론 보도를 모니터링하면서 느낀 점은 이번 기회에도 책임을 묻는 정치체제를 만들지 못하면 앞으로도 인재가 계속 터질 것이라는 걱정이다. 영국 〈가디언〉은 '(이러고도) 지위를 보전할 수 있는 지도자가 서방에는 있을지 모르겠다'고 썼고, BBC는 실종자 가족들이 서울에서 $420km$ 떨어진 섬에서 도보행진을 시작하자마자 경찰이 막아선 화면을 내보내며 '이해할 수 없는 장면'이라고 보도했다. 〈파이낸셜타임스〉는 박 대통령의 권위주의를 비판하면서 국정원의 SNS 여론조작 사건을 예로 들었다.

민주주의의 핵심이 책임정치와 집회·표현·언론의 자유 등에 있음을 체득하고 있는 영국인들 안목으로는 세월호 침몰을 둘러싸고 벌어지는 '한국적 현상'이 이상할 수밖에 없다. 영국은 내각책임제라서 크게 책임질 일이 있으면 정권이 바뀔 뿐 아니라, 핵심 권부인 의회 앞에 각종 단체 시위대가 주둔하다시피 하는 나라다. 결사의 자유도 완전히 보장해 극우정당이나 공산당까지 소수의 목소리로 보고 인정한다. 신문도 좌우균형을 이루고 공영방송 BBC가 중심을 잡고 있다.

한국의 기득권 세력은 세월호 참사조차 정치로부터 분리하려 애쓰고 얼이 빠진 듯한 제1야당은 납작 엎드려 있다. 자본의 방종과 관료의 유착을 제어하기는커녕 조장하다시피 해온 정치에 가장 큰 재난 원인이 있는데도 정치로 해결하지 못하면 어떻게 하겠다는 건가? 정부를 견제해야 할 의회정치가 제대로 작동하지 않는 마당에 소셜미디어와 거리의 정치까지 막으려 든다. 가장 치명적인 유언비어는 '전원 구조'라는 당국의 발표였는데도…

언론 또한 공범이다. 저널리즘의 기본마저 내팽개친 사례는 수도 없이 많다. 특히 제일 먼저 현장에 달려간 목포MBC 취재진이 '160여 명밖에 구조하지 못했다'고 보고했는데도 서울 보도본부가 무시한 사례는 언론에도 '과실치사죄'를 적용해야 하는 게 아니냐는 분노를 자아낸다. 언론이 '전원 구조'라는 초대형 오보를 내지 않았더라면 구조인력이 그렇게 늦게 도착하지는 않았을 터이다. 〈경향〉을 비롯한 진보매체들도 속보경쟁을 하면서 많은 과오를 저질렀지만, 사고의 원인이 규제 완화를 비롯한 신자유주의 정책에 있음을 지적하는 등 나름대로 차별성을 보였다.

그러나 우리 언론, 특히 진보매체들이 이번 기회에 던져야 할 가장 중요한 의제는 책임정치 구현의 제도를 마련하는 일이라고 생각한다. 재난에 효율적일 것 같은 대통령제가 실은 권위주의로 흘러 재난을 유발하고 수습에도 취약하다는 점은 앞서 지적했다. 이명박 대통령도 내각제였다면 4대강에 재앙을 초래하는 사업을 추진하지 못했을 터이다.

대통령제는 국민 여론 수렴에도 취약하다. 지난 대선에서 유권자 지지율은 51.6 대 48이었는데 권력은 100 대 0으로 분배됐으니 그것을 민의라 할 수 있을까? '전부 아니면 전무'이니 선거가 사생결단일 수밖에 없고, 재임기간에도 야당은 정권을 잡기 위해 무조건 반대하고 여당은 야당 말을 안 듣는 게 정치문화가 됐다. '협의 민주주의'가 아니라 '다수결 민주주의'가 관철되니 국민의 갈등도 증폭된다.

경제협력개발기구(OECD) 34개 회원국 중 대통령제를 채택한 나라는 한국, 미국, 칠레, 멕시코 말고는 없다. 미국은 삼권분립이 확립돼 있고 중간선거 등을 통해 끊임없이 민의를 수렴한다. 독일 정치학자 뢰벤슈타인은 "미국 대통령제는 다른 나라로 한 발짝 수출되는 순간 죽음의 키스로 변하고 만다"고 했다. 선진국 중 우리만이, 그것도 '제왕적 대통령제'를 채택해 '죽음의 키스'에 빠져 있는 셈이다. '개헌'을 해야 책임을 제대로 물을 수 있어 국민주권이 실질적으로 보장되는 것이다.

야당과 진보언론이 툭하면 주장하는 개각만큼 결과가 허무한 일도 없다. 여당은 그것으로 위기 국면을 넘길 수 있지만 야당은 개혁을 추진할 동력을 잃어버리는 경우가 많다. 권위주의에 빠지면 반성을 싫어해 사람을 교체하는 일도 '측근 돌려막기'로 끝나는 게 보통이다. '인사는 대통령의 고유권한'이라는 생각도 권위주의적 발상이다.

내각제를 채택해 야당과 협의하며 정치하는 유럽에서 특히 정파적이면 안 되는 자리에는 야당도 수긍하는 인물을 앉힌다. BBC가 공영방송의 모델이 된 것은 이런 정치문화에서 가능한 일이었다.

KBS와 MBC의 요직에 측근이나 다름없는 사람들을 앉혀 방송을 장악한 것도 제왕적 대통령제의 귀결이다. 아무리 여론의 욕을 먹더라도 자기한테 배신하지 않으면 중용하는 인사 행태는 여론보다 자신의 안위와 권위 유지가 더 중요하다고 여기는 데서 비롯된다. 방송통신심의위원장에 5·16쿠데타를 미화한 뉴라이트 교수를 임명하고, 민정비서관에 3백억 원대 자산가이면서 노무현 전 대통령을 수사한 검사를 임명한 게 그들로서는 잘못된 인사가 아니다.

워낙 과오가 많은 국정원장이나 비서실장 교체라면 의미가 있겠지만, 총리나 취임한 지 얼마 안 되는 안전행정부 장관에게 국회가 사표를 쓰라고 질타하는 모습은 희생양을 바치기 전에 치르는 희생의식을 닮았다. 권위주의 정권의 개각과 인물 교체는 프로레슬링의 태그매치와 비슷해 야당으로서는 새로운 강자를 불러들이는 것과 같다. '개각'보다 '개헌'이 훨씬 절실한 이유다. (경향 2014.5.15)

박근혜 대통령 '처세술'
누구한테 배웠나

유아독존, 아전인수, 교언영색, 당동벌이, 객반위주... 지난 16일 박근혜 대통령의 국무회의 발언을 듣고 '도대체 이걸 어떻게 이해해야 하나' 고심하며 떠올려본 사자성어들이다.

유아독존(唯我獨尊). 세상에서 자기만 존귀하다고 생각하는 태도다. 왕조 시대 군왕의 태도인데, 민주주의 시대 지도자라면 가져서는 안 될 기질이다. 잘난 체하기로 제일 유명한 왕은 루이14세쯤 될 것이다. '짐은 곧 국가'라고도 했다. 박근혜 대통령도 비슷한 말을 했다. "대통령에 대한 모독적인 발언은 국민에 대한 모독이다."[14] 설훈 의원의 말투에 개인적으로 기분이 나빴을 수 있다는 점은 이해한다. 그러나 대통령이 자신을 국민과 동일시하는 전근대적 사고방식에 젖어 있는 것을 알고 기분 나빠진 국민도 있을 것이다.

같은 군 출신이지만 전두환·노태우 두 대통령은 결이 꽤 달랐다. 전 대통령은 자기를 많이 닮은 탤런트조차 출연을 금했지만, 노 대통령은 "나를 코미디 대상으로 삼아도 좋다"고 말했다. 권위주의에 길들여진 언론은 그런 대통령을 '물태우'라고 조롱했다. 고졸인 노무현 대통령은 보수언론이 아예 대통령 대

14 세월호 참사 당시 박 대통령의 7시간 행적과 관련해 설훈 의원은 "대통령이 연애했다는 말은 거짓말이라 생각한다"고 말했다.

접을 하지 않았다.

한국 언론의 병리를 드러낸 보도 태도였지만 대통령이 탈권위주의로 나가는 방향은 옳았다. 약간의 금도만 지켜진다면 정치인에 대한 국민과 언론의 풍자는 폭넓게 인정돼야 한다. 우리나라 예전 탈춤도 그랬지만 정치 선진국에서는 신랄한 풍자를 당연하게 여긴다. 그런데 이명박 대통령 때 검찰이 풍자만화나 걸개그림까지 처벌하기 시작하더니 요즘 들어 우리의 풍자 문화는 박정희·전두환 시대로 퇴행하는 느낌을 준다.

우리나라에는 대통령뿐 아니라 국회의원이나 자치단체장까지 선거가 끝나면 '공복'이 아니라 큰 '벼슬'로 여기고 뻣뻣해지는 이들이 많은데, 말 속에서 그런 태도가 배어 나온다. 진해 야구장 건립 취소로 달걀 투척 세례를 받은 안상수 창원시장도 발표문에서 "110만 창원시민의 수장에게 테러를 가한 것은 시민을 모독한 행위"라며 시민의 '수장'을 자임했다.

아전인수(我田引水). 자기에게만 이롭도록 생각하거나 행동함을 이르는 말이다. KBS 여론조사에서도 세월호 재협상과 수사권·기소권 보장이 훨씬 우세했는데 반대 의견만 수렴해 재협상을 걷어차 버렸다. 세월호법으로 설치될 진상조사위원회에 수사권과 기소권을 달라는 유가족 요구를 삼권분립에 위배된다며 5개월간 침묵하더니 "여야의 2차 합의안이 마지막 결단이었다"며 입법권을 침해했다. 삼권분립을 내세우거나 내팽개치는 것이 자신의 유·불리에 달렸다.

박 대통령은 "국회가 국민에 대한 의무를 행하지 못할 경우 그 의무를 반납하고 세비도 돌려드려야 한다"고 말했다. 삼권분립 체제에서 헌법 위반 소지가 있는 대통령 발언이 아닐 수 없다. 다른 사람은 몰라도 행정부를 책임지고 있는 대통령이 입법부의 권능을 무시하는 것은 탄핵감 아닌가? '말도 못하나'라고 생각할 수도 있겠으나, 그렇다면 대통령 하야 발언에는 여권이 왜 그렇게 민감하게 반응했나? 박정희 대통령이 10월유신 때 국회를 해산한 것도 국회를 시녀로 여긴 사고방식의 연장선에 있었다.

내각책임제라면 총리는 의회를 비판하고 해산까지 할 수 있다. 그러나 그 권한은 총리 자신의 퇴진을 전제로 한다. 함께 책임을 지도록 제도를 발전시켜온 것이다. 세비 반납 발언도 아전인수식이다. 한나라당 대표 시절 사학법에 반대해 두 달간 국회에 나오지 않았을 때 세비를 반납했다면 말발이 선다. 박 대통령은 국회의원 시절 민생법안은커녕 법안 제출 건수와 출석일수가 모두 꼴찌였다.

교언영색(巧言令色). 남의 환심을 사기 위해 꾸며서 하는 말과 꾸며서 짓는 낯빛을 일컫는다. 박 대통령은 5월 19일 눈물을 흘리면서 세월호특별법 제정과 진상규명에 최선을 다하겠다고 말했다. 그때의 말과 눈물이 교언영색이 아니었다면 수사권과 기소권을 주지 못할 이유가 무엇인가? 눈물이 턱까지 흘러내리면 가려워서라도 닦기 마련인데 그러지 않은 것은 역시 꾸민 행동이었나?

정부의 교언영색 중 최신판은 국민 건강을 위해 담뱃값을 올린다는 발표였다. 국민 건강이 그렇게 걱정된다면 정부가 금연운동을 벌이든지 부탄 왕국처럼 아예 흡연을 금지하면 될 일이다. 노무현 정부 때 담뱃값을 500원 올리려 하자 박근혜·최경환 의원은 반대했다. 그때는 국민 건강을 조금만 위하는 수준이어서 반대했나? 서민 부담이 큰 간접세지만 세수 확보와 국민 건강을 위해 담뱃세를 올렸다고 솔직하게 고백했더라면 애연가들이 뒤틀린 심사를 달래기 위해 애꿎은 담배를 또 태우지는 않았을 터이다.

'민생 타령'을 하며 세월호 국면에서 벗어나려는 것은 전형적인 교언영색이다. 대선 때 박근혜 후보가 내걸었던 경제민주화와 복지 강화도 알고보니 '감언이설'이었지만, '민생'은 공약을 지키는 게 가장 확실한 해결책이다. 서민들의 삶이 총체적으로 붕괴되고 있는데 일부 서비스업과 부동산의 규제를 푸는 걸로 민생을 해결하겠다는 발상이야말로 무능 정권의 밑천을 드러낸 것이다. 학교 근처에 호텔을 짓겠다는 관광진흥법과 의료법인의 영리자회사 설립을 허용하는 의료법 개정안 등은 '민생법안'이 아니라 '민폐법안'이 될 가능성이 높다.

보수신문과 '정권방송'이 '우리 경제가 골든타임을 놓치고 있다'는 보도를 쏟아내자 정부도 맞장구치며 세월호 정국 탈출에 십분 활용하고 있다. 세월호처럼 갑자기 침몰했나, 한국 경제에 느닷없이 골든타임이 닥친 이유를 모르겠다. 집권하고 1년 반도 넘은 때에...

박 대통령의 재래시장 방문은 박정희 대통령 이래로 써먹어온 교언영색의 수법인데도 먹혀 들어가는 건 왜일까? 정치적으로 대립국면이 고조될 때마다 시장에 가는 건 '정치와 초연하게 경제만 생각하는 대통령'이란 이미지를 만들어주기 때문이다. 청와대 사진기자단이 주범이다. 재래시장을 찾는 것은 사주는 상품값만큼만 민생에 도움이 될 뿐이다. 정치를 통하지 않고 경제를 살릴 방도는 없다. '경제'란 말 자체가 경세제민(經世濟民), 곧 '세상을 다스리고 백성을 구제한다'는 뜻 아닌가.

당동벌이(黨同伐異). 옳고 그름을 가리지 않고 같은 의견을 가진 사람끼리 한패가 되고 다른 의견을 가진 사람을 물리친다는 말이다. 박 대통령은 "세월호특별법에 '순수한 유가족'들의 마음을 담아야 하고 '외부 세력'이 정치적으로 이용하는 일이 없어야 한다"고 강조했다. 국민을 아군과 적군으로 구분하고 대결국면을 조성해 난국에서 빠져나가려는 발상이다.

박근혜 대통령은 100%를 위한 대통령이 되겠다던 '국민 대통합' 약속을 완전히 저버리고 절반가량 지지층만 확실히 안고 가겠다는 태도다. 보수신문과 종편방송의 지지를 받고 있는데다 지상파 방송도 극우인사들을 방송통신위원회와 KBS 이사회 등에 대거 포진시킴으로써 대국민 심리전 준비를 끝낸 상태다. 이름만 남은 '공영방송'의 사장과 요직도 친여 인물로 채워졌다.

객반위주(客反爲主). 손님이 도리어 주인 노릇을 한다는 뜻이다. 세월호 유족들도 국민이지만 국민을 돌봐야 할 대통령은 그들이 헌법체계를 흔들고 경제의 발목을 잡는 '국가의 공적'이나 되는 것처럼 매도했다. 박 대통령은 유족들에게 "진상규명에 여한이 없도록 하겠다"더니 오히려 대못을 박았다.

박 대통령의 정치 스타일과 처세술이 체득한 것이든, '호가호위'하는 참모들의 농단에 따른 것이든, 언론이 부추긴 것이

든, 아니면 합작품이든, 최종 책임은 대통령에게 돌아간다. 박
대통령은 세월호 정국에 대한 국민 피로도가 점증하고 야당이
지리멸렬한 틈에 승부수를 잘 던졌다고 생각할지 모르겠다.

그러나 성역 없는 진상규명으로 유족들의 한을 풀지 못한
다면, 진심으로 서민을 위한 정책들을 내놓지 못한다면, '정신
적 내전' 상태라고 불릴 만큼 편 가르기가 심한데 그걸 더 부추
긴다면, 언론에 의해 일정 부분 '만들어진' 지지율을 믿고 일방
적으로 국정을 밀어붙인다면, 박근혜 정권은 임기말에 참담한
'일패도지'로 귀결될 공산이 크다. 그때 가서는 어떤 사자성어
를 떠올릴까?

자승자박, 소탐대실, 인과응보, 진퇴유곡... 그래도 국민을
위해 '사필귀정'으로 끝났으면 좋겠다. 악담이 아닌 쓴소리로
받아들였으면 한다. (경향 2014.9.18)

개헌 필요성 입증해준
대통령의 '일장 연설'

내가 영국에서 살아보기 전에 가졌던 선입견은 영국이 '신
사의 나라'라는 거였다. 그런데 6년간 살면서 대문에 달걀 투척
을 세 번이나 당했다. 부활절에 달걀을 선물하는 풍습을 악용해
날달걀을 던진 것이다. 동네 청소년들이 한 짓이지만 어른들이

교육을 잘못한 탓이리라.

살아보지 않더라도 영국이 세계를 제패하는 과정에서 식민지 사람들에게 어떤 짓들을 했는지 안다면 '신사의 나라'라는 별칭에 거부감이 생길 터이다. 오스트레일리아에 머물 때 그곳 원주민인 '애버리진'의 전시회에 들른 적이 있는데, '영국인이 원주민을 사냥해 개 먹이로 삼았다'는 내용까지 전시돼 있었다. 영국은 스페인 무적함대에 맞서기 위해 해적인 드레이크에게 기사 작위를 내린 나라였고 축구장에서 말썽을 일삼는 훌리건의 본고장이다.

그런 오해의 연장선상에 영국 의회가 있다. 한국 국회에서 야유나 몸싸움이 벌어지면 신문 칼럼에 비교 사례로 자주 등장하는 게 영국 의회다. 상대 의원을 부를 때부터 "국민의 사랑을 받는 ○○당의 존경해 마지않는 아무개 의원께서" 또는 변호사 출신이면 "학식 높은", 군 출신이면 "용감한" 식으로 수식어를 붙이는 등 의사진행이 신사적으로 진행된다는 것이다.

영국에 살면서 목격한 것은 전혀 딴판이었다. BBC로 생중계되는 것을 보면 '우우' 하면서 온갖 야유를 보내는 것이 일상이었고, 매주 수요일 12시에 총리가 등장하면 야유소리는 더 커지곤 했다. 아니, 우리 국회가 훨씬 더 질서정연하게 돌아가는 게 아닌가?

어떻게 영국에 대한 허상이 나를 포함한 한국인의 머릿속에 박히게 된 걸까? 원인은 한국 언론에 있었다. 영국으로 가기 전, 박권상 씨가 동아일보 특파원 등으로 영국에 머물면서 연재한 기사를 모아 펴낸 『영국을 본다』(원음사, 1990)와 『영국을 다시 본다』(원음사, 1987)를 읽었는데, 책의 내용은 내가 본 영국의 현실과 꽤 달랐다. 그는 존경받을 만한 언론인이었지만, 영국 사회를 제대로 파고들지 못했거나 20여 년 만에 영국이 많이 변한 탓일 수도 있다. 어쨌든 한국의 언론인들은 그 책 또는 그 책을 인용한 칼럼을 '무한반복' 베껴온 셈이다.

개헌과 관련해 이원집정제와 의원내각제가 거론되고 있는데, 일부 정객과 논객은 허상을 좇고 있다는 느낌이 들어 의회제도의 본질과 언론의 임무에 대해 생각해보았다. 결론으로 말하고 싶은 것은 이원집정제는 단점이 많고 의원내각제도 단점이 있지만, 둘 다 대통령제보다는 우월한 정치체제라는 점이다. 그리고 우리 언론이 의정활동 또는 정치를 무슨 '신사들의 봉사활동' 정도로 착각하고 있다는 점도 지적해야겠다.

우선 언론은 정치야말로 다원화한 사회의 온갖 이해관계가 첨예하게 맞서고 갈등이 충돌해 접점을 찾고 타협을 모색해가는 '공적 토론의 장'이라는 사실을 인식해야 한다. 법 하나에 생명과 생존권이 좌우되고 언론법처럼 민주주의를 실질적으로 훼손할 수도 있는데 조용히 넘어간다면 그게 오히려 직무유기다. 이번 국정감사에도 '기업인들을 기다리게 한다'는 등 의회정치를 비하하는 보도가 쏟아졌는데 그 저의가 의심스럽다.

곰곰이 생각해보면 야유가 난무하는 영국 의회야말로 진정 국민의 소리를 대변하는 장소라 할 수 있다. 야유도 의사표현의 하나이기 때문이다. 하원의장이 지나친 야유에 제동을 걸겠다며 정당 대표들에게 서한을 보냈다는 보도(인디펜던트 2.18)가 나왔지만, 나는 그게 일하는 의회의 본모습이라 생각한다.

나중에 매카시즘을 잠재워 더 유명해진 미국 CBS의 에드워드 머로는 2차 세계대전 때 런던지국장으로 있으면서 런던이 폭격당하는 와중에도 영국 의회가 갑론을박하는 모습에 감동했다. 그는 '여기는 런던입니다'라는 인기 프로그램에서 "정부는 전쟁 수행의 전권을 부여받았지만 결코 자제력을 잃지 않았으며 의회가 이를 감시했다"고 보도했다.

국회에서 박근혜 대통령이 시정연설을 한 건 어땠나? 보수언론은 국회를 존중한 것이라며 호의적으로 보도했다. 그러나 나는 그 장면에서 우리 정치체제의 한계를 보았다. 박 대통령은 남북문제와 개헌 등 국민들이 듣고 싶은 현안에는 함구한 채 하고 싶은 말만 했다. 세월호 유족에게는 눈길조차 주지 않았고 전시작전통제권 연기는 대선공약을 뒤집은 건데 국민에게 이해를 구하려는 노력조차 하지 않았다.

연설 뒤 회동에서 야당 지도부가 건의한 것도 받아들인 게 없다. 대통령이 국회에 가서 시정연설을 하고 여야 의원이 기립해 예의를 지켰으니 '신사적'인 듯하지만, 합의 민주주의나 협의(協議) 정치의 차원에서 본다면 아무런 성과가 없었다.

우선 일장연설을 하는 것 자체가 실은 반의회적이다. '의회(議會)'는 '의견을 모으는 곳'이지 자기 생각을 강요하는 웅변대회장이 아니다. 영국 의회에서는 미리 작성된 원고를 읽는 것까지 금한다. 짧게 묻고 대답하고 따지는 문답식으로 회의를 진행해 진상을 파헤치고 의견을 수렴한다.

회의장도 우리 국회처럼 높은 연단에서 연설하는 식이 아니라 앞줄에 총리 등 각료들과 야당 대표 등 예비각료들이 마주보고 뒷줄에 일반 의원들이 앉아 국정을 논의하도록 좌석이 배치되어 있다. 의회가 거의 일 년 내내 열리니 작은 법안을 갖고도 '신사적'이기는커녕 좀스러울 정도로 치고받으며 공방전을 벌이고 타협을 통해 국정을 함께 이끌고 간다. 바로 합의제 민주주의의 산실이다.

정치부 기자들이 설문조사를 해서 모범적 의정활동을 한 의원에게 수여하는 '백봉신사상'이란 게 있다. 초기에는 김근태·조순형·김부겸 의원 같은 소신파들이 받아 수긍이 갔는데, 2007년부터는 박근혜 의원이 내리 4년을 받아 '웃기는 상'이 되고 말았다. 박 의원은 법안 제출 건수와 출석일수가 모두 꼴찌였으니까. 권력의 향배에만 주목하는 요즘 정치부 기자들의 의식구조와 수준을 짐작할 수 있는 대목이다.

소선거구제에 근거한 양당정치의 폐해에 대해서는 기자들도 비판적이지만 실은 그들 자신이 양당정치 존속에 기여한다. '여당반장'입네 '야당반장'입네 하면서 양당의 시시콜콜한 동정과 입에 발린 말들을 대서특필해 양당의 갈등을 부추기는 지렛대 구실을 한다. 두 보수정당을 보수·진보의 대결구도인 양 포장하니 진정한 진보정치는 설 자리가 없다.

이 국면에서 의아한 것은 〈경향〉을 비롯한 진보언론의 보도 태도다. 〈경향〉은 여야의 개헌 공방만 중계했을 뿐 사설로 개헌의 방향을 제시한 적이 없고, 내부 칼럼도 '개헌은 싫다'(10.21)는 제목으로 한번 내보냈을 뿐이다. 〈미디어오늘〉은 아예 '개헌은 미친 짓이다'(10.22)라는 사설을 내보냈다. 야당이 열세이니 개악을 할 것이고 개헌을 하지 않더라도 대통령

결선투표제와 중대선거구제를 도입하면 된다는 논리다.

걱정하는 바를 이해하지 못하는 건 아니지만 그런 주장에는 타협의 정치보다 민주주의를 '한판 승부'로 보고 정권만 찾아오면 된다는 각오가 서려 있다. 선거법 개정도 중요하지만 그것은 내각책임제와 결합될 때 제구실을 할 수 있다. 권력분점을 노리는 정객들의 '짬짜미'일지라도 여당에 개헌의 목소리가 높은 지금이 개헌 논의의 적기가 아닐까? 권력독점의 폐해가 심각한데 권력분점이 왜 나쁜가?

선진국 중에는 우리처럼 강력한 대통령제를 채택한 나라가 없고 동유럽 국가들이 민주화할 때 내각책임제를 채택한 것을 생각한다면 세계적으로 대통령제의 수명은 다했다고 볼 수 있다. 간신히 절반을 넘긴 득표로 대통령이 된 이가 권한을 100% 독점하고 임기 동안 대개 하향세를 보이는 국민 지지를 업고 국정을 이끄는 것 자체가 모순되고 힘겨운 일이다. '국민대통합'과 '국민행복시대'는 제도적으로도 불가능하게 되어 있다.

승자독식 모델인 대통령제와 소선거구제에서 권력을 쥔 쪽은 대화를 시간 낭비라 생각하고 반대쪽은 권력을 탈환하려 사생결단할 수밖에 없다. 박 대통령이 '배제의 정치'를 하는 것이 그의 품성 때문만은 아니다. 대선공약마저 거의 다 폐기했는데 내각책임제였더라면 정권이 교체됐을 상황이다.

총선에서 42.8% 득표한 새누리당은 민의로만 본다면 127석을 차지해야 마땅한데 152석을 가져간 것은 '제도적 부정선거'라 할 수 있다. 내각제였다면 연정이 불가피했다. 중대선거구제로 가되 독일의 정당명부식 비례대표제를 대폭 반영하는 것은 민의를 최대한 반영한다는 점에서 탁월한 선택이다.

선진 복지국가들이 다 그런 것처럼 합의제 민주주의는 극도로 양극화한 한국 사회에서 선택의 문제가 아닌 필수과제이다. 헌법과 선거제도 개혁은 그 주역들이 개혁의 대상이라는 점에서 어려운 일이다. 여론을 앞세운 언론의 압박과 방향 제시가 대단히 중요한 이유다. 아래로부터 개헌을 위해서는 진보언론이 이러고 있을 때가 아니다. (경향 2014.10.30)

박 대통령과 연산군의
같은 점과 다른 점

청와대 주변에서 터진 일들을 두고 조선시대 궁중암투를 보는 듯하다고 말하는 이가 있는데 그건 조선 역사 전체를 욕보이는 말이다. 조선은 왕위 계승을 둘러싼 암투는 있었지만 중국과 달리 내시나 승지가 국정을 농단한 사례가 아주 드문 나라였다. 내시는 정사에 개입할 수 없었고, 승지(承旨)는 말 그대로 임금과 신하 사이에서 뜻(旨)을 이어(承)주는 구실에 그쳤다.

임금과 신하가 단둘이 만나는 독대를 금했고, 신하가 임금을 만나면 사관이 모든 대화를 기록했다. 사관은 요즘으로 말하면 청와대 출입기자일 텐데 기록의 공정성과 객관성 면에서는 저널리즘의 표준을 목숨 걸고 지킨 이들이니 기자들이 본받을 만하다.

독대는 선조와 영의정 유영경, 효종과 이조판서 송시열의 기해독대, 숙종과 좌의정 이이명의 정유독대 등 손에 꼽을 정도로 드물었다. 이들 독대는 결국 정쟁의 불씨가 됐고 독대를 한 신하들은 후대 임금인 광해군, 숙종, 경종의 사약을 받았다.

정도전이 만들고 세종·성종 때 굳어진 독대 금지의 전통을 깬 것은 이승만과 박정희였다. 이승만은 특무대장 김창룡을 수시로 만났고, 박정희는 중앙정보부를 창설해 주요 인적 정보를 독점했다. 유능한 정보기관이 있는 나라는 많지만 사람들의 뒤를 캐 최고권력자에게만 직보하는 선진국은 없다.

이명박 정권에서 마음만 먹으면 대통령을 만날 수 있었던 최시중·이상득·박영준도 결국 감옥에 갔다. 그러나 박근혜 대통령처럼 집권 초기부터 '비선정치'와 '비서정치'의 문제가 동시에 심각하게 대두한 적은 없었다. 행정부처 위에 비서실이 있고 비서실 위에 비선이 있으면 부처가 책임지고 일할 수가 없다. 프랑스는 아예 대통령 비서실이 연락 업무만 맡게 되어 있다.

더 큰 문제는 보수·진보언론이 함께 비판하는데도 박 대통령이 그 심각성과 원인을 전혀 모른다는 점이다. 말하는 것만 봐서는 사태 파악이 안 되고 해결능력이 없는 데다 측근 감싸기에 급급해 문제를 더 키우고 있다. 인식능력이 모자라거나 측근들이 사태를 호도하지 않고서는 벌어지기 힘든 상황이다.

언론은 모처럼 진영논리에서 벗어나 비슷한 목소리를 내고 있지만, 친여 매체는 전례로 보아 언제 국정농단의 내용보다는 문건 유출이 문제라는 청와대와 검찰 프레임으로 돌아설지 모른다. 몇몇 신문이 특종기사로 수사를 견인하려 하지만, 중앙일보는 정윤회 씨와 청와대의 주장을 비중 있게 다루고 그들을 두둔하는 듯한 칼럼을 내보내기도 했다.

그러나 검찰을 동원해 비선과 비서들에게 면죄부를 주려는 발상은 최악의 선택이다. 그들은 더 기세등등해지겠지만 정치인과 관료집단은 더 몸을 사리는 결과를 가져올 것이다. 검찰에 출두하는 사람치고 정윤회 씨만큼 당당해 보이는 사람은 없었다.

집권 2년차에 전면적으로 불거진 정치 파탄의 폐해는 앞으로 3년간 국민에게, 종국에는 대통령 자신에게 돌아갈 수밖에 없다. 환관정치는 충신을 내치고 간신을 들끓게 만든다. 돌이켜보면 제 목소리를 내던 진영, 유진룡 등 소신파 장관들은 다 쫓겨났다. 진영 보건복지부 장관은 기초연금 공약 불이행 등 복지정책 후퇴와 관련해, 유진룡 장관은 문화체육관광부 인사를 둘러싸고 청와대와 갈등을 벌이다 축출됐다는 점에서 시사하는 바가 크다.

언론이 잘못된 인사로 지적한 예술의전당 고학찬 사장, 아리랑국제방송 정성근 사장, 한국관광공사 변추석 사장과 자니윤 감사는 유 장관이 '전문성 부족' 등을 이유로 임명에 반대한 자들이었다. 그들은 대선 때 박 대통령을 도운 공적이 있을 뿐이다.

그밖에도 박효종 방송통신심의위원장이나 이인호 KBS이사장처럼 뉴라이트 또는 박정희를 찬양한 인물들을 방송·문화

분야 기관장으로 대거 발탁했는데, 이는 국민의 생각에 영향을 미치는 기관들이 공정성을 훼손하더라도 정권에 봉사해주길 청와대가 원했기 때문일 터이다. 〈한겨레〉 보도에 따르면 '김기춘 비서실장이 온 이후 '성향'에 대한 검증이 굉장히 강해졌다'(12.6)고 한다.

승마협회를 감사한 문화부 체육국·과장에 대해서는 박 대통령이 직접 "나쁜 사람"이라고 하더라며 경질을 요구했다. 항간에 "장차관 인사는 비서들이 하고 국·과장 인사는 대통령이 한다"는 비아냥이 떠도는 건 청와대의 인사개입이 얼마나 부적절한지를 말해준다. 측근정치 비판에 공감하는 국민이 76.4%에 이른다는 여론조사 결과도 나왔다. 이해하기 힘들었던 수많은 인사 패착의 근원이 무엇이었는지 이번 문건 파문을 통해 드러나고 있다. 비선이나 비서의 개입에 따른 것이건 '수첩인사'를 비서들이 검증하지 못한 것이건 결과는 매한가지다.

문건 파문의 와중에도 인사 패착은 계속되고 있다. '영업의 귀재'로 통하던 이순우 우리은행장이 박근혜 대통령후보 후원모임인 '서금회'(서강금융인회) 출신에게 밀리는 걸 보고 은행원들은 영업보다 줄 서는 데 혈안이 되지 않을까? 이명박 정권에서 고려대 출신이 금융계를 장악하더니 이 정권에서 서강대 출신이 최고경영자 자리를 줄줄이 꿰차는 것을 우연으로 받아들일 사람이 있을까?

박근혜 정권의 최대 약점은 대통령 자신의 정치 행태에 있다. '인사 참사'만 하더라도 대부분 지나치게 보안을 강조하다가 빚어진 일이었다. 보안에 대한 그의 집착은 '촉새가 나불거려가지고'라는 말에 나타나지만, 밀실 인사는 공론장에서 활발해야 할 인사검증을 불가능하게 만든다.

'박근혜 인사'의 또 하나 기준은 의리다. 박 대통령은 자서전에서 '사람이 사람을 배신하는 일만큼 흉한 일도 없을 것'이라고 썼을 만큼 의리를 인간관계의 금과옥조로 여긴다. 의리는 좋은 덕목이지만 다른 모든 기준을 제쳐두고 그것만 앞세우는 집단은 조직폭력배들이다.

한국 사회에 희화적인 '의리 열풍'이 불고 있는 건 박근혜 정권 출범과 무관하지 않은 듯하다. 부모를 모두 잃고 칩거하던 시절 그는 아버지 측근들이 유신을 비난하는 '배신' 행위에 한을 품었으리라. 그러나 정당성이 전혀 없는 유신체제에 대해 뒤늦게나마 반성하는 것을 배신으로만 매도할 수는 없다. 그는 오히려 유신헌법을 기안했던 김기춘 씨를 발탁하고 15년간 자신을 모셔온 정윤회 씨와 '문고리 3인방'을 여론의 질타에도 내치지 못하고 있다.

김재원·박대출 의원 등이 유진룡 장관이나 조응천 비서관 등을 '배신 프레임'으로 엮은 것은 '주군'의 심경을 잘 읽었기 때문이리라. 문제는 일부 보수언론이 이 프레임을 따라가고 있다는 점이다. 〈경향〉도 '콩가루 된 정부'(12.6) 기사에서 유진룡 장관과 청와대 주장을 대비시킨 뒤 문화부 내 분위기를 전하면서 '유 전 장관에 대한 호감이 컸으나 이번 일을 계기로 "적절하지 않은 처신" "문화부의 앞날이 걱정"이란 의견이 많았다'고 보도했다.

'레이저광선'을 쏘는 박 대통령 통치 2년 만에 쓴소리를 하는 이들은 여권 실세에서 모두 배제된 걸까? 7일 청와대 오찬에서 '각하' 칭호가 부활하고 '진돗개가 실세'라는 대통령 농담에 박장대소하는 장면을 보면서 따라 웃은 국민은 많지 않았으리라. 아첨꾼의 특징은 별로 우습지 않은 윗사람 농담에도 크게 웃는 것이다.

용렬하고 못난 임금일수록 측근을 중시했다. 선조는 임진왜란 뒤 논공행상을 하면서 문신 86명, 무신 18명을 공신에 봉했는데, 문신 중에도 내시가 24명이었다. 일선에서 목숨 바쳐 싸운 곽재우 같은 의병장들에게도 공신 직첩을 내리지 않은 반면 도망치는 자기를 의주까지 모시고 다닌 근신들을 어여삐 여긴 것이다.

연산군이 신하들을 마구 죽여 간언을 하는 이가 없게 됐을 때 목숨 걸고 극간을 한 이는 내시 김처선이었다. 그는 연산군이 쏜 화살을 맞고 다리가 잘리면서도 쓴소리를 했다. 사실 조선의 내시는 정사에 개입하지 않다가도 이런 충성심을 보인 이가 많았지만 사극들이 혈손 없는 내시들을 종종 간신처럼 묘사해 명예를 훼손한 적이 많았다.

이른바 '찌라시' 유출로 청와대에 파견됐던 사정기관원 20여 명이 축출된 데 이어 이번에도 공직기강비서관실을 범죄집단으로 몬다면 사간원을 아예 폐지하고 사헌부를 축소한 연산군과 무엇이 다르랴. 연산군은 성군의 자질이 있었으나 비명에 죽은 어머니의 한풀이를 하다가 국정을 그르쳤다.

폭정을 저지른 연산군은 말년에 반성의 빛을 보이기도 했다. 뛰어난 시인이었던 연산군은 이런 시구도 남겼다. '용렬한

자질로 왕위에 있은 지 십 년인데, 너그러운 정사 못 펴니 부끄
러운 마음 금할 길 없네.'

　　포악한 연산군에 견준다면 박 대통령 스스로 억울할 것이
다. 그가 국민에게 사과하고 국정을 쇄신하는 모습을 보고 싶은
이유는 우리가 그래도 연산군 때보다는 나은 시대에 살고 있다
는 믿음을 포기하고 싶지 않기 때문이다. (경향 2014.12.11)

4 한국 언론의
흑역사

배신감과 '진영 논리' 배어나는
'노무현 보도'

　'배신자'란 말만큼 자의적으로 쓰이는 말도 드물 것이다. 자기 자신의 생각과 행동을 기준으로 타인을 '배신자' 또는 '의리파'로 규정한다. 사랑을 할 때도 자신을 떠나가면 '배신자'요, 상대방이 남을 배신하고 자신에게 돌아오면 '순정파'다. 그런데 그 많은 배신자들은 다 어디로 갔을까? 실은 우리 안에 배신의 심리가 숨어 있고 우리 자신도 배신자였을 가능성이 높다. 심리학자들은 '사람들이 스스로 배신당했다는 생각을 자주 하지만 자신이 남을 배신했다고 인정하는 경우는 많지 않다'고 한다.

　정치인들은 그런 성향이 더 강한 걸까? 조직을 배신하고 집단 탈당을 하면서도 그냥 주저앉는 이탈자가 생기면 그 사람을 배신자로 낙인찍는다. 정몽준 의원은 노무현 전 대통령을 "배신과 기만의 정치로 표를 얻은 정치꾼"이라고 몰아붙였다. 대선 하루 전 노무현 후보 지지를 철회했던 그도 자신을 배신자로 여기지는 않나 보다.

　노 전 대통령에 대한 국민적 배신감을 강조하는 기사들이 신문과 방송을 뒤덮고 있다. 그러나 보수언론은 엄밀하게 말해서 배신을 당한 적이 없다. 배신은 '믿음을 저버렸다'는 뜻인데, 보수언론이 '노무현'에게 신뢰를 보낸 적이 있었던가? 정치적 지향의 옳고 그름을 떠나 노 대통령이 우파에게 손을 내민 '대연정'조차 일축했다.

〈한겨레〉등 쪽의 배신감과 황망함은 보기에도 민망하다. '성수대교가 무너진 느낌'(4.9)이라느니, "혼자 깨끗한 척하더니'라는 비아냥에도 할 말이 없게 됐다'(4.13)느니 하는 표현에 그런 심중이 드러난다. 그러면서 의견 표명을 단념하거나, 글을 쓰더라도 '감정'이 실린 용어와 표현이 등장한다. 애증과 배신감의 발로다.

그러나 시민편집인실에 걸려오는 전화 중에는 그런 배신감을 토로하면서도, "〈한겨레〉가 중심을 잡아야 한다"며 항의하는 독자가 적지 않다. 한 아주머니는 "돈을 받지 않았으면 더 좋았겠지만, 다른 대통령에 비해 그래도 깨끗한 사람 아니냐"며 "그런 점을 고려해 균형감 있게 보도했으면 좋겠다"고 말했다.

이 시점에서 균형감이란 무엇일까? 우선 진실을 파헤치면서도 근거 없이 의혹을 부풀리거나 싸잡아 매도하지 않는 보도 태도일 것이다. 그런 잣대에 거슬리는 보도들이 꽤 있었다.

'형님 이어 부인까지…노무현 전 대통령 도덕성 치명타'(4.8) 기사를 예로 들어 보자. '참여정부의 기반이 와르르 무너졌다'거나 '참여정부의 비리는 구멍 난 모래주머니처럼 줄줄 새어 나왔다'는 내용은 좀 더 객관적인 표현으로도 얼마든지 비판할 수 있었으리라. 중간쯤 나오는 문장에서 '지난 대선 때는 보수 진영에서조차 "무능보다 부패가 낫다"며 "노 정권이 무능하기는 했지만 부패하지는 않았다"고 인정할 정도였다'로 표현한 것도 부적절했다. 보수 언론의 프레임을 차용한 탓에 독자들은 '참여정부가 무능하면서도 부패했다'는 인상을 받게 된다.

'노건호·연철호 씨—박연차 회동 의혹 증폭'(4.9) 기사에서 '이 돈(5백만 달러)이 투자자금을 가장해 노 전 대통령 쪽에 건너간 비자금이 아니냐는 의혹이 커지고 있다'고 보도했으나, 그것을 뒷받침할 '팩트'는 없다.

'박연차 '입' 넘어 '대가성 증명' 고심'(4.16) 기사는 제목이 검찰의 노고를 치하하는 듯한 인상을 줄 수도 있다. 이 기사에서 '검찰은 정상문 전 총무비서관과 노 전 대통령이 여러 경로로 박 회장을 도와줬다는 정황을 파악한 것으로 보인다'고 했으나 역시 추측성 기사에 머물고 있다.

두 개의 추측성 기사가 모두 맞다면 노 전 대통령은 대가성 뇌물을 받았기에 빠져나갈 구멍도 없고 상황 종료다. 그러나 검찰 입과 추측에 근거해 기사를 쓰다 보니 사건이 뒤로 가는 일도 벌어진다. '권양숙 씨에 3억 안 갔다'(4.20)는 기사가 그것이다. 〈한겨레〉만의 문제가 아니지만, 보수신문과 함께 이런 식의 속보경쟁을 벌일 필요가 있는지 생각해볼 일이다.

검찰 입에 의존해 의혹을 부풀리거나 혐의를 기정사실화하는 듯한 표현을 쓰는 것도 그들의 의도에 말려드는 것이다. 한 독자는 시민편집인실로 전화해 "〈한겨레〉가 검찰의 정치적 의도를 적극적으로 파헤치는 모습을 보여주지 못하고 있다"고 불만을 표했다.

'박연차 사건'과 관련한 〈한겨레〉의 어정쩡한 위치 설정은 독자들로 하여금 〈한겨레〉가 피아를 구분해서 공격과 방어를 하는 진영논리에서 일정 부분 비롯되는 게 아니냐는 의구심을 갖게 한다. 신문의 의견이 드러나는 여론면의 칼럼과 사설의 수에서도 그런 징후가 엿보인다. 4월 들어 29일까지 이 사건과 관련해 두 여론면에 실린 칼럼과 사설의 수는 각각 5건에 불과하다. 하루에 8건의 칼럼과 사설이 실리니까 대략 2백 건 가운데 10건만이 관련 의제 활동에 나선 셈이다. 보수언론이 10년 가뭄에 물 만난 듯이 노 정권의 공과를 싸잡아 씻어내 버리려는 태세인 데 견주어 너무 나약해 보인다.

이런 때일수록 명확하게 선을 긋는 위치 설정이 필요하지 않을까? 지난 정권의 비리에 대한 진실 규명을 촉구하는 한편으로 수사 자체에 정치적 목적이 끼어들지 않았는지도 따져볼 일이다. 수사가 부진한 여권 실세들에 대한 탐사보도에도 좀 더 힘을 쏟아야 한다. 맞불을 놓아 사건을 무마하라는 게 아니라 총체적으로 진실을 규명하자는 것이다. 나아가 노 정권이 추구한 가치와 정책이 모조리 매도당해 쓰레기장으로 향하는 사태는 막아야 한다. '노무현을 버리자'는 보수신문의 의제가 무엇까지 버리자는 얘기인지 안다면 대항의제를 내세워야 한다.

영국의 〈가디언〉은 노동당이 집권하기 전에는 우군이었지만, 집권하자마자 가장 신랄한 감시자가 됐다. 최근에는 데이비드 캐머런이 이끄는 '젊은 보수당'이 전통적인 감세정책을 포기하고 의료복지체계를 확충하겠다고 나서자 우호적인 논조를 폈다. 진영논리에 매몰되지 않고 그 신문이 추구하는 가치를 기준으로 보도 태도를 결정한다.

〈한겨레〉는 어떤가? 과거 10여 년을 거슬러 올라가면 대선 국면에서, 그리고 김대중·노무현 대통령이 집권 후 우경화 정책을 펼 때, 권력형 뇌물 비리가 불거질 때, 〈한겨레〉가 진영논리에 빠지지나 않았는지 엄중하게 뒤돌아볼 일이다. 진영논리에 빠졌다면 〈한겨레〉도 오늘의 사태에 일정 부분 배임의 책임이 있다.

진보 쪽은 노무현 전 대통령에 대한 배신감에서 빚어지는 황망함을 하루빨리 떨쳐버려야 한다. 사실 진보에 대한 노 전 대통령의 배신은 갑작스런 게 아니다. '대연정'도 배신이었고, '이라크 파병'도 배신이었다. '비정규직 양산'은 적어도 배임이었다. 엑스(X)파일 사건 때 '삼성 권력'을 제자리로 돌려놓을 기회를 놓치고 오히려 대자본의 품에 안겨버린 것은 최대의 배신이었다.

집권 초기 〈중앙일보〉 홍석현 회장에게 권력을 나눠주면서 〈중앙〉을 매개로 대자본에도 줄을 대는 듯했으나 그것이 얼마나 순진한 발상이었는지, 최근 이 신문의 논조를 보면 느끼는 게 있으리라. '어느 정권보다 깨끗했다더니…'폐족' 위기 몰린 친노'(4.8)는 〈중앙〉의 5면 통단 제목이다. 박연차-강금원 사건은 대자본에 품었던 연정이 성사되지 못하고, 소자본과 안심하고 맺은 유착관계가 세상에 드러난 것이다.

배신감은 애증의 기복을 겪으면서 증폭된다. 애증의 연장선상에서 신문을 만들 일은 아니다, 보수신문도 〈한겨레〉도. (한겨레 2009.4.29)

문제는 다시 언론…
'노무현 보도' 반성해야

로마의 공화정이 사라지고 제정으로 넘어가는 과정에 두 개의 분수령이 있었다. 외부적으로는 베르킨게토릭스로 대표되는 이민족의 저항이 분쇄된 것이고, 내부적으로는 브루투스로 대표되는 공화파가 괴멸된 것이다.

34만의 갈리아족 군대를 규합한 베르킨게토릭스는 5만의 로마군에게 패하자 동족을 살리기 위해 자신을 죽이거나 산 채로 카이사르 진영에 넘기라고 말한다. 로마로 압송된 그는 감옥에서 온갖 모멸을 겪다가 6년이나 지난 뒤 처형된다. 폼페이우스와 내전을 치르기에 바빴던 카이사르의 뒤늦은 개선식에 전리품이 필요했던 탓이다.

이집트 여왕 클레오파트라가 옥타비아누스에게 패전한 뒤 독사를 이용해 깨끗하게 죽은 것은 로마의 개선식에 끌려가 받을 모욕을 피하기 위한 그녀 나름의 '존엄사'였다. 앞서 안토니우스에게 패전한 브루투스, 클레오파트라와 연합했던 안토니우스도 모두 '명예형 자살'로 목숨을 끊었다.

노무현 전 대통령의 생애도 '명예형 자살'로 마감됐다. 그러나 자살이라고만 하기에는 '정치적 타살'이라는 여론이 너무나 비등하다. 얼마 전까지만 해도 일국의 대통령이었던 사람을 자살바위로 밀어 올리는 데 작용한 외부의 힘은 무엇일까?

항간에는 이명박 정권과 검찰, 언론을 지목하는 이가 많지만, 나는 그중에서도 언론이 큰 힘을 썼다고 본다. 언론은 입증되지도 않은 혐의를 검찰의 말만 듣고 받아썼을 뿐 아니라 추측성 기사를 마구 써대면서 검찰 수사를 선도하기도 했다. 오죽하면 법무장관까지 "허위보도가 많다"고 했을까?

5년 내내 노 정권에 적대적이었던 보수신문들은 반년에 걸친 먼지떨기식 수사에서 노 전 대통령의 도덕성에 흠집이 드러나기 시작하자, '죽은 권력'을 조롱하기 바빴다. 〈조선일보〉의 '조선만평'(5.13)은 정상문 전 청와대 비서관이 박연차 회장한테 받았다는 백만 달러를 세고 있는 모습을 초상화 속의 노 대통령이 침 흘리며 내려다보는 그림을 그렸다. 〈중앙일보〉의 한 칼럼(4.11)은 '(박연차가) 돈이 아니라 똥을 뿌리고 다녔다'며 '그 똥을 먹고 자신의 얼굴에 처바르고 온몸 전체에 뒤집어쓴 사람들이 지난 시절 이 나라 대통령이었고 그 부인이었으며 아들이었다'고 썼다. 또 개인 홈페이지나 인터넷 매체까지 가세해 '자살교사'에 가까운 '말의 비수'를 던졌다.

노무현 전 대통령은 2007년 1월 초 '사실과 다른 기사가 마구 나와서 흉기처럼 사람을 상해하고 다닌다'는 요지의 발언을 한 적이 있는데, 지금 돌이켜보면 자신의 퇴임 후 운명을 감지한 것 같아 섬뜩한 느낌마저 든다. 그는 결국 한국 언론의 행태를 조금도 바꾸지 못한 채 자신의 생사를 바꾸고 말았다. 그는 4월 12일 홈페이지에 "언론이 근거 없는 이야기를 너무 많이 해 놓아서 사건의 본질이 엉뚱한 방향으로 굴러가고 있는 것 같다"고 하소연했지만 부질없는 일이었다. '망신 주기' 기사는 계속돼, 뇌물 사건의 본질이 아닌 돈의 용도를 밝히는 데 취재력이 집중됐다. '억대 시계 선물' 건이 흘러나오는 등 전직 대통령 일가는 점점 파렴치범 집단이 되어 갔다.

〈한겨레〉는 이 국면에서 어떤 구실을 했는가? 시민편집인실이나 독자센터로 걸려오는 독자전화에는 전직 대통령의 자살에 〈한겨레〉도 책임이 있다는 울분이 실려 있다. 노 전 대통령 생전에 확실하지도 않은 기사들을 보도해놓고 사죄한다고는 못할망정 남 탓만 한다는 지적도 있었다.

25일치 사설처럼 '처음부터 정치보복 냄새 진동했던 노무현 사건'이라는 인식이 있었다면, 엄중 수사를 촉구하는 사설들은 자제했어야 옳지 않을까? 예를 들어 지난 4월 15일에는 '밝혀야 할 수백만 달러의 대가'라는 사설을 썼다. 두 사설 사이에 40일이 경과했고 그간 저인망식 수사를 하고도 더 확인된 것은 '고급시계를 선물로 받았다'는 정도인데, 서거 뒤 태도가 바뀐 것이다.

사실 〈한겨레〉는 시민편집인실에서도 지난달 이 난을 통해 수사의 정치적 목적을 더 적극적으로 파헤치고 '노무현을 버리자'는 보수신문의 의제에 맞설 것을 촉구한 적이 있고, 후반기에 보도 태도도 좀 변했지만, 독자들은 그 이상의 역할을 〈한겨레〉에 기대했다고 할 수 있다. '전·현직 특수통 검사들 "수사 방식 문제 있었다"'(5.25)는 기사는 일찌감치 내보낼 수 있는 것이었다. '촛불에 덴 정권 '반전 카드' 세무조사 의혹'(5.25) 기사도 마찬가지다. 더구나 그런 문제의식을 갖고 있으면서도 검찰과 국세청의 의도에 말려드는 식의 보도 또한 적지 않았던 점은 아프게 반성해야 한다.

4월 1일치 '그림판'도 같은 맥락에서 비판의 여지가 있다. 만평의 특성을 고려하더라도 지나친 과장이라 할 수 있다. 만평 속 펼침막에 '역대 가장 깨끗한 정권'이라고 쓰인 문구가 '역대 가장 깨끗할 뻔한 정권'으로 수정돼 있는 장면이 나오는데, 기지는 번뜩이지만 왜곡보도에 가깝다. 노 정권은 지금까지 의혹으로 떠오른 돈을 다 합치더라도 가장 깨끗한 정권이 아니었을까? 액수가 적다고 두둔하는 게 아니다. 과거에 재벌과 결탁해 천문학적인 돈을 착복하거나 선거판을 돈으로 매수한 정권들을 도덕적 우위에 놓아서는 안 된다는 뜻이다. 더구나 상당액은 '투자금' 논란이 있고, 노무현-박연차의 오랜 친분관계로 미루어 뇌물죄 성립에 의문을 제기하는 법조인들도 있다.

　　서거 당일 아침 신문의 '그림판'도 전날 제작할 때 전혀 예상치 못한 돌발상황이긴 해도, '노+천신일'을 한 테이프로 묶어 '신상품 1+1'으로 표현한 것은 지나쳤다. 나중에 '알림'을 통해 화백이 직접 '검찰 수사 행태를 비판하는 것'이었다고 해명하고 사과한 것은 그나마 다행이었다. 사건 발생 초기 〈한겨레〉 인터넷판은 너무나 실망스러웠다. 거의 모든 신문이 사건 발생을 톱으로 다루고 있을 무렵에도 〈한겨레〉는 '노 전 대통령 자살 기도설…경찰 확인중'이라는 제목의 한 줄 기사가 네 번째 비중으로 한가롭게 떠있었다.

　　물론 〈한겨레〉는 보수신문에 견주면 '노무현 수사 보도'에서 상당히 균형을 맞췄다고 생각할 수도 있다. 그러나 진보언론의 만형인 한겨레에 대해 느꼈을 노 전 대통령의 실망감은 "브루투스 너마저도…"를 외치며 죽어 갔던 카이사르의 그것이었는지도 모른다. 그는 "먼 산을 바라보고 싶어도 카메라가 지키고 있어 그 산봉우리를 바라볼 수 없다"고 한탄했다. 왕조시대 위리안치도 마당에 나갈 수는 있었는데 언론에 의해 방 안에 유폐돼 있다가 우울증을 키웠으리라. 그리고 끝내 홈페이지 '사람 사는 세상'에 '죽음의 말'을 남기고 고립무원의 심정으로 기자들이 없는 새벽녘, 부엉이바위에 올라 몸을 던졌으리라.

　문제는 다시 언론이다. 보수언론에 더 큰 위력을 부여할 미디어법안도 국회에 올라가 있다. 보수언론은 "누구도 원망하지 마라"는 고인의 유언을 누구보다 자주 인용하며 화해와 통합을 얘기한다. 그러나 진정한 화해는 반성이 없으면 불가능하다. 고인이 추구하던 가치들을 인정할 것은 인정하고 거꾸로 가는 한국 사회의 시곗바늘을 되돌려놓는 일이야말로 사회통합으로 가는 길이다. 〈한겨레〉가 해야 될 역할도 크다.

　베르킨게토릭스는 옛 갈리아 땅인 프랑스에서 만화『아스테릭스』의 로마군을 골탕 먹이는 캐릭터로 부활했다. 먼 훗날 노 전 대통령도 그의 가치를 계승하고자 하는 사람들의 뜻이 모여 부엉이바위에 '큰바위 얼굴'로 부활할지 모른다. 파란만장한 그의 시대는 사극의 단골 소재가 될 듯하다. 그때 오늘의 기자들은 어떤 모습으로 그려질까? (한겨레 2009.5.27)

민주주의 질식시키는
'자본의 친위쿠데타'

1905년 겨울, '을사5적'으로 지목된 이완용은 분개하여 고종에게 아뢴다. "5인은 끝내 조약의 개정에 힘을 다하느라 목숨 돌볼 겨를이 없었건만 허다한 백성들 속에 깨닫고 분석하는 사람은 하나도 없습니다. 마치 한 마리 개가 그림자를 보고 짖으면 만 마리 개가 따라 짖듯 소란을 피워 안정되는 날이 없습니다."(고종실록)

그는 을사조약에 대해 "외교 한 가지만 잠깐 이웃 나라에 맡겼으니 우리가 부강해지면 돌려줄 날이 있을 것"이라고 설명했다. 막상 한일병합이 이루어지자 "동양의 평화를 확보하기 위해 조선민족이 택할 수 있는 유일한 활로"라고 강변하며 부귀를 누렸다.

2009년 여름, 언론·시민단체들은 언론법 무효화를 위한 공동투쟁을 벌이기로 하고 여당 국회의원 9명을 '언론악법 9적'으로 규정했다. 그러나 '9적'은 양심의 가책을 느끼기는커녕 위기에 빠진 미디어산업을 구하기 위해 '유일한 활로'를 만들어주었다고 자부하는 듯하다.

대치국면에서 활약이 두드러진 몇 명을 지목해 공격하는 식의 담론 활동은 속은 후련할지 몰라도, 종종 그들을 상대 진영의 공신으로 만들고, 진짜 배후세력을 숨겨주게 된다. 경술국치의 최고 책임자가 임금이었듯이 언론법이 악법이라면 그 책임을 가장 무겁게 물어야 하는 이는 이명박 대통령이다.

그러나 〈한겨레〉는 김형오 국회의장이 성명을 발표했을 때도, 이 대통령이 언론법 관련 견해를 밝혔을 때도, 모두 1면 2단 기사(7.27,28)로 처리하고 그 발언의 허구성을 따지거나 책임을 추궁하는 해설기사는 내보내지 않았다. 사실 그들의 발언은 언론법이 얼마나 그릇된 판단에 근거해 추진되었는지를 역설적으로 대변한다. 이 대통령이 "언론법을 통해 일자리를 만들어야 한다"거나 "세계는 이미 하고 있다"고 말한 것은 명백한 사실 왜곡이다. "언론을 장악할 수 있는 시대는 지나갔다"는 말도 거짓이다. 집권 후 정부 영향권 안에 있는 방송매체들을 거의 장악했을 뿐 아니라, 보수신문들과도 정치적 동반자 관계를 형성하고 있다. 이념적으로 한 몸이니 장악하고 말고 할 필요도 없다는 얘기인가?

언론에 대한 대통령과 '9적'의 인식도 실은 '조중동'이 제공하는 보수 프레임의 한 각론일 따름이다. '9적' 중 '5적'이 언론계 출신이기도 한데, 〈동아일보〉 출신 김형오 의장의 성명서에도 그런 인식이 드러난다. 그는 언론법 개정으로 "우리도 새로운 미디어 환경과 세계적 추세에 발맞추는 기반을 마련하게 되었고, 시청자 주권과 여론 다양성이 어느 정도 확장되었다"고 말했다.

그러나 언론법이 그대로 시행될 경우 맞게 될 미디어 환경은 우선 '세계적 추세'가 아니다. '언론 황제' 루퍼트 머독의 모국인 오스트레일리아가 그를 위해 2006년 신문·방송 교차소유를 허용한 것이 눈에 띌 정도다. 그가 활발하게 미디어 사업을 벌이고 있는 미국·영국·오스트레일리아가 이라크 침공의 주축이 됐던 것은 우연이 아닌 듯하다. 미국의 부시 대통령, 영국의 블레어와 오스트레일리아의 하워드 총리는 그의 사업 파트너와 다름없었다. 그가 영향력을 행사하는 175개 신문 중 단 한 곳도 이라크 전쟁에 반대하지 않았고, FoxTV 등 다수는 노골적으로 개전을 촉구했다.

단순히 언론사 수가 늘어나는 것을 '여론 다양성'이나 '채널 선택 폭'이 넓어지는 것으로 착각하는 사람이 한국에는 많다. 심지어 언론학자들까지 그렇다. 벌거벗고 뉴스를 진행하는 Naked News 같은 방송이 늘어나는 것을 채널 선택 폭이 넓어지는 것으로 해석한다면 할 말은 없지만.

시청자주권 또는 소비자주권 이론은 신자유주의 계열 학자들이 툭하면 내세우지만 그럴듯한 이름과는 달리 언론현장에서는 왜곡되어 나타난다. 언론사가 일반 상품을 생산하는 회사와 다른 점은 두 고객층을 갖고 있다는 것이다. 하나는 시청자 또는 독자이고, 다른 하나는 광고주이다. 광고주의 이익을 고려하다 보면 독자를 배신하는 경우가 자주 있다.

언론사는 살아남기 위해 대광고주인 재벌과 유착하게 되고 결국 취재 대상인 재벌이 언론사의 논조를 결정하는 사태가 발생한다. 소비자 주권은 종종 '광고주 주권'으로 둔갑한다. 〈한겨레〉가 2년째 광고를 주지 않는 삼성과 타협하지 않는 것도 '진정한 소비자 주권'을 포기할 수 없다는 의지로 평가하고 싶다.

〈한겨레〉는 이번 언론법 국면에서 상당한 구실을 했다. 날치기 처리 이전은 물론이고 이후에도 1주일이 넘도록 1면 머리

또는 종합면들을 아낌없이 할애해 언론법 관련 의제를 끌고 나가고 있다. 그러나 상당히 아쉬운 점은 좀 더 일찍 언론법 관련 '이슈 싸움'에 돌입하지 못했고, 언론법을 밀고 나가는 동력의 진원지를 파헤치지 못했다는 것이다. 대자본, 곧 삼성의 힘이 그것이다. '조중동' 가운데서도 〈중앙일보〉가 신문·방송겸영을 추진하는 데 가장 적극적이었던 배경에는 삼성이 있다.

그러지 않아도 삼성은 삼성경제연구소와 〈중앙일보〉 등을 앞세워 우리 사회 어젠다(의제)를 설정하고 각종 제도를 바꾸는 일에 깊숙이 간여해왔다. 기업 논리가 우리 사회 전반에 침투하면서 '기업사회'라는 이름까지 생겨났고, 'CEO 대통령론'은 결국 이명박 대통령을 탄생시켰다. 〈중앙일보〉가 2002년 초 어젠다설정위원회를 구성하고 10대 국가과제 중 첫째로 제시한 게 '대통령, 제왕에서 CEO로'였다.

물론 정부도 비능률을 줄이고 행정서비스를 개선하기 위해 대기업에서 배워야 할 점이 많다. 그러나 정부와 기업은 근본적으로 존재 이유가 다르다. 공공성과 효율성은 빈번하게 충돌한다. 민주주의와 자본주의는 의사결정 방식 자체가 다르다. 민주주의가 '1인1표'에 따른다면, 자본주의는 '1원1표'에 근거한다.

〈중앙〉을 앞세운 '범삼성그룹'이 방송을 갖는 것은 민주주의 사회의 의사결정 과정에서 자본주의 원리에 따라 대단히 큰 발언권을 갖는다는 의미다. 가장 발 빠르게 움직이는 〈중앙〉은 CNN을 자회사로 둔 타임워너와 방송채널 공동설립을 추진하고 있다.

자본에 포획된 정부는 방송에 진출하는 신문재벌 또는 재벌신문에 세제 혜택과 함께 종합편성 채널을 하나씩 주기로 하는 등 주문자 입맛대로 정책을 만들어가고 있다. 금산분리가 제대로 안 돼 외환위기까지 겪은 나라에서 분리를 완화하는 금융지주회사법이 언론법 파동 와중에 소리 없이 통과된 것도 삼성이 올린 개가였다. 언론법 보도와 함께 또는 별도로 '삼성 제자리 찾기' 어젠다를 강력하게 밀고 나가야 하는 이유이다.

반대 여론이 높은데도 언론법이 통과된 것 자체가 선거와 대의제 등 민주주의를 지탱하는 제도들이 제대로 작동하지 않고 있을 뿐 아니라 보수언론과 삼성이 국민 여론조차 거스르는 힘을 가졌다는 증거이다. 이번에 방송 진출의 개가를 올린 '조중동'은 제도가 흔들리지 않고 정착되기를 고대한다. 승자들의 희망사항은 〈중앙일보〉 '김상택 만평'(9.25)에서도 드러난다. 휴가를 떠나는 차들로 메워진 고속도로 톨게이트에서 야당 의원들이 "악법 무효"를 외치고 있건만, '긴~ 휴가 시작'과 '벌써 까맣게 잊혀짐'이라는 문구가 그들과 대중을 조롱한다.

민주주의적 가치가 자본의 논리에 수시로 압도되는 나라에서 그나마 남아 있던 여론 다양성마저 사라진다면 우리 사회는 장차 어떻게 될까? 선거를 치르더라도 표의 향방이 유권자 자신의 이해관계나 공동체적 가치가 아니라 어떤 텔레비전을 오래 보느냐에 따라 결정되는 건 아닌지? 어두운 그림자가 한국 민주주의 위에 드리워지고 있다. '만 마리 개가 따라 짖을' 때까지 끈질기게 짖어야 하는 게 진보언론의 숙명인가. (한겨레 2009.7.29)

'부러진 화살'은
언론을 쏘았다

"판사의 일차 임무는 피고의 말을 듣는 것이다." 괴테의
『파우스트』에 나오는 말인데 그게 그렇게도 실천하기 어려운
가? 동서고금에 얼마나 많은 피고가 재판관의 독단적 재판 진
행에 피눈물을 흘렸을까? 설날 집 근처 영화관에서 「부러진 화
살」을 보고 나서 떠오른 감상이다. 석궁 사건의 발단이 바로 거
기 있었다. 테러를 당했다는 판사에 대한 증인 채택과 혈흔 검
증만이라도 재판부가 받아들였더라면, 김명호 교수가 그렇게
억울하지는 않았을 터이다.

간단할 것 같은 피고의 요청은 애초부터 받아들여질 여지
가 없었다. 판사 사회와 사법체제, 크게 보면 한국의 기득권층
전체를 상대로 벌인 싸움이었던 탓이다. 동업자 심리와 전관예
우, 권위주의 등이 만연한 사법부의 부조리를 바로 그 사법체제
를 통해 바로잡는 것은 불가능한 일이었다.

「도가니」에 이어 「부러진 화살」이 뜨면서 사법부에 대한
비판이 고조되고 있다. 그러나 사법개혁 이슈화의 주역이 돼야
할 주류 언론은 제구실을 못하고 있다. 〈한겨레〉를 포함한 언론
이 그런 현실을 제때 제대로 보도하고 의제 설정에 나섰더라면,
영화 없이도 일찌감치 시대적 이슈가 됐을 것이고, 소설과 르포
가 출간되고 나서야 영화를 찍는 일도 없었을 터이다.

공지영은 인화학교 사건의 법정 풍경을 스케치한 인턴기

자의 기사 한 줄을 보고 오랜 취재 끝에 『도가니』(창비, 2009)를 썼다. 『부러진 화살』(후마니타스, 2009)을 쓴 서형 작가는 김명호 교수를 포함한 1천5백 명을 만났다고 한다. 그는 20년 간 혼자 법을 공부하며 법원과 싸워온 할머니 이야기를 『법과 싸우는 사람들』(후마니타스, 2011)이라는 책으로 출간했다. 그 들이 기자 역할을 다하는 동안, 훈련받은 기성 언론의 수천 명 기자들은 대체 무엇을 하고 있었나? 기성 언론은 그런 사법피 해자들을 검찰이나 법원이 내놓은 보도자료만 보고 '상습무고 범' 등으로 보도한 적도 많았다.

영화 「부러진 화살」을 보면 기자들을 부끄럽게 하는 장면 이 나온다. 판사를 증인으로 채택하는 데 언론의 도움을 받자는 변호사 말에 피고는 "기자들에게 너무 기대하지 말라"며 불신 을 드러낸다. 정지영 감독도 시사회에서 "열심히 취재하던 모 신문사 기자가 '정말 죄송하다' 말하고 안 나타났다"고 전했다.

언론의 소극적 태도는 영화 개봉 뒤에도 계속되고 있다. 영 화 내용이나 양쪽 주장을 소개하는 데 그칠 뿐 무엇이 진실인 지 파헤치려는 노력들은 별로 눈에 띄지 않는다. 〈한겨레〉는 인 터넷판에만 싣는 '하니only' 기사로 김명호 교수 인터뷰를 내보 냈지만, 박홍우 판사, 아파트 경비원, 박훈 변호사 등을 만나 사 건 당시 상황을 재구성하거나 '부러진 화살'의 행방 등을 추적 하는 기사는 없었다.

진실을 알려면 이제 신문이 아니라 영화를 봐야 하나? 영 화는 매체 특성상 각색과 과장으로 충격파를 가할 수는 있어도 진실을 파헤치는 데 한계가 있다. 언론은 취재보도라는 수단이 있고 의제설정에 따라서는 재심을 이끌어낼 수도 있지 않은가?

내의에 묻은 피가 판사 것이 맞느냐는 쟁점은 혈흔 검증을 해보면 지금이라도 명쾌해질 수 있다. 영화의 감동을 현실에서 확인하기 위해 당시 재판기록들을 일일이 검색해 들어가니 영화보다 더 재미있다. 재판장이 "옷감에 있는 혈흔하고 대조할 피가 어디 있어요"라고 반문하자, 김명호 교수는 "박홍우 몸에 있죠"라고 대답한다. 재판장이 혈흔검증 신청을 거부했을 때 박훈 변호사의 반박은 웃지 못 할 코미디다. "그러면 박홍우 씨 뒤를 따라다니며 담배 피운 거라든가 침 뱉은 거라든가 그런 것들을 수거할 권한을 주시든지요."

언론보도의 또 하나 문제는 사법개혁 관련 담론활동이 사법부가 아니라 주로 검찰을 표적으로 삼고 있다는 점이다. 검찰 개혁은 국민이 동의한다. 특히 이명박 정권에서 검찰은 노무현 전 대통령의 죽음을 부른 데 이어, 정연주 KBS 사장, '미네르바' 등을 무리하게 기소함으로써 권력의 시녀 노릇에 충직했다. 모두 무죄 판결이 내려지자 〈한겨레〉를 비롯한 진보언론은 '사필귀정'이라고 환영하면서 검찰을 비판했다.(1.13 사설 등)

그러나 법원한테도 정권 말기에 이르도록 소송 진행을 늦춘 데 대해서는 책임을 물어야 한다. 늑장 무죄판결은 불법행위의 원상회복에 아무런 도움이 안 된다. 김정헌 한국문화예술위원장, 황지우 한국예술종합학교 총장, 김윤수 국립현대미술관장 등도 유인촌 문화체육관광부 장관의 칼춤에 당했지만 법원은 그들에게 실질적인 도움을 주지 못했다. 민주주의를 가능하게 하는 중요한 재판에서까지 법규 좋아하는 법원이 소송촉진

특례법 21조를 무시하고 있는 것이다. 1심은 6개월, 항소심과 상고심은 4개월 안에 선고하게 되어 있다. (한겨레 2012.1.24)

우리 방송을 망친
이데올로그들

'사르코비지옹'(Sarkovision), 'MB씨'(MBC), '김비서' (KBS)... 사르코지와 이명박 대통령 집권 후 프랑스와 한국의 공영방송 체제가 망가지면서 두 나라 민중이 만들어낸 촌철살인의 신조어들이다.

그래도 프랑스 '사르코지방송'은 완전히 망가지지는 않았다. 선거방송에서도 공평성과 형평성 원칙이 건재해 소수자들 목소리가 전달된다. 올봄 프랑스 대통령 선거에서도 그런 원칙이 없었다면 볼 수 없는 장면이 방송됐다. 반자본주의당 필리프 푸투 후보는 민영방송 TF1에 출연해 양극화 문제를 얘기하면서 그 방송사 사장을 걸고 넘어졌다.

"부자라면 여러분도 잘 아는 분이 있죠. 이 방송사 사장님이신 마르텡 부이그 말이에요. 재산이 25억 유로나 된다는 건 용납이 안 됩니다. 그들의 소유권을 박탈해야 합니다." 우리나라 같으면 '방송사고' 상황이지만 프랑스 유권자들은 그런 소수의 견해도 듣고 판단한다.

프랑스 국민은 사르코지를 권좌에서 축출함으로써 여러 가지 책임을 물었다. 그러나 이명박 대통령은 방송사 파업의 원인제공자이면서도 엉뚱하게도 "대통령이 언급하면 간섭이 될 수 있다"며 책임을 회피한다. 박근혜 의원도 책임지고 해결할 생각은 없는 듯하다. 친여 사장을 통한 공영방송 장악과 종편방송의 지원이 대선국면에서 긴요하기 때문인가?

방송 생태계를 황폐하게 만든 종합편성채널 탄생도 두 사람에게 가장 큰 책임을 돌릴 수밖에 없다. 박 의원은 요즘 이명박 정권과 '구별짓기'를 하는데 그거야말로 희박한 책임의식의 발로다. 대통령책임제이면서도 단임제를 채택한 나라에서 여당의 실세인 유력한 대선 후보에게 정치적 책임을 묻지 않는다면 제도 자체가 모순이다.

탐욕의 대상이었던 방송정책은 정권이 끝나기도 전에 위기에 처했다. 종편 추진 세력이 얼마나 미혹에 빠져 있었는지, 서울대 윤석민 교수 사례로 분석해보자. 종편 '개국(開局)공신' 중 한 분이었던 그의 개국 당시 신문 기고문을 보면, 이리저리 종편채널을 돌려보며 감격스러워하는 표정이 눈에 선하다. 그리고 '생존의 악다구니'를 쓰는 이들에게 일갈한다. '도대체 무엇이 문제고, 재앙이며 중단시킬 일이라는 것인가. 종래의 지상파에 종편이 어우러져 만들어내는 이 다양성이 재앙이란 말인가? 이 팽팽한 채널 간 경쟁이 재앙이란 얘기인가?'

'경쟁지상주의'는 외환위기의 한 요인이었던 삼성의 자동차산업 진출 때도 나왔던 '미신'이다. 산업조직학을 전공한 당시 유승민 한국개발연구원 연구위원이 삼성차 진출의 이데올

로그였다. 결국 시장실패의 손실은 국민 주머니에서 나온 공적
자금으로 메웠다.

미디어산업을 공부한 윤석민 교수는 반년도 안 돼 "(종편
을) 보는 사람이 거의 없다"며 "사회적 비용이 들더라도 망할
사업자는 망해나가면서 '방송사업에 무작정 뛰어들어서 될 게
아니다'라는 좋은 경험으로 가져가면 된다"고 말했다. 학자가
말을 금방 바꾸는 신뢰성 문제는 접어두고라도, 자신들의 '정책
실패'를 늘 '사회적 비용'으로 처리하려는 태도는 문제 삼지 않
을 수 없다.

외환위기 때와 마찬가지로 기득권세력의 탐욕을 '이론'으
로 포장해준 학자들의 곡학아세로 발생하는 '사회적 비용'은 누
구에게 전가되나? 방송사가 망했을 때 첫째 피해자는 종사자들
이다. 신입사원은 물론이고 옮겨간 방송인들은 당장 생존의 문
제에 직면한다. 이직자들 중에는 유능한 방송인도 많았고, 공중
파였다면 꽤 높은 시청률을 기록했을 드라마나 소비자 고발 프
로그램도 있었으나, 플랫폼의 한계로 묻히고 말았다.

두 번째 피해자는 마지못해 종편에 참여한 기업과 광고 게
재 압력에 시달리는 대기업이다. 한 대기업 경영자는 "모기업
인 신문을 앞세운 광고 등쌀에 견딜 수가 없다"며 "종편 없애주
는 정치인과 언론을 지지하겠다"는 말까지 했다.

세 번째 피해자는 종편에 진출한 언론사 자신들이다. 주로
일본과 미국에서 들여온 방송장비는 남 좋은 일이 될 가능성이
있다. 하도급업체인 독립프로덕션들도 벌써부터 프로그램이
취소되거나 제작비를 못 받아 도산하는 업체가 나오고 있다.

네 번째로, 진짜 억울한 피해자는 시청자와 국민이다. 자기 뜻과 무관하게 공영방송 체제가 흔들리면서 질 높은 방송을 볼 수 없게 됐고, 여론시장 독과점이 심각해지면서 민주주의가 제대로 작동하지 않고 있다. 권력 비리를 파헤치는 탐사보도나 시사고발 프로그램은 공중파와 종편 할 것 없이 대폭 줄어들고, 값싸게 제작하는 시사토크나 외국 프로그램이 판을 친다.

그러나 방송을 망치는 데 결정적으로 기여하고도 아무런 피해를 보지 않는 집단이 있다. 바로 언론학자들이다. 미국에서 공부한 언론학자 중에는 유럽에 견주어 언론의 공공성이 현저히 떨어지는 미국을 표준으로 삼는 이들이 많다. 꽤 많은 연구비를 지원받고도 한국 언론의 현실을 제대로 살펴보지 않은 채 언론정책을 농단한 사례가 많았다. 그런데도 한국언론학회 등을 중심으로 함께 활동하면서 서로 과오를 비판하지 않는 침묵의 카르텔을 형성한다. 이제 한국 언론 수난사에 그들 이름을 등재할 때가 됐다.

윤석민 교수는 언론법이 통과됐을 때도 신문 기고문에서 '입에 거품을 물고' '자칭 진보'가 악을 쓴다고 비난했다. '서비스의 품질과 다양성을 제고하며, … 사회적 소통을 진작시켜 선진화된 민주시민사회 실현을 앞당기려 함이었다. 미디어 진출을 꿈꾸는 젊은이에게 일자리 기회를 제공하고자 함이었다. 더는 말이 필요 없게 결과로 보여주어야 한다.' 결과는 정반대로 나왔으니 정말 말이 필요 없게 됐다.

〈한겨레〉는 그동안 언론법에 반대하는 등 종편을 일관되게 비판해왔으나 개국 이후 기사량이 현저히 줄고 비판도 종

편 자체의 근원적 문제보다 졸속 제작이나 실수를 부각시키는
데 치우친 감이 없지 않다. 〈한겨레〉는 사설에서 '방송 파업 문
제를 해결하기 위해 국민의 대표기관인 국회가 발 벗고 나서
라'(6.23)고 주문했다. 그러나 여당이 다수인 국회에 큰 기대
를 걸 수 있을까? 그에 앞서 종편을 포함한 방송정책이 민주주
의를 어떻게 유린해왔는지 규명해 방송개혁의 여론을 조성하
고 책임자들을 특정하는 일이 진보언론의 급선무다. (한겨레
2012.6.26)

대중은 왜 손해나는 일에
'좋아요' 할까

8년 전쯤 영국 케임브리지에 살 때 소방관들이 파업을 했
다. 아니 소방관이 파업하다니! 불나면 어쩌라고? 더욱 놀란 것
은 파업을 대하는 시민들 태도였다. 소방관들이 소방서 앞 드럼
통에 장작불을 피워놓고 파업을 하는데 지나가는 운전자들이
지지 경적을 울리는 게 아닌가? 엄지손가락을 치켜드는 이도
있었다.

유럽에서 파업은 일할 힘밖에 없는 노동자가 막강한 자본
가와 툭하면 자본가 편을 드는 정부에 맞서 노동의 가치를 일
깨우는 수단으로 정착된 지 오래다. 그러나 우리 철도파업에는

보수신문과 방송이 늘 '시민 불편' 프레임을 들고 나온다. 실은 파업의 목적 자체가 일시적으로 업무 효율을 떨어뜨리고 시민 불편을 가중시켜 자본가와 공기업을 협상 테이블로 이끌기 위한 것이다. 대체인력 투입은 노조의 협상력을 떨어뜨리기에 불법으로 규정한 나라가 많다. 유럽의 대중은 시민인 동시에 노동자임을 자각하고 동병상련의 심정으로 불편을 감수하고 연대한다.

노동운동에 대한 보도태도를 비교해보면 보수가 주류인 미국 언론도 우리와 비슷하다. 노동운동이 미국 주류 언론의 지지를 받은 사례는 거의 없다. 같은 노동자이면서도 노동조합 결성 시기가 가장 늦었던 집단이 언론인이다. 1930년대 결성하기 시작한 미국 언론사 노조들은 스스로를 '노동조합'(Union) 대신 '길드'(Guild: 동업조합)라 불렀다. 문선공과 정판공 등 수많은 블루칼라가 함께 일했고, 도심에 대형 기계설비를 갖춘 거의 유일한 제조업체가 언론사인데도 '구별 짓기'를 하고 싶었던 걸까?

미국 노동운동에 가장 큰 타격을 가한 두 사건이 헤이마켓과 풀먼 파업이다. 독점기업이 국가권력과 결탁해 노동자를 착취하던 시절이었다. 1886년 5월 시카고 헤이마켓 집회에서 노동자들이 주장한 것은 8시간 노동, 동일노동 동일임금, 유·청소년 노동 폐지 등 지금 기준으로는 너무나 당연한 요구였다. 그러나 평화적인 집회에 경찰이 발포해 6명이 숨지고 이튿날 항의집회에서 누군가 투척한 폭탄으로 경찰 7명이 사망하자 경찰이 구경꾼까지 사격해 2백여 명이 죽고 다치는 대참사가 벌어졌다.

당시 현지신문 〈시카고트리뷴〉은 '시카고가 유럽의 사회주의자, 무신론자, 알코올중독자의 집결지가 됐다'고 왜곡했고, 〈워싱턴포스트〉는 '시카고가 폭도들의 화염 속에 있다'며 일방적으로 노동자들을 매도했다. 폭탄 사고 당시 1명 말고는 근처에 있지도 않았던 파업주동자 5명이 '급진사상을 가졌다' 하여 사형에 처해졌다. 언론은 사형선고까지 환영했다.

풀먼 파업은 풀먼객차회사가 종업원의 절반이 넘는 3천 명을 해고하고 임금을 대폭 삭감하자 철도파업으로 번진 사건이다. 사주인 조지 풀먼은 불황 탓이라고 변명했지만 거액의 비축자금이 있었고 주주배당금은 더 올린 사실이 밝혀졌다. 풀먼은 대화를 피한 채 휴가를 떠나버렸다. 그런데도 신문의 왜곡보도가 심해지자 배달소년들이 신문을 몰래 버리기도 했다. 결국 군대가 투입돼 70명의 사상자를 내고 파업이 진압됐다. 악덕자본가와 정부가 강경조처를 연발하고 신문이 편들어 상황을 악화시켰다는 음모론이 제기됐지만, 이들 사건을 계기로 미국 노동운동은 현저히 쇠락하게 된다.

지난해 말 기준 노조조직률, 곧 노조에 가입한 비율은 미국이 11.2%에 불과하고 우리는 그보다도 낮은 10.3%이다. OECD 국가 평균은 미국과 한국이 그렇게 끌어내렸는데도 30%이고, 복지선진국인 스웨덴·덴마크·핀란드는 70%대이다. 또 유럽 노동자들은 자기 목소리를 대변할 '노동당'이나 '사회민주당'을 갖고 있지만, 우리 현실은 민주당마저 유럽 기준으로는 보수당 수준 목소리를 낸다. 그런데도 기업·정부·언론은 툭하면 '강성노조가 경제의 발목을 잡는다'고 비난하며 엄벌을 촉구한다. 너무 무리한 주장을 하는 노조도 있지만 기업이 협상 테이블을 걷어차는 사례도 많다. 노사가 현실을 감안하며 성실하게 협상에 임하는 곳은 자본주의는 물론 민주주의를 위해 표창이라도 해야 한다.

'권력은 국민으로부터 나온다'고 하지만 현실권력은 언론에 의해 창출되는 측면이 강하다. 대중은 언론을 통해 세상을 볼 수밖에 없는데 언론 지형이 현저히 기울어 있다면 세상을 똑바로 볼 수 없다. 철도를 민영화[15]하면 손해 볼 사람들이, 민영화에 반대하는 철도노조 파업을 강경진압하길 원한다. 외국 사례를 보면 철도 민영화는 엄청난 요금 인상과 적자노선 폐지 등 공공성 약화를 가져오는 게 명백하다.

서민이 많이 이용하는 무궁화호와 새마을호 서비스가 줄어들 것이라는 사실은 이번 파업으로 운행횟수를 줄인 순서만 보아도 알 수 있다. KBS 경제부장은 '데스크분석'에서 "파업 때문에 시민들이 울며 겨자 먹기로 값이 더 비싼 KTX를 타고 있다"며 "막연한 국민 불편 정도가 아니라 가시적 국민 손실"이라고 분석했다. 쪼개진 KTX는 장차 쉽게 민영화할 수도 있어 시민이 영원히 울며 겨자 먹기를 할 수도 있다는 장기분석은 불가능했을까?

정부와 코레일은 '민영화가 아니고 적자 해소를 위한 경쟁

---

15 '민영화'란 말은 'privatization'의 번역어로 '사영화'라 부르는 게 더 정확하지만, 여기서는 행정용어를 그대로 쓴다.

체제 도입'이라고 주장한다. 그러나 국민 54%, 여야 국회의원 65%가 '민영화로 본다'는 조사결과도 있다. 불신을 자초한 것은 대선공약까지 수없이 뒤집은 박근혜 정권이다. 박 대통령은 프랑스 순방 때 "도시철도 분야 진입 장벽도 개선될 수 있다"고 말해 철도 부문 민영화와 개방에 대한 소신을 드러냈다.

굳이 경쟁체제를 도입하려면 민간에 넘기지 않고 민간기업들처럼 사업부제를 시행해도 된다. 그것이 철도의 중복투자를 피하는 길이기도 하다. 독점을 해소하겠다고 하지만 철도는 가스·유선전화·상수도·전력처럼 지역과 설비가 독점될 수밖에 없는 자연독점 상태에 있어 경쟁체제를 도입하기 힘든 분야이다.

코레일을 쪼개지 않아 적자가 커진다는 주장은 근거가 없다. 인천공항철도를 민자로 건설했다가 엄청난 손실이 발생하자 코레일에 떠넘겼고, 정권의 강요로 용산국제업무지구 사업을 추진하다가 또 큰 손실을 봤다. 전문성 없는 대선공신들을 낙하산 사장으로 밀어 넣은 정부가 '경쟁력'을 걱정하는 것은 위선이다. 경찰청장 출신 허준영 씨가 사장으로 투입된 적이 있는데, 코레일과 관련한 전문성이 철도경찰 운용 빼고 무엇인지 궁금했다. 노조탄압을 위한 포석이었는지는 모르지만.

최연혜 사장은 원래 전문성이 있었지만 KTX 분리에 반대하던 소신을 꺾었다는 점에서 전문성이 없는 것보다 못한 인사였다. 그는 한나라당 국회의원으로 출마했고 박근혜 캠프에서 일한 경력으로 미루어 정치적 입지를 위해 소신을 꺾을 수 있는 인물이다.

박근혜 대통령은 16일 오전 수석비서관회의에서 "노사 간 협상을 통해 해결해 달라"고 '우아하게' 말했다. 그러나 그날 오후, 파업주동자 체포영장을 청구하고 이튿날 노조본부를 압수수색하는 정부의 '민영화 않겠다'는 약속을 믿을 수 있을까?

최 사장은 한 언론 인터뷰에서 "몇몇 네티즌이 가족 신상을 인터넷에 올려 걱정"이라며 감정이입을 했다. 직위해제된 8천 명과 해고되고 구속될 수백 명, 그리고 그 가족의 '안녕'은 왜 걱정이 안 될까? (경향 2013.12.19)

민주주의 적과 동지, KBS와 BBC

"집권당은 언제든 그들 노선을 지지해주도록 압력을 넣었으나 이를 거부해온 게 BBC 역사였다." 이라크전쟁 보도의 공정성과 국익 논쟁이 치열하던 2003년 4월 내가 공부하던 런던대 골드스미스 칼리지의 심포지엄에서 그렉 다이크 BBC 사장이 한 말이다.

한국의 공영방송 KBS와 MBC의 최고위 간부들은 뭐라고 답할까? 언론인으로서 양심이 조금이라도 남아 있다면 불공정 보도 압력을 받아들였다고 고백할 테고, 양심이 아예 없다면 '근거 없는 폭로'라고 잡아떼지 않을까? KBS에서는 김시곤 보도국장과 5일 이사회에서 해임된 길환영 사장을 각각 대표인물로 꼽고 싶다.

다이크 BBC 사장은 블레어 정권의 압력을 거부하다 2004년 1월 결국 쫓겨나지만 퇴임인사를 하러 보도국에 들렀다가 열렬한 박수를 받는다. 그는 책상 위에 올라가 "우리가 지키려고 노력한 것은 BBC의 정직성과 독립"이라 외쳤고 수많은 기자들이 눈시울을 붉혔다. 그가 사옥 밖으로 나가자 군중이 운집해 그의 차를 가로막았고 한 여성은 앞 유리창에 립스틱으로 '그렉, 사랑해요'라고 썼다. 그 감동적인 장면은 생방송으로 중계됐다.

BBC 직원들은 거의 전부가 모금에 참여해 'BBC 독립'이라는 제목으로 신문에 전면 광고를 실었다. BBC는 자기들 조직이익을 위해 전파나 수신료를 사용하지 않는 전통이 서 있다. 블레어 정권이 'BBC 개혁'을 명분으로 '허튼 보고서'를 발표했을 때 내가 놀란 것은 BBC 보도 태도였다.

한국 언론의 '자사 이기주의'에 익숙한 나는 BBC가 '허튼 보고서'를 엄청나게 비판할 걸 기대하고 밤 10시 메인뉴스를 지켜봤다. 그런데 웬걸, 그 보고서 내용을 충실히 전할 뿐 아니라 BBC 견해는 뉴스 말미에 짤막하게 보도하는 게 아닌가? 그 대신 BBC와 공영성 경쟁을 하는 Ch4 등이 보고서가 속임수임을 파헤쳤다.

이 장면에서 우리가 놓치지 말아야 할 것은 권력으로부터 공영방송을 지키는 수호자는 내부의 사장과 직원뿐 아니라 외부의 다른 언론과 국민이란 사실이다. 블레어 정권은 이라크전쟁을 비판하는 BBC를 잠깐 겁주는 데 성공했으나, 영국의 시민의식은 85% 안팎 비율로 BBC 손을 들어줬고, 블레어는 끝내 권좌에서 축출됐다.

보수정권이 들어선 이래 KBS와 MBC가 있는 여의도에서 벌어진 장면은 정반대였다. 권력의 압력으로 왜곡 보도하는 수준을 넘어 자발적 '대통령 감싸기'와 '정권 홍보'를 서슴지 않았다. 선거캠프 출신 등 편향될 수밖에 없는 인물들이 공영방송 사장으로 발탁되는 일이 오히려 일반적인 탓이다. 그들은 한직에 머물던 친여성향 무능력자들을 요직에 발탁하고 의식 있고 저항하는 기자·피디들에게 무자비하게 인사권을 휘둘러 좌천시키거나 내쳤다.

KBS에서는 비판이 실종된 세월호 보도와 "대통령 비판은 한 차례도 없었다"는 김시곤 보도국장의 고백을 계기로 불공정 보도 불만이 행동으로 옮겨졌다. 기자 5백여 명 중 470명 등 직원 80%가 제작거부를 하고 노조원이 아닌 간부들마저 대부분 보직사퇴를 했다.

그런 상황에서도 길환영 사장은 '방송을 좌파 노조에 맡길 수 없다'는 궤변으로 버티기를 해왔다. 그렇다면 상당수 보수성향 학자들까지 포함하는 언론학자 수백 명과 고려대 미디어학부 학생회가 사장 사퇴를 촉구한 것도 노조가 사주한 것이었나? 길 사장은 6개 보수신문에 사실상 자신을 변명하는 광고를 냈는데 '수신료의 가치'를 이렇게 추락시켜놓고도 수신료를 올려달라고 손을 벌렸다.

그가 해임된 것은 그나마 다행이지만 KBS의 앞날이 밝은 것은 아니다. 지금과 같은 사장 선임 제도에서는 비슷한 친정권

인물이 뒤를 이을 가능성이 높기 때문이다. MBC에서 김재철 사장이 해임된 뒤 방송문화진흥회가 출범시킨 안광한 사장 체제는 '김재철 2기'나 다름없는 친정권 진용이었다.

KBS 이사회는 여야가 7 대 4로 구성돼 있고, 이사추천권을 갖는 방송통신위원회도 절대다수 위원을 정권이 선임하기 때문이다. 방송문화진흥회도 비슷하게 운영된다. 유신시대에 국회의원 3분의 1을 '유정회'라 하여 대통령이 임명하던 독재 체제와 무엇이 다르랴.

이번 기회에 제도를 바꾸지 않으면 정권의 방송 지배는 계속될 것이다. 세월호 사건과 김시곤 국장의 폭로가 기폭제가 돼 사장이 해임되기는 했으나 이번 사장 해임에 안도해 현행 제도에 미련을 가져서는 안 될 터이다. 김 국장도 길 사장 체제에 충성하다가 세월호 사건이 터져 희생양으로 몰리자 폭로를 감행했을 뿐이다.

세계적으로 이름 있는 공영방송인 독일 ARD·ZDF, 프랑스 FT, 노르웨이 NRK처럼 경영권 창출이 여당이 아니라 여야 균형 위원회 또는 다양한 이해관계를 반영하는 방송평의회에 맡겨져 있는 점과 비교하면 우리나라 방송은 태생적으로 공영방송일 수가 없다. 그들 기구에서도 사장 선임은 4분의 3 또는 5분의 3 이상 특별다수제로 의결하게 돼 있어 여당의 전횡은 제도적으로 차단되어 있다.

BBC는 정부가 기구 구성에 영향을 미치는 'BBC 트러스트'(Trust)에서 사장을 선임하지만 위원 간 합의를 원칙으로 한다. 블레어 정권은 다이크 사장을 몰아냈지만 후임으로는 야당도 인정하는, BBC 출신 마크 톰슨을 지명할 수밖에 없었다.

　박근혜 대통령은 후보 시절 "공영방송 이사회가 사회의 다양성을 균형 있게 반영하고 사장 선출도 국민이 납득할 수 있게 하겠다"고 약속했으나 지키지 않았다. 그뿐 아니라 방송문화진흥회 이사나 방송통신심의위원장에 대다수 국민이 납득하지 못하는 극우 뉴라이트나 선거캠프 인사를 임명하는 등 오히려 역주행하고 있다.

　KBS와 MBC 구성원에게 던져진 더 큰 과제는 스스로 방송문화와 체질을 개선하는 것이다. 이번에 보직간부들이 사퇴한 것을 폄하할 생각은 없지만 왜 좀 더 일찍 이런 행동에 나서지 못하고 체제에 순응해왔는지 뒤돌아볼 일이다.

　방송의 공적 책무를 소홀히 해온 책임은 길 사장에게만 있는 게 아니다. 잡담과 막말, 사생활 들추기와 불륜이 판치는 오락물과 드라마를 제작한 이는 바로 그들이었다. 유럽 국가들이 대개 다(多)공영 소(少)민영 방송체제를 구축한 것은 '상업경쟁'이 아니라 '공영경쟁'을 하라는 취지인데, 우리는 KBS·MBC가 SBS·종편방송과 상업경쟁에 몰입한다.

　나는 수신료를 대폭 올려야 한다고 주장하는 사람이지만, 지금 수준의 방송이라면 2500원도 아깝다. 드라마만 하더라도 너무 많기도 하지만, 회당 수천만 원씩 준다는 인기작가와 톱탤런트에 의존해 고비용이 발생하는 현실에서 수신료를 흔쾌히 내려는 국민이 얼마나 될까? BBC의 「이스트엔더스」(EastEnders)는 런던 시티 '동쪽 끝(East End)' 서민주거지역을 배경으로 하는 '달동네 사람들' 같은 드라마인데, 30년째 방영되고 있지만 평범하게 생긴 배우들이 배역을 맡아 시청자와 함께 늙어간다.

막장 드라마와 오락 프로그램이 시청자들에게 재미를 선사할 수는 있지만, 문제는 그것이 참담한 사회현실을 개선하려는 정치의식을 잠재우고 공영성을 추구하는 프로그램들을 밀어낸다는 사실이다. BBC에는 심층보도와 시사교양, 특히 정치 현안을 홍미롭게 전달하고 분석해줌으로써 국민의 민주주의 의식을 고양하는 프로그램들이 매우 많다.

'오늘의 정치'(Daily Politics)는 영국의 정치가 매일 어떻게 돌아가는지 내막을 파헤치고 수요일에는 총리와 야당 대표 간 의회 설전을 중계하고 논평한다. 그밖에도 시청자의 질문에 답하는 '질문 시간' 등 수많은 정치쇼와 대담을 방영해 정치에 대한 관심을 높인다.

이런 방송문화를 조성하려면 방송에 대한 가치관 정립이 선행돼야 한다. BBC 편성지침의 부제는 '가치와 표준들(Values & Standards)'이다. BBC가 추구하는 가치들을 천명하고 그것을 달성하기 위한 취재·보도·제작 표준들을 세세히 적어놓았다. 그런 걸 정교하게 정해놓고 숙지했더라면 '세월호 보도참사'도 일어나지 않았을 터이다. 이 지침은 2만에 가까운 BBC 직원의 일탈을 막는 울타리다. 다이크 사장도 개인적으로는 이라크전에 찬성한 사람이지만 이 지침에 묶여 이라크전을 비판하는 보도의 수호자가 될 수밖에 없었다.

'언론의 자유는 모든 자유를 자유롭게 하는 자유'라고 한다. '미디어 민주주의'라는 말이 있을 정도로 미디어, 특히 방송은 진정한 민주주의를 실현하는 관건이다. 그런데 우리 공영방송은 '정부가 연주하는 피아노가 돼야 한다'는 괴벨스의 말을 계속 추종할 건가? KBS와 MBC는 민주주의의 적으로 남을 것인가, 동지가 될 것인가? (경향 2014.6.5)

세계언론사에 남을 '추악한 특종'과 선정보도

세계언론사에서 선정적 보도의 역사는 화려하기까지 하다. 미첼 스티븐스의 『뉴스의 역사』를 보면 뉴욕 신문 〈선〉(Sun)은 1835년 아프리카 최남단 희망봉에 신설한 대형 망원경으로 달을 관찰한 결과 외계인이 살고 있다는 내용을 독점 보도했다. 삽화를 곁들여 외계인의 용모와 대화 장면까지 묘사한 이 기사는 1주일 연재됐지만 모두가 거짓으로 들통 났다. 그러나 이 신문은 반성은커녕 축하 분위기였다. 판매 부수가 급증했기 때문이다.

추리소설 작가이면서 언론인이기도 했던 에드거 앨런 포는 이를 지켜보다가 "선이 허위의 시대를 선도하고 있다"고 비난했다. 그러나 포 또한 열기구가 사흘 만에 대서양을 횡단했다는 거짓 기사를 써서 그 신문에 팔아먹었다.

이런 일화는 생존경쟁에 내몰린 언론사에 선정보도가 얼

마나 유혹적인지를 말해준다. 그런데 앞으로는 선정보도에 관한 한 '뉴스의 역사'를 한국 언론이 새로 써갈 듯하다. 물론 지금 외국에도 선정보도를 부수와 시청률 확대의 수단으로 삼는 언론사가 많다.

루퍼트 머독 신문들을 예로 들면 영국 최대 일간지 〈더선〉 등은 3면을 벌거벗은 여자 사진으로 채우는 편집으로 유명해 '페이지 3 여자'(Page 3 Girls)란 신조어까지 만들어냈다. 골프선수 타이거 우즈가 바람 피운 '사건'들이 줄줄이 터져 나오던 2009년 말, 이 신문이 특종을 했다며 머리로 내보낸 기사는 '타이거와 모델의 거친 밤'(Model's wild night with Tiger)(12.11)이었다. 더 기막힌 사실은 온라인판 머리기사 옆에 '한국 여성 만남 사이트' 광고가 실렸다는 것이다. 가수 싸이가 '젠틀맨'을 발표했을 때 이 신문은 기자의 '젠틀맨 춤 따라하기' 연속사진을 실을 정도로 독자에 영합한다.

그런데 서구의 황색지와 방송은 섹스를 노골적으로 다룰지언정 피의자의 인격권을 무시하거나 명예를 훼손하는 일은 드물다. 바로 소송이 걸릴 수 있기 때문이다. 이에 견주면 우리 언론은 거침이 없다. 세월호 침몰 얼마 뒤 '기레기' 소리를 들으면서 일부 기자들 사이에 반성하는 기미도 보이던 선정보도는 세월호 참사의 최고책임자를 유병언 씨 일가로 몰아가면서 더욱 창궐하고 있다.

선정보도의 주역은 방송, 특히 종합편성채널, 그중에서도 〈채널A〉와 〈TV조선〉이었다. 이들 방송은 유병언 씨가 시신으로 발견되기 전에 이미 인격살인을 했다. 이들 방송만 시청하면 그는 '단신 콤플렉스'에 '건강집착증' 환자이고, 도피 중에도 약물을 복용하며 섹스를 즐긴 색골로 보인다.

민주언론시민연합 모니터링에 따르면, 〈채널A〉는 '단독' 기사라는 자막에 '은신처에 체액 묻은 의문의 휴지'라는 제목을 달아 선정주의의 극치를 보여주었다. 〈TV조선〉은 '체포된 신도 신 씨가 여성으로서 견디기 힘든 검사에도 임했다'며 체액 묻은 휴지와 연관지어 '유 씨와 성관계가 있었는지, 이 과정에서 약물을 복용했는지 등을 파악하기 위한 것으로 보인다'고 보도했다. 성관계는 사실 여부도 확인되지 않았을 뿐 아니라 수사와 직접 관련이 없는 사생활인데도 '성희롱'에 해당하는 내용을 검경이 흘리거나 기자들이 추측해서 마구 보도한 것이다.

국가인권위원회와 한국기자협회가 제정한 '인권보도준칙'에는 인격권과 관련해 '용의자나 피의자, 피고인의 얼굴, 성명 등 신상정보는 원칙적으로 밝히지 않고' '재판에서 유죄판결을 받은 경우에도 범죄자의 공개에 신중을 기한다'고 돼 있다. 〈한겨레〉가 유대균 씨와 함께 붙잡힌 박모 씨를 익명으로 지칭하고 얼굴 사진을 모자이크 처리한 것이 희귀해 보일 정도로 우리 언론의 인권 불감증은 심각하다. 그의 도피를 도운 혐의밖에 없는 박 씨를 세월호 침몰의 중대 책임자나 되는 것처럼 대대적으로 보도한 것은 한국 사회의 관음증에 영합한 한국 언론의 추악한 상업주의로밖에 설명할 도리가 없다.

박 씨 체포 당시 〈TV조선〉 대담 프로에 나온 변호사와 교수라는 사람은 '북한 여군' '테러리스트' 같은 용어까지 써가며 박 씨를 매도했고, 〈채널A〉는 관상가까지 동원해 '박○○의 눈과 입, 귀와 턱에 담겨 있는 비밀을 파헤친다'더니 '확신범'이라며 호들갑을 떨었다.

　그러던 종편들은 바로 하루 뒤 '단독' 보도임을 강조하며 "박○○은 사실 겁쟁이"〈TV조선〉 "(유대균 씨) 소심한 목소리로 뼈 없는 치킨 주문"〈채널A〉이라는 자막까지 내보냈다. JTBC는 치킨을 먹은 것은 맞지만 주문한 사람은 유대균 씨가 아니라고 반박했고, 〈TV조선〉은 치킨을 시켜 먹은 적이 없으며 닭을 싫어한다는 유대균 씨 쪽 주장을 전했다. 세계언론사에 남을 만큼 치열한 '디테일 특종경쟁'이요, 선정보도가 아닐 수 없다.

　〈채널A〉 뉴스에는 '좁은 방에서 단둘…석 달 동안 뭐했나?'를 내보냈고, 대담 프로에서는 사회자가 같은 질문을 하자 '시사평론가'가 "여러 형식의 커뮤니케이션을 하지 않았겠나 추정해본다"며 "원룸에서 장성한 남녀가 석 달을 있었으니 상상과 추측이 가능하지 않겠습니까"라고 답한다.

　"상상이죠? 어디까지나? 명예훼손 될 말씀은 하시면 안됩니다." 사회자의 이 말은 명예훼손 발언을 막으려는 의도보다 부추기려는 추임새에 가깝다. 아니나 다를까, 다른 대담자가 이렇게 말을 이어간다. "저는요, 개인적으로 간통죄가 아닐까 그런 궁금증도 드는데…"

　'뉴스의 역사'에 남은 황색지 〈뉴욕헤럴드〉의 수법은 차라리 애교스럽다. 이 신문은 1874년 '끔찍한 재앙'이라는 기사에 '토막살인' '동물원 짐승 탈출' 등을 나열한 뒤 길고 긴 기사 끝에 한 문장을 덧붙였다. '이 기사는 한마디도 사실이 아니다.' 독자들은 공포에 사로잡혀 끝까지 읽어본 이가 많지 않았다.

〈TV조선〉 '황금펀치'에서는 오히려 사회자가 유대균 씨와 박 씨의 관계에 대한 명예훼손 발언을 계속 유도하는 장면이 나온다. 원하는 답변이 나오지 않자 사회자가 결론을 내려 버린다. "남녀관계는 모릅니다. 그렇게 간단한 거 아닙니다. 제가 생각할 때는 종교보다 더 셀 수 있어요." '돌아온 저격수다'에서는 "침대는 하나밖에 없고, 밑에 이불은 보이지 않았다고 하면 일반인들도 생각할 수 있는 부분이 있겠지만..."이라며 간통사건으로 몰아갔다. 나중에 오피스텔이 복층 구조라는 사실이 밝혀졌지만 오보에 대한 사과도 하지 않았다.

유대균 씨가 체포된 지난달 28일 〈조선일보〉는 'TV조선 메인뉴스가 지상파에 육박했다'고 보도했고, 〈동아일보〉는 '채널A 종합뉴스 시청률이 개국 2년 7개월 만에 5%를 돌파했다'고 자랑했다. 179년 전, 역사에 남을 선정보도를 한 뒤 희희낙락한 신문 〈선〉의 분위기와 뭐가 다른가?

우리 형법은 사실이라 할지라도 이를 적시해 명예를 훼손하면 처벌한다. 언론은 공익을 위해 그랬으면 벌하지 않지만 그런 보도에서 공익성을 찾기는 어렵다. 정부가 유병언 씨 일가에게 구상권을 행사해 사고처리 비용을 보전한다는데, 유 씨 일가는 언론을 상대로 소송을 걸어 일부를 보전할 수도 있겠다.

유병언 씨 일가의 죄는 밉지만 부당 내부거래를 통해 돈을 빼돌리는 것은 재계에 만연된 수법이었다. 삼성이나 현대 같은 대재벌에 견주면 금액도 몇 십분의 일이다. 우리 언론이 그들의 불법행위를 제대로 비판한 기사를 본 게 가물가물하다.

〈경향〉은 어느 정도 금도를 지켰으나 온라인은 좀 지나친 때가 있었다. 지난달 27일에는 '호위무사 박○○, 결혼 전 유대균 옆에서…'라는 선정적 제목의 머리기사를 온 종일 걸어두었다. 내가 기록해둔 '국내외 언론 왜곡보도 일지'를 검색해보니, 2007년 9월 16일 〈경향〉 온라인판 머리기사 제목은 '변양균·신정아 '입' 맞췄나'였다. 갈무리해둔 메인 화면을 보니 두 사람 얼굴사진까지 붙여 편집했는데, 같은 날 변 씨는 검찰에 출두하고 신 씨는 귀국한 사실을 선정적으로 짜깁기한 것이다.

온라인판은 '신문의 미래'라고들 하는데 종이신문을 위해서도 잠재독자에게 좋은 이미지를 남겨야 한다. '디지털 우선'(Digital First)을 치고 나온 〈가디언〉과 〈뉴욕타임스〉가 상당한 성공을 거뒀지만 그들 신문 온라인판에서 선정성을 찾아내기는 힘들다.

야당이 참패한 선거를 정부·여당과 방송, 그리고 보수신문들은 '세월호 심판론에 대한 심판'이라며 국면전환을 꾀하고 있다. MBC는 '심판론에 대한 여론의 피로감'을 요인으로 꼽았는데 피로감을 준 당사자는 수사권과 증인 채택을 거부한 정부·여당과 보수언론 아니던가? 한국갤럽 조사에 따르면 국민들은 53% 대 24%로 세월호조사위원회에 '수사권을 줘야 한다'는 쪽이 압도적이고, '사고의 원인과 책임이 밝혀지지 않았다'는 의견이 64%였다.

한국 언론이 선정보도와 왜곡보도로 명맥을 유지하려 한다면 그건 살아도 산 게 아니다. 사회 공공의 도구로서 생명은 끝난 거나 마찬가지니까. 오늘도 저질방송이 전국의 식당과 터미널, 가정에서 온 종일 왕왕대고 있으니 책임정치와 민주주의가 제대로 될 리 없다. '공해'처럼 대기에 떠다니는 방송을 어찌해야 하나? 공해 대처법은 우리 모두 알고 있다. (경향 2014.8.7)

5 이슈 논쟁을 통해 정체성을 확립하라

진보신문의 위상
미디어면에서 높여라

동서냉전 때 미국으로 초청된 러시아 언론인들이 마지막 날 소감을 묻는 주최 쪽 질문에 이렇게 답했다. "수많은 신문과 방송이 있는데도 주요 현안에 대한 논조가 똑같다는 점이 인상적이었다. 언론인들을 수용소로 보내야 가능한 일인데 당신네 비결은 뭐냐?"

우스개처럼 들리는 이 일화는 국가보다 자본에 의한 언론통제가 훨씬 더 획일적이고 효과적이라는 점을 풍자한다. 시장에 맡겨진 미국 언론은 6개 미디어그룹이 90% 이상을 장악할 정도로 정보와 여론의 독과점 현상이 심하다. 소수자, 특히 진보적 지식인의 목소리는 주요 매체에서 거의 배제돼, 이라크전만 하더라도 '권위지'라는 〈뉴욕타임스〉와 〈워싱턴포스트〉조차 개전 분위기에 동조했다. 잘못된 전쟁과 무분별한 금융규제 완화의 대가는 이제 미국인뿐 아니라 전 세계인의 고통으로 남겨졌다.

참으로 기이한 것은, 그런 미국이 우리나라에서는 언론법안들을 둘러싼 논란에서도 하나의 표준으로 등장한다는 점이다. 미국은 형식만 갖춘 공익방송이 있을 뿐 언론 시스템 전반에 문제가 많은 나라다. 신문·방송 겸영도 이명박 정부와 보수신문이 말하듯 '세계적 추세'가 아닐뿐더러, 설령 세계적 추세일지라도 논점의 핵심을 벗어나는 것이다.

그 추세가 옳으냐 그르냐를 따져보고 미디어 정책의 방향을 결정해야지 "경제협력개발기구(OECD) 국가들이 신방 겸영을 허용하니 우리도 그렇게 하자"는 주장은 비합리적이다. 이탈리아 역시 언론을 시장에 맡기고 방송의 경우 미국의 상업방송 모델을 뒤따른 나라지만, 진정한 민주주의가 요원해졌다는 평가를 듣는다. 이탈리아 언론을 장악한 재벌인 실비오 베를루스코니는 집권 뒤 '코드 인사'를 통해 국영방송마저 장악해버렸다.

이탈리아 국영텔레비전은 베를루스코니 총리가 유엔총회에서 연설할 때 텅 빈 청중석 대신 코피 아난 사무총장 연설 때 꽉 찬 청중석 장면을 편집해 넣었다. KBS가 보신각 타종 때 시위하는 청중 대신 박수소리를 편집해 넣은 것과 너무나 흡사하다.

프랑스 또한 니콜라 사르코지 집권 이후 5개 공영방송을 하나로 통폐합하고 사장을 대통령이 임명하게 하는 등 합법적인 언론장악 정책을 추진했다. 자신의 집권에 기여한 민영방송과 재벌에는 각종 혜택을 주는 정책도 추진했다. 진보신문인 〈리베라시옹〉은 1면 머리로 '프랑스 사르코비지옹'(France Sarkovision, 2008.6.26), 곧 '프랑스 사르코지방송'이라는 제목을 달고 프랑스 민주주의의 장래를 걱정하는 기사를 실었다.

언론법안들을 둘러싼 〈한겨레〉의 '이슈 싸움'은 여러 측면에서 상당한 아쉬움을 남겼다. 가령 '신방 겸영이 세계적 추세'라는 주장을 반박하는 것도 필요하지만 신방 겸영과 재벌의 방송 진출이 우리 사회에 어떤 영향을 끼치는지 집중 조명하는 기획기사들이 매우 모자랐다는 점을 지적하고 싶다.

우리 사회 3대 파워그룹인 일부 언론권력과 경제권력이 정치권력과 결탁해 촉발한 언론법안 논쟁은 헤게모니 싸움의 성격을 띠지 않을 수 없다. 헤게모니의 어원인 '헤게모니아'(Hegemonia)는 그리스 수사학에서 '말과 언어가 모든 것들의 주도자'라는 뜻으로 쓰였다. 말을 장악하면 물리적 폭력이나 강제력 없이도 자발적 동의를 끌어낼 수 있다. 서민들이 종종 부자들의 이익을 대변하는 정권을 탄생시키는 것은 그 때문이다.

　　위르겐 하버마스는 "독일·프랑스·스페인에서는 아직도 고급 정론지를 중심으로 토론문화가 유지되고 있지만, 미국과 이탈리아에서는 정치적 커뮤니케이션을 위한 경로가 막혀 민중의식의 빈곤이 나타나고 있다"고 말했다. 2003년 발언인데, '사르코지방송'이 가시화하고 〈르몽드〉와 〈리베라시옹〉이 자본의 품에 안긴 시점에서는 프랑스도 미국과 이탈리아의 범주에 들어갈 것이다. 언론법들이 원안대로 통과되고 방송 민영화가 이뤄진다면 한국도 그들 나라 반열에 끼게 된다.

　　언론법안 추진 세력은 미디어산업의 경쟁력을 높이고 고용을 창출한다고 하는데, 그 근거의 허술함을 언급할 지면은 없다. 강조하고 싶은 것은 그들 주장이 설령 옳다 치더라도 미디어의 공공성과 여론의 다양성, 그리고 민주주의적 가치를 훼손할 만큼 높은 타당성을 지녔느냐 하는 점이다. 또 민영화의 불가역성에 주목한다면 절대로 서두를 일이 아니다. 방송을 한번 재벌에 넘기면 전두환 같은 폭군이 다시 등장하지 않는 한 빼앗을 수도 없다.

〈한겨레〉가 이런 논란의 중심에서 스스로 위상을 높이고 나아가 민주주의적 가치를 수호하려면, 미디어팀과 미디어면을 대폭 강화할 필요가 있다. 유럽의 진보신문들은 미디어팀을 최강으로 구성하고 매주 두툼하게 미디어 섹션을 발행하는 데가 많다. 미디어면이야말로 보수언론의 논조를 비판하면서 자연스레 토론을 유도하고 진보이념을 전파하는 '진지'로 생각한다. 딱딱한 기사만 쓰는 게 아니라 현대인의 생활 깊숙이 들어와 있는 미디어의 이모저모를 재미있게 엮어낸다.

〈가디언〉은 월요일마다 30쪽 안팎의 '미디어 가디언'을 여러 섹션과 함께 낸다. 물론 절반 정도는 광고로 채우지만 종합면에도 매일 기사가 나가는 점을 고려하면 엄청난 기사량이다. 우리나라는 섹션면이 광고단가가 싸지만 '미디어 가디언'은 워낙 정평이 나 있어서 미디어기기와 구인광고 등 미디어 관련 광고가 집중된다.

미디어 부문은 전문기자의 영역인데도 〈한겨레〉는 아직 그렇게 운용되지 못하고 있다. 미디어 담당 기자들의 '고군분투'를 모르는 바 아니지만, 전문성 부족에서 비롯되는 몇몇 과오들을 지적하지 않을 수 없다. 진보언론의 '맏형'에 걸맞을 만큼 미디어 관련 의제들을 앞장서서 끌고 나간다는 인상을 주지 못하고, 기사 방향이나 외국 언론에 관한 내용이 옳지 않은 경우도 눈에 띈다.

〈경향신문〉 미디어팀은 청와대 비서실장, 방송통신위원장, KBS 사장 후보 등의 비밀회동을 특종보도한 데 이어 언론법 관련 이슈들을 힘있게 끌고 나가는 집중력이 돋보였다. 방통위가 신문·방송 겸영 허용을 공식화한 날을 예로 든다면, 보수신문들은 1면 머리기사로 다루면서 1~2개면을 할애해 해설까지 붙인 반면, 〈한겨레〉는 해설 없이 1면 네 번째 발표기사(9.5)로만 처리했다.

이날 진보 쪽 대항마는 누가 봐도 여러 면에 걸쳐 집중기획 등을 내보낸 경향이었다. 다음 날 사설에서도 각 신문들은 찬반양론을 폈으나 〈한겨레〉는 침묵했다. 〈한겨레〉는 닷새 뒤 미디어면에서 그 이슈를 다뤘으나, 같은 날 〈경향〉은 미디어면에서 다른 진전상황들을 다뤘다.

이제 언론법안 추진세력은 2월 국회 격돌을 앞두고 치열한 홍보전에 들어갔다. 〈한겨레〉는 자신의 사활까지 걸린 이 국면에서 무얼 기획하고 있는지 궁금하다. (한겨레 2009.1.28)

칼럼과 여론면 혁신으로
진보신문 활로 찾아야

이름난 군사전략가들은 전쟁의 환경 변화를 미리 포착해 그에 맞는 전술을 개발하고 적용한 자들이다. 나폴레옹은 전세를 좌우하는 병과가 기병에서 포병으로, 패튼은 포병에서 기갑으로 바뀔 것이라는 사실을 알아채고 포병전술과 기갑전술을 획기적으로 발전시킨 인물이다. 일본 해군이 태평양전쟁에서 괴멸된 요인도 거함거포주의에 빠져 항공모함 시대를 일찍 내다보지 못한 탓이었다.

'신문 위기의 시대'에 국내외 언론과 자본이 방송 진출을 매개로 연합세력을 형성하면서 독립언론들은 전혀 겪어보지 못한 내우외환의 환경으로 몰리고 있다. 위기 타개의 묘안은 잘 보이지 않지만, 영국의 진보신문 〈가디언〉은 하나의 가능성을 제시한다. 세계 신문업계의 벤치마킹 대상이 된 〈가디언〉의 지면혁신은 '베를리너판'으로 요약된다.

그러나 판형 변화 못지않게 중요한 것은 내용 변화다. 판형 변화는 윤전기 교체를 수반하기 때문에 독립언론사들은 지레 포기하는 경우가 많은 듯하다. 하지만 내용 변화는 에디터들과 기자들의 의지만 확고하다면 상당 부분 성취할 수 있는 일이다.

2005년 〈가디언〉이 베를리너판으로 전환하면서 특히 중점을 둔 게 오피니언면이다. 오피니언면을 광고 없이 5개면으로 확대하고, 아예 자사 광고를 통해 오피니언(의견) 저널리즘을 추구하겠다고 천명했다. 눈 덮인 벌판에 신문배달 소년이 걸어가고 있는 사진 아래 '소란스런 도심에도 눈 덮인 벌판에도 우리는 논평과 분석을 배달한다'는 광고 카피가 인상적이었다.

〈가디언〉 홍보부장 다이앤 히스는 나와 전화로 인터뷰하면서 "논평과 분석은 신문의 핵심 역할이 됐으며, 독자들이 세상을 더 잘 이해할 수 있게 하기 위해서는 알리는 것 외에도 교육하고 자극하고 도울 의무가 있다"며 〈가디언〉의 전략을 자세히 전했다. 그는 또 "논평은 쌍방향적이어야 하기에 '논평은 자유'(Comment is Free)라는 온라인 플랫폼을 만들었다"며 "매일 50건 이상 다양한 목소리가 실리는 플랫폼을 통해 독자들은 우리 필진과 경쟁하고 토론한다"고 설명했다.

지식인층의 토론마당이 된 이 플랫폼의 글들은 독자 편지들과 함께 종이신문에서도 매일 한 면을 차지하는데, 사설면과 마주보는 면(op-ed)에 배치해 예우한다. 신문은 속보성을 필요로 하는 뉴스 전달자의 기능을 다른 매체들에 양보할 수밖에 없으니 대신 담론을 만들어내고 토론하는 공론장 구실을 확실히 떠맡겠다는 각오다.

〈한겨레〉도 '토론마당'(한토마)이나 '왜냐면'을 운용하고 있지만 '왜냐면'은 일주일에 두 번 방송면 옆에 실리는 정도이고 온라인과 종이신문의 연결고리도 허약해 보인다. 〈한겨레〉 필진이 쓴 사설과 칼럼에 대한 온라인 필자의 논평이 종이신문에도 실리고, 다시 〈한겨레〉 필진이 반박하거나 다른 독자들까지 끼어들어 치열하게 토론하는 장면을 볼 수는 없을까?

이런 포맷은 보수성향이 아니면서도 〈한겨레〉 논조에 거부반응을 보이는 사람들을 독자로 끌어들이는 통로가 될 수 있다. 가디언은 〈한겨레〉보다 훨씬 진보적인 논조를 펴지만 독자면에는 반대편 목소리가 자주 등장한다. 이는 1872년부터 57년간 편집국장으로 재임하면서 〈가디언〉의 기반을 닦은 찰스 스콧의 정신이 아직도 이어지고 있다는 증거이고, 〈가디언〉이 보수층에게도 인정받는 비결 중 하나이다. 그는 1921년의 유명한 에세이에서 '코멘트는 자유다, 하지만 팩트는 신성하다, 지지자와 마찬가지로 반대자의 목소리에도 귀를 기울여야 한다'고 썼다. 히스 홍보부장은 "독자들의 글을 신문에 게재할 때도 그 내용이 솔직하고 공정해야 하는 등 〈가디언〉의 일반적인 편집 가이드라인이 적용된다"고 전했다.

〈가디언〉은 물론이고 오피니언 저널리즘을 추구하는 〈르몽드〉〈인디펜던트〉 등 유럽의 권위지들한테 꼭 배워야 할 것은 사실과 의견의 분리다. 스트레이트 기사에 기자 의견이 마구 뒤섞이고, 사실의 자의적 해석이나 왜곡까지 서슴지 않는 한국 신문과 판이한 점이다.

스트레이트 기사에서 남의 말을 인용할 때조차 〈한겨레〉도 누가 말했느냐에 따라 서술어가 달라지는 경우가 흔하다. 기자가 진영논리에 빠져 자기 편으로 여기는 사람의 말 뒤에는 '강조했다' '지적했다' '꼬집었다' '통박했다' 등으로 말에 무게를 실어주고, 반대 진영 사람의 말 뒤에는 '주장했다' '강변했다' 등으로 말의 권위를 허무는 서술어를 붙이는 식이다.

유럽의 진보신문들은 오피니언 저널리즘의 선두주자로 뛰는데, 역시 이념지가 될 수밖에 없는 〈한겨레〉는 지면 할당에서도 밀린다. 〈가디언〉은 물론이고 국내 보수신문에 견주어도 '여론면'의 수가 너무 적다. 〈조선〉〈중앙〉〈동아〉의 오피니언면은 매일 세 면인데 〈한겨레〉는 '왜냐면'이 실리는 월·목요일을 빼면 두 면으로 운용된다.

또 필진도 '진보논객의 집결지'라 할 만큼 화려해 보이지는 않는다. 창간 직후 〈한겨레〉가 선풍을 일으켰던 요인 중 하나는 송건호·임재경·권근술·리영희·최일남·김금수·최장집·김종철·신홍범·조영래·정운영 등으로 구성된 쟁쟁한 필진이었다. 지금도 젊은 논객들을 중심으로 최강의 필진을 갖추는 것은 노력하면 어렵지 않을 터이다. 과거에 정파성을 문제 삼으며 〈한겨레〉에는 글을 쓰지 않겠다고 선언한 외부 필자까지도 정중하게 다시 '모시려는' 자세가 필요하다.

객원 논설위원 칼럼을 없앤 것은 구조조정의 수단이 돼야할 '아웃소싱'마저 포기한 건가? 너무 자주 집필 순서가 돌아와 억지로 쓰는 듯한 내부 칼럼도 눈에 띈다. 국제부문 에디터가 '광주와 노무현'(6.4)을 쓰는 등 큰 사건이 터지면 같은 주제로 비슷한 얘기들을 늘어놓는 경우도 흔하다. 일선기자 칼럼도 너무 뜸하게 나와 '내부 필진 양성소' 구실을 못하고 있다.

정기적으로 쓰는 고정 칼럼니스트가 너무 많으면 현안 중심의 이슈 싸움에서도 불리하다. 정치 관련 큰 현안이 터지면 정치 담당 필진이 순번을 기다리지 않고 연속으로 쓰는 융통성이 필요하다. 일간지는 분야별로 다수의 비정기 칼럼 집필진을 구성해두고 시론 형태의 글을 자주 싣는 게 바람직하다고 본다. 내부 칼럼진 구성에도 경쟁을 도입하고, 오랜 기간 칼럼을 써온 필자에게는 재충전의 기간도 줘야 한다.

오피니언 저널리즘을 추구하는 영국의 권위지들을 9년 가까이 접하면서 알아내고 싶었던 의문은 세계적 명성의 칼럼니스트들이 읽히는 칼럼을 쓰기 위해 어떤 수법을 동원하는가 하는 것이었다. 수법의 키워드를 뽑아보니 공교롭게도 'i'로 시작하는 네 단어로 요약됐다.

첫째, 새로운 정보가 있다(informative). 정보가 있는 칼럼을 쓰기 위해 끊임없이 취재한다. 그러나 〈한겨레〉를 포함한 국내 신문 칼럼이나 사설 중에는 처음 상당 부분을 스트레이트 기사 재탕으로 채우는 경우도 흔하다.

둘째, 지적 욕구를 충족시킨다(intellectual). KBS에 입사한 한 제자는 세미나 시간에 "쉬고 싶을 때 방송을 보고, 똑똑해지고 싶을 때 신문을 본다"고 말한 적이 있는데, 모두들 '아, 그래'라는 반응이었다.

셋째, 흥미롭다(interesting). 재미없는 칼럼은 읽는 것도 고역이어서 독자의 이탈을 가져온다.

넷째, 영향력이 있다(influential). 폴 크루그먼 교수는 자신의 블로그에 '칼럼이 상당수 대중을 격분시키지 않는다면 그 필자는 시간을 낭비한 것'이라고 써놓았다.

주관적인 기준이긴 하지만 〈한겨레〉 칼럼들은 이 '4 i' 가운데 몇 가지나 충족할까? 오피니언면과 칼럼의 획기적 업그레이드! 그것이 위기에 처한 진보신문의 구명줄이 될 수 있다. (한겨레 2009.8.26)

제 목소리 못 내고 이슈 논쟁서 밀리는 신문은 도태

영국 〈더타임스〉는 언론재벌 루퍼트 머독에게 인수된 뒤 세계의 권위지 반열에서 밀려났다. 1785년에 창간된 이 신문은 링컨 대통령이 "이 세상에 〈더타임스〉보다 위대한 것은 없다"

고 말했고, 〈뉴욕타임스〉 〈코리아타임스〉처럼 세계 각국 영자지들이 제호를 모방했을 정도로 2백 년 가까이 권위지로 군림해왔다. 그러나 이제는 미국 사람들이 〈더타임스〉를 '런던타임스'로 깎아내려 부를 만큼 권위가 손상됐다.

영국 좌파 신문이었던 〈데일리헤럴드〉의 운명은 더 극적이다. 노동자신문으로 출발한 이 신문은 한때 2백만 부까지 찍었으나, 광고주에 영합하려고 논조를 우경화하고 제호까지 바꾸는 변신을 꾀하다가 끝내 머독에게 인수됐다. 그것이 바로 황색지의 대명사가 된 〈더선〉이다. 2009년 기준 290만 부 정도 발행하고 주독자층도 여전히 노동자들이다. 그러나 과거의 주독자층이 '의식화한' 노동자들이었다면 지금은 축구와 섹스 기사에 관심이 많은 노동자들이다. 신문이 대중의 욕구에 영합해 만들어지는 한편으로 그들의 의식에도 상당한 영향을 미치고 있음을 보여주는 사례이다.

두 신문의 타락은 언론의 논조가 소유구조에 따라 어떻게 변질되고, 언론이 자기 목소리를 잃게 될 때 어떤 운명을 맞게 되는가를 말해준다. 〈더타임스〉는 오랜 기간 '천둥신'(The Thunderer)이라는 별명을 들을 정도로 그 목소리가 컸다. 심프슨 부인과 사랑에 빠진 에드워드 8세가 왕관을 포기하도록 몰고 간 것도 이 신문이었다. 그러나 머독 인수 뒤 사업 목적을 위해서라면 보수당은 물론이고 노동당의 토니 블레어와도 유착했고, 지금은 다시 집권 가능성이 높아진 보수당을 지지한다. 자본의 이해관계에 충실할 뿐 정치·경제권력에 대한 비판의 목소리는 잦아든 '상업적 대중지'가 되고 말았다.

최근 불거진 한국 사회의 수많은 이슈들에 대해 〈한겨레〉는 어떤 목소리를 내고 있는가? 세종시, 효성그룹, 외국어고, 언론법, 방송인 퇴출, 아동 성폭행 등 숨가쁘게 떠오르는 이슈들을 둘러싸고 '보수언론에 맞서 나름대로 선전했노라'고 자부할 수도 있으리라. '효성그룹 재수사' 약속을 말로나마 받아낸 것은 큰 성과였다.

그러나 미흡했던 보도를 지적하는 것이 이 난의 임무라면, 상당수 이슈에서 치열한 내부 논의가 부족해 보이거나 어정쩡한 태도를 취한 것을 부각시키지 않을 수 없다. 그런 태도는 우선 이슈 선점에서 밀리는 결과를 가져온다. 특히 보·혁을 가릴 필요도 없는 사안조차 보수신문의 뒷북을 치는 모습은 안타까웠다.

이명박 대통령이 주요 20개국(G20) 정상회의에서 돌아와 연 기자회견에서 세종시 문제 등에 대해 묻지 말도록 한 것과 관련한 보도가 한 사례이다. 〈조선일보〉는 회견 당일 쓴 사설과 데스크 칼럼(10.1)에서 1년 3개월 만의 기자회견이 '대통령이 하고 싶은 말만 하는' 일방소통으로 끝났다고 비판했다. 안타까운 점은 〈한겨레〉 기자 역시 그런 문제의식을 갖고 있었는데도 그것을 크게 부각시키지 못했다는 사실이다. 같은 날 스케치 기사에 '최대 정치현안인 세종시 문제는 청와대가 난색을 표해 질문에서 배제됐고~'라는 대목이 나온다. 〈한겨레〉는 하루 늦게 한 면을 펼쳤지만, 어느 신문의 영향력이 컸는지는 자명해 보인다.

'나영이 사건'도 9월 22일 KBS가 심층보도하고, 10월 1일부터〈중앙〉〈조선〉등 대부분 신문이 특집 기사들을 쏟아낼 때 〈한겨레〉는 1일치에 2단짜리 스트레이트 기사만 내보냈다가 뒤늦게 5일 한 면을 할애했다. '형량을 높여야 한다'는 일방적 분위기에서 '다른 죄와 형평성' 문제 등을 따져본 것은 남다른 접근이었으나, 다른 신문에 의해 파문이 확산된 뒤 논란에 끼어 들었다는 점에서 아쉬움이 남았다.

앞에 늘어놓은 여섯 가지 이슈 가운데 아동 성폭행 문제를 빼면 보수·진보 언론의 전선이 명확히 그어지는 사안들이다. 세종시, 효성그룹, 외고, 언론법, 방송인 퇴출 문제를 관통하는 비판의 열쇳말은 '불균형'과 '불평등'이라 할 수 있다. 세종시는 심각한 수도권 과밀과 지역 불균형을 해소하기 위한 것이고, 효 성그룹에 대한 미온적 수사 태도는 '법 앞에 평등' 원칙을 검찰 스스로 허물고 있는 것이다. 외고 또한 교육기회의 불평등 문제 로 접근할 수 있다. 보수진영이 언론을 장악하려는 것은 그러지 않아도 심각한 언론지형의 불균형 상태를 더 고착하겠다는 의 도다.

보수언론이 불균형과 불평등을 감수하고라도 효율과 경쟁 을 추구하려 한다면, 진보언론은 그 반대쪽에 서 있다. 그러나 한국 상황은 불균형과 불평등이 너무 지나쳐 효율과 경쟁마저 저해하고 있다는 점에서 진보의 논리가 설득력을 갖는다. 그런 데도 진보진영이 밀리는 느낌이 드는 것은 취약한 자본의 문제 로 거슬러 올라갈 수도 있겠지만, 담론활동의 방법 자체에도 허 술함이 있기 때문이다.

'고르디우스의 매듭'처럼 얽힌 문제의 해법은 의외로 간단한 경우가 많다. 우리 사회의 불균형과 불평등 문제를 푸는 해법은 우선 그 실상을 깊이 파헤치는 것이다. 세종시 관련 보도만 하더라도 수없이 쏟아져 나왔지만, 행정부처 간 비효율 문제보다 더 심각한 지역 불균형의 비효율 문제는 부각되지 못했다. 〈한겨레〉가 1면 머리로 보도한 "'행정도시' 명칭 건설현장서 사라졌다'(10.15)거나 "'열받은 충청' 주민들 촛불 들었다'(10.16)는 기사도 지역정서에 기대어 정부를 압박할 수는 있어도 합리적 여론 형성과 정책 수립에는 도움이 안 된다. 세종시 원안에 대한 지지 여론이 다른 지역에서 그리 높지 않은 것도 그 때문이 아닐까?

의제설정에서 시의성은 기사의 양과 질보다 훨씬 중요한 의미를 갖는 때가 많다. 언론법을 예로 들면 〈한겨레〉는 지난 7월 법안 날치기 처리를 전후해 적극적으로 논쟁에 가담했으나 8월부터 석 달 동안 사실상 기사 '휴면기'에 들어갔다. 그러나 이 기간은 헌법재판소가 법리를 세우고 여론을 살피는 때였기에 〈한겨레〉에 막중한 역할이 요구되는 시기이기도 했다.

석 달 동안 내보낸 11회의 '미디어'면을 살펴보면, 언론법 관련 기사가 주요기사로 다뤄진 것은 두 번이었다. 〈경향신문〉은 날치기 통과 뒤에도 〈한겨레〉보다 오래 종합면에서 언론법 이슈를 끌고 나갔고, 10월 21일에는 시의적절하게 여론조사를 해 '법학교수 61% "미디어법 무효"'라는 제목의 1면 머리기사를 내보냈다. 이런 여론조사는 비록 다른 신문이 실시한 것이라 할지라도 별도 기사로 크게 받을 수 있었을 터인데, 〈한겨레〉는 이 대통령 지지율 여론조사 기사(10.21)에 제목도 없이 한 줄

끼워 넣는 식으로 처리했다.

헌재에서 중요하게 살피는 것은 '민주주의의 절차' 문제이겠지만, 〈한겨레〉는 '민주주의의 내용'에도 계속 관심을 가져야했다. 헌재에서 야당의 청구가 받아들여진다 해도 보수진영은 '절차가 틀렸을 뿐'이라며 법안 상정을 재시도할 가능성이 높다. 보수신문과 손잡으려는 듯 머독도 한국을 다녀갔다. 지난번 날치기 처리 때도 이 난을 통해 '자본의 친위쿠데타'라고 썼지만(7.30), 자본의 한국 사회 지배 양상은 점점 심각해질 것이다.

앞서 열거한 것들도 그렇지만 한국 사회의 많은 이슈들은 자본의 문제에 뿌리가 닿아 있다. 조지 오웰이 61년 전에 쓴 소설, 『1984』에는 실명으로 〈더타임스〉의 오늘이 예언돼 있어 섬뜩한 느낌마저 든다. 〈더타임스〉의 기사나 의견마저 '빅 브러더'의 입맛에 맞게 마음대로 고쳐지는 세상. 그의 예언이 빗나간 부분은 '빅 브러더'가 정치적 상징이 아니라 자본이었다는 사실이다. 자본이 정치마저 좌우하고 있긴 하지만. (한겨레 2009.10.28)

분산되지 않은 권력은
민중에게 반역한다

영국 해군(Royal Navy), 공군, 해병대 앞에는 '국왕의 군대'

임을 뜻하는 '로열'이라는 경칭이 붙는데, 육군만 예외다. 이는 육군이 '의회의 군대'라는 역사에서 유래한다. 왕실이 보기에 육군은 크롬웰의 지휘로 왕당파를 무찌르고 찰스1세를 처형한 '반역의 군대'였다. 크롬웰도 독재를 하다가 왕정복고 뒤 부관참시되지만 1689년 권리장전은 의회가 평화시에도 상비육군을 둘 수 있게 했다.

19세기 말 논란 끝에 크롬웰의 동상이 의회 앞에 세워지는데, '의회의 수호자'로서 칼을 차고 버킹엄궁 쪽을 지켜보고 있는 모습이 당당하다. 지금쯤은 육군에도 '로열'이라는 경칭을 붙여줄 만한데, 그것도 전통이라고 고치지 않는 영국인들 발상이 재미있다.

그런데 흥미로만 여길 수 없는 것이 '민주주의 발전사'를 써온 영국과 프랑스의 역사다. 그들은 왕을 처형하는 피의 대가를 치르면서 권력집중을 막는 일이야말로 민주주의를 지키는 요체임을 깨닫고 권력을 분산하는 제도와 관습을 정착시켜왔다.

사실 우리 현대사의 굴곡들도 대부분 권력집중에서 비롯했다. 4·19, 5·16, 10·26, 12·12, 5·18, 6·15... 모두가 권력집중과 그에 맞선 항쟁 또는 권력쟁탈의 와중에 발생한 것이다. 요즘 매일같이 권력기관과 정권 실세들이 구설에 오르는 것 역시 단순한 말실수나 설화로 볼 일이 아니다. 권력집중이 가져온 집권층의 오만과 비민주성이 실체를 조금씩 드러내고 있는 것이다.

분리되어 있어야 건전성을 유지할 수 있는 기구와 단체

를 정권 실세들은 수시로 손보겠다고 나선다. 안상수 한나라당 원내대표는 "좌파 성향 판사가 사법부의 핵심 개혁 대상"이고 "(좌파이념) 교육에 의해 아동 성폭력 범죄까지 생겨나고 있다"더니 "강남의 부자 절에 좌파 주지를 그냥 둘 거냐"고 일갈했다. 사법·교육·종교는 각별히 정치와 분리돼야 하는 영역이건만 정권의 입맛에 맞지 않으면 간섭과 척결의 대상일 뿐이다. 집권당의 원내대표가 국민을 아우르는 게 아니라 좌파로 몰아 솎아낼 생각만 한다.

방송장악 음모를 들키고 만 김우룡 씨의 고백은 솔직해 보이기나 하지만, 최시중 방송통신위원장의 '현모양처나 되라'는 발언은 그의 봉건적 여성관이 표출된 듯하고, '회피 연아 동영상'에 발끈한 유인촌 장관의 고소는 문화부 장관이 청소년들의 인터넷문화를 이리도 이해 못하나 싶어 많은 국민을 실망시켰다. 정두언 한나라당 의원의 말대로 '웃자고 하는 일에 죽자고 덤비는' 꼴이고, '구시대적 사고방식을 가진 분'이 정부 요직을 상당수 차지하고 있음을 보여준다.

〈한겨레〉를 비롯한 진보언론들은 일련의 보도를 통해 권력에 도취한 집권층의 행태를 비교적 소상히 보도했다. 그러나 이런 말과 행태가 만연한 정치환경을 분석하고 나아가 제도와 관습을 바꾸는 데는 크게 미치지 못했다.

이명박 대통령은 이런 관료들의 행태를 꾸짖는 사람으로 부각되고 있으나, 실은 대통령이야말로 사태의 원인과 결과를 만든 장본인이라는 점은 대체로 간과되고 있다. 한나라당 지지도와 달리 대통령 지지도가 고공행진을 하는 데는 그런 요인도 작용하는 듯하다. 한 예로 〈중앙일보〉(3.22)와 〈한겨레〉(3.23)를 보면, 지난 16일 대통령이 이동관 홍보수석을 호되게 질책한 것으로 알려졌다.

　　그러나 대통령 발언을 들어보면 그가 정치적 반대세력을 대하는 태도가 그의 참모들에게 그대로 전이되고 있을 뿐 아니라, 그것을 강요하고 있음을 알게 된다. 그는 4대강사업을 반대하는 천주교 주교회의 성명에 대해 "왜 4대강사업이 환경과 생명을 살리는 사업임을 설명하지 못하느냐"고 질책했는데, 반대 이유를 타당성 결여가 아니라 상대방의 이해 부족에서 찾고 있다. 반대편 의견을 수렴하는 게 아니라 이해시키겠다는 태도에는 그 스스로 '선지자' 또는 '전지자'인데도 남들이 알아주지 않는다는 안타까움이 배어난다.

　　야당의 무상급식 주장은 포퓰리즘으로 단정짓고 무상보육 등 다른 데로 돌리라고 지시했다. 승자와 패자만 있는 기업의 세계에서 잔뼈가 굵은 탓인지 지고는 못 배기는 기질이 드러난다. 4대강사업에는 반대하는 국민이 많고 무상급식에는 찬성하는 국민이 많다. 대통령이 국민한테 지는 것은 지는 게 아니라 민주주의를 실천하는 것인데도 승부근성을 발휘한다.

　　실은 구설에 오른 참모들도 모두 그가 발탁해 쓴 인물이 아니던가? 이 대통령 집권 전까지만 해도 허튼소리를 하는 극우집단 정도로 치부되던 '뉴라이트' 그룹에서 많은 이들을 중용한 것도 그였다. 〈신동아〉 2008년 9월호에 따르면, 2004년에 '뉴라이트'라는 명칭을 만든 이들이 바로 이동관 〈동아일보〉 정치부장과 자유주의연대 신지호 씨 등이었고, 결국 정치·이념시장에서 우파의 최고 '히트상품'으로 떠올랐다.

오늘의 모순은 자유주의 운동세력임을 자처하는 뉴라이트들이 사상과 양심의 자유, 사법부와 언론의 독립, 정교분리 등 헌법적 가치들을 앞장서서 허물고 있는 데서 극명하게 드러난다. 그들은 사회를 이념과잉의 분위기로 몰아넣고 '적'을 적출함으로써 생존공간을 확보했던 1920년대 독일과 1950년대 미국의 분위기를 떠올리게 한다.

20년대 말 독일 헌법학자 헤르만 헬러는 적과 동지로 대립하는 사회가 어떻게 각 영역의 자유와 자율을 보장하면서 정치적 공동체를 유지할 수 있을까를 고민한 끝에 '상대적 동질성'을 강조하고, 약자를 배려하는 '사회적 법치주의' 개념을 제시했다.

〈한겨레〉는 이쯤에서 사실보도에만 힘쓸 게 아니라 우리 사회의 통합을 염두에 두고, 헌법의 기본권 보장이나 권한 행사의 정당성과 관련된 조항들을 제대로 해석하고, 헌법과 관련 법규가 실제 적용 상황과 어떻게 다른지 짚어보는 기획물을 집중적으로 내보내는 것은 어떨까? 국민에게만 법질서를 강요할 게 아니라 국가권력도 법을 지켜야 법치가 완성된다. 또 민주적 의결방식을 다수결로만 이해하여 언필칭 '민주적 절차'에 의한 민주주의 파괴를 막는 일도 포함될 수 있으리라. 헌법에 규정된 환경권과 행복추구권 등은 사문화 정도가 아니라 4대강사업과 복지정책 후퇴 등으로 사실상 헌법 위반 상태에 들어간 것이나 다름없다.

현실에 맞지 않는 헌법 조항들은 전향적으로 개정할 것을 촉구해야 한다. 〈한겨레〉는 한나라당의 개헌 논의를 정략적으로 보고 소극적인 보도태도를 보이는 경향이 있는데, 제대로 된 개정안을 제시하는 일이야말로 집권당에 유리한 권력구조 중심의 잦은 헌법 개정을 막는 방패가 되지 않을까? 〈조선일보〉가 보수적 의제설정에서 강력한 힘을 갖는 것은 종종 타당성보다 미리 치고 나오는 데 있다고 본다.

제왕적 대통령의 전횡을 막기 위해서라면 국무총리에게 실질적인 국무위원 제청권과 해임건의권을 주고, 대통령의 대법원장·헌법재판소장 임명권을 삭제하는 게 바람직할 것이다. 내각제도 검토하지 못할 이유가 없고, 선거 전후를 막론한 이념·지역 대립과 인사전횡을 막기 위해서라면 독일식 합의제 정부를 구성할 수 있는 근거를 만들 필요도 있다.

국가권력만이 아니다. 지금 한국 사회에서는 입법·사법·행정의 삼권이 아니라 경제권력과 언론권력이 국가권력을 능가할 정도로 비대해졌다. 경제권력을 민주적 통제 안에 두기 위해, 그리고 언론권력의 공공성을 확보하기 위해 헌법과 관련 법규의 재정비가 절실한 시점이다.

분산되고 견제되지 않은 권력은 민중에게 반역한다는 점에서 〈한겨레〉가 권력분산 문제를 본격적으로 제기하는 일은 빠를수록 좋다. 무한권력은 궤도를 이탈할 수밖에 없고 대통령의 비극을 부를 수도 있다는 점에서 권력분산은 한나라당과 이명박 대통령을 위해서도 축복이 되리라. (한겨레 2010.3.24)

진보진영은 홈경기에서도
패하고 말 건가

홈-어웨이 방식으로 치러지는 챔피언스리그 축구에서 전력이 비슷한 팀끼리 격돌할 때 흔히 쓰는 전략이 '홈 승리, 어웨이 무승부'다. 이명박 정권이 '공정한 사회' 담론을 치고 나온 것은 어웨이 경기에서 지지 않으려는 전략이라 할 수 있다. 보수와 진보의 가치를 자유와 평등, 성장과 분배로 대별한다면, '공정한'이라는 수식어는 원래 진보적 가치와 잘 어울리는 것이다.

논란만 벌이고 있는 진보의 토론장에 잠깐 들른 보수가 진보담론을 채 갔다 할까? 사실 진보는 집권했을 때도 실천에 옮긴 진보담론이 그렇게 많지는 않았다. 김대중·노무현 정부의 성격에 대해 보혁 논란이 이는 것은 그 때문이다. 뭘 뺏은 것도 없는데 '잃어버린 10년' 소리를 듣는 건 참 억울한 일이다. 그러나 어차피 '정치는 레토릭'이란 현실을 인정한다면, 자기들 잘못도 있다.

이에 견주어 이명박 정권은 최근 '친서민'과 '대·중소기업 상생'까지 담론시장에서 구매해 자기네 소유로 만들어버렸다. 대통령은 갑자기 서민의 권익을 옹호하는 로마시대 호민관이라도 된 듯이 말하고 행동한다. '기업 프렌들리'라는 보수담론에서 출발해 '중도실용'을 거쳐 진보담론까지 두루 석권해버린 것이다.

'공정한 사회'는 사회 전 부문에 걸쳐 혁명적 개혁을 요구하는 목소리로 증폭될 수 있는 담론이다. 그런데도 보수정권이 그 화두를 스스로 던진 이유는 뭘까? 보수세력도 외면할 수 없을 정도로 우리가 양극화하고 불공정한 사회가 됐지만, 그것만으로 자발성을 설명하기는 힘들다. 자신있게 치고 나온 것은 무엇 하나 힘을 모으지 못하는 야권의 분열과 진보담론 부재 상황에서 '공정성' 이슈를 선점할 수 있다는 판단이 섰기 때문이 아닐까? 빠져나갈 퇴로도 있다. '무엇이 공정한 사회냐'를 놓고 해석을 달리하면 될 테니까. 어쨌든 이명박 대통령의 국정지지도는 50%를 넘어섰다.

여권의 선제공격에 태연자약한 모습을 보이는 곳이 야권과 진보진영이다. 특히 민주당은 여권의 움직임을 '자충수' 정도로 폄하하면서, 비좁은 '인재 풀' 안에서 대표선수를 뽑는 일에 여념이 없다. '공정성' 담론의 흡인력조차 제대로 인식하지 못하는 수준이니, 그것을 '여권의 자충수'로 만들 재간이 있겠나? 국민들 기억에 민주당이 내놓은 것이라곤 무상급식 외에 생각나는 게 없다. 그것도 김상곤 경기도교육감한테 빌린 것이지 민주당 지도부가 주체적으로 만든 게 아니다.

그동안 기득권세력과 정치권이 둔감했을 뿐 '공정한 사회'를 향한 대중의 공감대는 확산일로를 걸어왔다. 촛불시위도 '강부자' '고소영' 내각으로 대표되는 불공정 인사와 재벌·부자 편향 정책, 양극화 등 '불공정한 사회'에 대한 국민적 저항이었다고 할 수 있다. 미국 쇠고기 문제가 크게 불거진 것도 '불공정 협상'이라는 인식 때문이었다. 〈중앙일보〉 여론조사에 따르면 국민 73%가 한국을 '불공정한 사회'로 보고 있다. 보수가 어젠다 하나는 잘 잡는다는 결론에 이르게 된다.

진보언론은 이 국면에서 무엇을 할 것인가? 적어도 '공정한 사회' 담론을 누가 얘기했건 배척하면 안 된다는 것은 명백하다. 〈한겨레〉도 창간 이래 '공정한 사회'를 주창해온 만큼 일관성 문제가 있다. 〈가디언〉〈뉴욕타임스〉 같은 권위지들은 정파가 아니라 그들이 추구하는 가치에 따라 보수정당도 옹호하고 진보정당도 비판한다.

그러나 〈한겨레〉는 대통령이 8·15 경축사에서 '공정한 사회'를 천명했을 때 큰 관심을 기울이지 않았다. 눈에 띄는 칼럼도 40여일간 불과 4편 정도였다. 말의 진정성을 문제 삼아 무시하는 건 일리가 있지만, 일단 '공정한 사회'로 가는 디딤돌로 적극 활용했더라면 하는 아쉬움을 남겼다. 〈한겨레〉가 바라는 '공정한 사회'의 진정한 모습을 그려주는 건 어떨까? 그것은 현재 한국 사회와 정반대 모습일지도 모른다. 그런 불공정 사회를 만든 주역이 현 정부라는 사실도 자연스레 노출될 것이다. 부문별로 살펴보면 정치인의 언행 불일치, 제도와 행정의 불일치가 수도 없이 드러날 것이다.

'대·중소기업 상생' 문제는 결국 언행과 제도와 행정의 불일치가 단적으로 드러나는 사안이다. 상생이 안 되는 것은 전문화하지 못한 몇몇 대재벌의 선단식 경영과 계열사간 내부거래, 하도급·부품업체에 대한 우월적 지위 남용 등 불공정거래가 만연하기 때문인데 제도적 규제는 더 완화됐다. 공정거래위원회와 검찰은 단속을 않거나 하더라도 후하게 정상참작을 한다. 그럼에도 재계 총수들을 만난 자리에서 대통령은 "법과 제도를 통한 압박은 없을 것"이라고 말했으니 직무유기를 누가 조장하는지 명백해진다. 큰 신문사일수록 무가지와 경품을 많이 뿌려 신문시장 질서가 교란되는데도 이 정부 들어 제대로 단속한 실적이 없다.

교육은 초·중·고에서 사교육과 국제중·자사고·특목고 등으로 공정성이 무너진 지 오래이고, 대학도 '시장'에 맡겨져 서울의 일부 대학만 재벌의 지원을 받는 등 교육격차가 '불공정 사회'로 가는 출발선이 되고 있다.

가장 불공정한 곳은 노동시장이다. 자살률이 최고로 높은 나라에서 '노동시장 유연화'는 여전히 진행형이고, 노사분규 현장에서는 상생이 아니라 '기업 프렌들리'가 '공권력' 행사의 잣대가 된다. 분규현장 강경진압을 신조로 삼는 사람을 경찰청장에 임명하고, 한나라당 대표가 "공정사회의 기준을 법치주의에서 찾아야 한다"고 말한 것을 보면, 여권이 그리는 '공정한 사회'의 모습이 어떤 것인지 가늠할 수 있다.

부동산시장은 일하는 사람보다 안 하는 사람에게 더 높은 소득을 안겨주면서 전국민에게 '불공정 사회'의 쓴맛 단맛을 다 보여주었다. 그럼에도 이 정부는 종부세를 무력화했다. 거품이 빠질 조짐이 보이자 내놓은 부동산시장 부양책은 혹평하면 '불로소득 보전책'이고 '건설업체 연명책'이다.

저임금과 불로소득이 극명하게 대비되고, 낙하산 은행장 연봉이 10억대에 이르는 현실을 두고 누가 '공정한 사회'를 말하는가? 아리스토텔레스는 "정의란 사람들에게 그들이 마땅히 받아야 할 것을 주는 것"이라고 말했다.

4대강에 쏟아붓는 예산을 감당하기 위해 복지지출은 줄이고 서민이 상대적으로 많이 무는 간접세와 공공요금은 올리려 하고 있다. "공정한 사회를 통해 기회균등의 헌법정신을 구현할 적임자"로 포장된 총리 후보는 알고 보니 '공정한 사회'의 기본인 병역의무를 다하지 않은 사람이다.

야당 지지율이 이런 여당에도 못 미치는 건 무슨 조화인가? 이슈를 선점하지 못하기 때문이다. 민주당에는 전당대회를 며칠 앞두고도 '담대한 진보' '실천 있는 진보' '역동적 복지' '큰 변화' 등등 누가 무슨 말을 했는지도 모를 정도로 색깔 없고 추상적인 구호가 난무한다. 부유세 주장이 있지만, 당내에서도 정체성 덫에 걸린 상태이다. 혹시 홈구장 색깔이 원래 진보가 아니었나?

'빅3'는 뜨려고 하지만 국민들은 과거 있는 남자들의 '패자부활전'에는 관심이 적다. 감동을 주는 것은 지나온 삶의 이력이다. 지역주의와 결합한 보수성에 상당수 진보층이 등을 돌리고 있고, 대의원 절반 이상이 50~70대라는 점에서 거기서 뽑힌 대표가 젊은 층 지지를 끌어들이기도 쉽지 않을 것이다.

〈한겨레〉는 이번 경선 과정에서 야권 연대 또는 진보연합의 기초를 마련하지 못하는 데 대해서는 좀 더 비판적으로 접근해야 하지 않을까? '적이라고 생각하면 공격하라. 아군이라고 생각하면 더욱 맹렬히 공격하라.' 이 말은 강한 조직을 만들기 위해서는 호된 비판과 고육지책이 필요하다는 뜻일 게다. 적어도 진보담론에서는 우위를 점하기 위해 진보언론이 할 일은 그런 게 아닐까? 축구도 홈구장에서 밀리면 설 땅이 없다. 골

득실차가 같은 경우엔 '원정 다득점 원칙'이 적용된다. (한겨레 2010.9.28)

창간 25주년, '한겨레 정체성'을 생각한다

5월 15일이면 〈한겨레〉가 창간 25주년을 맞는다. 세계언론사에 유례없는 국민주 신문으로 출발해 거대자본과 권력의 핍박 속에서도 진보언론의 생명력을 면면히 유지해온 것이다. 〈한겨레〉는 진실한 정보를 얻을 마땅한 수단조차 없던 시절, 대중에게는 세상을 내다보는 맑은 창이었고, 권력자에게는 적나라한 모습을 여지없이 비추는 거울이었다. 수구·보수세력이 주도하는 정치·언론지형에서 '기울어진 운동장'을 약간이나마 보정해주는 지렛대이기도 했다.

그럼에도 25주년을 맞는 시점에서 축하만 해줄 수 없는 이유는 신문 환경이 날로 나빠지고 있는 가운데 〈한겨레〉가 내부 활력마저 잃어가고 있는 것은 아닌지 의구심이 들기 때문이다. 서울 영등포구 양평동 공장건물 2층에 편집국이 있던 창간 초기, 1판이 나왔는데도 퇴근하지 않고 남의 기사까지 읽어주다가 근처 음식점으로 옮겨 갑론을박하던 감격을 잊을 수 없다. 서툰 점이야 많았지만 독자들은 그 무지막지한 비판의 칼질을 보기 위해 매일 〈한겨레〉를 기다렸다.

　25년간 〈한겨레〉는 많이 '세련'되고 '정교'해졌다. 그러나 어쩐지 '프티부르주아', 곧 '소시민'이 만드는 신문이 되어간다는 인상을 받는다. 초기에 견주어 사회면과 경제면은 노동자보다 기업주·경영진 기사, 서민들 애환보다 기득권층 관심사가 늘어난 듯하다. 블루칼라보다 화이트칼라, 지방보다 서울, 대중교통보다 자동차 얘기가 늘어났다는 인상을 주는 것은 기자들의 취재영역이 자신의 주변인물과 생활권을 벗어나지 못하기 때문은 아닌가?

　정치면이 정치에 대한 대중의 여망을 수렴하기보다 정치인들의 입놀림과 이해타산에 상당 부분 좌우되고 있는 건 아닌가? 진보진영은 지난 대선에서 패했다고는 하나 진보정치에 대한 열망이 사그라진 것은 아니라고 본다. 대선 이후 〈뉴스타파〉를 비롯한 새 매체에 쏟아지는 관심은 87년 양김 분열에 따른 대선 패배 후 〈한겨레〉에 쏟아지던 열기를 연상하게 한다. 기성 진보언론 중에서도 일부 인터넷신문 후원자수와 주간지 구독자수가 급증한 것이 〈한겨레〉에 던지는 의미는 무엇인가?

　마침 〈한겨레〉가 창간 25주년을 맞아 '미래기획 태스크포스팀'을 꾸렸다니 그나마 다행이다. 그동안 관성으로 굳어졌던 취재보도의 목표와 행태를 전면적으로 점검하고 반성할 것을 찾아내 재도약의 일대 전기를 만들기를 기대한다. 그 팀이 인터뷰하러 왔을 때 여러 가지를 말했지만, 가장 중요한 것은 〈한겨레〉의 정체성을 재정립하는 일이라고 본다. 정체성 혼란이야말로 내부 동력을 떨어뜨리고 외부 지원을 단절시키는 요인이다.

〈한겨레〉는 초기에 민주·민족·통일을 3대 창간정신으로 내걸었으나, 언젠가 지면개편을 하면서 '진보적 정론지'가 목표 개념으로 등장해 기자들 사이에 회자되고 있다. 그러나 독자들 중에는 아직도 창간정신을 소중히 여기는 이들이 많다. 15일에도 한 남성 독자가 시민편집인실로 전화해 '미, '북 비핵화 땐 동아시아 MD 철수' 중국에 제의' 기사 등을 예로 들며 "미·중 관계만 부각되고 남북한의 자주적 입장을 고려하지 않았다"고 지적했다. 그는 "대북 관련 사안을 다룰 때 창간정신을 살려야 한다"고 주장했다.

'진보적 정론지'라는 구호에는 〈한겨레〉의 정체성과 관련한 문제가 내포돼 있다. '진보'는 이제 하나의 수식어가 되고 '정론'이 편집목표가 된 건가? 그렇다면 〈한겨레〉의 '진보성'은 구체적 가치체계로 설명되기보다는 '정론'이라는 모호한 말 속에 숨어버린 꼴이다. 사실 '정론'이니 '불편부당'이니 하는 사시는 내걸 필요도 없다. 제대로 된 신문이라면 너무나 당연한 거니까. 오히려 황색지가 상업주의와 편파성을 감추기 위해 그런 사시를 내거는 경우가 많다. 루퍼트 머독 소유 매체들이 즐겨 쓰는 수법이다. 미국에서 가장 편파적이고 선정적인 FoxTV의 사시가 '불편부당'(Fair and Balanced)이다.

심지어 〈한겨레〉 편집국에는 소수이긴 하지만 스스로 '진보언론'으로 불리는 것을 부담스러워하는 분위기까지 있는 듯하다. '진보언론'은 진보세력의 기관지라는 개념으로 받아들여질 위험이 있다는 것이다. 보수 대 진보의 설정은 영구집권을 획책하는 기득권 세력의 프레임이라고도 했다.

그러나 유럽 언론은 아예 자신들이 추구하는 가치와 그것을 달성하기 위한 보도 표준을 천명하고 일탈자에게는 제재를 가한다. BBC에 2만 명 직원이 있고 노동당원이 다수지만 선거가 끝나도 편파성 시비가 일지 않는 것은 그 덕분이다. BBC 보도지침의 부제가 '가치들과 표준들'이다.

〈가디언〉도 마찬가지다. 이 신문은 대체로 노동당을 지지하지만 블레어 정권이 우경화할 때 가장 신랄한 비판자였고, 캐머런의 보수당이 감세정책을 포기하고 의료복지체계를 확충하겠다고 하자 지지를 하고 나섰다. 〈가디언〉은 이런 가치 중심의 논조와 베를리너판 도입으로 영국의 주류가 보는 신문, 전 세계 신문이 벤치마킹하는 신문이 됐다. 문재인·안철수·김한길에 대한 평가도 그들이 추구하는 가치를 잣대로 삼으면 된다.

유럽의 신문들은 제호 자체가 가치지향적으로 정해진 것이 많다. 〈가디언〉의 원래 제호는 〈맨체스터가디언〉이었는데, 공장지대인 맨체스터 주민의 '수호자'를 자처했다. 프랑스 좌파신문 〈리베라시옹〉(Liberation)은 사르트르 등이 창간했는데 '해방'이라는 뜻이고, 〈뤼마니테〉(L'Humanite)는 '인류애'란 뜻이니, 제호부터 '노동해방' 그리고 '분배'와 '연대'를 표방한다.

사실 〈한겨레〉라는 제호도 생각해볼 여지가 있다. 한겨레신문 기자 시절 대만에 취재를 간 적이 있는데 대만 정부 신문국에서 '한민족신문(韓民族新聞) 기자'라는 명찰을 달아주었다. 다문화 시대를 맞아 〈한겨레〉의 의미를 한민족뿐 아니라 '모두가 한 겨레'라는 뜻으로 확장하면 어떨까?

수구·보수가 과점한 한국의 담론시장을 고려할 때 〈한겨레〉의 역할은 분명 '진보언론'이다. 민주주의가 제대로 이뤄지는 나라에는 진보·보수 정당이 양립해 있고, 그것을 가능하게 하는 것이 진정한 진보·보수 언론의 양립이다. 〈한겨레〉 내부에서 정체성을 확실히 하기 위한 토론이 치열하게 벌어지길 기대한다. 현실을 정면돌파하겠다는 의지는 단순명료한 말로써만 표현될 수 있다. (한겨레 2013.4.24)

고대 이집트인은 왜
정체성을 중시했나

〈한겨레〉가 창간 25돌을 계기로 지면을 대폭 개편했다. '빠른 뉴스'와 '느린 뉴스'로 나눠, '느린 뉴스'에 요일별로 긴 읽을거리들을 몰아준 것은 우선 양적으로 독자 만족도를 높이리라 기대된다. 또 '빠른 뉴스'에서 심층보도를 늘리고, '느린 뉴스'에서 시간 여유를 갖고 취재해 이야기 형태로 기사를 내보내는 것은 정성스럽고 질적으로도 격상된 느낌을 준다.

'전쟁과 평화' '협동과 공유의 시대' '막 오른 공유가치(CSV) 창출 시대' 등 〈한겨레〉다운 창간기획도 꽤 많았다. 그러나 '사설 속으로'는 전혀 〈한겨레〉답지 않은 기획이라고 생각한다. 시민편집인실에도 이 기획을 격렬하게 비판하는 독자 전화가 걸려왔다. 〈중앙일보〉와 공동기획으로 '사설 속으로'를 시작한다는 20일치 1면 '알림'에는 '다른 시각을 지닌 두 신문사의 사설을 깊이 살피면, (중략) 바르고 균형 잡힌 시각을 갖출 수 있게 될 것입니다'라는 구절이 있다. 그렇다면 지금까지 〈한겨레〉만 보아온 독자는 비뚤어지고 균형 잃은 시각을 가졌다는 말인가? '정론지'를 자처해온 신문이 그마저 자포자기한 건가?

이 기획은 '알림'에서 천명하였듯이 〈중앙일보〉를 '건강한 토론문화를 뿌리내리기 위한' 동반자로 보고 있는데, 〈중앙〉을 합리적 보수로 보는 시각에는 동의하기 어렵다. 〈중앙〉은 남북문제 등에는 〈조선〉〈동아〉보다 전향적이지만, 자본의 이익을 대변하는 데는 어디보다도 열렬했다.[16] 1995년에는 '세계화' 담론을 주도해 오늘의 참담한 사회경제상을 초래하는 데 크게 기여했고, 2002년에는 'CEO 대통령론'을 치고 나와 결과적으로 이명박 대통령을 탄생시켰다.

언젠가 젊은 층이 〈중앙일보〉를 가장 진보적인 신문으로 생각한다는 여론조사 결과가 나온 적이 있는데, 거기에는 진보를 '새로운 것', '세련된 것'과 혼동하는 일부 젊은층의 세태가 반영됐다고 본다. 〈중앙〉은 베를리너판을 도입하는 등 확실히 세련된 면모를 보이고 있다. 그러나 자본은 늘 새롭고 세련된 모습으로 다가와 대중을 유혹하고 자신의 영역과 몸집을 불려나간다.

---

16 〈중앙〉은 2016년 현재 구독자에게 '중앙멤버십'을 주고 형제 회사인 휘닉스파크 회원 대우와 강북삼성병원 건강검진 우대 등 5가지 경품 세례를 퍼부으며 신문 판매시장을 교란하고 있지만, 〈한겨레〉를 비롯한 경쟁사들은 공정거래위원회 고발 등의 조처를 취하지 않았다.

〈한겨레〉가 '알림'에서 '청소년에게 균형 잡힌 시각을 길러 주기 위한 뜻있는 일을 시작합니다'라고 했는데, 〈한겨레〉 청소년 독자에게 〈중앙〉식 보수이념을 전파하는 게 왜 '뜻있는 일'인지 이해할 수 없다. 〈중앙〉은 2003년에도 황석영·이문열 대담을 5회나 연재하는 등 보수성을 희석시키려는 노력을 계속해 왔다. 반면 〈한겨레〉가 진보성을 더 희석시킨다면 얻을 게 무엇인가?

이번 기획은 진보언론의 '균형강박증이 빚은 일탈'이라 말하고 싶다. 진보언론은 진보의 가치를 진리로서 수호하고 전파함으로써 보수언론이 기울여놓은 운동장을 바로잡으려 애써야지, 지면에서 보수·진보의 균형을 맞추려 한다면 그것은 중도언론일 뿐 진보언론이 아니다.

〈한겨레〉는 2011년 5월부터 한겨레경제연구소·자유기업원 공동으로 1년간의 장기 토론회를 기획한 적이 있다. 연구소는 그럴 수 있겠지만, 그것을 지면에 대대적으로 반영하는 것이 올바른 선택이었는지 의문이다. 보수의 이념을 전파하는 매체는 압도적으로 많고, 〈한겨레〉 독자들도 그들이 말하고자 하는 것을 대개 알고 있었을 터이다.

세계언론사를 보면 색깔을 잃고 망한 신문은 많아도 뚜렷한 정체성을 가진 신문은 퇴출된 게 드물다. 영국 노동자신문 〈데일리헤럴드〉의 비극은 타산지석이 될 수 있다. 그 신문은 한때 2백만 부를 발행했으나 논조를 우경화하다가 끝내 루퍼트 머독에게 인수되고 말았다. 그 신문의 후신이 바로 영국 언론과 민주주의를 망치고 있다는 황색지 〈더선〉이다.

고대 이집트인들은 정체성에 대한 생각을 많이 한 사람들이었다. 상형문자 자체가 사물의 본질이나 조직의 존재 목적, 곧 정체성에 대한 인식을 공유하지 않으면 이해하기 힘들었으니 서기들은 문자로 표현할 지시물의 본질을 심사숙고할 수밖에 없었다. 예컨대 '여자'를 뜻하는 말에는 '물이 가득한 돌절구'를 그려 넣었다. 생명의 원천인 샘과 자궁, 그리고 여성성을 상징한 것이다.

특히 아이 이름은 그의 신분과 인품 등 정체성이 잘 드러나게 지었다. 죄인에게 가장 무서운 형벌은 원래 이름을 박탈하고 다른 호칭을 붙여 정체성을 바꿔버리는 것이었다. 람세스 3세 암살 음모자들에게는 '빛이 증오하는 자'라는 낙인을 찍었다. 태양숭배족에게는 가혹한 형벌이 아닐 수 없다.

창간기획으로 실린 '20대 진주녀' 관련 기사들(5.13)에 대해서도 호칭과 관련해 '여성 비하적 표현'이라는 항의전화가 시민편집인실로 걸려왔다. 또 인문학 강연회 등에 열중한다고 해서 '진취적이고 주체적인 여자'로 규정짓는 것은 말이 안 된다는 반응도 있었다. 사실 대학에서는 인문학이 죽어가고 있는데 사회의 인문학 강좌에 20대 여성이 몰리는 데는 상류층을 향하는 '구별짓기'의 욕망이 일부 서려 있음을 부인할 수 없으리라.

순한글 신문인 〈한겨레〉는 우리 말글 바로 쓰기에 상당한 기여를 해왔지만, 무리한 조어를 남발한 사례도 많다. '국과수' 같은 말은 관료들의 약어를 그대로 옮겨 의미전달에 지장을 주고 있다. 여기서 '국립'은 큰 의미가 없으니 '과학수사연구원'으로 쓰거나 '과학수사연' 등으로 줄여 쓰고, 기사에서 '국과수'를 반복하는 것보다는 '이 연구원' 등으로 지칭하면 되지 않을까? '여가부의 탁상행정'(5.24)이라는 제목도 등장했다. '여성가족부'를 그렇게 지칭한 건데, 과거 '보건복지부'를 '보복부'라고 줄여 쓴 수준이다.

이름에는 작명하는 쪽의 불순한 의도가 끼어들 때도 있다. '테러와의 전쟁'이란 말은 미국 언론이 즐겨 썼는데 이름 자체에 전쟁의 정당성을 부여하고 있다. 유럽 권위지들은 '이라크 전쟁'이라 불렀는데 우리 언론들은 대개 미국식 용어를 무심코 써왔다. 〈한겨레〉가 지난 23일부터 '조세피난처' 대신 '조세회피처'로 쓰기로 결정한 것은 용어를 바로잡으려는 노력으로 평가할 수 있는 대목이다.

진보언론에 대한 여망이 혹시 다른 데로 쏠릴지 모르는 상황에서 맞은 창간 25돌에 〈한겨레〉가 다음 사반세기의 정체성을 고민하는 대형 기획이 없었던 점은 허전했다. 대신 들어간 '사설 속으로' 등 정체불명의 기사들이 허전함을 증폭시켰음은 물론이다. (한겨레 2013.5.31)

한국의 '괴벨스'들에게
부치는 글

레지스탕스로 활약한 프랑스 소설가 카뮈는 괴벨스로 대

표되는 나치의 선전선동술에 맞서 지하신문과 잡지에 '독일 친구에게 부치는 편지'를 여러 편 썼다. 드골 정부가 프랑스의 나치 협력자, 특히 언론인을 가혹하게 처단할 때 논란이 일자 카뮈는 이렇게 말했다. "우리가 언제까지나 증오를 얘기하자는 게 아니다. 그러나 정의는 기억의 바탕 위에 세워진다는 것을 알아야 한다."

청산의 기억이 아예 없어서인가? 일제와 독재정권에서 왜곡보도 경력을 쌓은 우리 언론은 그것이 하나의 전통으로 굳어진 듯하다. 수많은 공안사건을 둘러싸고 벌어지는 박근혜 정권의 선전과 일부 언론의 보도태도는 나치 시대를 떠올리게 한다. 미화, 전이(transfer), 단순화, 시민 가장, 과장, 선택적 정보 제시, 딱지 붙이기, 부화뇌동, 증언, 감정이입 등 괴벨스의 온갖 선전선동술이 동원된다.

박정희 대통령 탄신제에서는 '미화'를 넘어 '반신반인'(半神半人)으로 신격화하는 일이 벌어지고, 윤상현 새누리당 원내 부대표는 "북한 세습정권과 통합진보당 RO, 정의구현사제단은 공통점이 있다"며 '전이'와 '단순화'를 시도했다.

국정원은 '시민을 가장해' '과장된' 댓글을 달고, 통합진보당 RO에는 '선택적 정보 제시'로 재판도 받기 전에 엄청난 내란음모 집단이라는 '딱지'를 붙였다. 재판과정에서 녹음파일과 다르게 녹취록을 작성한 대목이 두 모임에서만 272곳에 이르고, '선전 수행'을 '성전 수행', '절두산성지'를 '결전성지', '구체적 준비'를 '전쟁 준비'로 왜곡했건만 한번 '부화뇌동'한 소위 애국단체 회원들의 머릿속에는 자기수정 기능이 없다.

제보자 법정진술 가운데 "국정원에서 '조직명이 RO인가' 라고 물어서 '아마 RO였을 것'이라고 말했다"는 대목에 이르면, 한국전쟁 때 좌우익 할 것 없이 허술한 '증언'에 따라 처형된 수많은 비극이 떠오른다. 이른바 'RO'를 무조건 옹호하는 게 아니라 증거주의에 입각해서 그들의 실정법 위반 여부에 따라 처벌 여부를 결정해 진정한 법치주의를 확립하자는 것이다. 막가는 여론재판은 인민재판의 부활이다.

전주교구 강론 사건도 박창신 신부의 취지는 깡그리 무시되고 말꼬리를 잡아 정의구현사제단에 종북 '딱지를 붙이고', 시국집회를 차단하는 수단으로 악용된다. 박 신부 발언 중 공격의 빌미를 만든 일부 내용이 안타깝긴 하지만, 그의 취지는 집권 1년도 안돼 나라를 이 꼴로 만들고 반성조차 하지 않는 박근혜 대통령에게 엄중한 책임을 물은 것이다.

이정현 홍보수석은 "기도는 잘되기를 바라면서 은총을 기원하는 것인데 국민이 뽑은 대통령의 사퇴를 촉구하는 것은 잘되라는 게 아니다"라고 했다. 그럴듯한 '감정이입'의 말솜씨지만 박 신부는 대통령 개인보다 나라와 민주주의가 잘되기를 더 바랐을 뿐이다. 그것이 대통령이 잘되는 길이기도 하다. 박 신부를 국가보안법으로 처벌하려는 움직임까지 있는데 그 법 7조 1항에는 '국가의 존립·안전이나 자유민주적 기본질서를 위태롭게 한다는 정을 알면서'라는 구절이 있다. 국가기관의 선거개입이야말로 자유민주적 기본질서를 위태롭게 하는 것이니 그들 기관원을 보안법으로 다스리는 게 차라리 법 취지에 맞겠다.

박 대통령은 '애국심과 단결'을 강조한 뒤 "분열을 야기하는 일들을 용납하거나 묵과하지 않겠다"고 말했다. 유신 시절 아버지 어법을 구사했지만 분열을 야기한 최고책임자는 그 자신이 아닐까? 용납하지 말아야 할 대상은 밝혀진 것만도 121만 번이나 댓글을 퍼뜨린 국가기관들이다. 침묵하는 대상과 묵과하지 않는 대상이 편 가르기로 정해진다면 분열은 피할 수 없다.

집권세력과 생각이 다르다 하여 '종북'이라 몰아붙인다면 나 자신도 '종북'이다. 백령도에서 북한군과 대치하며 해군장교로 복무했지만 지금 이런 글을 쓰고 있으니까. 유신 때의 '총화단결' 같은 것을 추구한다면 북한체제와 다를 게 없을 테니 정부 당국자들도 '종북'이다.

정부 요직을 공안검사와 대장 출신이 거의 독차지한 건 남북 간은 물론이고 남한 내에서도 대결국면으로 갈 때 긴요한 진용이다. 박 신부 발언도 문맥을 살펴보면 북한의 연평도 포격을 정당화한 것이 아니라 남북 대결국면이 계속되면 불행한 사태가 따른다는 지적이었다. 한미 군사훈련이 북한에 위협적이었다 해도 민간인이 사는 섬을 포격한 것은 비난받아 마땅하다. 그러나 '국민을 섬기는' 정부라면 청년들의 희생이 아니라 정치와 외교를 통해 안보를 튼튼히 해야 했다.

박근혜 정부의 남북대결 국면과 공안정국을 가능하게 하는 것은 몸 사리는 민주당과 왜곡보도하는 언론이다. 매카시의 전기를 쓴 로버트 그리피스는 매카시즘의 득세 요인으로 당시 야당인 미국 민주당의 소극적 대처를 꼽았다. 정권의 수호천사나 다름없는 방송과 일부 보수언론에서는 또 다른 괴벨스의 그림자가 어른거린다. 박 신부의 강론을 해석하는 걸 보면 거의 난독증 수준이다.

괴벨스가 세계에서 가장 값싼 '국민 라디오'를 보급해 나치체제 유지에 활용한 것처럼 보수정권은 보수신문사에 종편을 허가해 대부분 논조가 비슷한 21세기형 '국민 라디오'를 창설했다. 괴벨스의 말대로 '정부가 연주하는 피아노'나 다름없는 언론이 많다.

괴벨스는 "나에게 한 문장만 주면 누구든 감옥에 보낼 수 있다"고 큰소리쳤다. 예컨대 "무엇을 사랑하느냐"고 물었을 때 "아버지를 사랑한다"고 대답하면 어떻게 될까? "뭐라고? 조국은 사랑하지 않는단 말이야!" 국가반역죄로 투옥할 수 있다는 얘기다.

자칭 '애국세력'들은 툭하면 이정현 홍보수석처럼 '조국이 어딘지' 묻고, 박대출 의원처럼 '종북하지 말고 월북하라'고 말한다. 정치적 반대자를 '비국민'으로 취급하려는 것이다. 박 신부는 광주 사태의 진상을 알리려다 테러를 당해 장애인이 된 사람이다. 현 정권 실세 중에는 군대에 가지 않거나 평생 자신의 입신영달을 위해 살아온 사람이 많다.

윤상현 의원을 예로 들면, 민주화 투쟁으로 수많은 학생들이 희생될 때 사교모임인 '서울대 걸레 클럽' 회원이었고, 군대도 석사장교로 임관 당일 전역했다. 청와대에서 전두환 딸과 결혼한 뒤 이혼하고 지금은 재벌가 사위가 됐다. 개인사를 들추고 싶지 않지만 애국을 독점한 것처럼 행동하지 말라는 취지다.

좌파 지식인 사르트르는 드골을 사사건건 비판하며 알제리 독립운동 때는 프랑스에서 모금한 독립자금 전달책을 자원하기도 했다. 반역행위로 처벌하자는 측근의 말에 골수 우파 대통령 드골이 대꾸했다. "그냥 놔두게. 그도 프랑스야." (경향 2013.11.28)

'꼴뚜기 보수' 대행진,
멈춰 세워야 한다

나는 '보수'라야 마땅하다. 영남 남인의 후예이고 안동 출신에 교장선생의 아들이니 거의 태생적 보수 아닌가? 가족과 한국 사회의 행복과 질서를 추구하고, 나라에 대한 애정도 국민행동본부 같은 맹목적 애국단체 사람들 못지않다고 생각한다.

'극우' 소리를 듣는 문창극 씨와 일치하는 경력도 많다. 그는 나보다 여섯 살 위로 같은 대학교에서 학사·석사 과정을 마쳤고 해군 학사장교로도 선배다. 기이하게도 백령도 해군 레이더기지에 근무하다가 서울 대방동에 있던 해군본부로 전출돼 부관을 한 것까지 똑같다.

그러나 그때부터 인생행로가 달라진다. 그는 군대에 있으면서 대학원에 다녔지만, 나는 대학원과 군역을 차례로 마치느라 5년 반이 걸렸다. 그는 제도적으로 대학원에 다닐 수 있게 돼 있었다고 설명했는데, 나만 바보였나?

만 서른에 보수신문인 〈조선일보〉에 입사해 보니 7살 적은 동기가 있었고 '어린 선배'도 많았는데 위계가 엄격한 신문사에서 불편한 점도 있었다. 고위관료와 판검사, 재벌2세 등 잘나가는 취재원 중에도 병역 면제를 받은 이들이 많았다. 취재하고 기사 쓰면서 '한국은 여러 면에서 공정한 사회가 아니구나' 하는 생각과 함께 기득권층에 대한 실망이 커져갔고, 결국 〈한겨레신문〉 창간에 참여했다.

병역 문제로 좁혀보면 차라리 군복 입고 집회하는 '가스통 할배'들이 가진 것 없을지라도 의무를 다한 분들 아닌가? 한국의 기득권층은 귀한 신분일수록 사회에 헌신하는 '노블레스 오블리주'는커녕 의무보다 권리의식에 강하고 약자에 대한 배려가 작다. 대신 기회주의적이고 출세지향적이며 높은 자리에 서면 무조건 지배하려 드는 권위주의자들이 많다.

그들이 총리나 장관 등 고위공직 후보로 지명되면 거의 예외 없이 도덕성이 도마에 오르는 것은 한국의 기득권 세력이 어떻게 살아왔는가를 보여주는 단면일 따름이다. 그들은 현직에 있을 때는 물론이고 은퇴 후에도 온갖 이익을 독차지하려 든다. 문창극 씨는 관훈클럽 신영연구기금 이사장으로 있을 때 자신을 고려대 언론정보학부 석좌교수로 추천·선발해 한 강좌만 맡으면서 1년간 5천만 원을 받았다.

서울대 총동창회 부회장인 그는 서울대에서도 학생 장학금으로 주로 쓰이는 동창회 예산에서 5천만 원을 받기로 하고 초빙교수로 재직하다가 총리 후보로 지명됐다. 서울대 언론정보학과에서 '저널리즘의 이해' 과목을 가르쳤는데, 학생들 강의 평가는 '배울 게 하나 없다' '학과에서 왜 이런 사람을 초빙했는지 모르겠다' 등이었고, 평균 10점 만점에 겨우 3점을 받았다.

문제는 안 그래도 기득권 체제를 재생산하는 데 기여하는 측면이 있는 서울대나 고려대 같은 유수 대학들이 극우 인사를 아무런 생각 없이 초빙해 학생들에게 편향된 이념을 심어준다는 점이다. 정당도 언론도 보수·진보가 양립된 유럽 국가의 학교교육은 양쪽의 가치를 고루 전달해 학생들이 스스로 가치관을 형성하게 한다. 보수와 진보로 갈라지더라도 상대방을 이해하는 합리적 보수·진보가 두 주류를 형성하게 되는 것이다.

그는 〈중앙일보〉에 실린 '공짜 점심은 싫다'는 제목의 자기 칼럼을 학생들에게 나눠주었다는데, 그 칼럼은 무료급식에 대해 '사회주의적 발상'이며 '세금은 국민이 내고 생색은 정치인들이 내는 기막힌 일'이라고 매도했다. 직접 들어보지는 않았지만, 그의 '저널리즘의 이해' 강의는 학생들에게 저널리즘을 '오해'시켰을 가능성이 높다고 본다.

그는 여러 칼럼에서 '사회 복지병'을 '부패보다 무서운 병'이라고 비난했다. OECD 회원국 중에서도 압도적 꼴찌 수준인 우리나라 복지지출을 감안하지 않은 궤변이다. 사실 세계 복지 정책의 모델이 된 영국의 복지제도는 좌파가 아닌 우파가 초석을 놓았다. 노동조건과 복지를 획기적으로 개선한 사람은 '보수당의 아버지'라 불리는 벤저민 디즈레일리 총리였다.

〈중앙〉은 문창극 씨를 '올곧고 바른 정통 보수주의자'라 평했는데, 우리나라에서 그 정도 평가를 받을 사람은 김구·이회영·함석헌·장준하·김준엽·리영희·황석영 같은 인물이라고 생각한다. 앞의 두 사람은 독립운동가였고, 함석헌은 신의주 반공

학생의거의 사상적 배후였다. 장준하·김준엽·리영희는 일제나 북한과 싸우려고 장교로 자원입대했고, 황석영은 해병대로 월남전에 지원했다. 남인의 본향인 안동에서도 실은 임시정부 국무령을 지낸 석주 이상룡 같은 독립투사들이 좌우를 막론하고 많이 나왔다. 보수주의자들이 좌파로 몰리는 것 자체가 한국 사회가 얼마나 우경화해 있는가를 말해주는 증거다.

보수신문에도 합리적인 보수논객들이 꽤 있다. 언론계에 조금만 탐문해보면 보수정권의 성공에 기여할 인물들이 있을 텐데 극우 인물 중에서 뽑다 보니 인사 참사가 난 것이다. 문창극 씨에 대해서는 다른 보수신문들까지 비판적이었는데 〈중앙〉은 그를 적극 옹호해 우리 언론의 치부인 지독한 '자사 이기주의'를 드러냈다. 많은 비판을 받은 그의 칼럼들은 그가 〈중앙일보〉 주필이었다는 점에서 〈중앙〉의 논조이기도 했다.

물론 문창극 씨도 억울한 부분이 있어 보인다. 일부 언론이 그에게 '친일파' '반민족주의자' 낙인을 찍은 것은 지나쳤다고 본다. 식민사관에 젖어 있다 해도 '친일파'로 단정짓는 것은 비약이다. 그러나 그 수많은 극우적 시각의 칼럼들을 제쳐두고, 'KBS가 교회 강연 동영상을 짜깁기로 선동해서 청문회에 못 갔다'고 주장하는 것 또한 일종의 '짜깁기' 보도다. 문창극 씨의 반론권은 보장돼야 하지만 취재진은 그가 접촉을 거부했다고 한다.

그의 낙마에 대해 'KBS 책임론'을 강조하는 것은 KBS 사장 선임을 앞둔 시점인지라 특별한 의도가 있는 듯하다. 그 보도를 역시 극우인 박효종 씨가 위원장으로 있는 방송통신심의위원회가 심의한다는 점도 우려된다. 그는 5·16 쿠데타를 찬양한 뉴라이트이니 친일과 독재를 비판하는 방송은 이제 보기 힘들 어진 건가?

〈경향신문〉 등 언론들은 여러 번 검증 시스템 문제를 지적 했지만, 인사난맥의 더 큰 요인은 검증 시스템이 아니라 대통령 이다. 윤창중 초대 대변인의 과거 칼럼이나 방송 발언도 극우적 일 뿐만 아니라 유치찬란했는데 주변의 반대를 무릅쓰고 발탁 한 것은 박 대통령이 그의 글과 말을 좋아했기 때문일 터이다. 박효종 씨와 문창극 씨를 지명한 것도 박 대통령이 그들의 글 에 열광하고 가치관을 공유했기 때문이리라.

정홍원 총리의 사표를 반려하는 식으로 총리 지명 파동이 봉합됐지만, 문제는 국정원장·부총리·장관 후보자들이다. 그 들은 막강한 실제 조직을 끼고 있어 실권한은 의전이 주임무나 다름없는 총리보다 더 세다. 그런데 보수신문들까지 파헤쳐놓 은 후보자들의 비리는 그 조직을 맡겨서는 도저히 안 될 정도 로 악성이다. 업무와 연관된 게 많기 때문이다.

사실 그들의 도덕성보다 훨씬 더 깊이 분석해야 했던 기사 는 그들의 사고방식과 그에 따라 앞으로 전개될 정책의 방향이 다. 정치공작에 자주 끼어들었던 사람이 국정원의 정치개입을 차단하고 국정원을 개혁한다고? 친일·독재 미화 교과서를 옹 호하고 기여입학제를 주장하고 전교조를 증오하다시피 하는 교육부 장관이 밀고 나갈 교육정책은 뭘까? 성장지상주의자인 경제부총리는 양극화 해소와 경제민주화가 급선무인 우리 경 제를 어디로 끌고 갈까? 이승만을 찬양하고 뉴라이트를 적극 옹호하는 안전행정부 장관은 시민들의 집회와 시위에 어떻게 대처할까?

2기 내각 진용은 '적폐'가 아니라 국민과 싸우려고 전투대형을 갖춘 것이다. 실패한 1기 내각보다 훨씬 수구적인 내각으로 뭘 하겠다는 건가? 국민의 눈물은 안중에도 없고 대통령의 눈물만 닦겠다는 '결사옹위 내각'인가? 제대로 된 보수라면 좀 손해를 보거나 힘들더라도 정도를 걷고 약자를 배려하는 미덕을 보여야 한다. 지금 국가를 개조하겠다며 전면에 나서고 있는 이들은 보수를 참칭하는 사이비 보수다.

진정한 보수를 욕먹이는 자칭 보수들은 어물전 망신시키는 꼴뚜기와 다를 바 없다. 내가 바라는 것은 한국에서도 진정한 보수·진보세력이 양립해 경쟁하는 것이다. 보수도 진보도 변하지 않으면 수구가 된다. 영국 보수주의를 대표하는 이론가인 에드먼드 버크는 권력남용에 반대했고 "보수는 보수의 정체성을 지키기 위해 끊임없이 개혁해야 한다"고 말했다.

영국 케임브리지에 6년간 머물 때 좌우 가리지 않고 많은 인사들이 우리 집을 방문해 밤새 얘기를 나누곤 했다. 그중에는 소설가 황석영 씨와 이문열 씨도 있었다. 흑맥주를 막걸리 삼아 통음한 이문열 씨는 귀국 후 쓴 『신들메를 고쳐매며』(문이당, 2004)라는 책에서 나를 언급했다. '나와는 출신 지역과 모교, 그리고 가문과 정신적 배경이 너무 많이 겹쳐 세계를 해석하는 방식이 나와 그토록 달랐다는 게 오히려 이상했다.'

실은 이상할 것도 없다. 진정한 보수와 진보라면 진정성 하나로 통할 수 있기 때문이다. '젊어서 보수면 가슴이 없고 늙어서 진보면 머리가 없다'는 말이 있다. 차라리 '머리가 없다'는 욕을 먹을지언정 한국의 보수가 저 모양이라면 나는 진보로 늙어가련다. (경향 2014.6.26)

6 민주주의 망치는 정치·선거 보도

한국 언론은
왜 민심을 읽지 못하나

6·2 지방선거를 이변으로 비치게 하는 데 같이 기여한 언론들은 선거 뒤 민심을 해석하는 데는 두 그룹으로 나뉜다. 선거 때마다 빈번하게 등장하는 이변은 실로 이변이 아니라 언론이 '만들어낸' 가공의 현실이 무너져 내린 것이다. 선거 뒤 진보언론은 정권이 민심의 명령에 복종해 획기적인 정책전환을 하라고 촉구한 반면, 보수정권에 영향력이 큰 보수언론은 흔들림 없이 국정에 임하라고 당부했다.

그래서인가? 이명박 대통령은 지난 14일 방송연설에서 "민심을 무겁게 받아들인다"면서도 "역사의 큰 흐름에서 대한민국은 지금 바른 길로 가고 있다"며 "국정기조를 확고하게 유지해나갈 것"이라고 다짐했다. 선거가 무엇인가? 주요 국가정책을 선택하고 그 정책을 밀고 나갈 리더를 뽑는 민주주의의 가장 중요한 이벤트다. 지금 이대로 가면 '선거무용론'이 나올 판이다.

알다시피 민주주의와 언론은 동반자 관계다. 민주주의가 실천되지 않는 나라에 제대로 된 언론이 없고, 언론지형이 기형적인 나라에 민주주의 또한 파행적으로 운영된다. 보수와 진보, 양당 체제가 자리잡은 유럽의 민주주의 선진국에는 진정한 보수언론과 진보언론이 양립해 있다.

유럽에서라면 수구로 규정될 보수정당, 그리고 또 다른 보수정당이 번갈아 집권하는 우리나라 정당체제는 보수 위주 언론계 판도를 반영한다. 민주당의 정치적 성향은 다양한 당원들만큼이나 한마디로 규정하기 힘들지만, 김대중 전 대통령이 서거했을 때 영국의 보수신문 〈더타임스〉의 기사를 참고할 필요는 있겠다. '그는 유럽 기준으로는 보수주의자였다.'

진보 쪽은 보수가 장악한 신문시장과 정권이 장악한 방송환경 탓만 할 게 아니다. 진보언론을 표방하는 〈한겨레〉조차 크게 보면 한나라·민주 양당 위주로 선거보도를 해왔다. 나름대로 좀 배려는 했지만, 진보정당의 공약이나 선거운동을 보도하는 데 대체로 인색했다. 이런 현실은 매체 접근권 차원에서 심각한 불균형과 민심 왜곡을 초래한다. 영국·프랑스·독일 등의 공영방송은 말할 것도 없고, 〈가디언〉〈르몽드〉 등 일류 신문들도 의견이 아닌 사실 전달에서는 가능하면 균형을 맞추려 노력하는 것과 대비된다.

우리 언론의 선거보도를 모니터링하다 보면 불균형은 양적·질적 측면에서 심각한 양상을 드러낸다. 여론조사 결과는 불균형 보도의 근거로 작용한다. 여론조사에서 뒤처지는 3위이하 후보를 외면하는 보도 태도에는 우리 언론의 지독한 상업주의와 안정 희구 의식이 깔려 있다.

민주주의는 여론정치라고 하지만, 여론조사에는 소수 목소리를 더욱 소수 의견으로 몰아가고 혁신적 사고를 가진 사람을 억누르는 독소가 들어 있다. 지동설을 주장했다가 여론에 밀려 취소했던 갈릴레이의 억울함은 선거판에서 수없이 발생한다. 서울시장 선거에서 노회찬 후보에게 가해진 사퇴압력도 그와 그의 정책을 지지하는 이들에게는 억울하기 짝이 없는 일이었다. '정권 심판'이라는 대의를 주장하지만, 그런 식이라면 진보정당 후보는 항상 '사퇴용'으로 출마하라는 얘기가 된다.

여론조사의 결함과 과도한 영향 때문에 BBC는 아예 선거보도 준칙에 여론조사 결과는 기사를 쓸 때 참고로만 활용하도록 규정하고 있다. 한 질문에 대한 답변을 제목으로 뽑아 '누가 우세하다'는 식의 보도를 삼가도록 한다. 인간은 자기 의견을 확인하기 위해 다른 이의 생각을 알아내려 하고 언론보도로 부각된 '밴드왜건'을 따라가는 투표행태를 보이기 때문이다.

시민편집인실로 온 전화나 이메일 중에는 〈한겨레〉조차 '오세훈 확실'이라는 여론조사의 덫에 걸려 치열한 서울시장 경쟁을 소홀히 다뤘다는 항의가 많았다. 그러나 〈한겨레〉는 반성 대신 서울시장 선거 패배 원인을 한명숙 후보와 민주당에만 돌리는 칼럼을 내보냈다.(6.4, 아침햇발, '김상곤과 한명숙')

언론이 한나라당에 유리할 것으로 판단한 근거 중 하나는 이명박 대통령의 국정운영 지지도가 여론조사에서 고공행진을 했다는 점이다. 이는 유사한 질문에도 응답 결과가 달리 나타날 수 있는 여론조사의 딜레마를 언론이 간과한 탓이다. 미국 갤럽 편집장 프랭크 뉴포트는 여론조사 결과를 보도하는 방식에 관한 글에서 '상반하는 결과의 딜레마'에 빠진 사례를 든다. 클린턴의 직무수행에 대한 지지율은 탄핵 위기 중에도 60%대를 유지했다.

앞으로 계속될 선거에서 여론조사의 함정에 쉽게 빠지지 않으려면 여론조사를 보조수단으로 활용하면서 바닥 민심을 발로 뛰어다니며 취재하는 수밖에 없다. 정치인을 만나기에도 바쁜 정치부에만 맡겨둘 게 아니라 수백 명 기자를 두고 있는 편집국이 힘을 모아야 할 일이다.

개인적인 얘기지만, 투표율이 높아질 것 같은 예감은 있었다. 학생들 사이에 트위터 등으로 선거 참여를 권유하는 모습을 자주 볼 수 있었고, 예전에는 귀찮은 일로만 치부하던 부재자투표 신고까지 알뜰히 챙기는 학생들을 보며 뭔가 심상치 않다는 느낌이 들었다. 언론은 '계층투표'와 '세대투표'를 갑작스런 양상으로 분석했지만, 기자들만 몰랐을 뿐 청년들은 이미 양극화와 청년실업, 환경훼손 문제 등을 자신의 문제로 인식하고 투표로 의견을 표출하겠다는 다짐을 하고 있었던 것이다.

〈한겨레〉가 선거에서 확인된 민의를 바탕으로 4대강사업 중단 등 주요 의제들을 더 끈질기게 밀어붙이지 못하고 있는 점은 아쉽다. 정부·여당은 세종시 수정안 부결로 민의를 수용한다는 모양새를 갖추려는 듯한데, 세종시는 사실 선거 이전에 이미 추진동력을 상실한 것이었다. 세종시 수정안은 이른바 '건설족'의 이해관계가 4대강사업만큼 절실하게 걸려 있는 건 아니다.

또 '정운찬 총리, 지금이 떠날 때다'(6.5)라는 사설이 시의 적절한 것이었는지 의문이다. 대통령제 아래서 국무총리에게 국정 전반의 책임을 묻는 것은 난센스다. 대통령 책임만 희석시킨다. 여당에서 "대통령만 빼고 다 바꿔야 한다"는 인사쇄신 목소리가 흘러나오자, "대통령(마음)만 바뀌면 된다"고 대꾸한 강기갑 의원이 핵심을 찔렀다.

인사쇄신에 무게를 두는 시각은 '천안함 사고, 군 문책인사 단행'(6.15)이라는 기사와 제목에도 은연중 드러난다. '단행'은 '결단하여 실행한다'는 뜻인데, 면직이나 군법회의 회부가 아니라 전역지원서를 받는 게 '결단'에 해당하는지 의문이다. 〈경향〉과 〈한국〉은 가치중립적인 '내정'이라는 용어를 썼다.

선거 후 야당의 반성을 촉구하는 기사였던 직설이 '놈현 관장사'라는 용어 선택의 문제로 논란에 휩싸인 것은 안타까운 일이다. 외부 압력에 편집이 함부로 흔들려서도 안 되지만, 그렇게까지 표현할 필요가 있었느냐는 문제는 남는다. 용어가 너무 부각됨으로써 직설의 좋은 시도와 두 논객이 던지고자 했던 의제들은 오히려 묻혀버렸다. "그놈의 헌법"이나 "깽판" 같은 노무현 대통령의 직설이 보수세력에 어떤 빌미를 주었던가를 연상해보라.

편집국장의 사과에도 논란이 있을 수 있으나, 한국 언론은 사과하는 데 훨씬 더 익숙해지고 관대해져야 한다. 명백한 잘못이 있는데도 언론중재위원회로, 법원으로 끝까지 끌고 가서야 지면에 보일 듯 말 듯 조그맣게 사과하는 풍토는 사라져야 한다. 〈뉴욕타임스〉나 〈가디언〉 같은 일류신문들이 정정란을 상설하고, 독자 항의에 전적으로 동의하지 않을지라도 '오해 소지가 있었다'며 일단 신속하게 사과부터 하는 것은 자칫 흉기가 될 수 있는 언론의 오만함을 스스로 경계하기 위한 조처다.

시민편집인실에 쇄도한 전화들도 직설의 취지와 논조에 시비를 거는 게 아니라 균형과 예의를 촉구하는 게 대부분이었다. 'DJ 유훈통치'라는 나름대로 조심스런 표현과 '쥐를 잡겠다고 나섰다'는 표현 사이에 불균형을 지적한 이도 있었다. 신중한 용어 선택과 사과는 언론의 굴복이 아니다. 독자의 정서, 곧 민심을 읽는 것이다. (한겨레 2010.6.29)

'CEO대통령'은
왜 실패할 가능성이 높나

미국 후버 대통령은 자수성가한 기업가였고 지금도 역대 최고 상무장관으로 꼽힌다. 그런데 대통령으로서는 역대 최악으로 꼽힌다. 이명박 대통령 또한 자수성가한 기업인이었고, 서울시장으로서 능력을 높이 평가한 지지자들에 의해 대통령직에 올랐다. 대통령으로서 그에 대한 평가는 장차 어떻게 될까? 아직은 유보적이지만, 후버의 전철을 밟고 있는 면이 너무나 많아 놀랍다.

'경제대통령' 이미지로 집권에 성공했고, 규제완화와 재벌 친화 정책, 부자감세와 법인세 인하, 복지지출 축소 등을 경제 살리기의 주요 수단으로 한다는 점에서 매우 흡사하다. 후버가 실업자 구제에 도움이 될 거라며 추진한 토목공사는 후버댐과 세인트로렌스운하인데, 이 대통령도 규모와 기능이 좀 다를 뿐 비슷한 공사들을 벌이고 있다.

그런데 '기업 프렌들리'를 입에 달고 다니던 이명박 대통령이 갑자기 재벌을 혼내고 '서민 프렌들리' 행보를 보이자 사람들이 의아해하고 있다. 역시 후버의 행적을 살펴보았더니, 그도 집권 후반기에는 '서민 프렌들리' 행보를 한 사실이 드러난다. 대공황이 닥쳐 중산층 가정마저 파탄에 이르러 정권이 위험해지자 홈(home)대출은행을 설립하고 자본가들에게 투자와 고용에 협력하지 않으면 불이익을 줄 것처럼 압박한다. 그러나 효과는 크지 않았고, 결국 정권이 바뀌고 후임 대통령 루스벨트의 뉴딜정책을 만나 공황에서 탈출한다.

이 '갈지자 행보'를 유심히 살펴보면 실은 일관성이 있다. 자본가나 기업가로 잔뼈가 굵은 사람들은 '기업 프렌들리' 정책을 갈망해왔고, 이 대통령 또한 집권 후 정책기조를 바꾼 적이 없다. '야단치기'는 '립서비스'지 정책이 아니다. 정책수단을 가진 정부가 자본가들에게 협조를 당부하는 것은 후버 때도 실패했다. 참담한 경제현실을 보면서도 정책 자체를 바꾸지 않는 점은 자본주의 총아인 CEO 출신이 대통령직을 맡게 될 때 편견의 완고함이 어떤 문제를 빚게 되는지 말해준다.

이는 민주주의와 자본주의가 실은 친화적이지 못하다는 점에서 출발한다. 민주주의는 '1인1표주의'를 원칙으로 하지만, 자본주의는 '1원1표주의'에 따라 작동한다. 두 이데올로기는 국가와 시장의 역할을 둘러싸고도 공익성과 효율성을 앞세워 충돌한다. 자원배분의 효율성에 있어서도 시장이 국가보다 항상 뛰어난 것은 아니지만, 어쨌든 정치는 이런 갈등을 조정하고 특히 공익을 수호할 책무가 있다. 그런데 최고위 조정자인 대통령이 주로 한쪽 이익을 대변한다면 어떻게 될까?

한국 사회 문제들 중에는 'CEO 대통령'이 탄생하면서 더 심각해진 것이 많다. 세계를 둘러봐도 자본가나 CEO가 집권한 사례 자체가 드물지만 집권해도 실패로 끝난 경우가 많았다. 후버한테 혼났기 때문일까? 미국 유권자들은 넬슨 록펠러의 꿈을 부통령에서 멈추게 했고, 로스 페로의 대통령 꿈도 무산시켰다. 이탈리아에서 베를루스코니가 두 번 집권했지만, 나라가 정치 후진국으로 전락했다.

한국에서는 안 그래도 '삼성이 국가권력을 손안에 두고 있다'는 말이 나오는 판에 재계의 이익에 민감한 'CEO 대통령'이 탄생한 것이다. 실은 기업 논리가 우리 사회 전반을 휩쓰는 데 가장 큰 역할을 한 두뇌집단이 삼성경제연구소였고, 2002년부터 'CEO 대통령론'을 전파하는 데 앞장섰던 언론이 〈중앙일보〉였다. 과거 독재정권 시절에도 쉽게 포기하지 않은 가치가 정부 정책의 공익성이었는데 그것이 가볍게 취급되고 있는 것이다.

〈한겨레〉는 경제정책의 재벌 편향 문제를 가끔 지적하긴 했지만, 지속적으로 그리고 조직적으로 그 역할을 수행하지는 못하는 듯하다. 'CEO 대통령'의 문제점이 곳곳에서, 특히 경제정책을 둘러싸고 전면적으로 불거지고 있는데도 그냥 넘어가는 경우가 많았다. 정치팀이 영포회 등 비선조직의 발호를 분석한 기사(7.10)에서 이 대통령의 '기업오너형 리더십'을 문제 삼았을 뿐이다. 정확히 말하면 그는 '오너형'이 아니라 'CEO형'이다. 서울시장이었을 때나 지금이나 임기 내 단기성과에 치중하는 모습이 그렇다.

22일 이명박 대통령의 미소금융 방문도 "대기업 캐피털 금리가 너무 높다"는 발언만 2면 구석에 작게 보도할 사안은 아니었다고 본다. 대통령이 대기업 캐피털회사를 야단치는 것은 적반하장이다. 원래 존재하던 금융사들이지만 출자총액제한을 풀고 금산분리를 무력화해 산업자본이 저마다 '돈장사'를 더 쉽게 하도록 한 게 누구였고, 고용효과도 별로 없는 4대강사업에 예산을 쏟아붓는 대신 복지지출을 줄여 서민들이 '살인적인' 고금리 대출에 더 매달리도록 한 게 누구인가? 〈한겨레〉는 뒤늦게 서민금융의 실효성 문제를 짚었지만(7.27), 양극화한 금융조달 문제의 근본 원인에 대해 쓴 것은 아니었다.

기업인 출신이 고용창출에 유능하리라는 기대도 일면만 본 것이다. 기업인 출신은 투자유치에 유리하겠지만 고용을 줄이는 데도 이력이 난 사람들이다. 인건비를 줄여 기업을 살리려는 그들의 노력을 폄하할 일은 아니다. 다만 '노동시장 유연화' 등 기업 논리가 일방적으로 시장을 지배할 때 사회적 약자가 기댈 곳은 정부밖에 없다는 것이다.

경쟁지상주의도 'CEO 대통령' 취임 후 더욱 만연한 듯하다. 미취업자는 물론이고 취업자도 온통 기업에서 필요한 '스펙 쌓기'에 여념이 없다. 경쟁자를 이겨야 살아남으니 관용과 상호 부조의 공동체 정신은 쇠퇴한다. 노조 자체를 허용치 않거나 관리대상으로 생각하는 기업문화에서는 반대 목소리를 인정하려 들지 않는다. 국가가 인터넷을 검열하는가 하면, 연예인이 쓴소리 몇 마디 한 것도 그냥 보아 넘기지 못한다.

유능한 기업인은 존중되어야 하고 우리 사회의 자산이기

도 하다. 사회 각계에서 필요로 하는 곳도 많다. 그러나 그들에게 나라의 최고위 조정자인 대통령직을 맡기는 데는 위험이 따른다. 대통령제의 한계이기도 하지만, 계열사 중역 인사 하듯 주변인물로 한국 사회를 접수하다시피 하는 것은 심각한 문제다. 공기업은 물론이고 문화예술단체에 이르기까지 '묻지마 낙하산'을 내려보내는 것은 기업이 추구하는 효율성과도 거리가 멀다.

무엇보다 심각한 것은 기업인으로 있을 때 희망사항을 대통령이 된 뒤 정부 정책에 전면적으로 반영해왔다는 점이다. 집권 초기 수출만 생각한 고환율정책, 대형 자동차 세금 감면, 대규모 토건사업, 수도권 규제 완화 등은 소득 양극화와 지역 불균형, 그리고 대기업과 중소기업의 양극화를 더욱 부추겼다.

'기업 프렌들리'라는 말도 삼성, 현대차 등 '몇몇 재벌 프렌들리'로 바꿔 불러야 정확하다. 대형 건설사에 많은 이익이 돌아가는 4대강사업에 예산을 몰아주면서 중소건설업체 몫이던 지방하천정비사업은 지지부진하다. '세계 공항서비스 평가'에서 5년 내리 1위를 차지한 인천공항에 대한 민영화 논리는 '효율성'이 아니라 '재벌 프렌들리'라는 말로 설명할 수밖에 없다.

정부가 빚더미에 앉더라도 공사를 발주하기를 고대하는 게 기업의 생리다. 그런 맥락에서 〈한겨레〉가 단독보도한 '빚늘린 지자체, 인센티브 준 MB정부'(7.17) 기사는 의미가 컸다. 다만 해설에서 이 정부가 무리한 토건사업으로 경기를 부양하려는 이면에 어떤 연결고리가 있는지 언급했더라면 하는 아쉬움은 남는다.

잘나가던 김영삼 대통령도 후반기에 재계 건의를 받아들여 경기부양책을 펴다가 다른 요인들과 겹쳐 외환위기를 맞았다. 3대에 걸친 문민정권이 극소수 재벌에 상당히 휘둘리는 정치를 했다면, 이명박 대통령은 아예 '대리인 정치'를 했다고 할 수 있다. 'CEO 대통령'도 성공할 수 있다는 전례를 만들려면, '립서비스'가 아니라 정책을 통해 '대리인 관계'에서 벗어나야 하지 않을까? (한겨레 2010.7.27)

민주주의 흔드는
'이미지 정치' 허상 벗겨야

아무리 '이미지 정치'가 횡행하는 시대라지만, 김태호 총리 후보자 지명 이후 그를 영국의 데이비드 캐머런 총리와 비교해 '차기 대권주자' 운운하며 띄우는 것은 '코미디'다. 아니, 국민에게, 그리고 그 카드를 꺼낸 세력에게도 '비극'이 될 가능성이 높다.

첫째, '참신하고 젊은 리더'라고 하는데 그의 생각이 이명박 대통령의 판박이라는 점, 둘째, '친서민'이라는 이미지와 그의 사고방식이 정반대라는 점, 셋째, 문제가 불거지고 있는 정책과 토목사업에 '돌관공사' 하듯 가속도가 붙게 되리라는 점, 넷째, '소통하라'는 선거 민의가 친위세력 내 소통으로 국한된다는 점, 다섯째, 대통령이 후계자를 키운다는 발상 자체가 반민주적이고 실현되기 어렵다는 점에서 그렇다.

김태호 후보는 나이 빼고는 캐머런은 물론이고 블레어와 오바마 등 세계의 젊은 지도자들과 닮은 데가 없는 인물이다. 그들이 영국과 미국의 정치지도자로 등장할 때 적어도 자신들의 말과 이미지, 그리고 정책에는 정합성이 있었다. 사고의 틀은 열려 있었고, 한 사람의 지명이 아니라 당원과 국민의 지지로 큰 정치인이 됐다. 블레어와 캐머런, 그리고 김태호 후보의 언행을 통해 정치인으로서 그들의 성장 과정을 비교해보자.

1996년 노동당 전당대회에서 마흔세 살의 블레어는 "집권하면 추진할 역점사업 세 가지를 밝히겠다"며 당원들은 물론 방송을 듣던 국민의 귀를 쫑긋하게 했다. 잠시 숨을 고른 뒤 블레어가 외친 말은 "교육, 교육, 그리고 교육"(Education, Education and Education). 보수당 정권의 교육실정, 곧 교육 기회의 불평등 심화를 집중 공략한 것이다.

내가 영국에 머물던 2006년, 마흔 살의 보수당수 캐머런은 전당대회에서 또다른 드라마를 연출했다. 방송을 보고 있는데, 캐머런이 "나는 세 단어가 아니라 세 글자로 역점사업을 설명할 수 있다"고 큰소리치는 게 아닌가. "N, H, S." 그는 한때 무상 의료기관인 국가건강서비스(National Health Service) 제도의 폐지를 주장한 보수당원이었으나, 희귀병을 앓는 아들을 안고 응급실을 드나들면서 제도의 필요성을 절감했던 것이다.

영국에서 정치는 유권자에게 즐거움과 함께 판단의 기준을 선사한다. 의회가 열리는 기간이 160일로 매우 긴데 장관과 예비내각 장관들의 정책공방이 치열하면서도 흥미롭다. 매주 수요일 낮 12시부터 30분간은 BBC가 생중계하는 가운데 총리와 야당 당수들이 국정 전반에 걸쳐 위트를 섞어가며 열띤 공방전을 벌인다. 스스로 커야지 실력이 없으면 도태될 수밖에 없다.

대통령이 국민의 대표가 모여 있는 국회를 힘없는 총리에게 맡기고, 자신은 기자회견 때도 질문조차 받지 않는 나라, 일요일에 '깜짝쇼' 하듯 총리를 지명하는 나라에서는 상상하기 힘든 풍경이다. 그러면서 대통령이 시장으로, 어묵집으로 돌아다니며 상인들과 몇 마디 주고받으면 '친서민 행보'와 '소통'을 했다고 언론에 보도된다. 〈한겨레〉는 그런 보도에 앞장서지는 않았지만, 그런 이미지 정치의 허상을 벗겨내는 데 아주 적극적이지도 않았다.

중용된 김태호 총리 후보와 이재오 특임장관 후보는 이미지 정치의 달인이라는 점에서 이 대통령을 빼닮았다. 김태호 후보는 메뉴만 달라졌을 뿐 '아침은 청진동 해장국, 점심·저녁은 김치찌개를 먹었다'며 자신이 '서민'임을 강조했다. 이재오 후보는 국민권익위원장 시절 몇 번 자전거를 타고 출근하더니, 특임장관 지명 뒤에는 경로당에 가서 윷놀이를 하는 등 언론에 사진거리를 제공하는 데는 남다른 감각을 지닌 듯하다. 방송 카메라와 사진기자들의 조명이 터지는 가운데 윷을 던지는 모습을 보면, '타고난 배우'라는 느낌과 함께 '노인들에게 그 윷놀이가 재미있었을까' 하는 생각까지 하게 된다.

중요한 관점은 이런 그들의 노력이 서민들에게 먹혀들어 선거판과 민주주의의 토대를 흔든다는 사실이다. 대통령은 김태호 후보의 '성장 과정이 내 분신 같다'며 서민 출신임을 강조했다. 조세·복지정책 등이 '친서민'과는 거리가 먼데도, 서민들은 자신이 되고 싶어 하는 성공신화의 주인공을 자기편으로 착각하는 경향이 있다. 서민 출신이라고 다 서민이라 한다면, 카네기도 이병철도 서민이다.

청문회가 해명 위주로 흘러가는 것은 경계해야 할 일이다. 21일치 1면 머리기사를 예로 들면, "쪽방투기 죄송"하다는 이재훈 지식경제부 장관 후보의 해명과 "그 정도면 봐줄 만"하다는 한나라당 청문위원들의 반응을 큰 제목으로 뽑았다. 이 후보를 감싸려는 한나라당 위원들의 행위를 비판하려는 기사 취지에는 공감하지만, 작은 제목까지 "집사람이 노후 대비 구입, 장관 되면 친서민 최선"으로 달아 오해 소지가 있었다.

같은 날 3면에 '검증 벼른다던 의원들 어디 가셨나'라며 민주당을 비판했지만, 〈한겨레〉도 의원들의 발표에 의존하면서 큰 특종이 없었던 것은 아쉽다. 〈경향〉이 서갑원 의원과 합작으로 '신재민, 17차례 부동산 매매'라는 제목의 기사를 내보낸 게 돋보인 정도였다. 20일 청문회가 시작된 뒤 24일까지 〈한겨레〉 오피니언면에 실린 청문회 관련 칼럼이 단 한 건이었던 점은 허전했다. 청문회가 끝나더라도 미국 언론의 전통처럼 비위 사실보다 위증 여부를 캐는 데 힘쓸 필요가 있다.

야당과 진보언론이 후보자들의 범법행위와 도덕적 흠결을 찾아내는 것보다 더 중시해야 할 일은 그들의 이념과 예상되는 정책을 점검하고 비판하는 것이다. 친위세력이 정책집행 책임자인 장차관에 대거 등용되는 만큼 시장지상주의와 개발주의,

대북강경론과 미국 의존 외교 등이 더욱 기승을 부릴 것으로 예상된다.

김태호 후보는 "경남의 행정 목표는 강성노조와 기업규제가 없는 지역을 만드는 것"이고, "좌파정권 10년간 통일정책 끝에 돌아온 것은 핵폭탄"이라는 극우적 발언을 했다. 이명박 정권의 삼성·현대 등 '대재벌 프렌들리' 정책이 기업 양극화를 낳고, 미국 일변도 외교가 '연루의 덫'에 걸려 막대한 경제적 손실로 연결되고 있는 판에 '정운찬'이라는 미약한 견제장치마저 사라진 것이다. 국무총리는 공무원의 최고위직인데 그는 지사 시절 공무원노조 활동으로 징계받은 사람이 대법원에서 '징계무효 판정'을 받자 또 징계를 추진하기도 했다. 4대강사업에 대해서도 "대운하를 하지 않겠다고 선언하는 것은 직무유기"라고 발언할 정도였으니 과감한 밀어붙이기를 치적으로 삼고자 할 것이다.

지난 6월 이 난을 통해 대통령제 아래서 총리에게 책임을 묻는 등 인사쇄신을 주장하는 것이 어떤 위험부담이 있는지 썼지만, 불행하게도 현실이 되고 말았다. 조현오 경찰청장 후보도 시위 군중을 '개 패듯 패는' 미국 경찰을 부러워하고 쌍용차 농성 진압을 자랑으로 여긴다는데, 도덕적 결함보다 그가 경찰 총수가 됐을 때 휘두를 공권력 남용 문제가 더 심각해 보인다.

교체 여론이 비등했던 국방·외교·국토·환경부 장관을 유임시키고 흠 많은 친위세력들을 장차관으로 대거 발탁한 것은 이 대통령이 도덕성보다는 일과 성과를 중시하는 기업의 인사 방식에 익숙하기 때문인 듯하다. 기업에서는 인사를 할 때 대개 믿을 수 있는 측근을 중용하고, 외부 여론은 전혀 고려할 필요가 없다.

　일부 보수언론까지 문제가 많은 개각으로 지적하는데도 이 대통령이 아직 버티는 것은 '인사는 고유권한'이라는 잘못된 인식이 우리 사회에 팽배해 있기 때문인 듯하다. 특히 공직 인사의 경우 잘못 휘두른 인사권까지 '고유권한'이란 말로 합리화할 수는 없다. 이미지 정치의 허상을 벗겨내고 언어의 왜곡을 바로잡는 일은 언론의 미룰 수 없는 과제이다. (한겨레 2010.8.24)

'금융가'가 아니라
'정치'를 점령하라

　한국에서 뜨는 방법은 정치를 비판하는 것이다. 고상하게 말하려면 '탈정치'를 얘기하고, 돌려서 말하려면 '경제논리'를 들먹이면 된다. '정치적'이란 말에는 '뭔가 가식적이고 술수를 쓰는 듯한' 비아냥의 의미가 내포된 지 오래다. 같은 맥락으로 '정치는 4류'라는 이건희 회장의 발언이 일찍이 나왔고, 가까이는 안철수로 대표되는 '탈정치화한 정치'가 있다. 〈한겨레〉 기사 제목도 "탈정치의 정치'가 '대세론' 꼈다"(9.7)는 식이다.

　'안철수 신드롬'에 빠져드는 대중의 심리에는 명문 의대 출신 박사에 의사·교수·벤처기업가 등 선망의 직업들을 종횡무진하는 성공 스토리가 깔려 있다. 자기계발을 강조하는 신자유주의 시대에 대중은 자기를 대변해줄 사람보다 닮고 싶은 사람을 지지하는 경향이 있다. 거기에 엄격한 자기관리와 정직함, 온화한 말투 등 그가 살아온 이력과 태도까지, 진정성이 없거나 투쟁적인 정치인들과 대비되면서 '대통령감'으로 떠올랐다.

그러나 '안철수 대망론'에는 생각해봐야 할 부분이 있다. 선거가 무엇인가? 보수와 진보 또는 중도의 정치세력이 제각기 정책과 인물을 내걸고 국민의 선택을 받는 일이다. 대중의 처지에서는 자신들을 위한 정책을 밀고 나갈 정치인을 고르는 행사다. 지금 대중이 바라는 게 뭔가? 양극화 해소가 가장 큰 소망일 것이다. 부자감세와 복지위축, 실업과 비정규직, 전세금과 등록금, 가계빚 문제 등은 양극화의 원인이고 결과이다. '월가를 점령하라'는 구호로 표출되고 있는 세계 공통의 이슈이기도 하다. '토건 몰입'이라는 우리만의 특징도 있긴 하지만.

선거 국면에서 중요한 것은 '이런 대중의 분노와 열망을 어떻게 정치에 반영할 거냐'라는 문제다. '안철수'를 통해 그것이 가능할까? 아마도 꽤 제한적일 것이다. 고루 잘사는 북유럽 복지국가의 기틀은 진보정당의 집권으로 마련됐다. 한번 맛본 복지정책은 보수가 집권해도 크게 후퇴시킬 수 없었다. 오히려 진보와 보수가 번갈아 집권하며 국민의 여론을 고루 대변할 수 있었다.

합리적 보수와 진보가 양당체제를 구축한 나라라면 안 교수는 보수당 대표로도 손색이 없을 것이다. 하는 일마다 보수의 가치를 오히려 허무는 데 종사해온 사이비 보수가 역설적으로 합리적 중도우파쯤 되는 안 교수의 등장을 초래했고, 박근혜 의원의 대항마조차 키우지 못한 야권이 안 교수를 필요로 했다. 기업인 출신에 탈정치화한 정치인. 안 교수가, 그럴 리는 없겠지만, 이명박 대통령의 '착한 버전' 정도에 그친다면 모두의 불행이다.

우리 정치사는 두 보수정당이 전적으로 써왔다 해도 그다지 틀린 말이 아니다. 진보정당의 위상은 1956년 대통령 선거에서 조봉암이 216만 표를 얻고, 2004년 국회의원 선거에서 민노당이 10석을 차지한 게 최고치였다.

이번 '안철수 신드롬'의 최대 피해자도, 언론이 보도하는 박근혜 의원이 아니라, 진보정당이 될 것이라고 나는 생각한다. 당장 진보정당의 목소리는 잦아들고 있다. 대세론의 승패와 상관없이 박 의원은 한국의 소위 '보수세력'을 한동안 대표하겠지만, '탈정치' '탈이념'의 구호를 내건 '안철수'의 등장은 진보세력의 장외정치마저 위축시킬 공산이 크다.

안 교수는 박원순 후보를 방문한 자리에서 '이번 시장선거는 부자 대 서민, 노인 대 젊은이, 강남과 강북의 대결이 아니고, 보수 대 진보의 대립은 더더욱 아니어야 한다'는 메시지를 전달했다. 그런데 세계 역사상 서민이 보수 기득권 세력에 대립하지 않고 자신의 권리를 찾은 적이 있었던가? 그는 재벌 문제를 빼고는 민중을 위한 사회변혁을 얘기한 적이 없다. '민중'에 대해서는 개념이 없다는 미국인들조차 '민중을 위한 변혁'을 기치로 내건 루스벨트를 4선 대통령으로 만든 적이 있다.

언론은 '박근혜 대세론'과 '안철수 대망론' 사이에서 기사를 쏟아내며 내년 대선을 맞을 듯하다. 물론 '안철수 대망론'에는 비합리적 보수세력의 재집권만은 막아야겠다고 각성한 민중의 절박한 소망이 서려 있다. 박원순 후보를 보는 민중의 시선도 다르지 않으리라. 학창시절부터 데모 한번 안 해보고 자신의 행복을 위해 살아온 사람과, 시시비비는 있지만 남을 위해 평생을 살아온 사람의 대결이니까. 어쨌든 '정치는 현실'이라고 한다. 하지만 민중이 처한 현실은 어떻게 개선할 것인가?

세계적인 금융가 점령 시위의 양상과 언론의 보도 태도만 일별해도 국가별 온도차가 감지된다. 영국 〈가디언〉은 '자본주의에 반대하는 시위자들이 전 세계를 뒤덮었다'고 보도했고, BBC는 '불평등에 대한 불만'으로 시위 사태를 분석했다. 스페인 〈엘파이스〉는 '시위가 더욱 체계적인 저항으로 발전할 가능성'을 전망했다. 시민들의 쌓인 분노는 스페인, 포르투갈, 덴마크, 프랑스 등의 주요 선거에서 집권여당의 참패나 좌파·중도 진영의 승리로 표출돼 정책변화의 기초를 마련했다.

한국 언론은 주로 금융권의 탐욕을 비판하는 데 머물렀다. 〈한겨레〉도 '1 대 99의 시대' 등 기획기사들을 내보내긴 했으나 지속적으로 관심을 보이지는 않았고, 정치를 통해 한국적 대안을 모색하는 데는 이르지 못했다. 그 사이 보수신문은 시위의 정치적 의도를 의심하고 경찰의 강력한 대응을 촉구했다. 15일 '여의도 점령' 집회에는 2백 명도 안 되는 사람이 모였다니 '점령'은 어불성설이다.

사실 한국의 민중은 '금융가'가 아닌 '정치의 장'으로서 여의도를 점령하는 것이 급선무다. 선거 와중에도 경제 이슈들이 정치화하지 못하고 있다. 선거보도는 온통 후보의 도덕성 검증과 판세 분석에 매달리고 있다. 오늘이 선거일이니 정책선거는 이미 끝난 일일 수도 있다. 그러나 선거 결과가 어떻게 되건 진보언론의 역할은 또 있다. 조금이라도 삶의 조건을 개선하도록 행정과 경제를 견인하고 정치화하는 것이다. '경제의 정치화'를 주장하는 슬라보이 지제크의 발상이 아쉽다. (한겨레 2011.10.25)

패배한 검투사를
죽이지 않은 이유

영화는 종종 역사를 왜곡하는데, 특히 로마 시대에 패배한 검투사를 죽이는 장면들은 극적 효과를 노린 허구가 많다. BBC는 2007년 터키 에페수스에서 67명의 검투사 공동묘지를 발굴·조사한 결과 패배한 검투사도 살아남을 가능성이 꽤 높고 값비싼 치료를 받은 경우도 있다고 보도했다.

유골에는 한꺼번에 여러 군데 상처를 입은 흔적이 없어 결투가 심판의 엄격한 규율에 따라 이루어졌고 패자를 계속 공격하는 일은 없었던 것으로 추정된다. 정정당당한 승부정신뿐 아니라 경제적으로도 거액을 들여 양성한 검투사를 함부로 죽일

이유가 없었을 터이다. 다만 비겁한 행동을 했을 때 장내 여론에 따라, 또는 치명상을 입었을 때 안락사를 위해 최후의 일격을 가했던 것이다. 술수를 쓰지 않은 패배는 비난받을 일이 아니다.

그럼에도 패배한 검투사보다 더 가혹한 비난의 뭇매가 선거에 진 민주당과 문재인 후보에게 가해지고 있다. '친노책임론'과 '민주당이 좌클릭해 중도표를 잃었다'는 게 대표적인 비난과 패인 분석이다. 그 결과 당을 수습하기 위해 구성된 비상대책위원회 위원 다수와 '친노'였던 이광재 전 강원도지사까지 '중도만이 살길'이라고 주장한다.

가장 바보스런 짓은 목표와 수단을 혼동해 목표, 곧 당의 진로를 수정하고 야당이 지향해야 할 목표를 잃어버리는 것이다. 정당의 목표는 정강정책, 곧 공약이고, 그것을 실천하기 위해 집권하려 한다. 그렇다면 민주당이 내걸었던 공약인 경제민주화와 복지강화, 남북평화체제 구축 등 주요 공약 가운데 무엇이 잘못됐고 구체적으로 어떤 '좌클릭 공약'이 끼어들어 선거에 졌다는 말인가?

패인은 공약이 아니라 그것을 유권자들에게 전달하는 수단과 방법, 선거에 임하는 민주당의 태도에 있었다고 본다. 그에 대한 반성이 전혀 없었던 것은 아니다. 문제는 비대위원들이 "종편방송을 무시한 게 잘못이었다"느니 "경선 때 모바일 투표가 위헌적이었다"는 등 엉뚱한 데서 패인을 찾았다는 점이다. 그나마 대중 속으로 들어가 선거운동을 벌인 게 모바일 투표였는데도...

민주당의 진짜 패인은 대통령 후보만 뛰고 당원들이 대중 속으로 뛰어들지 않는 등 간절함에서 새누리당에 밀렸다는 것이다. 대선기간 내내 지역구에서 살았다는 한 새누리당 의원은 나에게 "노인들만 사는 시골 구석구석을 새마을운동 노래 틀고 다녔다"며 "야당 사람들은 마주친 적도 없다"고 말했다. 민주당에서는 후보 경선을 했던 중진들은 물론 의원들도 문 후보의 광화문광장 집회 등에 얼굴이나 비치며 생색을 냈다. 선거운동에 소극적이었던 사람일수록 책임론을 떠들고 다니는 게 요즘 민주당 풍경이다.

골목길이나 시장보다 광장을 선호하는 게 민주당식 캠페인 방식이다. '발품'을 팔기보다 광장에서 군중집회를 열고 '한 방'을 노리는 수법은 2008년 촛불집회를 거치면서 야당의 운동 방식으로 굳어졌다. 대선 패배 뒤에도 비대위원들은 광주 5·18 민주묘지와 김해 노무현 전 대통령 묘역, 부산 민주공원을 찾아가 사죄했을 뿐, 골목이나 시장통으로 직접 유권자들을 찾아가 사죄하지는 않았다.

사실 우리는 광장의 정치문화가 일천하다. 광장을 중심으로 도시가 발달하고 토론문화가 성숙했던 서양과 달리 우리는 길을 중심으로 취락이 형성됐다. 유신이 시작될 무렵 권력을 과시하기 위해 만든 5·16광장(여의도광장)조차 도시계획법상 '광로', 곧 '넓은 길'이었다. 서양에서는 파리 바스티유광장이든 모스크바 붉은광장이든 광장에서 혁명이 일어나고 역사가 소용돌이쳤지만, 우리는 3·1운동이든 4·19혁명이든 거리에서 사태가 확산됐다.

광장이 연단에 선 사람들이 주도하는 일방적 운동공간이라면 거리는 쌍방향적 운동공간이다. 거리에서는 전단지도 나눠주기 좋고 시민들 목소리도 들을 수 있다. 6월항쟁도 여의도광장 같은 데서 벌였다면 실패했을지 모른다. 광장에 모이는 사람은 대개 지지자들이지만 거리와 시장통에서는 부동층을 포섭할 수 있다. 광장에 모인 군중은 흩어지지만 거리와 시장통이 일터인 사람들은 상주하면서 말을 만들고 퍼뜨린다. 공유지인 광장이 아니라 자신의 일터를 찾은 사람에게 느끼는 친밀감은 남다를 수밖에 없다.

민주당의 손발인 간부들과 당원들뿐 아니라 두뇌집단인 민주정책연구원도 새누리당 여의도연구소에 밀려 존재감이 없었다. 경제민주화를 선점당하고 마치 복지에서도 큰 차이가 없는 것처럼 보이게 했다. 차이점을 부각시키지 못한 것은 진보언론의 책임도 크다.

〈한겨레〉는 대선이 한 달 가까이 지난 14일부터 '민주당의 길을 묻는다'는 시리즈를 시작해 민주당의 문제점들을 파헤쳤다. 그러나 〈한겨레〉도 일정 부분 그 문제들에 연루돼 있다는 점을 지적하지 않을 수 없다. '계파담합 정치' 문제를 지적했지만 〈한겨레〉도 그런 구조에 입각한 기사들을 양산하지 않았던가? '데이터에 근거한 과학 선거'를 제시하면서 '전략가를 자처하는 이들의 감에 의존하는 낡은 습성과 결별하지 못했'고 지적했지만, 〈한겨레〉는 얼마나 데이터와 취재에 근거한 '과학 보도'를 했던가? 어떤 식으로든 단일화만 하면 이긴다는 야당의 착각은 〈한겨레〉의 착각이기도 했다.

책임론도 필요하다. 그러나 이 시점에서 진짜 긴요한 것은 민주당이 '자학'과 패배의식에서 벗어나 제1야당 구실을 다하는 것이다. 패배 원인은 불공정 게임에도 있었다. 이명박 정권은 작위와 부작위를 통해 대형 선거법 위반 사건보다 훨씬 큰 영향력을 행사했다. 경찰청은 '국정원녀 댓글 사건'을 혐의 없다고 조기 발표했고, 감사원은 '총체적 실패'로 드러난 4대강 감사 결과를 질질 끌다가 대선 후에야 발표했다. '북방한계선(NLL) 대화록 논란' 등 색깔론도 진보언론이 제대로 대응하지 못해 먹혀들었다.

이 시점에서 진보언론이 역점을 둬야 할 부분은 야당에 대한 '가학'이 아니라 출범 전부터 권위주의 정권의 면모를 드러내는 여당의 오만을 제대로 견제하는 것이다. 민주당이 죄인을 자처하면서 움츠러들수록 집권자는 인사독단과 정책독점, 불합리한 정부조직 개편을 밀고 나가려 할 것이다.

선거 때는 부각되지 못했지만 민주당은 설득력 있다고 판단되는 정책들을 계속 들이밀어야 한다. 선거에는 졌지만 '놓친 열차'가 아름다웠음을 국민들에게 인식시키지 못한다면 야당에 내일은 없다. '패배했을 때는 다시 도전하고 승리했을 때는 아량을 베풀라'는 처칠의 충고가 정반대로 실행되는 곳이 우리 정치판이다. 진보언론은 뭘 하는가? (한겨레 2013.1.29)

국정원의 추락과
부활의 관건

'하늘이 무너져 내릴(Sky fall) 때도, 우린 굳건히 서서 함께 맞설 거야.' 첩보영화 「007 스카이폴」은 주제가를 최고 인기 영국 가수 아델이 불러 더욱 흥행에 성공했다. 노랫말에는 영국 첩보기관 MI6의 영광을 유지하려는 제임스 본드의 소망이 담겨 있다. 본드는 가상의 첩보요원이지만 영국인들은 그에 대한 호감으로 세계 최고 국가정보기관에 대한 자부심을 드러낸다.

한국에서도 「베를린」 「7급 공무원」 「아이리스」 「에어시티」 등 국가정보원을 소재로 하는 영화와 드라마가 숱하게 제작돼 히트를 쳤다. 그러나 관객이나 시청자들 반응은 대개 '재밌다' '멋있다'로 끝날 뿐, 국정원에 대한 자부심이나 애정으로 연결되지 않는다. 오히려 자조의 한숨을 쉰 이가 많았을 터이다. '저렇게 고생하는 요원도 많은데 국정원이 바가지로 욕을 먹고 있으니...'

영화는 어디서나 현실이 아닌데도 자국 정보기관에게 애증의 차이를 보이는 것은 자업자득이다. 툭하면 정치에 개입해온 중앙정보부의 어두운 역사를 국정원은 아직 떨쳐버리지 못했다. 대통령과 정치적으로 임명된 일부 간부들이 국정원을 정치의 도구로 전락시켜왔기 때문이다.

대통령 선거 때 국정원 직원 등이 여론 조작에 개입했다는 혐의를 받고 있는 사건은 국정원법 위반인 동시에 민주주의에 대한 테러다. 민주주의는 여론 정치인데 그 여론의 일부가 국가기관이 개입해 '만들어낸 것'이라면, 그런 민주주의는 독재의 다른 이름일 따름이다. '조작된 동의'를 기반으로 하는 허울뿐인 민주주의는 억압에 의한 독재보다 더 야비하다. 대중이 동의하도록 '만들어' 정당성을 획득했으니 쉽게 무너지지도 않는다.

경찰이 한밤중에 국정원 직원의 혐의를 부인하는 엉터리 수사발표를 하고 추가 수사마저 기피하고 있는 상황에서 〈한겨레〉가 터뜨린 연속 특종은 사건의 불씨를 되살려 놓았다는 점에서 의미가 크다. '국정원 직원, 대선 글 안 썼다더니 야당후보 비판 등 91개 글 올렸다'(1.31)와 '국정원 직원 명의 아이디 5개 '제3의 인물'이 썼다'(2.4) 기사가 바로 그것이다. 기사를 쓴 기자 등에 대한 무차별 소송은 위협 효과를 노린 것으로 박정희 시절 정치공작 때 휘두르던 폭력과 다를 바 없다, 법의 힘을 빌린 폭력으로 진화한 차이는 있지만.

사법당국이 사건 수사를 제대로 했다면 기사를 쓸 필요도 없었던 일 아닌가? 박근혜 대통령은 대선 토론회에서 사건의 본질을 "20대 여성에 대한 인권침해"라 규정했지만, 이제 집권했으니 〈한겨레〉가 밝힌 사실만으로도 엄중 수사를 명령해야 옳다. 그러지 못한다면 자신이 말한 '법과 원칙'은 도대체 무엇인가? 그 원칙이 '자신에게는 관대하게, 상대에게는 가혹하게'로 해석된다면 법치를 망치고 궁극적으로 자신을 망치고 만다.

'의제 설정', 곧 '이슈 파이팅'을 할 때 〈한겨레〉에 대해 느끼는 아쉬움은 종종 특종 기사조차 대안 제시로 이어지지 못한다는 점이다. 국정원이 끊임없이 정치에 개입하게 되는 원인은 국정원법에 있다. 국정원법 제2조에 '국가정보원은 대통령 소속으로 두며, 대통령의 지시와 감독을 받는다'고 되어 있다.

이는 중앙정보부를 창설한 박정희와 김종필의 작품이다. 정보장교 경력이 있던 그들은 정보를 가진 자가 갖지 못한 자를 이기게 된다는 점과 정보가 다른 사람에게 집중될 때의 '권력이동'을 잘 알고 있었다. 그들은 독대를 통해 정보를 주고받으며 권력의 아성을 쌓았다. 10·26과 12·12사태는 독대를 하던 정보기관장들의 권력싸움이었다.

비크리와 멀리스가 정리해 노벨경제학상을 받은 '비대칭적 정보이론'은 서로 간에 보유한 정보량에 큰 차이가 날 때 어떤 일이 벌어지는지를 잘 설명한다. 이 계열 경제학자들은 이른바 '주인-대리인 문제'를 제기한다. 대리인이 주인의 정보부족을 악용하면 주인을 배신하게 되는데 국정원의 일탈도 같은 맥락에서 설명할 수 있다. 국정원 조직을 포함한 관료는 국민의 대리인이고 대통령은 대리인의 총수일 따름인데도 정보를 틀어쥐고 국민을 배신하는 경우가 자주 발생한다.

영국에서는 최고권력자에게만 정보가 집중되는 것을 막기위해 국내외 정보조직을 이원화하고, 국외정보 수집기관(MI6)은 외무부에, 국내정보 보호기관(MI5)은 내무부에 소속시켰다. 이스라엘의 첩보기관 모사드는 국방부 소속이다.

미국 중앙정보국(CIA)은 대통령 직속이긴 하지만 대통령이 바뀌어도 국장의 임기가 지켜질 만큼 중립적이다. 닉슨의 워터게이트 사건 때는 전직 요원이 연루됐는데도 엄청난 비판을 받았다. 1993년에는 정치첩보 대신 경제첩보 수집에 집중하겠다는 역할 전환을 선언했다.

반면, 우리 국정원 간부직은 정권의 전리품으로 여겨진다. 원세훈 국정원장은 서울시 근무 당시부터 이명박 시장 측근이었고, 남주홍 1차장도 인수위 출신이다. 정권이 바뀔 때마다 '코드'가 맞는 사람으로 물갈이하는 바람에 자체 양성한 인재를 아끼는 풍토가 사라지고 줄서기가 성행했다. 전문요원들이 정치적 중립을 원한다 해도 설 자리가 없다.

정부조직법 개편이 논란을 겪고 있는데, 야당과 〈한겨레〉를 비롯한 진보언론이 핵심을 놓쳤다는 생각을 지울 수 없다. 야당은 인수위의 개편안을 비판할 뿐 주도권을 쥐고 다른 대안을 내놓지 못했다. 의제설정에서 진보언론은 보수언론의 소극적 대항언론 구실에 그치는 경우가 많다. 야당은 국정원 직원의 선거개입이라는 '큰 건'을 잡고도 성명서나 발표하면서 뜨뜻미지근한 태도를 보이고 있다.

국정원에 제자리를 찾아주는 일은 진정한 민주주의의 관건이다. 책임총리제 논란이 있는데 총리에게 힘을 실어주는 일은 정보를 공유하지 않으면 불가능하다. 국정원을 총리 아래 두는 것은 대통령만을 위한 정치첩보 수집을 막고 제왕적 대통령제의 폐단을 줄이는 길이기도 하다. 정보기관의 기능이 약해진다는 우려는 난센스다. 아예 각 부처에 소속시킨 영국 정보기관들이 제 기능을 못하고 있다는 근거는 어디에도 없다.

국정원에 대해 정치적 중립을 확보해주고 민주적 통제를 가능하게 한다면 국민에게 사랑과 제보를 받는 정보기관이 될 수 있다. 이스라엘 모사드의 최대 정보원도 '사야민'이라 불리는 유대인 협조자들이다. 「007 스카이폴」에서 취미를 묻자 본드는 "부활"이라고 답한다. 우리 국정원도 구태를 벗고 새 모습으로 부활하기를 기대한다. (한겨레 2013.2.26)

집회 참가자 집계의
산수와 심리학

　프랑스혁명이 유혈혁명으로 치달은 데는 언론이 제구실을 못한 탓이 컸다. 1789년 7월 14일 바스티유 감옥이 파리시민들에게 점령됐을 때 당시 유력지 〈가제트드프랑스〉는 그 사건 기사 대신 왕이 책을 선물받은 소식을 실었다. 그런 언론환경에서 '왕의 군대가 민중들을 마구 학살하기 시작했다'는 등 유언비어가 난무하자 혁명의 불꽃이 금방 전국으로 확산됐다. 사실대로 보도하는 신문이 있었더라면 5만 명이 처형되는 참사 없이 프랑스도 영국처럼 명예혁명을 거쳐 입헌군주국이 됐을 거라고 주장하는 학자들이 있다.

　주말마다 열리는 국정원 규탄 촛불집회를 보도하는 태도는 보수·진보 언론이 극명하게 갈라진다. 방송과 보수신문만 보는 사람들은 시청 앞에서 무슨 일이 벌어지는지 알 수 없다. 진보신문 중에는 〈경향신문〉만이 집회 상황을 상세히 보도해 민주주의를 걱정하는 사람들의 정보 욕구를 풀어주었다. 8일치에는 주말 '1만 촛불'이라고 보도했고, 15일치에는 "2만 촛불', '국정원 민심' 심상찮다'는 1면 머리기사와 함께 3면을 털어 촛불집회에 참석한 이유 등을 집중보도했다.

집회 기사에서 관심을 끄는 것은 참가자 숫자다. 〈경향〉이 추산한 참가자 수가 얼마나 사실에 부합하는지 점검해볼 겸 해서 지난 13일 일부러 상경해 시청 앞 집회 현장에 나가보았다. 〈경향〉이 보도한 숫자는 대체로 주최측 추산을 수용한 것이었는데, 경찰 추산은 6일 4천5백 명, 13일 6천5백 명이었다. 집회 참가자 수를 늘리려는 주최측과 줄이려는 경찰의 의도가 개입됐다고 보면 아무래도 〈경향〉의 기사 제목은 과장된 듯하다.

인근 건물에 올라가 인파를 추산해보았다. 서울광장은 1만 $3207m^2$에 둥근 잔디밭이 $6449m^2$이다. $1m^2$에 한둘이 앉는다고 치고 점유면적을 곱해보았더니 대체로 경찰과 주최 측 추산의 중간쯤에 답이 나왔다.

이맘때 툭하면 '해운대 해수욕장에 피서인파 백만 몰렸다'는 기사가 나가는데, 10배쯤 뻥튀기한 기사라고 보면 된다. 2007년 해수욕장이 매우 붐비는 시각에 부산시소방본부와 동의대 강만기 교수팀이 항공촬영을 통해 인파밀집도를 분석한 결과다. 오후 2시에 2만 5천 명으로 집계됐는데 인파가 하루 네 번 바뀐다 쳐도 10만 명에 불과했다.

집회 참가자 수가 중요하긴 하지만 그것에 얽매여 과장보도할 필요는 없다고 본다. '1인시위'라도 그 목소리를 경청해야 하는 게 민주주의 국가의 정부다. 처음 바스티유 감옥에 몰려간 군중도 1천 명에 불과했다. (경향 2013.7.25)

'분열의 주술'에 걸린
야당과 진보언론

정체성을 드러내는 이름이 때로 혼선의 근원이 되는 건 아이러니다. 파리의 센 강에 걸린 제일 오래된 다리는 '새 다리'다, 영화 「퐁뇌프의 연인들」 배경인 퐁뇌프(Pont-Neuf)는 '새(Neuf) 다리(Pont)'란 뜻이니까. 낡고 고색창연한 이 다리도 1607년 준공 당시에는 명실상부한 '새 다리'였지만, 시간의 흐름 속에 엉뚱한 이름이 되고 말았다. 옥스퍼드대 38개 칼리지 중에서도 '뉴 칼리지(New College)'는 몇 번째로 오래된 칼리지다. '새마을'을 뜻하는 신촌(新村)과 '새로 설립한 동네'인 신설동(新設洞)은 미래를 내다보지 못한 작명이었다.

'새'라는 수식어를 붙이고 싶어하는 심리는 우리나라 정당사에서 특히 두드러진다. 과거에는 신한국당·국민신당처럼 한자말 '신(新)'을 즐겨 붙이더니, 어느새 '새'라는 순우리말이 대세가 됐다. 새정치국민회의, 새천년민주당, 새누리당에 이어 새정치연합이 떴으니 새것에 대한 정치권의 집착이 얼마나 강한지 보여준다.

새로운 정치에 대한 국민 여망을 쓸어 담기 위한 작명임이 분명하다. 그러나 그런 당명들은 '새천년'민주당이 '새십년'의 절반밖에 못 갔을 만큼 대개 단명했다. 새로 지은 당명 말고는 사람도 정강·정책도 바뀐 게 거의 없으니 '새'라는 수식어를 계속 붙이기 민망했던 걸까?

민주주의 선진국에서는, 영국 보수당이 1912년 이래 같은 이름을 쓸 정도로 정당 이름을 함부로 바꾸지 않는다. 정당 이름을 자주 바꾸는 것은 책임정치를 기피하는 우리 정치의 후진성과 맞물려 있다. 이명박 정권의 실정에 책임져야 할 한나라당도 새누리당으로 '신장개업'해 재집권에 성공했다.

　　안철수 의원의 새정치추진위원회가 '새정치연합'으로 당명을 정하고 발기인대회까지 열었다. 정치에 대한 비판 여론을 업어 지지율도 꽤 높은 편이다. 6월 지방선거는 물론 정계 개편의 큰 변수로 등장했는데도, 언론은 '안철수 현상'만 전파할 뿐 그 정치세력의 실체를 드러내는 일에는 매우 소홀하다. 실체가 모호해 기사를 쓸 수 없다고 생각하는지 모르지만 그러면 더욱더 언론의 조명이 필요한 거 아닐까? '새정치' 중에 '정치'는 늘 있어왔으니 새로운 것이 무엇이고 새 인물이 누구이며 어떤 성향을 가졌는지, 그것만 분석하면 실체가 그려진다.

　　광장에서 보듯 진정한 민주주의를 염원하는 국민의 정치 개혁 열망이 그토록 간절한데도 열망이 늘 실망으로 귀결되는 데는 언론, 특히 진보언론의 책임도 크다. '새정치연합을 어떻게 볼 것인가'라는 문제는 정계 개편 방향, 나아가 한국 민주주의의 장래와 직결된 이슈인데도 진보언론의 의제설정 기능은 미약해 보인다.

　　보수언론이 적극적으로 퍼뜨리고 있는 야권 분열의 주술, 곧 '친노 프레임'과 '연대 혐오증'에 진보언론이 말려드는 양상까지 보인다. 민주당에서 국가정보원 특검만 강하게 주장해도 '친노'로 분류되고, 문재인 의원이 북 콘서트만 열어도 '친노 결집'이다. 보수언론은 '김한길(비노)-문재인(친노)-안철수' 구도의 야권 분열을 은근히 부추기는 한편으로 연대 가능성을 견제해왔다. 〈조선일보〉 김대중 칼럼(1.28)은 '(김한길파는) 지금이 친노와 갈라서고 정통 야당의 깃발과 인감을 유지할 야권 재편의 카드를 던질 때'라고 썼다.

〈경향신문〉의 경우 외부논객이 1년 전쯤 '공허한 정치 언어, 새정치'(3.15)를 비판하고, 내부논객이 올 들어 '안철수 신당, 새누리당과 싸워라'(1.24)라고 촉구하는 등 나름대로 독자적 목소리를 냈다. 새정치추진위원회가 이른바 '새정치'의 기본 구상을 내놨을 때는 사설로 '교과서적 당위론에 머문 안철수의 새정치'(2.12)를 비판했다.

그러나 주관이 조금 개입되긴 하겠지만 내 모니터링 일지에 따르면, 〈경향〉은 '새정치'에 대한 해설·논평의 건수와 내용, 기획기사 유무 등으로 나타나는 '이슈 싸움'의 치열함에서 보수언론뿐 아니라 〈오마이뉴스〉와 〈프레시안〉에 견주어도 좀 약한 듯한 아쉬움을 남겼다.

'새정치'에 큰 희망을 갖지 못하면서도 그나마 잘해줬으면 하는 이중성이 어정쩡하게 지면에 투영된 게 아닌가 하고 짐작할 따름이다. 진보 쪽에서 보면 정치상황이 불투명하고 우울하지만, 그럴수록 진보언론이 취해야 할 태도는 역시 근본에 물음을 던지는 것이라고 생각한다.

첫째, 새정치연합이 표방하고 있는 '중도'는 과연 시대정신인가? 나는 2011년에 '안철수 신드롬의 최대 피해자가 언론이 보도하는 박근혜 의원이 아니라 진보정당이 될 것'(한겨레

10.26)이라고 쓴 적이 있다. 한 사람 탓으로 돌려서는 안 되겠지만 그 예측은 현실이 됐다. 정치와 정당을 비판하고 비당파성을 추구하는 것은 그럴듯해 보이지만 피해를 보는 건 정치판의 약자요 대중이다.

국민 절대다수가 노동자인데 그들에 기반을 둔 정당이 괴멸되다시피 한 정치지형은 민주주의는 물론 보수를 위해서도 결코 지속 가능한 체제가 아니다. 민주당도 유럽 기준이라면 영락없는 보수당인데 두 보수당 사이에 또 보수당이 생기는 게 우리 정치에 도움이 될까? 지난해 〈경향〉에 실린 '안철수 신당, 중도좌파 아닌 중도가 타당'(6.29)이란 제목의 시론은 '안철수 신당이 창당된다면 한국 정치 발전에 어쩌면 행운이 따를지도 모른다'고 했는데, 나는 불운이 따를 가능성이 높다고 본다.

유럽의 정당들은 보수당·노동당·사민당 식으로 당명에 이념적 좌표를 확실히 드러낸다. 중도정당도 꽤 있지만 대통령제가 아니라 내각제인 덕분에 연합을 통해 중도의 이념과 정책을 반영할 수 있다. 이념적 깃발도 없이 '새정치' 식으로 얼버무리는 정당은 오래갈 수 없다.

꿈같은 얘기지만 안 의원은 민주당의 보수세력뿐 아니라 새누리당의 합리적 보수세력과 합쳐 진정한 보수정당을 건설하고 민주당의 진보세력은 진보정당들과 합쳐 합리적 보수와 진보로 정치판이 재편되는 게 바람직할 것이다.

둘째, 안 의원이 '정치공학적 선거연대는 없다'며 '연대'를 배척하는 것이 과연 '새정치'에 부합할까? 연대와 연합은 유럽에서는 정당들의 일상적 정치행위다. 내각책임제에서 연대가 없으면 정부 자체를 구성하지 못하는 때가 많다.

우리처럼 정치·종교·학교·재계를 중심으로 기득권동맹이 항상 공고하게 조직돼 있는 사회에서 연대는 대중이 정치만이라도 가끔 장악해 변혁을 꾀하려는 몸부림이라 할 수 있다. 보수언론이 희망버스를 '3자 개입'이라며 그토록 매도하는 것은 연대의 필요성에 대한 대중의 각성이 두렵기 때문이 아닐까?

과거 지방선거에 비춰보더라도 야권의 연대는 필수적이다. 2006년에는 민주당과 열린우리당으로 분열돼 참패한 반면 2010년에는 야권이 연대해 승리를 거뒀다. 새정치연합은 '새누리당 표를 상당히 가져올 것'이라고 말하지만 실제 선거에서는 야권 표를 훨씬 많이 잠식해 아무 소용없는 '2등 쟁탈전'이 될 가능성이 높다.

셋째, 새정치연합에 유입되고 있는 '올드보이'들로 과연 '새정치'가 가능할까? 박근혜 대통령이 선거공약이던 복지확대와 경제민주화까지 뒤집은 상황에서 민주당에 있을 때도 시장주의를 부르짖다가 공천에서 탈락한 정치인 등을 영입해서 어떤 '새정치'를 펴겠다는 건지 모르겠다.

새정치연합도 이제 기성 정치권에 편입됐으니 비판만으로는 존재감을 드러낼 수 없다. 그렇다고 새정치가 꼭 새로운 것을 내놓아야 한다는 강박감에 사로잡힐 필요는 없다고 본다. 정치판을 제대로 읽고 합리적이고 타당한 주장을 받아들이는 것도 멋진 새정치다. 많은 이들이 새정치에 기대를 걸고 있는 것은 안 의원에게 자산인 동시에 부채다. 이름과 내용이 일치하는 정치를 보게 되길 기원한다. (경향 2014.2.20)

7 다시
경제민주화를
위하여

소비자가 '봉'이 되는 현실
방치할 셈인가

바이마르공화국의 초인플레 때 독일인과 나눈 대화를 모아놓은 펄 벅의 한 작품에는 부유층에 소득을 강제이전당하고 거지나 다름없어진 서민들의 분노가 표출된다.

"우린 속았다. 우리는 독일인 모두가 인플레로 고통받고 있다고 생각해왔다. 그러나 이제 와서 보니 그게 아니었다. 모든 사람이 지는 경기는 세상에 없는 것이다. 인플레 기간의 승자는 대기업가와 융커당원(주로 지주귀족·장교)이다. 패자는 노동계급과 중류층이다. 인플레가 끝났을 때 대기업의 공장은 현대화해 있었다. 부르주아 신문들은 그것을 독일 산업의 기적이라 불렀다."

맥스 샤피로는 로마제국 말기와 프랑스혁명기, 바이마르공화국, 미국의 1970~80년대 등 역사상의 인플레 시대에 놀랄 만한 유사성이 있음을 찾아냈다. 그는 『가난한 억만장자들』[17]이라는 책에서 인플레는 불가항력적인 게 아니라 만들어진 것이며 정략의 산물이라고 썼다. 단기간에 더 많은 부를 축적하려는 기업가와 재산가, 이에 협력하고 이익을 나눠 먹는 정치가·관료·학자·언론인이 인플레의 주범이라는 것이다.

---

17 영어판은 『The Penniless Billionaires』, 한국어판은 『인플레로 돈버는 사람들』, 한울, 1991

1997년과 2008년, 그리고 2011년의 우리나라 금융위기와 인플레에도 놀랄 만한 유사성이 발견된다. 고성장 정책을 쓰다가 자본축적의 위기에 부닥치자 국민에게 부담을 전가한 것이다. 1997년에는 국제통화기금(IMF)이 '허리띠 졸라매기' 정책을 강요했고, 지금은 이명박 대통령이 "물가상승에 가장 현명하게 대처하는 길은 소비를 줄이는 것"이라고 말했다. 최중경 지식경제부 장관은 "물가상승을 정책 실패로 비판하는 것은 지성적이지 못한 태도"라고 말했다.

고성장에 집착해 줄곧 저금리/고환율 정책과 부작용이 더 큰 부자·기업 감세 정책을 펴왔으면서도 정책 실패가 아니라 국민의 소비행태에서 원인을 찾고 있는 것이다. 정부는 인플레 압력이 그토록 강해진 뒤에도 기름값과 농산물값 핑계만 대면서 정책기조를 바꾸지 않았다. 물가를 희생하고 수출기업을 지원하기 위해 고환율 정책을 써왔는데 이제 고환율 자체가 우리 경제의 올가미가 되고 말았다.

〈한겨레〉는 고성장 정책의 문제들을 자주 지적해왔으나 그것이 국민 실생활에 어떤 부작용을 초래하는지 부각시키는 데는 미흡했다. 최근 환율 폭등에 대해서도 시장 동향과 원인 분석에 많은 지면을 할애했지만, 서민경제에 어떤 영향을 미치고 서민들이 어떻게 대처해야 하는지에 대한 설명은 좀 부족했다. 물가, 주식, 부동산, 금융대출, 유학비송금 등 서민들이 궁금해하는 정보를 상세하게 전달할 수 있는 게 신문의 장점인데, 그 욕구를 시원하게 충족시키지 못한 것이다. 그 점에서 〈중앙일보〉가 환율, 기름값폭등, 주가 폭락 등으로 서민들이 겪고 있는 고통을 직접 취재해 '트리플 공포, 서민 덮치다'(9.24)란 제목의 1면 머리기사를 올린 것은 눈에 띄었다.

금융위기의 원인 분석도 경제적 요인에 그치지 말고 샤피로의 분석처럼 정치사회적 요인으로 확장했으면 하는 아쉬움이 있다. 그러지 않으면 위기는 반복되고 위기 극복의 비용은 또 서민들이 떠안을 수밖에 없다. 1997년 외환위기 때도 모두들 허리띠를 졸라매는 줄 알았지만 허리가 끊어진 것은 서민뿐이었다. 부자는 고금리를 활용해 금융자산을 크게 늘렸고 위기의 원인 제공자였던 일부 재벌은 국민 세금으로 부실을 털어내고 우량기업을 인수하는 기회로 삼았다.

대통령이 물가폭등을 비롯한 경제위기의 원인으로 소비 타령을 늘어놓는 것은 전래의 수법이다. 가계 빚 1천조 원에 짓눌려 있는 서민들은 소비를 하려야 할 돈이 없다. 문제는 소비 양극화에 있고, 소득 양극화가 그 원인이다. 한-유럽연합 자유무역협정(FTA) 이후 명품 수입도 급증하고 있다. 한국인은 안 그래도 유럽의 초고가 패션상품과 양주 등 명품 시장에서 '봉'으로 꼽혀왔다.

이런 풍조를 부추기는 데 재벌의 딸들이 발 벗고 나섰고 언론이 가세했다. 인천공항에 루이뷔통 매장을 연 것을 특출한 경영능력으로, 수입 명품으로 온몸을 감싼 것을 패션감각으로 포장한다. 내한한 루이뷔통 최고경영자는 "모든 여성을 모실 수는 없다"며 소비에 의한 '신분 차별'을 당연시했다. 공항 면세점에는 외국인보다 내국인이 압도적으로 많으니 명품 수입 창구가 된 지 오래다. 국산품 비중은 25%에 불과하다.

이번 정전 대란도 소비자, 곧 국민의 이익을 위해 봉사할 자세가 투철하지 못한 이명박 정권이 사고를 친 것이라 할 수 있다. 전력 공급을 공기업에 맡긴 것은 전력이 공공·필수재이기 때문인데, 한전과 자회사에 낙하산으로 대거 내려간 기업인과 정치꾼들한테서 높은 공익성을 기대하기란 어려운 일이었다. 그래 놓고 대통령이 "후진국 수준의 의식구조"라며 꾸짖는 장면은 한 편의 코미디다. 정전 방지 대책으로 전기료 인상을 내놓았는데 대기업들의 전기료 감면부터 철회할 일이다.

4대강과 경인운하 사업을 떠맡은 수자원공사가 물값을 올리려는 것도 국민의 권익보다는 건설사 이익을 앞세운 결과라 할 수 있다. 건강보험 체계를 무너뜨릴 수 있는 외국 영리병원을 허용하려는 것도 같은 맥락이다. 서비스 수준 세계 1위인 인천공항을 민영화하려는 논리는 공항 확장 재원을 마련하겠다는 건데, 4대강에 수십조 원을 쓸어넣지 않았더라면 그렇게 재정이 궁핍하지는 않았을 터이다.

휴대전화도 국내가격이 수출가격보다 훨씬 비싸고, 통신요금은 물가가 비싼 유럽보다도 훨씬 많이 물고 있다. 공정거래위원회와 같은 정부기관과 언론이 제 몫을 다하지 못하기 때문이다. 한국 신문은 '소비자 보고서' 같은 고정란을 둔 데도 없다.

문제는 이처럼 국민이 소비자 대접을 받지 못하는데도 그 인과관계를 철저히 인식하지 못해 어처구니없는 일이 끝없이 반복되고 토건을 앞세운 고성장 추구 정권이 들어선다는 사실이다. 정부와 언론이 사실관계를 호도하고 진보언론도 제구실을 다하지 못하기 때문이다. 소비자가 왕이 아니라 '봉'이 되는

현실을 언제까지 방치할 셈인가? (한겨레 2011.9.27)

'FTA'에 대한
유길준과 박규수의 대답

'논쟁에서 이기는 방법은 상대방의 논리를 깨는 데 있지 않고 그것을 왜곡하는 데 있다.' 무슨 커뮤니케이션 이론에 근거한 게 아니라 한국 사회에서 벌어지고 있는 논쟁들을 살펴보면 얻을 수 있는 결론이다. 한미 자유무역협정(FTA)을 둘러싼 공방전에서 이명박 정권은 협정의 문제점을 지적하는 이들을 구한말의 쇄국론자나 북한의 폐쇄경제 지지자쯤으로 몰아붙였다.

정몽준 전 한나라당 대표는 "지금 쇄국정책을 하자는 거냐"며 "FTA 반대론자는 노무현 전 대통령을 매국노라 하는 거나 다름없다"고 말했다. 사실 그 협정에 관한 한 노무현 대통령은 첫 단추를 잘못 끼운 과오가 있다. 그 또한 "쇄국하자는 거냐"며 상대방을 몰아붙인 적이 있다. 그러나 보수진영이 그를 끌어들인다면 억울한 부분도 있다. 그는 2008년 퇴임 후 미국에서 금융위기가 발생하자 재협상을 주장했지만, 이명박 정권은 오히려 미국 요구를 더 반영한 협정안에 합의해버렸다.

자유무역협정은 결국 '개방이냐 쇄국이냐' 논쟁으로 가버렸는데 그것은 논쟁이 아니었다. 평등한 양국관계와 경제주권

보장, 개방의 속도, 풀거나 지킬 것 등을 논의하면 되는데, '쇄국' 얘기를 하는 것은 상대방 주장을 과장·왜곡해 자기 입지를 강화하려는 흑색선전이다. 『서유견문』을 쓴 유길준도 "개화하는 데는 지나친 자의 폐해가 모자라는 자보다 더 심하다"며 조선 실정에 맞는 자주적 개화를 주장했는데, 요즘 '개화파'는 거침이 없다.

이번 협정의 이해득실은 어떻게 될까? 비교 방법은 간단하다. 한쪽에서는 쾌재를 부르는데 다른 쪽에서는 '잘했네 못했네' 하며 집안싸움이 났다면 득실은 뻔한 것 아닌가. 미국의 요구로 시작된 재협상이 지난해 12월 타결됐을 때 미국 언론은 '한국이 놀라운 양보를 했다'고 보도했고, 협정 이행법안이 미 의회를 통과한 다음 날인 10월 13일 이명박 대통령은 미 의회 연설에서 45차례나 박수를 받았다. 그러나 한국에서는 최루탄이 터진 가운데 통과된 비준안이 극심한 논란거리가 되고 있다.

협정을 둘러싼 보도를 모니터링 해보니, 우리 보수·진보언론은 완전히 상반되지만, 외국 언론은 거의 다 미국의 이해관계가 관철된 것으로 보았다. 〈월스트리트저널〉은 한국의 대미 흑자가 줄어들 것이라 했고, BBC는 한국 등 아시아에 대한 미국 수출이 1백억 달러쯤 늘어날 것이라고 보도했다.

그러나 요점은 흑자가 줄어드는 데 있지 않다. 더 큰 문제는 협정과 함께 미국의 법률과 국가모델이 한국에 강요된다는 데 있다. 미국은 경제뿐 아니라 의료·사회보장 등 사회시스템까지 망가진 걸로 판명된 지 오랜데 우리가 답습하자는 말인가? 칼 폴라니가 말한 '사회적 관계가 경제 시스템 안에 포함되는' 사태가 도래한 것이다.

한미 협정은 불평등하기도 하다. 우리는 협정에 어긋나는 국내법들을 대거 개정했고, 미국은 이행법 102조에서 한미 협정 내용 중 미국법에 어긋나는 것은 무효라고 규정해놓았다. 우리 헌법은 조약에 국내법과 같은 효력을 부여해 특별법인 협정이 우선이지만, 미국은 그것을 배제하고 있는 셈이다.

우리 헌법은 이른바 '경제민주화 조항'이 있어 미국보다는 선진적인 헌법이다. 국가를 능가하는 일부 대재벌의 힘 때문에 사문화한 측면은 있지만, 경제주체 간 조화를 통한 경제민주화를 위하여 경제에 관한 규제와 조정을 할 수 있다. 중소상인을 보호하기 위한 '유통법'이나 중소-대기업의 협력을 위한 '상생법'이 어렵사리 마련됐는데, 자유무역협정은 그것을 무력화할 수 있다.

이제 민영 의료보험 규제도 어려워지고 공공서비스 민영화도 되돌릴 수 없는 추세가 될 것으로 보인다. 재벌 규제는 말할 것도 없다. 삼성 등 일부 대재벌이 계열 경제연구소와 언론사 등을 통해 줄기차게 주장해왔던 현안들을 미국의 힘을 빌려 일거에 해결한 결과가 됐다. 대기업 위주 '고용 없는 성장'은 계속될 것이고 양극화는 더욱 심해질 것이다.

이처럼 대대적인 사회변화를 초래할 협정 비준안이 통과된 다음 날 〈한겨레〉가 1면 머리기사로 '통상주권 날치기 당했다'고 제목을 단 것은 시야가 좀 좁아 보였다. 통상만 문제되는 게 아니라 '경제주권'이 넘어간 것이고 미국식 경제·사회체제가 도입되고 우리 헌법정신이 침해된 것이다. 이상득 의원이 버시바우 주한 미 대사에게 귀띔했다는 표현을 빌리자면 '뼛속까지 친미'인 이 대통령과 행정부가 입법권과 사법권까지 침해하는 행위를 저지른 것이다.

　문제가 많은 협정이 그대로 비준에 이른 데는 반대편 주장을 왜곡·과장한 보수진영의 담론이 상당히 먹혀 들어간 면도 있지만, 야당과 진보언론이 잘못 대응한 탓도 있다. 민주당은 애초 '투자자-국가 소송제'(ISD)만 재협상하면 비준에 동의할 뜻을 비침으로써 마치 다른 부문에는 별문제가 없다는 인상을 주었는데, 〈한겨레〉도 민주당 프레임을 따라간 측면이 없지 않다. 〈한겨레〉는 또 비준안 처리가 '12월로 넘어갈 수도 있다'는 해설기사(11.18)를 내보내 본의 아니게 22일 기습처리에 '연막탄'이 됐다.

　노무현 정부 때 경제관료가 주축인 민주당 협상파는 전력 분산에 결정적 구실을 했다. 안희정과 송영길 같은 당시 참모급들은 참여정부의 잘못을 반성하기는커녕 보수진영에 이용당하는 '내부의 적'이 되고 말았다. 물론 〈한겨레〉는 한미 협정의 문제점들을 꾸준히 파헤쳐왔고 16·17일에도 재협상이 미국과 우리 정부의 립서비스임을 지적하는 등 나름대로 큰 몫을 했다.

　그러나 보수진영에 의해 〈한겨레〉가 마치 개방 자체를 반대하는 것처럼 매도된 점은 향후 의제활동의 파급효과를 위해서도 한번 뒤돌아봤으면 한다. 선진국이 자본과 상품의 이동은 자유라는 이름으로 후발국에 강요하면서 후발국이 가진 노동의 이동은 질서라는 이름으로 제한하는 게 세계화의 모순이라면, 진보 담론은 마치 교역 확대를 우려하는 듯한 인상을 주기보다 노동의 자유로운 이동을 주장하면서 맞받아치는 게 효과적이다.

비준안 기습처리 때 박희태 국회의장은 구한말 개화파인 박규수의 묘소를 참배했다. '선각자의 고뇌'를 보여주고 싶었는지 모르지만, 박규수는 실은 자주적 개화파였다. 그는 평양감사 때 불법으로 대동강을 거슬러 올라온 미국 상선 제너럴 셔먼호를 불지른 장본인이기도 했다. (한겨레 2011.11.29)

재벌개혁, 왜 '한겨레'가
앞장서지 못하나

"내가 대통령으로 있는 한 재벌개혁을 반드시 해내겠다."(김대중 대통령) "나는 최초로 재벌개혁에 성공한 대통령이 되겠다."(노무현 대통령) 그러나 두 사람이 대통령직을 걸고 추진하겠다던 재벌개혁은 실패했다. 두 대통령 재임 기간에 대재벌들은 덩치와 문제를 동시에 키웠고, 특히 삼성은 다른 재벌과 정부도 얕잡아 보는 절대강자가 됐다.

'재벌개혁'이 이번 총선은 물론이고 대선의 최대 이슈가 될 전망이지만, 역사의 거울에 비추어 보면 이번에도 조짐이 좋지 않다. 과거로 돌아가 왜 재벌개혁이 실패했는지 살펴보자. 우선 김·노 두 대통령은 정치와 사회 민주화 과정의 훌륭한 지도자였지 경제 민주화의 지도자는 아니었다. 신자유주의로 초래된 경제위기를 신자유주의적 처방으로 벗어나려 했다. 결국, 최대 재벌 한둘의 문제인 것을 '30대재벌' '10대재벌' 하면서 문제를 희석시킴으로써 삼성의 한국 사회 지배를 용인했다.

김대중 정권은 외환위기라는 절호의 재벌개혁 기회를 맞았으나 고삐를 다잡지 못하고, 위기의 주요 원인제공자였던 삼성이 국민 세금으로 삼성자동차 부실을 털어내게 했다. 소위 '제3의 길'이라는 '생산적 복지'와 '노동시장 유연화' 정책은 국민의 경제적·법적 지위를 '약화일로'로 몰아갔다.

노무현 정권은 경제부문에 관한 한 '삼성에 의한, 삼성을 위한 정권'이었다. 노 대통령 자신이 부산상고 선배인 이학수 삼성그룹 비서실장을 통한 삼성의 오랜 '관리대상'이었고, 이광재 등 측근도 열렬한 '친삼성'이었다. 정부 경제정책은 물론이고 국세청·검찰·사법부가 거의 삼성이 원하는 대로 움직였다. 그런 괴력의 원천이었던 '뇌물 로비'의 실상이 드러난 '엑스파일 사건'마저 없던 일로 됐고, 조준웅 특검은 삼성의 불법상속을 합리화하는 걸로 끝났다.

그러나 이번에는 재벌개혁이 이루어질 것이라고 많은 사람이 기대한다. 얼핏 보면 여건도 좋아졌다. 무엇보다 양극화의 폐해를 체험한 국민의 여망이 종전과 달라, 재벌 경제체제의 동반자였던 보수정당까지 야당과 경쟁적으로 재벌개혁을 외치고 있다.

그럼에도 내가 실패를 우려하는 이유는 두 가지다. 개혁의 주체와 목표, 다시 말해 재벌개혁 세력이 결집하지 않고, 목표가 선명하게 부각되지 않고 있기 때문이다. 과거 실패한 전철을 뒤따르고 있는 것이다. 혁명도 주체세력이 있고 혁명공약이 분명해야 성공한다. 영원할 것 같던 쿠데타 세력이 무너진 것 또한 박정희와 전두환이라는 핵이 제거됨으로써 끝났다.

이명박 정권과 박근혜를 지도자로 하는 여당은 거대재벌과 한마음이니 재벌개혁에 관한 한 어떤 변신도 선거기간의 위장술일 가능성이 높다. 집권한다면 앙시앵 레짐, 곧 구체제의 부활이다. 야당은 어떤가? 민주통합당의 한명숙 대표와 문재인 씨는 노무현 정권의 총리와 비서실장이었으니 재벌개혁 실패의 '주요임무 종사자'다. 그들 생각이 대통령과 달랐을지 몰라도 노무현의 극복과 대국민 사과가 전제돼야 진정성을 인정받을 수 있다.

민주통합당의 지도부 구성과 공천 과정을 보면 부정적 생각을 더욱 굳혀준다. 개혁성향이 높은 시민사회 출신은 최고위원 선거에서 대부분 낙선했고, 공천도 물갈이는커녕 현역 위주로 진행되고 있다. 강철규 공천심사위원장은 "재벌의 횡포를 막을 사람을 공천하겠다"고 공언했으나 빈말(空言)이 되고 말았다.

실은 강철규 공천심사위원장 자신이 박근혜 위원장의 최측근인 유승민 의원과 함께 삼성의 자동차 진출에 결정적 공헌을 한 학자로 외환위기에 책임이 있다. 개혁 이미지가 강했던 그가 삼성이 자동차 진출 로비에 목을 맬 때 난데없이 〈동아일보〉 특별기고(1994.5.15)를 통해 삼성차 진입 허용을 주장한 것은 기이했다.

민주통합당이 재벌개혁의 진정성을 인정받으려면 노무현 정부 때 재벌개혁을 추진하다 삼성의 입김 등에 의해 추방된 것으로 알려진 이동걸·이정우·정태인 씨를 다시 영입하는 등 개혁세력을 결집해야 한다. 그런데 심상정·노회찬 등 재벌개혁 세력이 다수 포진해 있는 통합진보당과도 후보단일화를 할 의지가 없어 보인다.

재벌개혁의 한쪽 주체는 진보언론이다. 과거 재벌개혁이 실패를 반복한 데는 보수적인 정권-재벌-언론의 삼각동맹이 워낙 견고했기 때문이다. 보수언론만 탓할 일도 아니다. 삼성이 광고를 주지 않아 진보 언론의 물적 기반이 취약해진 탓도 있지만, 재벌개혁 관련 의제설정 능력이 매우 모자란다는 점을 지적하지 않을 수 없다.

현 국면에서도 〈한겨레〉는 재벌개혁을 선도하는 모습을 보여주지 못하고 있다. 〈경향신문〉이 '재벌개혁' 시리즈를 시작한 지 11일이 지나서야 '0.1% 재벌의 나라'라는 시리즈를 시작했다. 의제설정력을 좌우하는 핵심요소는 누가 일찍 의제를 던지느냐에 있다. 늦게 시작하면 내용도 중복되고 주목도가 떨어진다.

개혁의 목표를 분명히 하는 문제는 개혁의 성패와 직결된다. 삼성의 한국 사회 지배력이 모든 재벌의 총합을 능가하는 상황에서 표적을 분산시키는 것은 개혁 실패로 귀결될 가능성이 높다. 삼성은 최대 재벌이면서 최소 상속세를 내고 경영권을 승계한 점, 무노조 경영을 고수하는 점, 거대 언론을 거느리고 다른 언론마저 길들이려 하는 점, 로비를 통해 정치와 경제정책은 물론이고 사법체계마저 좌우하려 하는 점 등 다른 재벌에는 없는 숱한 이유로 개혁의 목표가 될 요건을 갖췄다. 삼성이 우리나라를 먹여 살리는 측면이 분명 있지만, 한국 사회의 문제점 또한 삼성에서 비롯되는 게 너무 많다.

중요한 것은 진보언론이 재벌개혁을 밀고 나가는 방식이다. 업종 전문화 등으로 잘하는 재벌도 많은데 전체를 매도하는 것은 역공을 초래할 수 있다. 삼성이 미워서가 아니라 국민에게 사랑받는 기업으로 만들기 위해 개혁을 해야 함을 설득해야 한다. 상속세를 제대로 거둬 복지지출을 확대하고, 경제 활성화를 위해 개혁이 필요함을 알려야 한다. 경제민주화야말로 가장 좋은 경제 살리기 운동임을 깨닫게 해야 한다.

법원의 이런 행태는 검찰의 무리한 기소가 충분한 위협효과를 발휘하게 한다. 재판이 직업이 아닌 일반인들은 권리 회복은커녕 그 과정에서 미네르바처럼 정신병을 얻어 파멸해간다. 김근태 씨에 대해서도 당시 판사가 고문의 증거보전을 받아들이고 무죄 선고를 했더라면 박종철 고문치사 사건 같은 비극은 반복되지 않았을 터이다. 그러면서 법원은 3백억 원을 횡령한 담철곤 오리온그룹 회장에게 또 집행유예를 선고하는 등 힘 있는 사람에 대해서는 계속 관용을 베풀고 있다.

법원과 검찰의 권위주의는 이들의 직급이 너무 높게 책정돼 있는 데서 비롯되는 측면도 있다. 고법 부장판사만 돼도 차관급이고, 법무부와 검찰에는 차관급이 54명이나 있다. 법무부는 주요 국장도 차관급이어서 부처 간 회의 때 아랫사람을 내보내는 버릇이 있다. 전두환 대통령이 올려준 건데 노무현 대통령이 되돌리려 했지만 반대에 부닥쳐 실패했다. 법조청사들을 보면 권위주의가 하늘을 찌른다. 검찰청사가 법원청사와 똑같은 높이로 지어진 것도 꼴불견이지만, 우러러보기도 힘든 두 건물의 위용에, 불려 들어가는 국민은 더욱 위축될 수밖에 없다. 국민이 법원장 등을 선출하고, 사법절차의 일익을 담당하는 국민참여 재판은 언제까지 딴 나라 얘기로 남아야 하나?

소설 『유토피아』에는 법관이 가발을 쓰지 않고 법복도 입지 않는다. 권위주의로 치장하지 않더라도 판결이 공정하면 권위는 따라붙는 법. 자신도 법률가였던 토머스 모어는 영국의 사법 현실을 그렇게 풍자했다. 한국 언론은 언제까지 사법개혁의 과제를 소설가와 영화인, 수많은 사법피해자에게 맡겨둘 셈인가? (한겨레 2012.2.28)

세계 최대 조세회피처는
한국이다

오래 번성한 강대국은 상류층이 납세와 병역 의무를 다한 나라들이었다. 고대 로마제국과 중세 베네치아공화국도 초기에 그런 전통을 만들었다. 로마 황제 아우구스투스는 고대에는 개념조차 없던 상속세를 신설하고 자신이 가장 많은 재산을 내놓았다. 베네치아의 자산가들은 이자가 낮아서 부유세나 다름없던 국채를 스스로 매입해 '뻘밭' 위 도시국가를 천 년이나 지탱했다.

요즘 한국에서 벌어지는 현상은 정반대다. 권력이나 재력을 가진 상류층일수록 병역기피자가 많은 나라, 조금만 세금을 올리려 해도 부자들의 조세저항이 거세게 일어나는 나라가 바로 한국이다. 서민들의 조세저항은 바람직하진 않지만 이해는 간다. 학습효과가 워낙 강했던 탓이다. 극소수 땅부자에게 물리려 했던 종합부동산세가 유명무실해지고, 의사·변호사·목사와 자영업자들의 탈세가 횡행하는 현실을 봉급쟁이들은 지켜봤다. 한편으로 자기들의 피 같은 세금을 4대강에 처넣고, 차도 별로 다니지 않는 곳에 도로를 건설하고, 초호화 청사를 짓고, 빚더미에 올라앉을 게 뻔한 국제대회를 유치하고, 댓글이나 다는 국정원 직원에게 봉급이 나가는 나라꼴을 목격했다.

그러니 '보편 증세, 보편 복지'라는 진보진영의 목소리마저 외면받는다. 봉급쟁이들에게 한 달에 1만 원 남짓 소득세 더 내는 것조차 본전 생각나게 만들어놨다. 집권여당과 보수언론은 말할 것도 없고 야당과 진보언론조차 이런 정서에 편승하는 꼴을 보여준 게 지금의 세금파동이다.

종부세를 '세금폭탄'이라 했던 한나라당 등 보수 쪽의 흑색선전을 답습한 민주당은 당 지도부의 수준과 정체성을 드러냈다. 종부세는 세금부담이 터무니없이 낮은 2% 땅부자들의 부담을 좀 늘리자는 것이었다. 98%는 세금부담을 조금이나마 덜 수 있었으니 서민에게는 '세금폭탄'이 아니라 '세금폭죽'이라 부르는 게 진실에 가까웠다.

이번에 민주당과 진보언론은 애초부터 '보편 복지를 위해 그 정도 소득세 증액은 감수하자'고 설득하면서, 누진적인 '부자증세'를 강력하게 요청해야 했다. 그랬더라면 박근혜 정부가 표방한 '증세 없는 복지'의 허구성을 속속들이 드러낼 수 있었을 것이다. 조세정책만큼 보수·진보 정당의 정체성을 확실히 드러내는 것은 없다.

　　집권세력한테 '복지'와 '경제민주화'는 선거를 위해 차용한 남의 공약이었고, '줄푸세', 곧 '세금은 줄이고 규제는 풀고 법질서는 세운다'는 게 변함없는 소신이었다. 그러나 민주당이 제조도 안 된 '세금폭탄'을 비난하는 바람에, 정부·여당은 소득세 부담이 늘어나는 연봉을 5천5백만 원으로 올리는 선에서 파동을 수습해가고 있다.

　　박 대통령은 "서민경제가 가뜩이나 어려운 상황인데..."라며 '구경꾼 화법'을 구사했다. 아니나 다를까, 당정협의와 대통령 보고까지 마친 사안이고 모순된 공약을 내세운 대통령의 책임이 가장 큰데도 경제팀을 속죄양으로 삼는 분위기가 조성됐다. 사정 변화를 내세워 복지공약을 폐기하는 계기로 삼으려는 움직임도 있다.

　　앞으로 진보언론이 집중해야 할 것은, 한국 사회의 존속을 위해 복지 확대가 피할 수 없는 선택이며, 세제와 세정 개혁을 통해 그것이 가능함을 보여주는 일이라고 본다. 우리나라 세제가 얼마나 왜곡돼 있고 탈세가 폭넓게 이루어지는지 심층보도해 개혁의 동력을 살려야 한다.

　　'대기업 법인세는 지금도 높아서 올리면 안 된다'는 정부와 보수언론의 논리만 하더라도 얼마나 허약한가? 대기업은 각종 감면조처로 실효세율이 최저세율 한도인 16%에 가깝다. 지난해 순이익 11조 5천억 원을 낸 삼성전자의 실효세율은 16.3%에 그쳐 중견기업 평균보다 낮은 수준이다. 미국은 법인세 최고세율이 35%이고 실효세율이 26%나 된다. 우리 기업의 사회보장기여금도 매우 적다.

가장 심각한 것은 상속세 탈루다. 삼성그룹의 자산은 3백조 원 규모로 평가되지만, 이건희 회장이 176억 원의 상속세를 내고, 이재용 부회장 역시 수백억 원의 증여세만 낸 채 경영권을 상속받은 상태다. 지금까지 상속세 최대금액은 신세계 3천5백억 원을 필두로 교보생명, 대한전선, 태광산업 등이 1천억 원 이상 냈는데, 기업 규모에 견주어 삼성의 상속증여세액을 납득하는 국민이 있을까? 헐값 주식양도, 전환사채 악용, 일감 몰아주기 등이 삼성이 개발한 '절세' 수법이었다. 일감 몰아주기 중과세 방침도 이번 세제개편에서 후퇴해 탈세를 합법화했다.

최근 〈뉴스타파〉가 버진아일랜드를 통해 재산을 은닉한 한국인 명단을 밝혔고, 독일 시사주간지 〈슈피겔〉과 〈차이트〉는 미국·영국·룩셈부르크·스위스·독일 등이 조세회피의 허브임을 밝히는 심층보도를 했다. 그러나 나는 세계 최대 조세회피처가 야자수 아름답게 늘어선 섬나라와 선진국이 아니라 한국이라고 생각한다. 선진국들은 해외의 검은돈을 불려주는 역할은 하지만 자국 기업의 탈세에 대해서는 엄벌한다.

재정위기에 처한 로마 황제 네로는 도시에서 팔리는 모든 음식물에 세금을 물리고, 짐꾼에게 하루 벌이의 8분의 1, 매춘부에게 한번 관계를 가질 때 받는 금액만큼을 하루 세금으로 거둬들이는 세법개정안을 마련했다. 하루 한번밖에 관계를 갖지 못한 '경쟁력 없는' 매춘부에게는 100% 근로소득세율이 적용된 셈이다. 라티푼디움 소유주 등 대자산가들은 손대지 못하고 서민 부담이 큰 간접세와 근로소득세를 올린 것이다. 조세정책의 방향에서 네로와 박근혜 정부의 차이점이 뭔지 모르겠다. (경향 2013.8.15)

'불한당' 정체성 드러낸 새누리당 정권[18]

'불한당(不汗黨)'을 직역하면 '땀 흘리지 않는 무리'라는 뜻이다. 노동을 싫어하는 건달이나 사기꾼을 지칭하는 말이지만 불로소득 계층으로 뜻을 확장할 수도 있겠다. 땀 흘려 일하고 쉬는 사람은 얼굴이 평온해 보이고, 우울증이나 큰 병도 잘 걸리지 않는다고 한다. 서양에도 '땀 흘리지 않으면 달콤함을 누릴 수 없다'(No sweet without sweat)는 속담이 있다.

---

18 〈경향신문〉 편집국 책임자는 시민편집인이 단 이 제목을 "너무 강하다"며 바꿔주길 요청했으나 합리적 지적이 아니라고 생각해 받아들이지 않았다. 시민편집인은 편집국을 견제하는 직책일 뿐 아니라 잘못된 관계가 형성될 수 있기 때문이기도 했다.

우리 사회에서는 이제 이 통념이 바뀌고 있다. 땀 흘려 일해 봤자 제대로 대우받지 못하고 직장에서 쫓겨나는가 하면 각종 질병에 시달리는 노동자도 많다. 아예 직장을 갖지 못하거나 소득이 형편없는 이들은 결혼도 어렵고 결혼해도 아이 낳기가 두렵다. 모질고 거친 세파에 시달리다 못해 자살로 생을 마감하는 이들도 많다.

각종 통계가 이를 뒷받침한다. 얼마 전까지 세계에서 '고아 수출' 1위였던 나라가 저출산 1위로 바뀌고, 40대 남자 사망률도 1위가 됐다. OECD(경제협력개발기구) 회원국 중에서는 연간노동시간, 10만 명당 산재사망자, 저임금노동자비율, 비정규직비율, 노인빈곤율, 자살률 등이 대개 압도적 1위이고, 2위 밑으로는 잘 떨어지지 않는다.

그러나 사회복지지출은 까마득한 꼴찌 수준이다. 그런데도 복지지출이 과다하다고 주장하는 언론이 주류를 형성하고 그런 정책을 펴는 정부가 집권하고 있는 나라가 대한민국이다. 그들은 노동자들을 홀대하는 대신 일하지 않는 '불한당'을 위한 정책을 끊임없이 부추기고 내놓는다.

2013년 4월에 발표한 '서민 주거 안정을 위한 주택시장 정상화 대책'은 제대로 이름을 붙인다면 '서민 주거 불안정을 위한 주택시장 비정상화 대책'이다. 다주택자 양도세 중과 폐지 등 집을 많이 가진 사람에게 혜택이 집중되는 정책이 대부분이니 투기를 부추기는 '정책 조합'임이 분명하다.

집값이 계속 올라야 '주택시장 정상화'로 보는 주류 언론과 집권세력의 부유층 편향 시각이야말로 서민들의 '내 집 마련

꿈'을 무산시키는 주범이다. 소득과 비교한 집값의 비율은 서울이 뉴욕·도쿄의 두 배가 넘는다. 집을 사는 데 소요되는 기간도 너무나 길고, 물려받은 재산 없는 봉급쟁이가 집을 사는 것은 불가능에 가깝다.

자택을 갖기가 이토록 힘든 데다 공공임대주택이 적어 그야말로 '지상의 방 한 칸'을 마련하는 일이 지상과제가 된다. 미국은 자기집보유율이 65%나 되고 유럽 국가들은 대개 공공임대주택비율이 20~36%에 이르지만 우리는 둘 다 터무니없이 낮다. 반면 한국의 '주택 부자' 상위 1%는 평균 5.5채의 집을 갖고 있다. 주택시장을 투기장으로 만들어온 경기부양책의 결과다.

올 9월 부동산대책은 재건축 연한을 40년에서 30년으로 낮춰 집값 띄우기를 시도했다. 그렇지 않아도 우리나라는 아파트 수명이 세계에서 가장 짧은 27년이다. 영국 128년, 독일 121년, 미국 72년에 견주면 청소년 시절에 살해당하는 꼴인데 '더 일찍 죽여도 좋다'는 허가를 내준 것이다.

어느 정도 경기부양은 필요할 수 있지만 문제는 최악의 '정책 조합'이다. 재건축 연한 축소와 함께 금리를 낮추었으니 물량이 줄어든 데다 전세를 월세로 전환하려는 집주인들의 이익추구 심리가 가중돼 우려했던 바와 같이 '전세대란'이 발발했다.

전셋값 상승을 방치함으로써 주택 매매수요를 촉진하는 정책은 '불한당' 정권이 아니라면 발상하기조차 힘든 것이다. "아무도 가지 않은 길을 가겠다"더니 경제팀이 결국 길을 잃어버린 건가? 박근혜 정권 19개월간 수도권 아파트 전셋값이 3천만 원 가까이 올랐다니 웬만한 봉급쟁이 연봉을 고스란히 가져간 셈이다.

급등하는 전셋값과 월세 지출은 서민들의 가처분소득을 줄여 내수에 타격을 주니 원래 정책목표였던 경기부양에도 해롭다. 집세 상승을 방치하면서 금리를 인하하고 대출규제를 푼 것은 '아니꼬우면 빚내서라도 집 사라'는 건데, 정부 정책에 홀리면 가계부채 상승으로 이어져 '하우스 푸어'가 되기 십상이다. 진정한 서민 주거 안정책은 빚을 내지 않고도 집을 살 수 있게 집값을 떨어뜨리는 건데 거꾸로 가고 있다.

재정지출 확대는 국가부채 증가로 이어진다. 가계부채 1천1백조, 국가부채 1천조 시대에 '골든 타임' 운운하며 부동산과 주식시장을 띄우는 데 '올인'하는 것은, '경기부양의 역사'가 보여주듯 '돈이 돈을 벌게 하겠다'는 취지다.

재벌의 중복과잉투자로 촉발된 1997년 외환위기는 상대적으로 건전했던 가계와 정부가 부담을 떠맡았으나 이제는 안전판도 사라졌다. 사실 외환위기는 지내놓고 보니 재벌에게는 기회였다. 공적자금 투입으로 부실을 털어버렸고 '노동시장 유연화'라는 이름 아래 비정규직·저임금이 보편화하면서 기업 빚이 정부와 가계 빚으로 전가된 측면이 크다. 1997년에 국내 기업의 부채비율은 350%를 넘었으나, 지금은 10대 그룹의 사내유보금이 5백조 원에 이른다. 이명박 정부에서 시행된 법인세 인하가 상당한 구실을 했음은 물론이다.

주주자본주의를 지탱하는 배당소득도 일부 대주주에게만

집중된다. 주식을 아예 갖지 못한 서민이야 말할 것도 없지만 2012년의 경우 주주 중에서도 상위 1%가 배당소득의 72%를 가져간 것으로 나타났다. 정부가 가계소득 확충을 명분으로 추진하는 '배당소득증대세제'는 결국 대주주에게 특혜를 준다. 이자소득도 상위 1%가 45%를 차지했다.

대표적 불로소득인 임대·주식·이자소득은 방치한 채 서민들이 많이 무는 담뱃세 등 간접세는 대폭 인상할 방침이어서 박근혜 정부의 정체성이 드러난다. 한국의 조세체계는 OECD 회원국 중에서 소득 불평등 해소에 기여하는 바가 가장 작다.

담배, 소주, 자동차유류 등에 물리는 간접세의 비중은 2009년의 51.1%도 너무 높은데 2013년에는 54.5%로 높아졌고, 이제 담뱃세 인상 등으로 더 높아지게 됐다. 그에 반해 국내총생산(GDP)에서 차지하는 복지지출의 비중은 2012년 기준 9.3%로, 2011년 기준 프랑스 32.5%, 독일 25.9%, 일본 22.3%와 비교하면 터무니없이 낮은 수준이다.

특히 낮은 부문은 아동과 노인을 위한 복지지출이다. 국내총생산에서 차지하는 아동복지예산은 0.8%로, OECD 회원국 평균인 2.3%의 3분의 1 수준이다. 노인빈곤율 48.6%는 회원국 평균인 12.4%의 4배 수준이다. 젊은 시절 어느 나라 노동자보다 열심히 일한 우리 노인들이 사회에서 버림받은 '고려장' 신세를 면치 못하고 있는 것이다. 온종일 종편방송만 보고 자동으로 보수여당을 지지하는 다수 노인들의 자업자득이라고 하기에는 너무나 가혹한 처사가 아닐 수 없다.

그런데도 보수언론과 정부는 복지지출이 재정 파탄의 원인이라도 되는 것처럼 호도하면서 선거 때 약속한 복지마저 축소하려 한다. '사자방 비리'라 불리는 4대강사업, 자원외교, 방위사업에 1백조 원에 가까운 혈세를 쓴 것은 덮어두고 2조~3조 원이면 되는 급식·보육비 문제를 부각시키는 것은 우리나라 보수세력의 견강부회가 어느 정도인지를 말해준다.

박근혜 정부가 초래한 연간 세수부족분 8조~10조 원도 실은 실효세율이 너무 낮은 법인세와 유명무실한 종합부동산세 감소분에 해당하는 금액이다. 이 와중에 재벌 3세는 계열사 주식형 사채의 헐값 인수와 일감 몰아주기에 이은 기업의 증시상장으로 수백 배 차익을 남기고 있다. 이재용 부회장은 이번 삼성SDS 차익실현으로 18일 블룸버그가 발표한 세계 300대 부자 대열에 들어갔다. 그가 삼성그룹을 승계하면서 지금까지 낸 증여세는 고작 16억 원이다.

복지증세는 필요하지만 사실상의 탈세행위를 방조하고 있는 정부가 납세 의무를 강조하는 건 국민의 부아를 지르는 짓이다. 중견기업까지 가업상속공제 대상에 포함하려는 것도 마찬가지다. 봉급쟁이들은 법정세율이 곧 실효세율이니 탈탈 털릴 수밖에 없는 데다 각종 공과금들이 줄줄이 오르고 있다. 선거가 없는 해여서 행패가 더 심한 건가? 내가 '불한당 정권'이라 명명한 이유다.

'우회 증세는 복지 탓', '복지 부메랑' 등 그럴듯한 선동문구를 만들어내는 일부 언론과 정부는 그 입을 다물어야 한다. 아니 다물게 해야 한다. 세금 논쟁은 유럽 복지국가에서조차 보수·진보언론이 가장 활발하게 의제활동을 벌이는 각축장이긴 하지만, 통계가 보여주는 사회 현실을 왜곡해서는 안 된다. 99%를 위한 신문을 제대로 만드는 일은 진보언론의 활로이기도 하다. (경향 2014.11.20)

8 진실은 전쟁의
   첫 희생자

안보와 정신까지 해친
미국식 전쟁보도 맞서야

"우리는 우리(나라)의 명예와 힘과 안전뿐 아니라 정신까지 손상시킬 점령에 들어갔다." 〈뉴욕타임스〉 기자였던 크리스 헤지스는 2003년 이라크 전쟁 관련 강연에서 이런 말을 했다가 강연장에서 쫓겨나고 회사까지 그만둬야 했다. 당시에는 매국노나 할 수 있는 발언으로 치부됐지만 그는 이후에도 '잘못된 전쟁'에 대한 책을 여섯 권이나 썼다.

이라크와 아프간 전쟁 관련 보도에서 가장 탁월했던 언론인 셋을 꼽으라 한다면, 지금은 미국 주간지 〈더네이션〉에서 일하는 헤지스, 영국 일간지 〈인디펜던트〉의 로버트 피스크, 그리고 BBC의 존 심슨을 꼽겠다.

피스크는 원래 〈더타임스〉 기자였는데 언론재벌 루퍼트 머독이 그 신문을 인수하자 〈인디펜던트〉로 옮긴 인물이다. 그는 33년간 중동에 주재하면서 세계 언론이 주목하는 보도와 논평을 쏟아냈다. 그는 미국이 이라크를 침공했을 때 세계 각국 기자들이 안전지대에 머물면서 전쟁의 참상과 진실을 외면하자 '호텔 저널리즘'이라고 비판했다. 그는 또 "저널리즘은 정부와 정치인이 국민을 전쟁으로 몰고 갈 때 모든 권력에 도전해야 한다"고 말했다.

주목되는 점은 전쟁이라는 격동기에 그것을 어떻게 보도하느냐에 따라 언론사의 위상도 크게 바뀐다는 사실이다. 〈뉴욕타임스〉는 이라크전을 지지하는 애국주의 논조를 펴다가 상당히 권위가 손상됐다. MIT대학의 터먼 교수는 〈뉴욕타임스〉와 〈워싱턴포스트〉를 '미국이 세계를 망치는 100가지 중 하나'로 꼽기도 했다. 권위 있는 종군기자까지 몰아내는 언론사 분위기는 결국 그 매체의 권위마저 몰아내게 된다. 미국에서 반전 여론을 소생시킨 주역은 미국 언론이 아니라 영국 언론이었다는 평가도 있다.

우리 언론의 전쟁 보도는 어떤가? 〈한겨레〉 서해교전 보도를 예로 들면, 승전 분위기에 휩쓸리지 않고, 3단계로 단순해진 교전규칙의 문제점을 지적하는(11.11) 등 나름대로 전쟁보도의 금도를 지켰다. 그러나 이라크와 아프간 전쟁에서부터 서해교전과 아프간 파병 관련 보도에 이르기까지 우리나라 언론의 태도에는 숱한 문제점이 발견된다. 〈한겨레〉에도 해당 사항이 적지 않아 전쟁 보도와 관련한 외국 사례와 몇 가지 화두를 던져본다.

첫째, 대부분 언론사가 아프간이든 서해 섬이든 현장에 기자를 보내지 않고, 정부나 군당국의 발표 또는 외신에 전적으로 의존해 보도하는 태도가 관행이 되고 있다는 점이다. 이라크전은 종군기자가 많이 숨진 전쟁으로도 유명했으나 우리는 3위 파병국이면서 손끝 하나 다친 기자가 없다. 어떤 종류의 전장인지도 제대로 알지 못한 채 들어간 민간인과 지원병만 희생됐다.

〈조선〉과 〈중앙〉은 이라크전 개전 초기 기자를 특파했으나, 미군의 '임베드(embed) 프로그램'에 참여한 경우이다. 이는 군인들과 숙식을 함께하는 것이어서 미군의 눈으로 전쟁을 보게 되는 문제가 있다. 헤지스는 "임베딩은 기자들에게 전쟁은 고귀한 작전이라는 신화를 주입한다"고 했다.

BBC의 존 심슨은 임베딩을 거부하고 독자적으로 취재하다가 미공군의 오폭으로 취재차가 불길에 휩싸이는 위기에 처했다. 그는 차에서 뛰쳐나와 부상을 입은 채 바로 리포트를 하는 기자정신을 보여주었다. 심슨은 세계 분쟁지역이라면 안 가본 곳이 없는 65살의 노인이고 세계문제 에디터다.

특파원을 보내기 어렵다면 프리랜서를 활용하거나 현지인을 통신원으로 고용해 독자적 취재망을 갖출 수도 있으리라. 서해교전도 사건 직후 현지에 기자를 파견했더라면 발표에만 매달리지 않고 더 진실에 가까운 보도를 할 수 있지 않았을까? 해군장교로 백령도 등에 근무할 때 얘기지만, 섬의 해군기지들은 민간인과 포구를 함께 쓰는 곳이 많아 군에서 일어나는 일은 주민들도 대개 알고 있다. 해상의 교전상황도 어민이 목격하는 경우가 있어 금세 소문이 퍼진다. 당시 초급장교의 상상 속 그림이었지만 '남북공동어로수역'을 설정해 일촉즉발의 전쟁 위험도 해소하고 어민들이 마음 놓고 조업하는 날이 오면 얼마나 좋을까 하는 생각을 했다.

둘째, 한국 언론은 국내 정보원에 의존하는 보도를 많이 하는데 외국 정보원을 인용하더라도 미국에 편향된다는 점이다. 이라크전 초기 〈한겨레〉 기사에 인용된 정보원의 비율은 미국과 영국이 아랍국의 5배나 됐는데 그 비율은 〈조선〉과 동일했다는 연구결과도 있다.

한국 언론의 취재 방식과 선정주의는 전쟁 보도가 군당국이 발표하는 전황이나 무기 성능 소개에 치우치는 결과로 이어진다. '외과수술식 정밀폭격' 등의 제목을 붙인 컴퓨터그래픽은 전쟁을 오락실의 게임처럼 사람들에게 전달한다. 참혹한 폭격 현장을 묘사한 르포기사나 감추어진 전쟁의 목적을 파헤치는 분석기사는 드물다.

셋째, 우리 언론의 이런 '직무유기'가 아프간 재파병 논란으로 연장되고 있다는 점을 지적해야겠다. 아프간 재파병은 언론이 안이하게 만들어낸 가상현실을 기초로 한 것이어서 많은 피로 대가를 치를 수도 있다. 아프간 전문가도 한국에는 전무한 형편이다. 탈레반의 주축인 파슈툰족은 종족과 종교의 명예를 중시하고 그것이 더럽혀졌을 때는 반드시 복수하는 전통이 있다.

나는 영국에 머물 때 케임브리지로 유학 온 파슈툰족 고등학생과 2년간 함께 생활한 경험이 있다. 우리 가족이 하숙으로 학비와 생활비를 벌며 6년간 버틸 때 얘기다. 그는 아버지가 독일에 병원까지 갖고 있는 성공한 이민자였고 자신이 독일에서 태어났는데도 라마단의 금식과 같은 전통을 철저히 지켰다. 어른스러우면서도 마음씨는 순박하기 짝이 없는 학생이었다. 그의 가문은 탈레반에 적대적이었으나, 미국이 아프간을 침공하자 '미국 스스로 무덤을 팠다'고 확신했다. 당시 언론보도로는 탈레반이 괴멸된 상황이어서 그의 말을 흘려들었는데 몇 년 지나지 않아 현실이 되었다.

우리 파견부대의 전투력이 아무리 높아도 저항세력과 민간인이 구분되지 않는 전장에서 매복공격과 매설폭탄을 피하기란 어렵다. 너무 엄격한 계율을 요구해 지지를 잃어가던 탈레반을 소생시킨 것은 부패한 카르자이 정권이었고 미국의 무차별적 군사행동이었다. 오죽하면 3성 장군 출신의 아프간 주재 미국 대사도 군대 대신 돈을 보내달라고 요청했을까. 분명한 사실은 외국군이 더 많이 투입되면 반군의 저항도, 외국군의 희생도 더 커진다는 점이다. 많은 나라들이 '출구전략'을 고민하는 판에 우리는 머리를 들이밀겠다는 건가?

넷째, 북한과 관련해서는 군사력과 전쟁 도발 가능성이 지나치게 과장보도된다는 점이다. 이번 서해교전 보도에서도 북한이 남한의 상대가 안 된다는 사실이 드러났다. 그런데도 남한의 군비증강에는 이의제기를 하지 않는 게 우리 언론이다. 도대체 국내총생산 규모가 30배가 넘는 상황에서 '북한이 호시탐탐 남침하려 한다'는 건 현대전의 개념이 잘못 입력됐다고 말할 수밖에 없다.

다섯째, 우리 언론이 안보담론에 매몰돼 평화담론으로 나아가지 못하는 점을 지적할 수 있다. 국가안보를 강화하기 위한 군비증강은 안보를 약화시키는 측면도 있다. 북한의 핵개발도 점점 벌어지는 군사력 격차에 대응하기 위한 수단일 수 있다. 반전·반핵·평화의 3원칙을 견지하면서, 군비경쟁에서 군비축소로, 한미 군사동맹에서 다자평화협정체제로 전환하는 데 언론이 나서야 한다.

〈한겨레〉는 이런 여러 관점에서 얼마나 진지한 노력을 해왔는가? '진실은 전쟁의 첫 희생자'란 말이 있다. 그것을 피하기 위해 전쟁은 기자에 의해 목격돼야 한다. 전쟁의 진실이 밝

혀지면 평화로 가는 길도 뚜렷해진다. (한겨레 2009.11.25)

'메인함 사건' 재연 안 되게
'위기 보도' 바른 길로

1898년 2월 15일 밤 9시40분 쿠바 아바나 항에 정박해
있던 미국 메인함이 갑작스런 폭발로 두 동강 나 침몰하면서
266명이 희생됐다. 메인함은 스페인에 대한 쿠바의 독립전쟁
에 개입하고 미국의 이권을 보호하기 위해 파견된 전함이었다.

폭발 원인은 아직도 미궁에 빠져 있지만, 퓰리처가 운영하
던 극우신문 〈더월드〉는 이틀 뒤 신문에 '외부폭발이건 내부폭
발이건 그것은 적에 의해 저질러졌다'며 스페인을 배후로 지목
했다. "메인함을 기억하라! 스페인을 지옥으로!" '황색지'라는
이름을 낳은 퓰리처와 허스트 가문의 신문들은 광적으로 여론
을 선동했고, 미국의 선전포고를 이끌어냈다. 미국은 스페인 전
쟁 승리로 마침내 세계 제국주의 주역으로 떠올랐다.

그런데 1976년 해군 제독 리코버는 사적으로 조사활동을
벌인 뒤 내부폭발을 주장하는 책을 썼고, 2002년 폴 크루그먼
은 '백인의 짐'(9.24)이라는 제목의 〈뉴욕타임스〉 칼럼에서 부
시의 전쟁도 스페인 전쟁처럼 내우를 외환으로 덮으려 한 혐의
가 짙다고 지적했다. 전쟁에서 진실을 유린하는 프로파간다의

전형은 적의 잔혹성과 전쟁의 정당성을 과장하는 것이다.

천안함과 메인함. 두 함정의 침몰은 다른 점도 있지만 비슷한 점도 많다. 사건 발생 시각부터 비슷하고, 긴장이 고조된 지역에 함정이 진입한 것도 비슷하다. 근무 장소 탓이긴 해도 희생자 대부분이 수병과 부사관인 점도 같다. 두고 봐야겠지만 천안함 침몰 역시 '미제사건'으로 남을 가능성이 없지 않다.

명백한 증거가 발견되기도 전에 보수언론이 침몰 원인을 적의 소행으로 돌리고 '애국주의'를 부추긴 반면, 진보언론이 우왕좌왕하면서 제구실을 못한 것까지 닮았다. 〈한겨레〉로 좁혀서 천안함 보도를 되짚어보면, 해병대 초병이 촬영한 동영상이 있다는 사실을 특종보도해 사고 시각을 앞당기도록 한 점, 맹목적으로 애국주의를 부추기지 않고 차분하게 대응한 점 등 평가받을 부분도 많다.

그러나 앞으로 〈한겨레〉의 '위기 보도' 능력을 높이기 위해서라면 문제점 위주로 적시하는 것이 의미가 있으리라. 첫째, 초기대응에 실패했다는 점이다. 사건 다음 날인 27일 서울 외곽 5판 지역인 우리 집에 배달된 〈한겨레〉에는 천안함 관련 기사가 한 줄도 없어 허망했다. 함께 배달된 다른 신문들은 발생기사와 함께 2~3면에 걸쳐 해설기사를 내보내는 기민함을 보였다. 〈한겨레〉는 6판에 발생기사만 내보내고 최종판인 7판에 해설기사를 한 꼭지 물리는 데 그쳤다. 해군의 경계소홀과 합참의 늑장대응을 탓하기에도 부끄러운 일 아닌가?

둘째, 돌발상황에서 초기대응은 매뉴얼과 근무기강에 따를 수밖에 없다는 점에서 군과 청와대는 물론이고, 〈한겨레〉에도 당직과 비상소집, 전문기자제 등 시스템 문제를 지적할 수 있겠다. 청와대가 안보관계장관회의를 여러 차례 소집했지만, 국토해양부 장관과 민간 전문가도 포함하는 '사고대책본부' 성격의 조직을 가동했더라면 훨씬 효율적으로 구조작업이 진행됐을 것이다. 민간 크레인선이 나흘이나 늦게 출동하고 국토해양부 산하 해양연구원의 심해잠수정을 몇 주 지나 투입하기로 한 것도 조직의 전문성 문제와 무관하지 않은 듯하다.

정부 핵심 당국자들 가운데 군필자가 드물었던 점도 위기 대응에 대한 국민들의 불안감을 키웠는데, 〈한겨레〉 역시 군사 전문기자가 없다는 것이 약점으로 드러났다. 모니터링 일지에 군사전문기자가 있는 3개 신문의 앞서가는 보도내용을 적어 넣을 때마다 다음 날 〈한겨레〉가 뒤따라가지나 않을까 안타까웠다. 축적된 자료와 인맥을 동원하지 않으면 불가능한 일이었을 터이다.

셋째, 군사용어 해설과 그래픽이 소홀한 점은 독자서비스 차원의 문제다. 〈뉴욕타임스〉〈가디언〉 같은 세계 일류신문들이 전문용어에 설명을 붙이거나 인터넷판에서 키워드를 클릭하면 바로 관련 기사로 연결되는 것은 모두 독자의 이해를 높이기 위한 수단들이다. 아쉽게도 〈한겨레〉는 클릭하면 광고와 연결된다. 광고도 정보이긴 하지만...

넷째, 사건 초기 허둥대는 청와대와 군당국이 벌이는 구조 활동과 흘리는 정보에 〈한겨레〉도 지나치게 의존했다는 점이다. 대표적인 오보가 수밀격실 덕분에 최대 69시간까지 생존자가 있을 수 있다는 보도였다. 군 관계자가 그렇게 말했을지라도 그 가능성을 따져봐야 하는 게 언론의 임무다.

수밀격실은 함포사격이나 사고로 수면 아래 격실에 구멍이 났을 때 출입문인 해치를 재빨리 닫아 인접 격실로 물이 밀려들어오는 것을 막아야 기능을 발휘할 수 있다. 이번처럼 함정이 두 동강 나 순식간에 침몰하는 충격상황에서 해치의 손잡이를 돌릴 용사가 어디 있겠는가? 불가능한 구조작업을 조급하게 독려하는 분위기에서 한주호 준위와 금양호 선원 등 아까운 인명이 또 희생됐다.

다섯째, 군에 대한 과신과 영웅 만들기, 그리고 기술맹신주의도 사고를 자주 유발하고 원인 규명과 구조를 어렵게 만들 뿐 아니라 언론이 오보를 내는 요인이 된다. 정부와 언론은 장비도 경험도 부족한 해군의 능력을 과신했지만, 함미 발견도 선체 인양도 모두 민간이 해냈다. 언론, 특히 방송은 해난구조대(SSU)와 수중폭파대(UDT) 대원들의 능력을 '무소불위'로 과장했다.

내가 백령도와 인근 레이더기지에서 해군 장교로 복무하던 80년대 초반 얘기지만, 벙커 상황실은 일반인이 생각하는 것과 달리 긴장감보다는 무료함이 지배한다. 부사관이나 고참 수병들 중에는 당직자이면서 나뭇조각으로 모형배를 만드는 일에 몰두하는 이도 꽤 있었다. "경계근무에 만전을 기하고 있다"는 군인들의 구호는 실제와는 다른 경우가 많다. 인간이 하는 일이기에 레이더나 소나(음파탐지기) 당직자가 실수를 할 수도 있다는 얘기다. 함정이나 무기 또한 인간이 만든 것이기에 함정이 두 동강 나거나 오래된 기뢰가 폭발할 수도 있는 일이다. 국방부 대변인이 "백령도 해역에 설치한 우리 기뢰는 기술적으로 폭발 가능성이 없다"고 말한 데서도 기술맹신주의를 엿볼 수 있다.

여섯째, 보수언론이 명백한 증거가 없는 상태에서 북한 소행으로 단정하려 했던 것과 반대로 진보언론이 북한의 어뢰공격 가능성을 애써 배제하려 한 것도 진실에 접근하려는 열린 태도가 아니었다. 국제정치 정세로 미루어 북한이 그럴 때가 아니라고 짐작하는 것도 예단일 수 있다. 군부 강경파가 상부 허가 없이 저지른 만행일 가능성도 있기 때문이다.

일곱째, 원인 규명에 몰입한 나머지 의제 확장에 비중을 두지 못한 점을 지적할 수 있겠다. 〈한겨레〉는 정부에 책임 추궁은 했지만, 그 결과로 초래될 수 있는 군비확장을 경계하거나 남북 긴장을 완화하는 쪽으로는 의제설정을 활발히 하지 못했다.

커뮤니케이션 이론을 들먹이지 않더라도 정보 공개는 위기대응의 핵심이다. 군부가 보안을 내세워 군사문제를 지나치게 배타적으로 논의하려는 것은 위험하다. 군에 대한 대통령의 통수권을 넘어 국민에 의한 민주적 통제가 필요한 이유이다.

빈발하는 사고의 근본 예방책은 군비축소와 긴장완화다. 이명박 정부 들어 남북 교류가 단절되고 긴장의 파고가 높아가던 중 새 작전구역인 백령도 근해까지 대형 함정을 출동시킨 것이 어쨌든 대형 참사로 귀결됐다. 그렇더라도 물론 북한이 어뢰를 쐈다면 엄중한 비판과 함께 책임을 져야 할 일이다.

마지막으로, 가장 중요한 문제는 천안함과 함께 침몰한 정치·경제·사회적 의제들을 진보언론조차 인양하지 못하고 있다는 점이다. 4대강과 세종시, 무상급식과 독도 문제 등 각종 이슈들이 이번 지방선거를 통해서도 여론수렴의 기회를 놓친다면, 선거는 민주주의의 요식행위가 되고 말 것이다. 안보는 대단히 중요하지만, 그렇다고 모든 것을 휩쓸어버리는 정치적 쓰나미가 돼서는 안 되겠기에 강조하는 말이다. (한겨레 2010.4.28)

한국 신문만 보면
세계를 알 수 없다

막스 베버가 1910년 가을 제1차 독일사회학자대회에서 신문 분석 테제를 발표하면서 신문의 내용 분석은 사회를 읽는 단서를 제공한다고 말했다. 딱 백 년이 지난 지금 한국에 살고 있는 대중은 신문을 통해 세상 돌아가는 형편을 제대로 알고 있을까?

특히 국제 뉴스는 면수가 적은 데다 이념에 따른 취사선택의 폭이 좁고 취재 시스템에도 문제가 많아 한국 신문만 보면 세계가 돌아가는 것을 온전히 알 수 없다. 최근 튀니지·이집트·리비아 등의 민주화 또는 노동운동과 삼호주얼리호 피랍사건은 한국 언론의 국제보도가 어떤 문제점들을 안고 있는지 극명하게 보여준다.

첫째, 미국·중국·일본 등 강대국 중심의 보도 관행에 빠져 후진국 관련 기사를 소홀히 다루고 있다는 점이다. 〈한겨레〉로 한정해 튀니지 사태 보도를 뒤돌아보면, 첫 기사인 "고실업·고물가'에 북아프리카 분노 폭발'이 나간 것은 한국언론 중에서는 이른 1월 11일이었는데, 1판(제주)에만 실리고 아예 기사가 빠졌다. 13일 '튀니지 고실업에 성난 시위대, 관공서·은행 공격' 기사는 6판(서울지역)에만 실렸다.

대부분 지방 독자들이 첫 기사를 대한 날은 15일이었다. 그간의 경과를 모르다가 난데없이 '튀니지 대통령 항복선언'이라는 기사가 실린 것이다. 지난해 12월 27일 한 청년의 분신으로 촉발된 시위가 그동안 경찰 발포로 66명이 숨질 정도로 격렬했지만 19일 만에 나간 기사였다. 밤 당직시간에 많이 들어오는 아프리카·중동··유럽발 주요 외신들을 다음 날 지방판에서 빠뜨리는 것은 지방 독자들을 무시하는 처사다.

국제면은 지면 수가 적을 뿐 아니라 지면 배치에서도 뉴스면 중 거의 맨 뒤로 밀려 홀대를 받고 있고, 미·중·일 관련 기사가 아니면 종합면에 나가는 경우도 드물다. 권위지인 〈가디언〉은 국제면(International) 수가 정치·사회 기사를 합친 국내면(National) 수와 비슷하고, 〈르몽드〉는 국제면을 종합면 바로 다음에 배치해 놓았다. 종합면의 최대 단골도 국제뉴스여서, 시시콜콜한 정치인 동정 등 정치기사로 과점되는 우리 신문들과 대조된다. 아랍세계의 정치사회적 격변이 국제면을 벗어나 1면으로 나온 것은 사태 발생 한 달이 가까운 1월 25일이었다.

둘째, 한국의 보수·진보 신문들은 이념적 성향에 따라 뉴스를 취사선택하는 폭이 매우 좁다는 점이다. 저널리즘스쿨에 입학한 학생들에게 물어보면 대개 집에서 보아온 신문이 무엇이냐에 따라 같은 사안에 대한 시각이 매우 다르다는 사실을 발견하게 된다. 국제뉴스를 예로 들어 좀 심하게 말하면, 보수신문만 보면 유럽과 중남미에 다 우파정권이 들어서 있고, 진보신문만 보면 다 좌파정권이 들어서 있는 줄 안다. 이념적으로 가까운 정파가 정권을 탈환하면 크게 보도하고, 반대의 경우 기사를 소홀히 취급하는 한국 신문의 전통 탓이다.

셋째, 서방의 이해와 시각을 반영한 보도가 주류를 이룬다는 점이다. 큰 국제뉴스가 터지면 대부분 한국 신문과 방송들은 서방 언론사의 보도 내용을 그대로 받아 내보내기에 바쁘다. 그러나 〈뉴욕타임스〉〈워싱턴포스트〉 등 권위지들도 이라크전을 부추긴 데서 알 수 있듯이 아랍국 보도에 관한 한 공정하지 못한 경우가 많다. 이들 신문은 자본의 뿌리가 유대계이고, 중동문제 주요 논객인 토머스 프리드먼, 윌리엄 새파이어 등도 모두 유대인이다. 언론재벌 루퍼트 머독도 그렇지만, 래리 킹, 여성방송인 인기 1위인 케이티 커릭 등 미국 언론계 스타 중에는 유대인이 엄청나게 많다.

아랍권의 대표적 위성방송인 〈알자지라〉는 이집트 사태에 대한 미국 언론의 편향 보도를 다시 기사로 보도하기도 했다. 미국 언론은, 결국 오보가 됐지만, 시위 사태를 비관적으로 전망했고, 시위 사태가 미국과 서방사회에 미칠 영향만 집중적으로 보도했다는 것이다. 이번에도 한국 언론은 미국 언론에 의존해 보도하는 경우가 너무 많았다. 이집트로 간 한국 기자들도 반정부·친정부 시위대의 충돌을 집중적으로 보도했다. 언론이 '친정부'라고 명명한 '관제 시위대'의 정체를 밝혀보려는 노력은 보이지 않았다.

〈한겨레〉는 그나마 서방 언론의 시각에서 벗어나 시위를 시민혁명 차원으로 보려는 노력을 어느 정도 한 것으로 평가할 수 있다. "'튀니지 시민혁명' 주변국 민주화 불 지피나'(1.17) 등 여러 분석기사가 돋보였다. 그러나 그 기사에서 튀니지 사태가 주변국으로 번지지 않을 것으로 전망한 것은 빗나갔다. 그 이유로 인근 국가들이 '튀니지와 달리 군과 경찰이 정권에 충성하고 있거나 풍부한 석유자원을 바탕으로 국민들을 달랠 수 있기 때문'이라고 했는데, 실업과 저임금 등 절박한 생존의 문제로 시작된 노동운동의 저력을 과소평가한 듯하다.

넷째, 아랍국의 독재권력을 존속시키는 데 기여한 외부요인의 분석이 미흡하다는 점이다. 서방 언론들은 미국 등 강대국들이 석유를 싼값에 공급받기 위해 독재권력과 결탁해온 부분에 대해서는 관대하다. 미국 책임론에 대해서는 〈한겨레〉가 집중적으로 분석기사를 내보낼 필요성이 있지 않을까?

소말리아 해적을 보는 시각도 그렇다. 해적은 근절돼야겠지만, 강대국과 유엔의 공인 아래 이뤄지는 무자비한 소탕작전에는 강대국의 역사적 과오에 대한 반성이 결여돼 있다. 군벌에 무기를 대줘 중앙정부를 무력하게 만든 것은 미국과 소련이었다. 무정부 상태의 소말리아 해역에 선진국들은 산업폐기물을 무단투기하고 고기를 남획했다. 우리나라도 한 다리 끼어들었다. 해적은 자경단 비슷한 조직으로 시작됐다고 한다. 한국 언론은 삼호주얼리호 선원 구출작전에서 많은 사상자가 났는데도 해적과 영웅의 이분법으로 자축했다. 〈한겨레〉는 그나마 좀 자제했으나 초기 보도들은 무용담으로 흘렀다.

다섯째, 국제보도와 관련한 한국 언론의 이런 문제들은 취재 시스템의 문제에서 비롯되는 것이 많다. 아프리카나 중동 특파원을 두고 있는 신문사가 전무한 게 한국 언론의 현실이다. 중동문제에 정통한 〈인디펜던트〉의 로버트 피스크 기자는 중동 주재 30년이 넘었다. 오바마 대통령의 이집트 특사가 무바라크를 변호한 법률회사의 변호사였다는 사실을 폭로한 것도 그였다. 〈인디펜던트〉는 〈한겨레〉보다 부수가 적고 자본도 영세하지만, 그 말고도 패트릭 코크번 등 국제문제 전문기자들의 활약이 대단해 전 세계 신문이 늘 인용하는 매체가 됐다.

〈한겨레〉는 처음에 아랍국 관련 기사를 주로 써온 기자를 이집트에 특파했다가 시위가 소강상태에 빠졌다고 생각했는지 철수시키고 영국에서 연수중인 기자를 현지로 보냈다. 갑자기 투입돼 전문성은커녕 길도 모르고 인맥도 없는 기자가 현장 스케치 기사 말고 특종을 하거나 깊이 있는 분석기사를 보내는 것은 불가능한 일이다.

〈한겨레〉는 현재 미국·중국·일본에 특파원을 두고 있는데, 그것이 그들 나라에 대한 기사 편중과 무관치 않아 보인다. 사실 영향력이 줄어든 일본에 특파원을 상주시킬 필요가 있는지 의문이다. 일본은 취재 거리가 있을 때 서울에 '상주'하는 분야별 전문기자들을 보내더라도 충분히 커버할 수 있는 곳이다.

〈한겨레〉라면 파리 특파원을 부활하는 것보다 중동에 특파원을 상주시키고 유럽을 함께 커버하게 하는 것이 남다른 지면을 만드는 데 유리할 듯하다. 비용이 문제된다면 제3세계 국가의 진보매체들과 기사교류 협정을 맺거나 현지 교민을 섭외해 통신원으로 활용하는 것도 한 방법이다. 특파원은 언어장벽이 없어야 하니 신입기자 채용도 특파원 운용과 연계돼야 한다. 네트워크가 중시되는 정보사회에서 〈한겨레〉는 어떤 준비를 하고 있는가? 세계의 권위지들은 하나같이 세계뉴스 취재 시스템을 잘 갖추고 있다. 〈한겨레〉가 적어도 한국 언론 중에서는 세상을 내다보는 데 가장 맑고 균형 잡힌 창문 구실을 해주길 기대한다. (한겨레 2011.2.22)

백제왕 죽음에
당태종이 왜 곡했을까

당나라 역사책인 『구당서』에는 백제 무왕이 죽어 의자왕이 상주가 되었다는 소식을 듣자 당 태종이 소복을 입고 곡을 했다는 기록이 있다. 당 태종은 또 연개소문이 영류왕을 살해하고 보장왕을 옹립해 당나라에서 고구려 정벌론이 대두하자 "상을 당한 틈에 정벌하고 싶지 않다"며 일단 조문사절을 보내고 보장왕을 인준한다. 그러나 나중에 당나라가 삼국의 분열을 틈타 상당한 영토를 탈취한 것은 다 아는 바와 같다. 중국의 외교

정책은 그럴듯한 명분과 별도로 철저히 실리를 추구하는 전통이 뿌리깊다.

　김정일 국방위원장이 사망하자 중국은 최고 지도부 9명 전원이 베이징 북한대사관으로 찾아가 조문하고 어느 나라보다 먼저 김정은 체제를 인정했다. 조문외교에서 주도권을 확보한 중국은 식량지원과 함께 경제협력을 가속화할 것이라 한다.

　그러나 남한은 가장 많은 이해관계가 걸려 있는 동족국가이면서도 명분과 도덕을 기준으로 외교를 한다. 정부는 북한 주민에게만 위로의 뜻을 전하고 민간인 조문도 엄격히 제한했다. 상주가 아닌 문상객에게 조의를 표하고, 문상 가겠다는 사람을 말리는 꼴이니 실은 도덕과도 거리가 멀다.

　천안함과 연평도 사건 최고 책임자에게 조의를 표할 수 없을뿐더러 북한 정권과 주민을 분리하는 전략이라는데, 그거야말로 명분에 치우쳐 남북관계의 미래를 고민하지 않는 태도다. 개인이 상가에 갈 때도 망자와 안면도 없으면서 상주를 위해 문상하는 경우가 많지 않은가? 평소 껄끄러운 관계도 상가에서는 쉽게 풀리는 게 인지상정이다.

　조문 국면에서 정부뿐 아니라 〈한겨레〉 역할도 되짚어볼 필요가 있다. 〈한겨레〉는 창간 때부터 민족을 앞세우는 전향적 보도로 남북 화해와 통일의 초석을 다지는 데 힘써왔다. 김일성 주석 사망 때 극심했던 '남남 갈등'이 이 정도나마 누그러진 데는 〈한겨레〉의 역할이 작지 않았다. 이번에도 보수 편향의 적대적 보도를 희석시키는 데 나름대로 기여했다.

　그러나 지난 1주일 〈한겨레〉 보도는 아쉬운 부분도 많았다. 특히 첫날인 20일치 사설은 〈한겨레〉만의 시각을 보고자 했던 독자들을 실망시켰을 듯하다. 김일성 사망 때 경험에 비추어 조문이 핵심 이슈가 될 것이 분명한데도 통단 사설에 '조의 표명도 적극 검토해야 한다'는 식으로 한 줄 걸치고 넘어갔을 뿐이다.

같은 날 〈경향신문〉은 '조의 표명이 남북관계 개선의 계기가 될 수 있다'는 내용의 사설을 별도로 내보내 이슈화를 시도했다. 〈중앙일보〉는 보수신문이면서도 사설에서 조문 문제를 전향적으로 검토할 것을 정부에 주문하고, 논설위원 칼럼에서도 '대북 조문, 굳이 막을 일 아니다'라며 발 빠르게 치고 나갔다. 〈한겨레〉는 조문단 방북을 제한적으로 허용하겠다는 정부 발표가 나온 다음 날에야 미흡한 조의 표명을 비판하는 사설을 내보냈다. 조의·조문에 관한 한 〈한겨레〉 사설은 의제설정자가 아니라 관전자의 위치에 머물고 만 셈이다. 외교도 의제설정도 시의성과 구체성이 핵심이다.

〈한겨레〉가 24일치 사설에서 '대통령과 청와대가 남북관계의 현실을 객관적으로 보기 시작했다'고 평가한 대목도 논란거리가 될 수 있다. 이 사설은 정부의 미숙한 조문외교를 질타한 22일치 1면 머리 '한반도 조문외교 한국이 안 보인다' 등 일련의 기사와 내용 자체가 상충한다. 사설의 의도야 "북한을 적대시하지 않고 있다"는 대통령 발언을 계기로 후속 조처를 촉구하려는 거지만, 발언을 긍정적으로 평가하기에는 '북한 붕괴론'에 입각한 4년간의 행적과 이번에 저지른 정부의 실수들이 너무나 뼈아팠다.

조의 표명과 유엔 총회장 묵념 거부까지 미국과 공조하는 한국의 태도가 북한과 중국에 어떻게 비쳤을까? 막상 미국은 공조에서 벗어나 직접 북한과 식량지원을 논의하고 있다. 주변 국은 모두 이해관계에 따라 움직이는데 우리만 '혈맹'인 '영원한 우방'을 짝사랑하겠다는 건가? 〈한겨레〉 사설까지 칭찬을 하니 대통령 입에서 "북한도 우리가 이 정도까지 하리라 생각 못했을 것"이라는 자화자찬이 나올 만도 하다.

이 국면에서 진보언론은 어떤 보도태도를 취할 것인가? 첫째, 쏟아지는 북한 관련 뉴스에 다른 이슈들이 묻히지 않게 하는 것이다. 집중보도가 불가피하다 해도 '디도스 공격'과 '대통령 친인척 비리' 등 시국사건들이 요즘처럼 홀대받아서는 안 되리라.

둘째, 북한 체제 비판에 성역을 두어서는 안 된다는 점이다. 지금 시기에 북한을 비판하는 것은 정부에는 외교적 실책이 되겠지만 언론은 다르다. 북한의 실상을 파헤치고 개혁과 개방을 촉구하는 것은 진실규명과 인도적 차원의 문제다. 프랑스 〈리베라시옹〉은 좌파 신문이지만 북한을 신랄하게 파헤치고 모험주의를 비판하는 것으로 유명하다.

셋째, 남북을 막론하고 보수강경파의 득세를 막아야 한다는 것이다. 남북 대치관계가 기득권 유지에 유리한 그들은 남북관계의 해빙을 바라지 않는다. 미·중·일 강대국들도 툭하면 '비상경계태세'에 들어가는 남과 북에 자신들의 이해관계를 반영하기가 쉽다.

넷째, 정부는 대북 식량지원도 거부하고 있는데, 지금이야말로 '퍼주기'를 재개할 때라고 본다. '퍼주기'를 둘러싼 '남남 갈등'이 심했지만, 이는 시혜가 아니라 우리가 도움을 받는다는 관점에서 접근할 문제다. 남아도는 쌀을 퍼주고, 남북경협으로 남한의 자본·기술이 북한의 토지·노동과 결합해 한국 경제의 새로운 성장동력을 마련한다면 '퍼주기'가 아니라 '퍼오기'가 아닌가? 방위비와 통일비용 절감, 국가신용등급 상승 등은 따라오는 보너스다.

다섯째, 이런 모든 변화 과정에서 발생하는 '남남 갈등'은 어차피 넘어야 할 산이다. '남남 갈등'을 무조건 덮으려는 시각이 있는데, 갈등의 노출은 해결로 가는 시발점이다. 진보언론의 존재감을 부각시킬 기회이기도 하다. (한겨레 2011.12.27)

옳은 말 하고도
수세에 몰리는 까닭

살다보면 옳은 말을 하고도 수세에 몰리는 때가 있다. 염세 철학자로 불리는 쇼펜하우어가 요즘 유행하는 처세술책 같은 『논쟁에서 이기는 38가지 방법』(고려대학교출판부, 2007)을 쓴 이유도 자신의 옳은 말을 귀담아듣지 않는 세상이 야속했기 때문일 것이다.

헤겔의 관념론을 멸시하던 쇼펜하우어는 베를린대학에 초

빙되자 헤겔과 같은 시간대에 강의를 개설했다가 참패한다. 수강생 수가 5명밖에 안 돼 결국 강단을 떠나게 되는데, 뉴턴의 굴욕이 연상된다. 미적분까지 발견하게 되는 수학자 뉴턴은 젊은 시절 케임브리지대학에 수학 강의를 개설했다가 수강생이 없어 폐강한 적이 있다.

'협잡꾼 헤겔과 그 패거리'의 수사학에 맞서기 위해 쓴 이 책은 처세술이 대개 그렇듯이 수단·방법을 가리지 않는다는 점에서 '또 다른 협잡꾼'을 위한 책이 될 수도 있다. 악용되면 진리와 정의를 추구하는 데 방해가 되기 때문이다. 국가정보원의 정치개입과 남북정상회담 회의록 공개를 둘러싼 공방을 지켜보면, 현 정권 당사자들은 그 자리까지 오르는 과정에서 쇼펜하우어의 처세술 정도는 읽지 않고도 체험을 통해 터득한 듯하다.

'사안을 일반화해 보편적인 관점에서 반박하고, 논증이 안 된 내용을 기정사실화해 전제로 삼고, 상대방의 주장을 최대한 넓게 해석해 과장하고, 상대방을 화나게 해 화를 내면 그 부분을 물고 늘어지고, 질 것 같으면 갑자기 딴소리를 하고, 상황이 불리하면 재빨리 쟁점을 바꾸고, 최후 수단으로 인신공격을 한다.'(쇼펜하우어)

고도로 훈련받은 강건한 국정원 여직원의 증거인멸 행위를 '불쌍한 여직원 인권침해'로 일반화해 반박하고(박근혜), 논증은커녕 전혀 사실이 아닌 'NLL(북방한계선) 포기설'을 기정사실화하고(서상기·정문헌), 선거유세 때 폭로한 것이 회의록 전문을 불법 열람하지 않고서는 알 수 없는 내용임이 밝혀지자 "내가 발언한 것과 회의록이 왜 같았는지 모르겠다"며 딴소리

를 하고(김무성), 국정원 정치개입 관련 국정조사가 시작되려
하자 회의록을 폭로해 재빨리 쟁점을 바꾸고(남재준), 노무현
대통령이 '칠거지악을 저질렀다'고 인신공격을 한 게(최경환)
대표적 사례다.

이런 수법에 야당은 숱한 호재를 앞두고도 후퇴를 거듭하
며 속절없이 정국 주도권을 잃어가고 있다. 사실과도 맞지 않은
'칠거지악'은 그대로 넘어가고, 홍익표의 '귀태'와 이해찬의 '당
신'만 구설에 올랐다. 박근혜 집권 이래 두 박 대통령은, 비판하
면 혼나는 남한의 '최고존엄'이 되어간다. 국정원 대북심리전단
이 대남심리전을 펴고 선거에 개입한 혐의를 제대로 조사하자
는 야당의 주장을 '선거불복'으로 몰아간 것은 압권이다. 만약
선거 과정에서 결과를 뒤집을 만한 부정이 있었다면 불복하는
게 민주주의다. 자기들은 '노무현 발언이 선거중립 의무를 위반
했다'며 탄핵까지 가결시킨 세력이 아니던가?

이렇게 된 데는 진보언론 책임도 크다. '기울어진 운동장'
인 한국 언론 지형에서 나름대로 역할들을 하고 있지만, 때로는
'친노 책임론' 등 보수 프레임에 걸려들어 양비론으로 흐르거나
수세적으로 의제설정을 하기 때문이다. 〈경향신문〉에도 소수
지만 양비론적 시각에서 완전히 벗어나지는 못한 칼럼과 기사
들이 있었다.

사실 제대로 된 나라라면 국정원 사태는 진보 대 보수의
대결이 아니라 민주 대 반민주 구도로 이슈 싸움이 벌어졌을
것이다. 미국 닉슨 대통령은 도청을 하려다 미수에 그친, 우리
에 견주면 아주 사소한 문제로 사퇴했는데, 주목할 사실은 여당

인 공화당 의원 상당수가 탄핵에 가세했다는 점이다. 정파의 이해보다 민주주의를 지키려 했던 것이다.

진보언론들이 국정 최고책임자인 박근혜 대통령보다, 김무성·권영세·남재준 등을 주 타깃으로 삼은 것은 빗나간 겨냥이었다. 한 진보신문 칼럼에는 대선 당시 남북정상회담 회의록 폭로와 국정원 댓글 수사결과 조작발표에 당시 박근혜 후보가 관여하지 않았을 거라며 '면죄부'를 주는 내용도 있었는데 동의하기 어렵다. 김무성과 권영세는 총괄선거대책본부장과 종합상황실장이었는데, 그렇게 중요한 '선거대책'을 대통령 후보가 '상황' 파악도 못했을까?

남재준 국정원장이 남한의 국익에도 손해나는 'NLL 포기'를 주장한 것이 대통령과 교감 없이 가능할까? 교감이 없었다면 국정원장을 '셀프 개혁'으로 신임할 게 아니라 파면해야 옳다. 박 대통령은 국정현안에는 초연하면서 이른바 '막말 파문'과 관련해서는 '품격 높은 정치'나 주문하고 있으니 지지율이 60%를 웃돈다. 말의 품격이 없기로는 자신의 입으로 등용했던 윤창중 전 대변인이 최고수 아니었나? 남재준 사태도 '멸공'만으로 살아온 군인을 국정원장에 임명했을 때 예고된 '인사 참사'였다.

정권이 바뀌어도 정부는 일관성을 유지해야 한다. 독일도 사민당인 브란트의 통일정책을 기민당인 콜이 계승해 통일을 이룩했다. 남북 간 합의사항조차 왜곡하는 박근혜 정부에 대해 언론은 "그러면 당신들 남북 화해정책은 뭐냐"고 들이대야 한다. 박 대통령이 미국 의회에서 '비무장지대 생태평화공원'을 제안해 박수를 받았는데 실은 새로운 제안도 아니다. 그렇다면 노무현 대통령이 NLL 위에 덧씌우려 했던 서해평화협력지대는 왜 논란이 돼야 하나?

NLL 문제는 정치권에만 맡겨둘 게 아니라 언론이 앞장서서 평화적 해결책을 내놔야 한다. 노무현 정권의 평화협력지대 구상이 실현됐더라면 연평도 포격이 있었을까?

쇼펜하우어는 모든 진리는 인정받기 전에 세 단계를 거친다고 했다. 첫째 조롱받고, 둘째 반대에 부딪히고, 셋째 자명한 것으로 간주된다는 얘기다. 한국의 민주주의와 평화구축은 조롱받는 단계로 떨어진 것 같다. 언론의 역할이 중요한 이유다. (경향 2013.7.25)

'이스라엘판 나치 만행'
언론이 방조하는 이유

아인슈타인, 비트겐슈타인, 번스타인... 물리학자, 언어철학자, 지휘자인 이들의 공통점은? 모두가 유대인이고 성이 '돌'(stone)을 뜻하는 독일어 '슈타인'(stein)으로 끝난다는 점이다. '돌'이 유대인 성에 많이 들어가게 된 데는 그들만의 한 맺힌 역사가 숨어 있다.

2천 년간 나라 없이 서럽게 떠돈 유대인은 대부분 성

도 가질 수 없는 존재였다. 언젠가 독일의 한 영주가 성을 허용했는데 단서가 붙었다. 유대인임을 알아볼 수 있도록 '돌' '별'(Stern: 슈테른) 같은 자연물의 이름을 붙이게 했다. 옛날 우리나라에서 천한 사람을 '돌쇠' '갑돌이' '마당쇠' 등으로 함부로 부른 것과 같은 맥락이다. 핏줄에 대한 유대인의 집착과 결속은 모진 박해 속에서 더욱 강해졌다.

그러나 '호된 시집살이 한 며느리가 시어미 노릇 독하게 한다'더니 이스라엘은 지금 나치에 당한 것만큼이나 팔레스타인 사람들을 혹독하게 탄압하고 있다. 공습에 따른 사망자는 8~17일에 230명을 넘어섰는데 4분의 3이 주로 노약자인 민간인이고, 부상자도 1천7백 명에 이른다. 이스라엘은 1명 사망에 4명 부상. 이건 국가간 전쟁이 아니라 나치의 유대인 학살과 같은 인종청소의 '이스라엘판'이다.

문제는 이런 상황이 반복되는데도 국제사회와 세계 대부분 언론이 양비론을 펴면서 사실상 이스라엘 편을 들고 있다는 점이다. 세계에서 가장 권위 있는 중동문제 전문기자라 할 수 있는 영국 〈인디펜던트〉의 로버트 피스크는 칼럼에서 '지금의 대학살이 끝없이 '재연'(replay)되는 사태'(7.13)라고 개탄했다. 미디어가 전쟁의 원인과 참상을 보도하는 데 소홀하고, 게임처럼 무기와 작전을 소개하는가 하면 사망자 숫자 전달에 치중하니 평화를 향한 진전이 없고 비극이 반복될 수밖에 없다.

이번 대학살의 원인을 '청소년 보복 살해'라는 '쌍방 잘못'에 두고 휴전만 강요한다면 근본적인 평화 정착은 불가능하다. 이번 사태의 계기는 팔레스타인 자치지구에 이스라엘이 자기

네 정착촌을 계속 건설해온 데 있다. 정착촌은 유엔도 불법으로 규정하고 오슬로 평화협정과 국제사법재판소 판결도 철수를 명하고 있지만 이스라엘은 깡패처럼 깡그리 무시해왔다.

우리나라 통신사인 〈뉴시스〉와 일부 방송은 '골리앗과 다윗의 싸움'이라 묘사했는데 그것은 적절한 비유가 아니다. 다윗은 결정적 한 방이 있었지만 하마스가 쏘는 로켓은 대부분 요격돼 전술적으로는 무용지물이다. 영국 〈가디언〉의 오웬 존스는 칼럼에서 '마이크 타이슨이 갓난아기를 패는 격'이라고 썼다.

그러나 미국 언론의 주류는 대개 이스라엘 편을 든다. 〈뉴욕타임스〉는 이스라엘과 팔레스타인 소년 넷이 납치·살해되자 지난 8일 양쪽을 나무라는 사설을 내보낸 뒤 이스라엘의 끔찍한 공습에 대해서는 17일 현재까지 사설 한 편 내보내지 않고 있다. 다른 나라 문제에 '이런 것까지 사설을 쓰다니'라는 경탄을 자아내는 평소의 〈뉴욕타임스〉답지 않은 태도다. 유대인 루퍼트 머독이 인수한 〈월스트리트저널〉은 하마스가 보유한 로켓의 성능을 과장하는 그래픽과 기사를 1면에 섬뜩하게 실어 친이스라엘 논조를 그대로 드러냈다.

유대인은 세계의 미디어를 장악함으로써 이스라엘에 유리한 국제정치 환경을 조성해왔다. 〈뉴욕타임스〉〈워싱턴포스트〉〈LA타임스〉 등 미국의 유력지들은 유대자본이 설립한 신문이고 주요 필진에도 유대인이 대단히 많다. 방송의 경우 앵커만 하더라도 전설이 된 바바라 월터스(ABC)와 래리 킹(CNN)에 이어 케이티 쿠릭(ABC, YahooNews) 등이 주요 매체에서 뉴스를 요리하는 자리에 앉아 있다. 통신사는 미국 AP와 UPI,

영국 로이터 등이 모두 유대자본으로 설립됐으니 중동 문제에 관한 뉴스와 논평이 어느 쪽을 두둔할지 짐작이 간다.

할리우드를 대표하는 영화사인 워너브러더스, 파라마운트, 컬럼비아, 유니버셜, 20세기폭스, MGM도 모두 유대자본으로 설립됐다. '홀로코스트' '쉰들러리스트' 등 유대인의 애환을 그린 영화가 많은 것도 그 때문이다. '쉰들러리스트'를 만든 스티븐 스필버그 감독 역시 유대인이다. 이스라엘이 저지른 수많은 전쟁범죄마저 묵인하는 지구촌 분위기를 만드는 데 일조한 게 바로 할리우드 영화다.

유대인이기에 친이스라엘 논조를 보일 거라고 속단하는 것은 또 다른 인종주의적 해석일 수 있다. 미국과 이스라엘의 유착과 타국 침략을 가장 신랄하게 비판하는 미국의 대표적 지성 또한 유대인이다. 촘스키와 하워드 진이 대표적이다. 그러나 미국의 정치와 경제, 미디어를 장악하고 있는 유대인의 영향력에서 미국 언론은 자유롭지 못하다.

이런 미국 미디어의 성향을 감안하면 한국 언론의 지나친 미국 의존은 특히 중동 문제 보도에서 심각한 편파성으로 표출된다. 이스라엘의 팔레스타인 침공을 계기로 우리 언론의 중동 관련 보도의 문제점으로 맨 먼저 꼽을 수 있는 게 인용원문과 취재원의 미국 편중 현상이다.

아랍계 매체이면서도 중동문제를 그런대로 균형있게 보도하는 〈알자지라〉(Al Jazeera)와 〈알아라비아〉(Al Arabia)는 영어방송도 내보내는데 한국 언론의 인용빈도는 서방 언론 인용 건수에 견주어 극단적 불균형을 드러낸다. 이스라엘 매체 중에서도 〈타임스오브이스라엘〉(Times of Israel)처럼 객관보도를 하는 곳이 있지만, 한국 언론은 거의 외면한다.

한국 언론사 중에는 미국에 몇 명씩 특파원을 두고도 중동에는 단 한 명도 보내지 않는 '전통'을 고수하는 데가 많다. 이번 사태에는 〈조선일보〉만이 임시지만 기자를 특파해 그나마 현지기사를 내보내고 있다. 그러나 평소 확보된 취재원이 없어 전장에 고립된 듯한 모습밖에 보여주지 못해 안타깝다.

〈경향〉과 〈한겨레〉는 워싱턴·베이징·도쿄에 특파원을 두고 있을 뿐 중동은 물론 유럽에도 특파원이 없으니 미국 언론에 편중될 소지가 크다. 체류비용이 비싸고 쓸 기사도 많지 않은 도쿄보다 비용도 적게 들고 뉴스의 보고인 중동에 특파원을 두는 게 진보언론의 특장을 드러낼 수 있는 '합리적 선택'이 아닐까? 일본은 사실 전문기자만 있으면 서울에서도 '커버'할 수 있는 지역이다. 실제로 많은 서방언론은 주로 도쿄에, 가끔은 서울에 특파원을 두고 두 곳을 함께 취재한다.

더 중요한 건 지역 문제를 파고 들려는 전문기자가 있어야 한다는 점이다. 이번에 그나마 〈경향〉은 상대적으로 기사를 많이 내보내고, '전면전' '교전' 등 서방언론의 용어 대신 '학살'이라는 점을 부각시켰다. 〈경향〉이 '국제인권센터 보고서'를 통해 가자지구의 삶을 조명하고, '아이언돔이 미국 오바마 정부의 원조와 기술로 만들어졌다'(7.15)는 기사를 크게 실은 것도 돋보였다. 이는 담당기자가 외국 매체 모니터링을 폭넓게 해온 결과 균형된 관점을 갖게 됐기에 가능했을 것이다.

사설을 쓴 신문도 〈경향〉 〈한겨레〉 〈한국〉뿐이었다. 한국 신문이 이런 사설을 쓰는 게 무슨 영향을 미칠까 하는 '국제 사설 무용론'을 펴는 이도 있다. 그러나 이스라엘이 제일 겁내는 것은 유대인이 장악한 미디어 환경에 균열이 가는 것이다. 팔레스타인의 저항은 우습게 알아도 세계의 여론과 유대자본에 대한 불매운동은 겁나는 일이다. 이스라엘 대사관들과 정보기관도 각국의 여론 동향에 촉각을 곤두세우고 있을 것이다.

학살의 참상과 원인 규명에는 소홀하던 〈중앙일보〉가 '명중률 90%…하마스 로켓포 막아낸 아이언돔'(7.12) 기사를 내보낸 것은 잘못된 전쟁보도의 한 전형을 보여준다. 무기 성능에 열광하는 흥미 위주 기사는 무기마니아들 웹사이트에서 자주 목격할 수 있는 것이다.

가자 지구 침공 말고도 국제 기사 홀대는 한국 언론의 뿌리깊은 병폐다. 국제면은 지면도 적지만 우선 제일 안 보는 맨 안쪽에 배치된다. 영국 신문들이 전체 기사를 국내/국제(National/International)로 대별하고 국제 기사에 상당한 비중을 두는 것과 대조된다. 제호에도 '세계'가 들어간 〈르몽드〉는 1면부터 국제 기사를 많이 실을 뿐 아니라 종합면 바로 다음에 국제면이 시작된다.

국제 보도에 소홀한 것은 우리 언론이 국내 정치 기사와 월드컵 같은 메가 이벤트에 몰입한 대가이기도 하다. 정치인이 누구하고 밥 먹었다는 것까지 상세보도를 하는가 하면 동작을 선거구 공천을 둘러싼 기사가 종합면에 한 달 가까이 실리는 게 한국 신문이다. 그 대가로 죽음 앞에 방치되는 건 팔레스타인의 민간인들이다. 형법에서는 남의 범죄행위에 도움을 주는

것을 방조죄로 처벌한다. (경향 2014.7.17)

해군소위 시절
집단폭행을 당한 사연

창피한 고백이지만 1980년 서해 백령도에 이어 백아도 레이더기지에 부장(부기지장)으로 부임했을 때 부사관들에게 집단구타를 당한 적이 있다. 이른바 '신임소위 군기잡기'였다. 해군은 '기술군'이어서 부사관이 많은데, 특히 섬에 있는 작은 부대에는 장교가 적어 하극상을 당하는 일이 잦았다. 장교는 대위인 기지장과 나밖에 없었는데 회식이 있어 만취한 밤에 기지장이 귀가한 뒤 당한 봉변이었다.

밤이 되면 중사·하사들이 장교 몰래 수병들을 집합시켜놓고 구타한다는 사실을 알고 질책한 적이 있었는데 그걸 고깝게여긴 것이다. 너무나 심한 집단폭행으로 중상을 입고 기절한 뒤수병들에 의해 사관실로 옮겨졌지만 의식이 조금 살아나자 불같은 성격에 내 권총부터 찾았다. 그러나 부사관들은 치밀하게총과 무기고 열쇠까지 빼돌려 놓았다. 만약 총이 있었더라면 대량살상극이 벌어졌을 공산이 컸고 나는 아마 사형에 처해졌으리라. 군부대 폭력이나 총기 난사 사건이 터질 때마다 내 일처럼 섬뜩해지는 이유다.

문제는 사고 후 처리과정이었다. 해사 출신인 기지장은 거칠 것 없는 단기 장교가 사령부에 보고할까 봐 전전긍긍했다. 레이더기지장은 섬에서 살림을 할 수 없고 영내에 거주하게 돼 있는데 기지를 비운 것부터 징계감이었다. 직업군인인 부사관들도 상관폭행죄로 군법회의에 회부되면 중형이 내려질 사건이었다. 결국 많은 사람들 밥줄을 빼앗을 수는 없었고 가혹한 훈련으로 군기만 다잡은 뒤 사건이 유야무야됐다. 얻은 것이라곤 약점이 잡힌 부사관들을 통솔하는 데 도움이 된 정도였다.

이 사례는 왜 아직도 군대 폭력과 총기 사고가 빈발하고 그것이 은폐되는지를 다 보여준다. 27일 보도된 민·관·군 병영문화혁신위원회 추진과제를 보면 87년 이후로도 9번이나 추진됐던 병영문화혁신이 왜 겉도는지 알 수 있다. 핵심 과제를 군이 거부하고 있기 때문이다. 내가 보기에 군 개혁은 군에 '문민 요소'를 획기적으로 도입하는 데서 출발해야 한다. 군은 특수한 조직이고 그 특성을 인정해야 한다. 그러나 쿠데타 정권이 여러 번 들어선 이래 군의 특수성이 너무 강조돼 각종 문제의 근원이 되고 있다. '민·관·군'이 당시에는 '군·관·민'으로 불리며 국민이 말석으로 밀렸으니 더 말해 무엇 하랴.

군에 문민 요소를 도입하기 위해서는 무엇보다 국방장관부터 민간인 출신으로 임명해야 한다. 무슨 뚱딴지 같은 주장이냐고 할지 모르지만, 미국이 왜 '국방장관은 과거 10년간 병역에 있지 않았던 사람으로 임용한다'는 현역 출신 배제규정까지 두고 있는지 음미할 필요가 있다. 미국은 문민 우위의 전통이 확고한 나라로 군의 정치개입 차단을 국방장관 임명에서도 고려 한다. 국방장관은 군부의 대변자라기보다 대통령을 보좌해 군을 통제하는 사람이다. 군 출신이 맡아서는 거의 불가능한 임무다.

우리는 어떤가? 대통령이 우선 군 출신이어서 군을 정치에 이용하거나 사실상 병역기피자여서 통수권에 문제가 있는 사람이 많았다. 정상적으로 군에 입대해 제대한 대통령이 한 사람밖에 없는 나라가 대한민국이다. 장성 출신 3인은 군대를 이끌고 탈영한 이들이다.

박근혜 대통령은 병역의무가 없었지만 집권 뒤 국방장관 말고도 육군대장 3인을 국정원장·안보실장·경호실장에 임명할 정도로 군 출신을 선호한다. 국방은 물론이고 통일과 외교업무까지 관할하는 국가안보실장에 매파 군 출신 김장수와 김관진을 차례로 앉힌 것은 통일과 외교를 대하는 박 대통령의 시각을 엿보게 한다. 통일과 외교가 국방에 종속되는 체제이고 '문민 통제'가 아니라 군이 민을 통제하는 구조다. 국방부가 툭하면 불필요한 대북 막말로 통일과 외교정책에 찬물을 끼얹으니 남북 대화가 트일 겨를이 없다.

외교력과 군사력을 적절히 구사해 1차세계대전을 승리로 이끈 프랑스 총리 겸 전쟁장관 클레망소는 "전쟁은 너무나 중요해 장군들에게 맡길 수 없다"고 했다. 문민 통제의 중요성을 강조한 말인데 현 집권세력은 거꾸로 가고 있다. 국군 사이버사령부 심리전단 등이 대통령 선거 때 국민을 상대로 심리전을 편 것도 정치적 중립에 대한 개념 자체가 서 있지 않기 때문이다.

임 병장 총기난사와 윤 일병 구타 사건으로 병영문화혁신

의 일대 기회를 맞았지만 언론도 이런 근본대책을 제시한 데
는 없었다. 이번에 '장기과제'로 돌려진 군 사법제도 개편에도
'문민 요소'가 대거 도입돼야 한다. 군에서 '장기과제'란 용어는
'하지 않겠다'는 말을 돌려 하는 것이다. 육군 법무실장이 말한
대로 소나기는 피하고 보자는 거다.

군 사법제도 개편은 평시의 수사권과 재판 관할을 민간으
로 넘기는 게 포함되지 않으면 별 의미가 없다. 사고에 대해 책
임져야 할 사단장과 군단장이 수사와 재판을 '지휘'하는 것은
수령방백이 행정은 물론 사법권까지 휘두르던 왕조시대 사법
체계와 다를 바 없다. 1·2차 세계대전에서 맞붙은 프랑스나 독
일 같은 선진국은 평시에는 군사법원을 두지 않고 민간 검찰과
법원이 수사권과 재판권을 갖는다. 영국처럼 1심만 군사법원에
서 담당하는 나라도 많다.

진급에 목을 매는 각급 지휘관들이 쉬쉬하며 폭행 사건 등
을 덮어버리거나 축소하는 사례가 워낙 많다. 그나마 사건이 불
거져 형사처벌을 받은 가해자는 지난해 558명이지만 실형 선
고자는 13명뿐이다. 죽은 이는 말이 없으니 자살자로 처리된
사례도 많았을 터인데 군 수사기관에 재조사를 맡긴들 진상규
명이 될까?

지휘관은 폭력행위를 적발한 경우 문책이 아니라 포상을
해야 한다. 그러나 은폐했을 때는 징계뿐 아니라 형사처벌까지
해야 폭력을 줄일 수 있다. 군은 '은폐'를 전투교리로 배우는 조
직이다. 인권침해와 폭행 사건 등이 외부로 알려지면 내부고발
자 색출부터 시작한다. 군 사법체계를 바꾸고 은폐를 강력하게

처벌하지 않으면 일사불란한 은폐 시도는 반복될 것이다. 제대 후에 고소·고발을 할 수 있게 하는 것도 한 방편이다.

〈중앙〉〈조선〉 등 보수신문이 모병제를 들고나온 데 대해 진보신문이 침묵하는 건 무슨 영문인가? 심지어 진보논객 중에도 모병제를 지지하는 이들이 꽤 있다. 물론 모병제는 징병제에 따른 인권침해를 줄이고 일자리를 창출하고 '프로 전사'를 확보하는 등 이점도 많다.

그러나 그런 이점 뒤에 숨어 있는 기득권층의 이해 관철에 주목하지 않으면 안 된다. 우리 기득권층은 툭하면 특혜를 제도화하려 한다. 무엇보다 아쉬운 점은 평등의 관점에서 한국 사회를 하나로 묶는 끈이 사라진다는 거다. 우리만큼 기득권층의 병역기피가 심한 나라도 드물지만, 그래도 병역의무 덕분에 기득권층 자제 상당수가 같은 또래들과 함께 먹고 자고 훈련하는 체험을 하는 것은 보통 소중한 경험이 아니다.

미국을 예로 들면 프린스턴대 출신들은 징병제였던 1956년에 750명 중 450명이 입대했으나 모병제인 2006년에는 1108명 중 단 9명만 입대했다. 병역이 결국 가난하고 제대로 교육받지 못한 계층 자녀들만의 '의무'가 되고 그들만이 전장에서 죽어가는 사회가 되고 만 것이다. 자발적 지원 형식을 갖추고 있으나 가난한 청년들에게 대안이 없으니 '굶어 죽으나 총 맞아 죽으나 마찬가지'라는 심정으로 입대한다. 미군의 학력저하 현상은 심각해 세계 도처의 주둔지에서 말썽을 일으키는 원인으로 지목되고 있다.

유일하게 이라크 전쟁에 반대한 찰스 랭글 미 하원의원은 한국전쟁에 참전해 부상까지 입었는데 징병제 부활을 주장해 왔다. 그는 "정책입안자 자녀들이 참전 부담을 나눠 져야 했다면 이라크전이 시작되지도 않았을 것"이라고 말했다.

세계의 전쟁들은 대개 왕이나 부시 정부 최고위 정책결정자들처럼 병역기피자들이 일으킨다. 마이클 샌델이 말한 것처럼 같이 나눠야 할 희생을 면제해주면 정치적 책임의식이 약해진다. 루소는 『사회계약론』에 '공공서비스가 시민의 최고 관심사에서 멀어지는 순간, 그것을 사람이 아닌 돈으로 해결하려는 순간, 국가의 몰락이 가까워온다'고 썼다.

징병제의 문제점을 보완할 방안은 많다. 우선 징집되는 이들에게 부담이 가중되지 않도록 복무연한을 줄이고 휴가일수를 대폭 늘리는 것도 한 방법이다. 병력은 전시에 대비한 것이기에 평화시에는 그렇게 많은 병력을 유지할 필요가 없다. 이스라엘처럼 훈련을 제대로 시킨 예비병력을 확보해두면 전력 손실도 크지 않다. 레이더기지에 근무할 때도 휴가를 많이 보냈더니 대원들 사기가 치솟았다.

모병제의 장점을 일부 도입하는 방안도 있다. 우선 부사관 처우를 개선하고 수를 늘리는 거다. 미국처럼 병장 중에서 부사관을 뽑을 수도 있다. 우리 군의 대학 재학 이상 학력은 사병이 51%인데 부사관은 4%밖에 안 된다. 이래서는 사병들이 믿고 따르는 부사관이 되기 힘들다. 부사관 중에서 장교를 발탁하는 통로도 대폭 넓혀야 한다. 우리는 장교와 부사관·사병이 원래 씨가 다른 것처럼 벽을 높이 쌓는데 귀족들이 장교로 입대하던 시절의 유습이다. 세계 최강 칭기즈칸 부대는 사병이 전공을 많이 쌓으면 장군까지 올라갈 수 있었다.

　　기득권층의 병역기피 풍조는 의무를 다하는 이들의 자부심을 손상하는 결정적 요인이다. 우리는 힘있는 신분일수록 병역 기피율이 높은 '이상한 나라'에 살고 있다. 김무성 새누리당 대표만 하더라도 무슨 편법을 쓴 건지 대학 재학중에 집과 동사무소를 오가는 방위로 병역을 때웠다. 그는 국방장관을 불러놓고 "젊은 청년이 국방의 의무를 수행하려 군에 갔다가 천인공노할 일을 당했는데, 내가 치가 떨려서 말이 안 나온다"고 책상을 치며 분노했다. 호통 한 방으로 그의 인기가 급상승한 걸 보면 역시 군에 가는 사람만 바보인가? 한국 남자는 병역 의무가 있고 한국 언론은 그들의 생명과 자부심을 지켜줄 의무가 있다. (경향 2014.8.28)

9 신개발주의
광풍에 맞서라

진보언론이 바꿔야 할
경제사상의 물줄기

1929년 대공황 이래 가장 심각하다는 불황이 닥치자 국가 개입주의 경제학자 케인스가 다시 각광을 받고 있다. 그가 탁월한 경제학자임에는 틀림없지만, 간과하지 말아야 할 것은 한편으로 대단한 저널리스트였다는 사실이다.

『경제 언론의 힘』이라는 책의 저자 웨인 파슨스는 '케인스가 1920년대에 명성을 쌓기 시작한 것은 교수가 아니라 경제 저널리스트로서였다'고 썼다. 학술지보다는 언론매체가 그의 공론장이었다. 당시 그는 경제현실에 대한 조회와 통찰력을 바탕으로 각종 신문과 잡지에 무려 3백 건이 넘는 기사를 썼다. 우리나라 상당수 사회과학도들이 '잡문은 안 쓴다'는 명분 아래 오히려 사회현실의 끈을 놓치고 있는 것과 대조된다.

프리드먼은 경제사상에서 케인스와 대척점에 있었지만, 언론을 적극 활용했다는 점에서는 동일했다. 1965년 말에 발간된 〈타임〉의 '지금은 모두가 케인지언'(We Are All Keynesians Now)이라는 표지 제목은 사실 프리드먼의 한숨 섞인 발언에서 따온 것이었다. 그는 이런 경제사상의 대세를 바꾸고자 언론을 선전도구로 삼았기에 '가공할 프로파간디스트'라는 평을 들었다. 그는 "경제에서 정부의 역할 변화는 여론의 변화에 의해 선도된다"고 보았다.

레이거노믹스와 대처리즘으로 시작된 신자유주의 물결

은 '시장의 대실패'를 겪고 나서야 기세가 주춤해지고 있다. 지금의 세계경제 위기는 1979년부터 누적된 신자유주의적 모순의 귀결점이다. 대부분 국가가 정책의 대전환을 꾀하고 있는데도 그 조류를 외면하는 독보적인 나라가 바로 한국이다. 한국의 신자유주의는 오히려 신개발주의와 결합해 전국을 공사판으로 만들려 하고 있다. 반환점에서 돌지 않고, 가던 방향으로 계속 달리는 마라톤 선수라고나 할까?

한국 사회의 방향감각 상실 증세는 지식인과 언론의 책임이 크다. 위기와 함께 반성의 기회가 왔는데도 다수 학자들과 보수언론은 여전히 과거의 관성에서 벗어나지 못한다. 〈한겨레〉조차 균형을 잡는 데는 기대에 못 미쳤다.

최근 사례로 '4대강정비계획'이 보도된 16일치 〈한겨레〉를 보자. 〈한겨레〉는 '대운하 추진단이 4대강 비밀추진팀으로' 운영됐다는 점을 부각시켰으나 해설은 1개면에 그쳤다. 〈경향〉이 3면과 4면에 펼친 것이 돋보였다.

해설기사의 내용은 보수신문들이 '19만 명 고용, 23조 생산유발…강·경제 동시 회생'(동아) 등 긍정적 효과를 강조한 반면, 〈경향〉이 '경기부양 근거 제시 못하고 실효성도 의문'이라며 정비계획 자체에 시비를 걸고 나섰다. 〈한겨레〉는 '물길 정비·제방 보강'으로 정비계획의 내용을 소개한 뒤, '4대강 정비는 대운하 1단계'라는 일부 시각을 전했다.

이 이슈와 관련한 〈한겨레〉 보도 태도는 국토해양부 업무보고 기사에서도 재연됐다. 〈경향〉이 국토부가 '다시 댐 건설을 추진'하고 있는 점을 1면에서 지적하며, 5면을 털어 '물 부족 해결 명분'으로 '토건국가식 부양책'을 추진하고 있다고 비판한 반면, 〈한겨레〉는 '주택 재당첨 제한 2년간 폐지' 등에 초점을 맞췄다. 같은 날 〈한겨레〉는 4대강 정비계획을 비판한 전국교수모임의 긴급토론회를 보도조차 하지 않았다.

그러나 내가 의견을 들어본 국토계획과 환경 분야 전문가 중에는 "〈한겨레〉가 4대강 정비 문제를 소홀히 다루는 것을 이해할 수 없다"는 이도 있었고, "진보언론의 대표격인 〈한겨레〉가 앞장서서 이명박 정부가 속도전에 들어간 '토건국가 행군'을 막아야 한다"고 주문하는 이도 있었다. 그러면 어떤 관점에서 이슈싸움을 벌일 것인가?

첫째, 타당성의 관점이다. 대운하는 경제성조차 없는 것으로 판단되지만, 경제성이 있는 사업일지라도 한정된 예산의 우선순위를 따져야 한다. 국토부 자료에 따르더라도 4대강 하천 정비사업은 사실상 거의 끝난 사업이다. 경기부양과 고용의 시급성을 말하지만, 건설업에 대한 정부 재정지출의 경제적 파급 효과는 다른 선도산업과 사회보장 지출에 견주어 훨씬 떨어진다. 대학진학률이 83%에 이르는 나라에서 대졸자를 공사판 임시직으로 활용할 건가? 이런 관점에서 〈한겨레〉가 4대강정비 계획 자체를 비판하기보다 '대운하의 1단계가 아닐까' 하는 데만 초점을 맞춘 것은 아쉬웠다.

둘째, 민주성의 관점이다. 국토의 미래를 결정짓는 대규모 토목사업이 여론을 거슬러 집행돼서는 안 되기 때문이다. 영남권 주민 75%가 찬성했다는 '낙동강 물길 살리기' 여론조사도 이미 조작 의혹이 불거졌다. 박희태 한나라당 대표의 "전광석

화처럼 착수해 질풍노도처럼 밀어붙여야 한다"는 발언에는 민주성의 참담한 현주소가 드러난다.

셋째, 경제사상의 관점에서 신자유주의와 신개발주의에 집착함으로써 초래되는 문제점들을 드러내는 일이다. 따지고 보면 무리한 경기부양책의 원인을 제공한 미국식 금융자본주의의 파산은 신자유주의에 의해 준비돼온 것이었다. 원인은 놔두고 건설업에서 처방을 찾는 것은 미봉책이다.

신개발주의는 겉으로 주민이 주역이 되거나 민간자본을 끌어들이고, '환경·생태·여가·복지·문화' 등 근사한 가치들로 포장되기 때문에 개발에 대한 거부감이 크지 않은 게 보통이다. 청계천복원이나 뉴타운개발이 대표적이다. 그러나 신개발주의도 결국 충돌하는 가치들 중 일부를 강조하는 것이다. 예컨대 산과 산을 하늘높이 가로지르는 고속도로는 여가활동에는 편리할지 몰라도 마을의 경관과 환경을 해친다.

과거 미국의 뉴딜정책뿐 아니라 버락 오바마의 경기대책도 건설산업보다는 의료·실업보험과 공공교육을 강화하고 저소득층의 소비여력을 확대하는 케인스 좌파적 이념을 따른다. 전국토가 공사장이 되지 않도록 해야겠지만, 된다 하더라도 앞으로 4년간 기획기사의 보고가 될 것이다. 이참에 바로잡아야 할 물줄기는 4대강이 아니라 개발정책이요 경제이념이다. 여론을 선도해 근본을 바꾸려는 일의 중심에 〈한겨레〉가 섰으면 한다. (한겨레 2008.12.24)

'토건국가 행진' 저지는
진보언론의 시대적 소명

성묘 길에 떠오르는 상념은 저마다 다르리라. 안동이 고향인 우리 집안은 지지난 주말 일찌감치 벌초를 하고 농암 이현보 선생 종택에서 하룻밤을 묵었다. 전국에 흩어져 사는 50명 가까운 대가족이 참석하는 행사인데 올해는 다른 가문에서 종택 체험을 해보기로 한 것이었다. 특히 일행을 사로잡은 것은 수몰을 피해 옮겨온 종택에서 바라보는 도산의 빼어난 산수였다. '안동' 하면 풍광 좋은 강 마을로 하회를 떠올리는 이들이 많은데 실은 농암의 「어부가」를 낳은 도산에는 훨씬 못 미친다.

그런데도 농암의 17대 종손 이성원 씨는 "안동댐으로 도산 9곡 가운데 6곡이 물에 잠겼다"고 아쉬워했다. 그는 『천년의 선비를 찾아서』(푸른역사, 2008)라는 저서에서 "지금 안동댐을 건설하려면 동강댐 100배 이상 저항을 받을 것"이라며 "안동댐 수위를 몇 미터만 낮추었더라면 도산은 고스란히 보존됐을 것"이라고 개탄했다. 도산9곡을 따라 청량산 어귀까지 굽이마다 자리잡은 옛 마을과 종택, 서원, 향교, 누정 등은 '한국 문화 1번지'라 해도 손색이 없었는데, 대부분 수몰되거나 덩그러니 산비탈에 올라앉아 쓸쓸함을 더한다.

당시 댐 건설의 타당성과 규모의 적정성에 대한 논의는 '다목적댐'이라는 매혹적인 구호 아래 꺼내지도 못한 채 공사가 강행됐다. 날로 커가는 자연환경과 문화유산의 가치에 눈뜨지 못한 시절이었다. 문제는 어처구니없는 일들이 지금도 전 국토에서 벌어지고 있다는 사실이다.

강원도를 가로지른 올여름 휴가 길과 올가을 성묘 길이 썩 유쾌하지 않았던 것은 거침없이 파헤쳐지고 있는 국토의 상처를 너무나 많이 목격했기 때문이다. 엄청난 절개면을 남기며 산을 깎고, 들과 마을 위로 까마득히 달리는 평탄한 일직선도로는 '느림'에 대한 혐오와 '빠름'에 대한 욕망을 상징하는 구조물이다. 목적만 중요할 뿐 과정은 생략될수록 좋다. '점과 점을 잇는 최단거리는 직선'이라는 명제 앞에 산세와 하천의 흐름, 마을의 경관은 고려 대상이 아니다.

7월 개통된 서울·춘천 고속도로를 소설가 한수산 씨는 '21개의 터널이 구름다리처럼 이어지는 하늘에 떠 있는 길', '53개의 다리가 산과 산을 잇는 웅장한 길'(중앙일보 7.2)이라고 예찬했다. 과거의 고속도로가 그나마 지세를 고려했던 것과 개념이 다르다. 실제로 서울·춘천 고속도로를 달려보니 불과 반 시간 남짓. 일순간 '뭣 하러 이렇게 빨리 달려왔지' 하는 생각이 머리를 스쳤다.

강원도 교통망 구축사업에 따르면 서울·춘천·양양을 잇는 동서고속도로 말고도 제2영동고속도로 등 남북 3축 동서 4축의 간선도로망을 구축해 서울에서 강원도 어디든 2시간대면 갈 수 있게 한단다. 간과하지 말아야 할 사실은 강원도의 미래 가치는 천혜의 자연환경에 있다는 것, 관광은 느림과 여유를 찾아 떠나는 소비행위라는 것이다. 유럽 등의 이름난 관광지들이 좀처럼 주변 도로를 넓히지 않는 이유를 되새길 필요가 있다.

이와 관련한 〈한겨레〉 보도들은 지엽적인 데 치우친 느낌이 든다. 광고 유치용 '고속도로 예찬 특집'을 하지 않은 걸 다행으로 여겨야 할까? 그렇다고 토건국가 광풍을 제어하는 데 기여한 것도 아니었다. 서울·춘천 고속도로 개통 당시 '기업유치 성장 기대, 베드타운 전략 불안'(7.15)이라는 기사에서 불안 요소를 몇 줄 언급하는 데 그쳤다.

새만금과 포항을 잇는 새 고속도로 건설계획(9.10) 기사는 1면 오른쪽에 길게 배치하기는 했지만 어쨌든 1단짜리 스트레이트로만 처리됐다. 동서 6축인 서천·영덕 고속도로 등에 이어 기어코 남한을 조밀한 고속도로의 격자 속으로 집어넣겠다는 발상이다. 고속철도망이 겹으로 덧씌워지고 있고 인구 일이십만의 소도시에도 이미 수많은 국제공항이 들어서 있다. 바야흐로 전 국토에 건설중장비 소리가 진동하면서 세계 최고 토건국가의 면모를 과시한다.

'민자사업 손실, 세금으로 1조 5천억 메웠다'(9.18)처럼 크게 다룬 기획기사가 전혀 없었던 것은 아니지만 단발적이었다. 〈한겨레〉가 전체적으로 남다른 목소리를 내지 못한 것은 '토건국가 행진'을 저지하겠다는 편집국 차원의 의지와 프레임이 없기 때문이 아닐까?

정부·여당의 프레임과 그것을 지지하는 대부분 보수언론의 논조는 여전히 육해공을 망라하는 교통망이 절대로 부족하며 경기회복을 위해서도 사회기반시설 투자를 늦출 수 없다는 것이다. 그러나 국토해양부가 도로 부족 근거로 내세우는 인구 1천 명당 도로 길이에는 함정이 숨어 있다. 우리나라는 인구밀도가 가장 높은 나라에 속하기 때문이다. 국토면적당으로 계산하면 OECD 국가 중에서도 '도로 선진국'이다. 더구나 우리는 고속철도가 깔리고 있고, 한편 다른 용도로 쓸 수 있는 토지가 절대 부족한 나라이다.

4대강 투자가 없었던 2008년의 건설투자 비율만 보더라도 우리나라는 국민총생산의 18.5%로 선진국의 2배가 넘는 수준이었다. 2008년 국민 1인당 시멘트 사용량은 1140kg으로 20kg짜리 시멘트 57부대씩을 썼다. 일본 진보언론이 '건설족의 나라'로 불렀던 일본의 2배가 넘는다. 일본은 뒤늦게나마 반성을 했고 정권도 교체됐다. 건설투자에 의한 경기부양론도 경기가 상승하는 국면이니 설득력이 없어졌다. 재정적자도 심각하게 우려된다.

그런데도 국가예산을 건설부문에 '올인'하다시피 퍼붓는 것은 우리도 어느새 '건설족'이 국가경영 세력을 형성했기 때문이다. 대자본, 정치인과 관료, 이론적 토대를 제공하는 학자, 거기에 상당수 보수언론이 여론몰이에 가세한다. 그러나 〈한겨레〉를 포함한 진보언론은 신개발주의의 상충하는 가치와 욕구, 그리고 개발 과정에서 발생하는 갈등을 공론장에서 조정할 의지가 부족하다.

민자유치 건설사업은 '건설족'이 결탁해 이익을 나눠 갖고 부담을 국민에게 전가하는 대표적 사례다. 인천공항철도는 최소수입보장제 덫에 걸려 현대-대림 등의 컨소시엄에 넘겨야 할 국민 부담이 공사비의 3배인 13조 8천억 원에 이른다고 한다. 이용객이 예측 수요의 7%에 불과하다는데 그것을 건설사와 공무원의 단순한 예측 착오로 봐줄 수 있을까? 일단 일을 벌이기 위해 수요는 과다, 공사비는 과소 계상하는 것이 전래의 수법이다.

언론에 화려하게 소개된 인천대교를 포함하는 인천공항고속도로 역시 비슷한 전철을 밟고 있다. 외환위기 때 우리나라 요지의 빌딩들을 헐값에 사들인 자산운용사 매쿼리는 인천공항고속도로와 서울·춘천 고속도로를 포함하는 15개 대규모 민자사업에 투자했다. 매쿼리 한국법인의 공동창업자는 이상득 의원의 외아들이었다.

4대강사업은 예비 타당성조사도 없이 서둘러 착공하려 한다. 이명박 대통령은 "정부·여당에서 다른 목소리가 나오지 않게 하라"고 당부했고, 구미에서는 "4대강사업은 선택이 아닌 필수"라고 강조했다. 정부의 타당성조사를 사업의 장애로 여기는 건설업자라면 몰라도 대통령이 할 얘기는 아니다.

그러나 〈한겨레〉는 '말이 안 된다'고 생각했는지 구미 발언을 보도하면서 그 부분은 전달도 하지 않았다. 〈한겨레〉는 4대강사업과 관련해서는 애초 '대운하의 1단계가 아닐까'라는 데 초점을 맞추다가 대통령이 대운하가 아니라고 선언해버리자 비판 의지가 반감된 듯하다.

토건국가 행진을 저지하는 것은 이 시대 진보언론의 소명일 터이다. 여행 길에, 성묘 길에 회복 불능의 상처를 입고 있는 국토를 보며 속상해할 국민들이 의견을 결집하고 정책과 정치세력을 바꿔나갈 수 있는 공론장을 〈한겨레〉가 마련해줘야 한다. (한겨레 2009.9.23)

박근혜 '약속이행' 아닌
'균형발전'이 주요의제

　　세종시와 화성(수원) 신도시계획은 여러모로 닮았다. 화성 신도시계획은 에베네저 하워드의 뉴타운 구상을 104년이나 앞섰는데도, 오늘날의 '행정도시'나 '혁신도시' 개념까지 포함하고 있다. 영의정까지 지낸 채제공이 초대 화성유수로 임명돼 공사까지 총감독한 것도 정운찬 총리가 세종시 문제를 떠맡은 것과 비슷하다. 그러나 수정안은 행정도시 개념을 포기한 점이나 여론을 거슬러 강행되고 있다는 점에서 매우 다르다.

　　다산 정약용은 축성에 관한 책인 『성설』(城說)을 정조에게 지어 바치는 등 화성 신도시 건설에 주도적으로 참여한 인물이다. 그런 다산도 후손들을 훈계하는 글에서는 '우리나라는 도성(한양)과 시골의 수준 차이가 크다'며 '벼슬길이 끊어지더라도 도성에서 멀리 벗어나 살지 말라'고 당부했다. 자신의 생사여탈조차 서울에서 결정되는 처지에 느꼈을 고립무원의 심정이 평소 생각에 더해졌으리라.

　　다산의 처지가 아니더라도 한국인에게는 '서울을 향한 일편단심'이 유전인자처럼 깊숙이 박혀 내려온다. 거의 모든 권력과 돈과 명예가 집중된 곳, 그것을 얻기 위한 교육과 취업기회까지 집중된 곳이 바로 서울인 탓이다.

　　인구가 가장 많은 수위도시의 인구 비중이 서울처럼 압도적인 선진국은 없다. 수도가 중소도시에 있는 미국은 물론이고, 유럽 도시들은 대부분 금융도시, 공업도시, 대학도시 등으로 분화된 기능을 갖고 발달해왔다. 수위도시 인구 비중은 뉴욕 2.7%, 파리 3.5%, 로마 4.6%, 도쿄 6.6%인데, 서울은 무려 21.4%에 이른다.

서울과 다름없는 수도권의 과밀억제권역으로 경계를 넓혀보면 국토면적 2% 안에 39% 인구가 북적댄다. 서울·인천·경기 인구는 전체의 절반에 육박한다. 서울시장 출신 대통령이 나온 것도 서울의 위상을 상징한다.

서울은 한 지역이 아니라 나머지 광대한 지역을 '식민지'로 두고 있는 종주도시이다. 좋은 것을 빨아들이는 블랙홀이고 나쁜 것을 뱉어내는 배출구이다. 지방의 젊은 인구와 활력은 끊임없이 수도권으로 유입되고 낙후된 부문만이 지방에 남는다. 지방에 본사를 뒀던 중견기업들이 거의 사라지고, 명성 높던 지방대학들은 명맥을 유지하기에도 힘겹다.

공간의 역사는 권력의 역사와 중첩되고, 공간구조 개편은 권력구조 개편과 맞물리게 된다. 경주에서 개성으로, 다시 한양으로 천도한 것은 물론이고, 정조가 화성을 건설했던 것도 이런 맥락에서 이해된다. 우리 역사는 새 왕조마다 수도를 바꿈으로써 기득권 세력을 견제하고 결과적으로 국토 균형개발까지 성취했다.

오늘날 세종시를 둘러싼 논란에도 수도권에 권력 기반을 두고 있는 계층과 지방에 뿌리를 둔 사람들의 권력다툼이 개입한다. 세종시 원안을 수정하려는 권력에는 정치권력뿐 아니라 경제권력, 수도권 거주자들의 기득권력이 합세하고 있다. 정치인들이 미생과 증자의 고사까지 들먹이며 고상하게 논쟁하는 것 같지만, 근저에는 지지세력을 확보하려는 계산이 깔려 있다.

이런 때 바람직한 언론보도의 방향은 무엇일까? 첫째는 정치인들의 권력다툼에 휘말리지 않고 진정 바람직한 국토 공간 구조 개편 방향을 제시하는 일이라고 본다. 그 측면에서 〈한겨레〉는 '세종시 수정안, 이것이 문제다' 시리즈를 12일치부터 3회에 걸쳐 싣는 등 나름대로 기여를 했다. 그러나 여당 내 권력투쟁에 지나치게 많은 지면을 내줬다. 세종시 정국이 박근혜 주연, 정운찬·정몽준 조연의 일일드라마처럼 흥미롭게 전개됐다.

물론 차기 대선 주자들의 발언과 여당의 분열상은 주요기사로 다룰 만하다. 그러나 그토록 크게 연일 다룰 만한 중대발언이었는지는 의문이다. '국민에게 신뢰를 지키기 위해 수정안에 반대한다'는 언술은 은연중에 원안에 문제가 많다는 인식을 심어준다. 이런 보도태도는 결과적으로 원안과 수정안의 장단점보다 박근혜 의원이 '신의의 정치인'으로 부각되는 데 기여했다. 사실 '신의'에 관해서라면, 언론법 파동 때 박 의원 발언에 상당한 기대를 걸었다가 배신감을 곱씹어야 했던 기억을 되살리는 〈한겨레〉 독자도 있으리라.

어쨌든 여론조사에서는 세종시 문제를 '국익'보다는 '국민과의 신뢰' 측면에서 보는 것이 중요하다는 응답이 많았다. 약속을 너무 쉽게 뒤집는 정치권에 대한 반감에서 비롯된 정서이겠으나, 실로 더 중요한 것은 앞으로 수백, 수천년간 국토 공간 구조 재편의 모멘텀이 될 행정도시를 원안대로 건설하느냐 폐기하느냐 하는 문제이다. 약속이나 의리만 중요하다면 조폭의 논리와 무엇이 다르랴. 그러나 사람들은 종종 합리적 대안보다는 의리와 같은 인간적 면모에 끌린다.

전국민이 '박-정-정 드라마'를 보는 사이에 지면과 화면에서 사라진 것은 원안을 지지했던 야당의 목소리였다. 박근혜 의원은 '원안+α'를 대안으로 들고 나와 충청지역 정서에 영합했다. 졸지에 야당의 원안은 충청지역에서도, 수도권에서도 인기 없는 것처럼 치부되고 말았다. 그러나 '원안+α'는 민간기업 등에 부가적 특혜를 주겠다는 것이어서 문제가 적지 않다.

한 곳의 특혜는 다른 곳의 박탈과 국민부담의 증가를 뜻한다. 이명박 정권은 특히 기업과 관련해서는 특혜를 제도화하는 정권이다. 결국 국민 부담으로 돌아올 수밖에 없는 엄청난 특혜를 기업에 주면서 '교육과학경제도시'라는 '50조~60조짜리 비싼 혁신도시'를 또 건설할 필요가 있을까? 지금도 지방의 기업혁신도시와 경제자유구역 등은 기반시설을 해놓고도 잡초만 무성한 곳이 많다.

박정희 대통령 때부터 추진해왔던 행정수도 계획의 뼈대는 행정수도 건설과 함께 공기업 등을 전국의 거점도시로 분산하고 혁신도시들을 건설하는 것이다. 행정기능을 서울에 남겨두는 것은 짝을 이뤄야 효과를 볼 수 있는 정책조합이 깨진 것을 의미할 뿐 아니라 다른 혁신도시의 성공을 방해한다는 점에서 정책 실패로 귀결될 가능성이 있다.

대통령과 장관 등 고위 공무원들이 회의를 하거나 국회 업무를 보는 데 지장이 많다는 점을 비효율의 대표적 사례로 드는데, 지방으로 내려가는 공기업 등 다른 공공기관들이 세종시

보다 더 먼 서울로 와서 업무협의를 해야 하는 비효율은 어찌할 셈인가? 더 큰 문제는 수도권에서 땅값·임대료·생활비 등 생산요소와 관련된 비용들이 급증하는 반면 생산성은 떨어져 결국 경쟁력 저하로 이어지고 있다는 점이다. 각종 공해처리비용과 교통혼잡비용도 해마다 각각 10조 원대를 넘어선 지 오래다.

이런 기회에 신문이 여론형성을 주도하려면 서울공화국의 병폐가 얼마나 중증인지를 드러내는 기획기사들을 집중적으로 내보내면 된다. 또 전국 지방도시나 공단의 열악한 실태를 르포 형식으로 전하는 것도 좋은 방안이다. 이런 기사들은 더 좋은 환경에서 살고 싶은 수도권 독자뿐 아니라 상대적 박탈감을 심각하게 느끼는 지방 독자들에게도 호소력이 있을 것이다. 정치권의 움직임에 매몰되지 말고 직접 독자와 소통하는 것이야말로 대중적 진보매체다운 의제설정 방식이다. (한겨레 2010.1.27)

도시는 '사회주의'를 필요로 한다

한국 사회에서 논쟁이 갈 데까지 가면 색깔론이 나온다. '좌빨'이니 '수구꼴통'이라는 말이 금방 튀어나오는 인터넷의 '댓글문화'에 견주어 시간과 용어 선택의 차이가 있을 뿐 정치권도 예외가 아니다. "세종시 원안대로 하면 사회주의 도시가 된다"는 권태신 국무총리실장의 발언은 한 사례에 불과하다.

한국 사회의 정책 논쟁은 '국가 백년대계'니 '공익'이니 하면서 진지하게 진행되는 듯하지만, 실은 그 배경에 철저한 사익 추구 또는 정치적 계산이 도사리고 있다. 노무현 대통령 후보가 선거 막바지에 급조된 신행정수도 공약을 내놓은 거나,[19] 한나라당 의원총회에서 '수도권 정당론'이 나온 것은 비슷한 맥락이다.

지난달에 이어 세종시 문제를 또 언급하려는 것은 그 이슈를 둘러싼 논의의 허상을 한 꺼풀 더 벗겨내고 논점의 핵심에 접근하려는 노력의 하나다. 세종시를 둘러싼 극한대립은 불균형 성장과 균형 발전, 권한의 중앙집중과 지방분산 등 거시적 정책목표뿐 아니라 보수와 진보의 토지소유 관념과 국토와 도시공간에 대한 인식 차이에서 비롯된다. 보수와 진보언론은 그런 본질적인 문제 대신 정치권의 힘겨루기나 색깔론으로 다루는 데 익숙하다.

〈한겨레〉는 보수신문한테 '빨간 색칠을 한다'고 방어만 할

---

19 이 글이 나가자 이병완 전 대통령 비서실장이 '노 전 대통령은 오랜 연구 끝에 행정수도 공약을 내놨다'는 요지의 반론을 제기해 〈한겨레〉에 실렸고, 시민편집인인 나는 '개발전략이나 공청회 같은 증거자료를 내놓으라'는 내용의 재반론을 실었다.(한겨레 2010.3.3)
사실은 이 실장도, 칼럼에서 공격받은 권태신 국무총리실장도 옛 재무부 출입기자 시절 잘 알았던 사람들이다. 노무현 정권의 김안제 신행정수도건설추진위원장도, 신행정수도 백지화에 앞장선 이명박 정권의 최상철 지역발전위원장도 환경대학원 스승이다. 이리저리 걸리는 연고를 철저히 외면하지 않으면 '쓴소리'라고는 할 수 없는 게 좁은 한국 사회다.

게 아니라, '도시는 사회주의가 필요하다'고 당당하게 정면승부를 해야 한다. 이 말은 런던시장을 지낸 케네스 리빙스턴이 한 것이다. 런던 하면 아직도 교통체증과 자욱한 스모그를 떠올리는 이가 있으리라. 그러나 요즘 런던은 서울보다 교통이 잘 뚫리고 매연이 덜하다.

리빙스턴이 1980년대 대처의 신보수주의 시대부터 '미치광이 좌파'(Loony Left) 소리를 들어가며 대중을 도시의 주인으로 만드는 작업을 해온 덕분이다. 그는 시의회 의장 또는 런던시장으로 일하면서 2003년에는 '버스-지하철 환승체제'를 갖춰 버스요금을 대폭 내리고, 도심 진입 승용차에는 1만 5천 원가량의 혼잡통행료를 물렸다. 그 결과 단기적으로 대중교통 이용률은 39%나 증가하고 도심교통량은 20%나 줄었다.

이런 리빙스턴에게 영국의 보수파는 '빨갱이 켄'(Red Ken)이라는 딱지를 붙이고, 루퍼트 머독의 황색지인 〈더선〉은 '영국에서 가장 혐오스런 사람'으로 지목했다. 하긴 'ken'이란 단어에는 '시각' 또는 '시야'라는 뜻도 있으니 그가 하는 일마다 '빨갱이 시각'으로 보였던 보수파에게는 그 이상 부르기 적합한 별명도 없었으리라. 그러나 런던시민 다수는 그를 지지해 재선에 성공했다.

이명박 대통령의 서울시장 시절 큰 업적도 '청계천사업'이 아니라 런던을 벤치마킹한 '버스중앙차로제'와 '환승제'라고 본다. 사회주의적 도시교통계획 개념이 적용된 것이다. 권태신 총리실장은 결국 이 대통령을 '좌빨'로 모는 논리적 모순을 범했다.

인간 자체가 사회적 동물이기에 도시계획은 그런 본성에 부응한다. 제대로 된 도시계획에는 도시라는 공간을 막개발과 자본의 배타적 지배 아래 두지 않고 공공의 영역에 두겠다는 의지가 표출된다. '새도시'(newtown)는 영국에서 개념이 정립될 때부터 사회주의적 커뮤니티를 이상적 도시로 생각했다.

도시는 고소득자와 저소득자, 토박이와 이방인, 건강한 자와 장애인이 한데 어울려 살아가야 하는 '모둠살이터'다. 용산참사도 용산 역세권에 대한 대자본과 땅주인의 개발욕구, 그리고 영세자본과 세입자들의 생활권 보장 요구가 맞선 싸움에 공권력이 일방적으로 강자 편을 드는 바람에 빚어진 재앙이다.

세종시를 둘러싼 논란 역시 수도권의 기득권 또는 중앙집권 세력과 지방분권 세력의 다툼이라고 할 수 있다. 행정 비효율이 수정안의 이유지만, 사실 노무현 후보의 '신행정수도 건설' 공약이 원안대로 추진돼 대부분 중앙행정부처가 행정수도로 옮겨간다면 비효율은 논란거리가 되지 못했을 것이다. '행정수도는 서울'이라는 관습헌법의 '관습'은 서울을 중심으로 고착된 '기득권'의 다른 표현에 지나지 않는다.

로마가 이탈리아 반도마저 통일하지 못한 기원전 396년 얘기지만, 평민들은 로마에서 20km쯤 떨어진 베이라는 곳에 제2수도를 건설하자고 제안한다. 귀족들의 본거지인 로마에 정치권력이 집중되어 있는 한 그들의 권리 신장은 불가능하다고 보았기 때문이다. 그때 나온 귀족들의 반대논리가 어처구니없다는 점에서 관습헌법 논리를 닮았다. "로마에는 신들이 살고 있고 신들이 로마를 지켜주었는데 어떻게 신들을 버리는 것과 마찬가지인 제2수도를 만들 수 있겠는가?"

서울이 수도라는 관습은 이성계의 도읍에서 비롯됐다는데, 실은 그도 "예로부터 역성의 명을 받은 임금은 반드시 도읍을 옮겼다"는 말을 했다. 법조문도 없는 관습법은 개정도 불가능해 수도를 영원히 옮길 수 없다는 얘기가 되는데, 세계적으로 서울만큼 수도의 지위를 오래 누려온 도시도 드물다. 서울의 지배적 위치는 한국인의 의식구조 속에 깊이 뿌리박아 강원도에서 서울로 내려가도 '상경'한다고 말한다. 사람과 권력과 돈이 집중될 뿐 아니라 하다못해 전국의 바위나 소나무까지도 잘생긴 것은 서울로 반출된다.

신행정수도 건설은 대선 석 달 전에 급조됐다는 점에서 비판받아 마땅하다. 대선 국면에서 이슈를 선점하기 위해 던져졌기 때문에 더욱 극심한 논란의 씨앗을 뿌렸다. 그러나 발표 시기와 방법의 과오가 신행정수도의 타당성마저 저해하는 것은 아니다. 노 대통령이 '재미를 좀 봤다'고 말한 것은 가벼운 처신이었지만, 결국 민심을 얻은 것은 그의 정치적 계산이 국토 균형발전이라는 대의에 어긋나지 않았기 때문일 터이다.

중앙행정 기능은 분산되겠지만 효율의 문제만을 고려하기에는 수도권 과밀의 비용과 비효율이 너무나 큰 상황이다. 진정 행정 비효율이 문제라면 다른 기관이나 청와대도 언젠가 세종시로 옮겨가면 된다.

통일 뒤를 생각할 때 수도가 국토의 너무 남쪽에 치우치게 된다는 지적도 일리는 있지만, 수도가 꼭 국토의 중앙에 있어야 할 필요는 없다. 미국의 수도와 최대 도시가 국토만 놓고 보면 극단적으로 치우친 바닷가에 있어서 국가경쟁력이 떨어진다는 소리는 들어보지 못했다.

이명박 대통령은 "우리가 지나치게 정치적·이념적으로 해석해 신속하게 할 수 있는 일들이 늦춰지고 있다"며 "우리끼리 다투며 발목을 잡는 것은 아닌지 하는 생각이 든다"고 말했다. 그러나 4대강은 막지 않으면 저절로 흘러갈 것이고, 세종시는 우선 원안이 잘 이행되도록 하면 된다. '발목'을 잡은 것은 대통령 자신이다.

도시문제는 결국 계급문제이며, 거대 국책사업은 그 자체가 하나의 이데올로기로 행세한다. 독일의 사회주택 건설, 루스벨트의 뉴딜정책, 마오쩌둥의 대약진운동, 카다피의 대수로사업... 어느 것 하나 이념과 관련되지 않은 게 없다.

권력에 의한 공간구조 개편은 대중의 생활공간과 여가공간, 그리고 일터를 파괴하기도 하고, 생활과 노동의 조건을 개선하기도 한다. 진보언론은 보수정권의 움직임을 중계하거나 해설하는 데 그치지 말고, 국토·도시정책의 퇴행적 보수 편향에 정면으로 맞서야 한다. 대중이 국토와 도시의 주인 행세를 할 수 있는 방향으로 국토와 도시공간의 보존 또는 변혁의 논리를 제공하는 것이야말로 진보언론의 소임이다. (한겨레 2010.2.24)

유럽을 여행하며
속을 끓였던 까닭

올여름 영국에 볼일이 있어 출국한 김에 유럽을 여행했는데, 지난 5일에 마침 BBC가 한국 관련 뉴스를 심층보도하는 게 아닌가. 한국인은 OECD 회원국 중 가장 많이 일하지만 휴가는 1년에 평균 11일밖에 안 간다는 내용이었다. 한국인은 휴가를 가면 자신이 불필요한 사람으로 여겨질까 봐 두려워하고 고용주들은 휴가를 떠난 직원과도 연락이 닿기를 바란다고 보도했다.

그런데 막상 유럽의 관광지에는 휴가 나온 한국인이 너무나 많으니 어찌된 걸까? 지레짐작으로 내린 결론은 한국인은 휴가도 일 처리하듯 한다는 것이다. 유럽인이 순회여행보다 휴양지 한곳에 틀어박혀 그야말로 여유를 즐기려 한다면, 한국인은 최소 비용으로 최대한 많은 곳을 돌아다니려 한다. 배낭여행은 한국 여행업계 최대 히트 상품이어서 방학이면 우리 젊은이들이 이른바 '스펙'을 쌓기 위해 줄줄이 외국으로 향한다.

나 또한 영락없는 한국인임을 확인한 여행이기도 했다. BBC가 보도한 것처럼 숙소를 예약할 때는 인터넷이 잘 되는지를 첫째 조건으로 삼았고 숙소에 도착하면 컴퓨터를 연결해 보고서야 안도했다. 휴가는 거의 매일 장소를 옮겨가며 하는 '일'이었다. 프랑스 철학자 피에르 상소가 쓴 책을 일부러 갖고 다니며『느리게 산다는 것의 의미』(동문선, 2000)를 실천하려 했지만 소용이 없었다.

　한국인은 어느새 경쟁지상주의가 속속들이 내면화해, 일을 하지 않으면 불안하거나, 멀티태스킹, 곧 여러 가지 일을 동시에 해야 안도하는 지경에 이른 듯하다. '더 빨리, 더 높이, 더 세게'는 육상선수권대회의 구호만이 아니라 우리 일상의 지침이 되고 말았다. 느린 것은 게으르고 무능하며, 낮고 작은 것은 열등하고, 오래된 것은 낡았다고 생각한다. 나라 재정이 빚더미에 오르건 말건 좁은 국토는 온통 고속철도와 고속도로로 훼손되고, 도시의 익숙한 공간들은 초고층빌딩에 밀려난다. 그러나 개발주의자들이 자연을 대하는 태도는 끝내 보복을 당하기 시작했다. 산사태와 도시홍수가 그것이다.

　환경감시는 유럽 언론이라면 가장 중요시하는 기능 중 하나이다. 20만 부도 안 되는 신문 〈인디펜던트〉는 지구온난화 문제를 1면 머리기사로 끈질기게 보도해 세계적 이슈로 만든 일등공신이다. 〈한겨레〉를 포함한 한국 신문은 재해가 발생하자 한동안 지면을 펼쳐 정부를 탓하다가 언제 그랬냐는 듯 조용해졌다. 정부의 책임이 크긴 하지만 우리 모두의 의식구조 속에서 진정한 원인을 찾고 지속적으로 의제를 끌고 나가는 곳은 없었다.

　개발은 곧 성장과 발전이라는 확고한 믿음 속에 언론은 빠르고 크고 새로운 것에 대한 욕망을 무한 확대하는 데 크게 기여해왔다. 제2롯데월드는 그런 믿음의 바벨탑이다. 한국에서 일고 있는 초고층빌딩 경쟁은 미국에서 엠파이어 스테이트 빌딩을 지을 때 공황이 닥쳤던 것처럼 음울한 조짐인지도 모른다.

한국 언론이 경탄해 마지않던 두바이에서도 마천루의 저주를 목격하지 않았던가. 신도시 하나가 공중에 건설되는 것과 다름없는 제2롯데월드를 허가해줄 때도 교통영향평가 등만 형식적으로 했을 뿐이다. 도시홍수가 문제가 되는 시대에 그 '신도시'가 배출할 엄청난 하수에 신경 쓰는 언론은 없었다.

사실상 지방자치단체의 관할 밖에 있는 군부대의 자연 훼손도 심각하다. 기자들이 수없이 지나다니는 길목인 과천 남태령 꼭대기에 군부대가 산림을 베어내고 골프연습장을 지어놓았는데도 눈길 한번 주는 언론이 없다.

4대강사업을 둘러싼 언론의 공방은 한국 언론의 수준을 드러낸다. 자연 훼손과 생태계 교란 그리고 타당성 여부가 가장 큰 쟁점인데도 최근에는 엉뚱하게 홍수 피해 논쟁으로 번졌다. 대통령과 보수신문들은 4대강사업 이후 홍수 피해가 줄었다며 사업의 타당성을 강변했다. 〈한겨레〉가 사설(11일)에서 지적했듯이 4대강은 전 정부에서 재해예방 사업이 거의 끝나 본류에서 홍수 피해가 난 적이 없다. 뇌출혈과 뇌졸중도 실핏줄이 터지는 것이다. 4대강에 과잉투자된 돈은 지류·지천이나 복지쪽으로 돌렸어야 했다. 막대한 재정적자를 생각한다면 오히려 돈을 쓰지 않는 게 더 타당했다.

그러나 〈한겨레〉도 4대강사업에 관한 한 처음에는 '운하가 아닐까' 하는 의혹을 제기하는 데 집중하면서 환경과 생태계 파괴 문제를 지적하는 데는 소홀한 측면이 없지 않았다. 그런 점에서 '4대강에 사라지는 내성천 모래밭'(8.12) 같은 기사는 반가웠다. 빠름에 대한 욕망은 찻길뿐 아니라 물길까지 직선으로 바꾸게 했다. 굽이굽이 흐르면서 물을 정화하고 동식물을 길러내고 빼어난 경관을 보여주던 우리의 4대강을 단순한 '수로' 또는 '하수구'로 만들어버린 것이다. 한 곳을 먼저 시행해보는 방법도 있었는데, 모든 강, 모든 구간에서 전격적으로 착수한 것도 조급증 때문이었다.

토목으로 입신한 대통령의 눈에는 곱게 깔린 모래와 자갈이 골재로만 보였을까? 직선으로 콘크리트 둑을 쌓아 직강화해 놓은 게 자랑스러웠을까? 그렇지 않고서야 4대강사업 관련 홍보물 등을 전시하는 녹색성장 홍보체험관 건립에 9백억 원을 들일 생각은 하지 않을 것이다. 한번 훼손되면 복원하기 힘든 자연에 손을 대는 일은 신중해야 하기에 여론수렴은 필수적이다. 강정마을 진통도 대형 개발사업 추진과정의 비민주성을 그대로 보여준다.

유럽의 풍경이 눈이 시리도록 아름다웠던 건 자연경관 때문만은 아니었다. 튀는 고층건물보다 수수한 건물이 전체 도시를 아름답게 한다는 사실, 낡은 것은 편안함이고 느린 것은 여유로움이라는 사실을 재발견했다. 작은 것이 아름답고 짧은 것이 곧 긴 것이었다. 근무시간이 짧아지면 휴식시간이 길어지지 않던가. 내가 보고 싶어한 것은 새로운 것이 아니라 변하지 않고 서 있는 것이었다. 두보는 '나라는 망해도 산하는 그대로 있다'(國破山河在)고 읊었는데, 산과 하천마저 온통 망가지고 있는 조국의 풍경이 자꾸만 대비됐다. (한겨레 2011.8.30)

10 진보의 가치들을 찾아서

세습은 왜 모두의 손해로
귀결되나

　세계 역사에서도 현명한 세습군주가 3대 이상 잇따라 나온 왕조는 드물었다. 중국 한나라 문경지치(文景之治)도, 조선 영·정조 시대도 2대로 끝났다. 다만 두드러진 예외가 있었으니, 『로마제국 쇠망사』를 쓴 에드워드 기번이 인류사상 가장 행복한 시대라고 찬양한 5현제 시대가 그것이다. 현명한 황제가 다섯이나 잇따라 나온 배경은 무엇일까?

　가장 큰 요인은 그들에게 아들이 없었다는 점이다. 황제들은 경쟁을 거친 지도자나 덕망 높은 철학자를 양자로 삼아 제위를 넘겼다. 그래서 『명상록』을 쓴 마르쿠스 아우렐리우스 같은 철인 황제가 탄생할 수 있었다. 5현제 시대가 마르쿠스로 끝나게 된 것은 그에게 아들이 있었기 때문이다. 기번에 따르면 아들 콤모두스는 로마 황제 중 학문을 멀리한 첫 황제였다. 결국 콤모두스는 폭군 노릇을 하다가 암살됐고, 그때부터 로마제국도 쇠망의 길로 접어들었다.

　권력자와 혁명가, 재벌 총수와 대형교회 목사에 이르기까지, 자칫 잘못하면 평생 쌓아 올린 업적과 명성을 단기간에 날려버리는 계기가 되는 게 후계자 승계이다. 냉철했던 판단력도 자식 문제에 이르면 곧잘 마비된다. 오죽하면 철인 황제 마르쿠스마저 방탕한 아들 콤모두스를 후계자로 지명했을까?

　한 가정의 대 잇기가 아닌 재벌이나 대형교회의 세습은 그

곳에 몸담고 있는 사람은 물론이고 우리 사회 구성원 전체의 삶에도 큰 영향을 미치기 때문에 사회정의 차원에서 문제를 제기할 수 있다. 국가권력의 세습은 말할 것도 없다.

북한의 3대 세습을 둘러싸고 계속되는 논쟁은 비판의 화살이 점차 세습의 주체인 북한 권력층을 벗어나 남한 정치세력을 향하면서 정치세력간 헤게모니 싸움 성격이 짙어지고 있다. 또 남한 사회에 만연한 세습 문제로 논의가 확장되지 않아 이슈화할 기회를 잃어버리는 게 아닌가 하는 아쉬움이 있다.

〈한겨레〉는 창간 이래 북한 또는 통일 문제에 관한 한 국민의 냉전적 사고를 누그러뜨리고 시야를 넓히는 데 선도적 구실을 해왔다. 창간 직후 방북취재 기획과 관련한 리영희 논설고문 구속사건이 상징하듯 때로는 공안당국과 마찰을 빚으면서도 분명한 진보적 시각을 유지해왔다. 그러나 김정은이 후계자로 등장하는 과정의 취재경쟁에서는 앞서지 못한 느낌이다. 이명박 정권 출범 이후 정보당국과 선이 끊어진 탓인지도 모르겠다.

김정은의 3대 세습이 전격 발표되기 불과 2주 전인 9월 15일 치 칼럼('천안함, 남북관계, 6자회담')에서도 '김정일 국방위원장의 3남 김정은이 갑자기 새 지도자로 등장할 가능성은 적다'고 전망했다. 물론 김정은의 전격 부상은 아무도 예측하지 못한 것이었다. 그나마 보수언론이, 오보를 내기도 했지만, 오래전부터 김정은에 대한 보도경쟁을 해왔다.

북한 당국 발표 뒤 민주노동당의 '무비판'과 관련해서는 〈경향신문〉이 논쟁의 중심에 섰다. 〈경향〉은 사설에서 '북한을 무조건 감싸주어야 한다는 생각이라면 그것이야말로 냉전적 사고의 잔재'라고 비판한 뒤, 민노당 쪽이 반박에 나서자 재반박을 하는 등 논전을 끌고 나갔고, 진보논객들의 발언을 일일이 중계했다. 〈경향〉 디지털뉴스팀은 심지어 〈한겨레〉에 실린 '홍세화 칼럼'까지 전문을 다시 소개했다.

〈경향〉의 이런 태도는 '이념적 커밍아웃'을 강요하는 '진보판 색깔론'으로 비판받을 여지가 있지만, 기본적으로 모든 견해에 발언권을 인정하는 '언론의 공론장 기능'은 착실히 수행했다고 평가할 수 있다. 북한을 바라보는 남한 진보세력의 다양한 시각, 곧 엔엘(NL)-피디(PD) 논쟁이 3대 세습을 둘러싸고 진전된 형국이다.

북한 정권과 직접 대화를 원하는 민노당이 세습에 동의하지 않으면서도 비판을 유보한 것은 한 정당의 전략으로 존중될 수도 있다. 그러나 민노당도 대중의 지지를 기반으로 하는 정당이라는 점에서 정치적 이해득실은 스스로 떠안아야 할 몫이다. 보수언론은 그것을 빌미로 '좌파의 침묵'을 싸잡아 비난하고 있다. 사실 진보진영에서 치열하게 논전을 벌이고 있는 데서 보듯, 좌파는 침묵하고 있는 게 아니다. 보수언론이 민노당을 비난하려면 침묵을 지키고 있는 우리 정부와 미국도 비판해야 공정하다.

북한의 세습과 관련해 〈한겨레〉가 취할 보도 태도는 지배층이 아니라 피지배층의 관점에서 그들의 이해관계를 대변하는 것이라고 본다. 세습으로 집권한 사람은 경제를 파탄으로 몬 선대의 정책 틀을 과감하게 벗어던질 수 없다. 세습체제는 기득권을 영구적으로 고스란히 인정하는 체제이니, 기득권의 양보를 수반하는 통일도 요원해질 것이다.

중국에서 장쩌민, 후진타오에 이어 시진핑으로 권력 승계가 이루어지는 과정을 분석한 기사(10.20)는 북한의 3대 세습과 비교돼 더욱 눈길을 끈다. 중국도 일당독재 체제지만 지도부안에서 제한적이나마 노선경쟁이 이루어진다는 점에서 인민민주주의의 또 다른 면모를 보여준다. 베트남도 그렇지만 잘나가는 사회주의 국가는 권력승계 방식이 북한과 판이함을 알 수있다.

〈한겨레〉가 이번 기회에 남한 사회의 세습 문제 전반으로의제를 확장해보는 건 어떨까? 특히 재벌의 탈법 상속과 경영권 승계는 하나의 관행처럼 굳어진 상태이다. 불과 몇 백억 원의 상속세 또는 증여세를 물고 2세, 3세 승계가 이루어진 삼성그룹은 요즘 유행어가 되다시피 한 '정의'와 '공정한 사회' 담론을 웃음거리로 만들고 있다. 지금 수사를 받고 있는 태광산업이 1997년에 1060억 원의 상속세를 냈으니 세금만 보면 삼성그룹보다 훨씬 큰 기업이다.

사실 재산권 상속은 세금만 제대로 낸다면 탓할 일이 아니다. 또 가업을 승계하는 수준이라면 경영권 승계도 나쁘게 볼이유가 없다. 2세, 3세도 능력이 있으면 경영권을 물려받을 수있다. '소신투자'와 '책임경영' 등 장점도 많아 실제로 좋은 경영성과를 내는 재벌도 있다. 문제는 이미 한 국가 또는 사회의자산이 되다시피 한 거대그룹의 경영권을 대대손손 고스란히승계하기 위해 온갖 탈법·편법을 자행한다는 점이다. 능력이모자라는 사람이 전 그룹의 경영권까지 장악하면 경영권뿐 아니라 재산까지 잃을 가능성이 높아지고 막대한 사회적 비용 지출로 귀결될 수 있다.

마이클 샌델이 '정의란 무엇인가'라고 화두를 던졌는데, 양극화한 남한 사회에서 가장 큰 정의는 '상속세를 제대로 내는 것'이라고 답하고 싶다. 교회 재산도 기본적으로 헌금으로 이루어진 것인데 세금 한 푼 안 내고 2세, 3세가 재산은 물론이고 목사직까지 세습하는 것은 마음을 비워야 하는 종교의 본성과도 어긋난다. 목사 집에 목사 나고, 외교관 집에 외교관 나고, 정치인 집에 정치인 나기 쉬운 사회는 공정한 사회가 아니다.

정치권력의 세습은 경제권력만큼 직접적이지 않은 것 같지만, 민주주의의 뿌리를 흔들 수 있는 문제이다. 선대의 정치적 유산이 후광효과를 발휘해 능력을 과대포장하게 된다. 이미지 홍보가 선거판을 좌우하는 상황에서는 '표 쏠림'의 모멘텀으로 작용하기 십상이다.

현재 차기 대통령 선호도 1위로 조사되는 박근혜 의원도 아버지 후광 효과를 빼고 설명할 길이 없다. 세종시 수정안에 반대한 것 말고는 정치적 소신과 정책적 차별성에서 기억나는 게 없다. 미국에도 아버지에 이어 나중에 대통령이 된 사람들로 존 퀸시 애덤스와 조지 더블유 부시, 둘이 있었는데, 모두 실패한 대통령으로 평가되고 있다. 할아버지에 이어 나중에 대통령이 된 벤저민 해리슨 역시 실패한 대통령이 되고 말았다. (한겨레 2010.10.27)

'위장된 복지',
현장으로 내려가 파헤쳐라

서울시 상암동과 붙어 있는 고양시 시골마을인 우리 동네에는 세밑이 되면 불우이웃을 돕는 방문자들이 끊이지 않는다. 우리 바로 옆집 아래채에 홀로 사는 할머니 셋방에는 그야말로 온정이 답지한다. 온갖 음식이 전달되고 연탄은 둘 데가 부족해 방안에까지 쌓아놓았다. 더욱 가관인 것은 부엌 출입문 바로 앞에 연탄트럭을 댈 수 있는데도 몇 십 미터 떨어진 곳에 대고 자원봉사자들이 한 줄로 서서 연탄을 나르는 광경이다. 각자 나르는 것이 몇 배 더 효율적인데도, 길게 늘어서서 연탄을 나른다. '증명사진'이 잘 나오기 때문일까? '삼성사회봉사단'이니 '○○교회'니 하는 어깨띠까지 두르고 있다. 바로 옆방이나 이웃에 세 들어 살면서도 독거노인 혜택을 못 받는 할머니들은 이런 광경이 못내 부럽다. 그들은, 멀리 떨어져 사는 자식들이 돌볼 능력이 없는데도, 가족이 있다는 이유로 등록을 못한다.

이런 풍경은 우리나라 사회복지의 현주소와 복지전달체계의 난맥상을 보여준다. 정부가 아니라 민간의 온정에 기대는 복지, 일상적 복지가 아니라 연말에 몰리는 일시적 봉사 수준의 복지, 보편적 복지가 아니라 일부에게 집중되는 시혜적 차원의 복지가 바로 그것이다. 시혜적 복지는 베푸는 사람들의 머릿속에 '올해도 할 만큼 했다'는 심리적 면죄부로 남아 제도개혁을 가로막는 부작용도 있다.

이명박 대통령은 구세군 자선냄비에 성금을 넣고, 사회복지공동모금회의 성금유용사건과 관련해 모금이 부진할까 봐 걱정했다. 〈한겨레〉도 모금에 참여하고, 사설(11.23)에서 같은 걱정을 했다. 청와대 '나눔·봉사 가족 초청 오찬'에서 눈물까지 흘린 대통령의 언행은 선의로 봐줄 수도 있다.

그러나 그가 보건복지부 업무보고 때 "내년 복지예산이 사상 최고이며 우리나라는 복지국가라 해도 과언이 아니다"라고 말한 대목에 이르면, 그가 그리는 복지국가가 어떤 수준인지 확실히 드러난다. 〈한겨레〉가 하루 늦긴 했지만, 'GDP 대비 복지예산 내리막길'(12.24)이라는 제목의 반박기사를 크게 보도한 것은 적절했다. 이어서 정부의 해명을 맞받아친 기사와 사설(12.27)을 내보내 〈한겨레〉가 논쟁의 중심에 섰다.

그래도 우리나라의 복지지출 증가율이나 선진국의 복지지출 비율 등 수치만을 따져 공방전을 벌인 것은 아쉬웠다. 복지와 직접 연결되는 주택 문제가 선진국 가운데 가장 심각한 점, 패자부활의 기회가 거의 없는 취업전선, 국민 40%가 적자인생으로 내몰리는 가계수지, 너무나 미흡한 사회복지 전달체계 등을 입체적으로 조명한다면 터무니없이 낮은 복지수준을 실감나게 드러낼 수 있다.

'주택 문제'만 하더라도 공공임대주택 비율은 네덜란드 36%, 스웨덴·영국 22%인 데 견주어 한국은 3%이다. 복지후진국인 미국도 공공주택 비율은 낮지만, 자기집 보유율이 67.5%에 이른다. 우리는 공공임대주택도 별로 없는데 서울에서 내 집을 가진 가구는 계속 줄어 절반이 좀 넘는다. 어디다 몸을 누이란 말인가? 지하방에라도 거처를 마련하려면 웬만한 소득은 집주인에게 다 털린다.

이 대통령의 어법을 관찰해보면 툭하면 "세계적 추세"를 들먹이며 자기논리를 강화한다. 미디어법 개정 때도 한국적 언론현실을 외면하고 사실을 왜곡한 채 '세계적 추세'론을 내세웠다. 이번에도 스웨덴 국왕한테 들었다는 말, 곧 "스웨덴도 복지체제가 시대에 맞지 않아 조금 후퇴시키려 한다"는 말을 전하면서 우리 복지현실을 왜곡했다. 최고 우등생이 '이제 조금 놀다가 공부하겠다'는데 꼴찌가 '나도 놀겠다'고 나서는 꼴이다.

'먹는 문제'는 복지의 기본 중 기본이다. '정의란 무엇인가'라는 말이 올해 화두가 됐는데, 한국적 정의는 '독식'이 아니라 '나눠먹는 문제'가 아닐까? 바이킹은 해적질을 하다가 고향에 돌아오면 약탈한 음식들을 죽 늘어놓고 누구나 평등하게 골라먹었는데, 그것이 '뷔페'의 원조였다. 나눠먹는 그들의 습속이 복지국가의 전통으로 이어진 걸까?

우리처럼 국과 탕이 많은 나라도 없지만, 한 솥 탕국을 끓여 주인과 하인 간에 음식을 공유하는 '탕반문화'에도 소득분배의 정신이 살아있었다. 사람의 뇌는 먹는 것에 대한 차별을 가장 심각하게 받아들이는 쪽으로 진화해왔다고 한다. 임오군란도 급료로 주는 벼에 모래를 섞어 먹을거리에 장난을 친 게 군심 폭발의 계기였다.

무상급식 문제는 최대 선거이슈가 될 가능성이 높다. 지난주 시민편집인실에 전화한 한 남성 독자는 "기자들이 학교현장에 나와 보면 왜 무상급식이 필요한지 알 수 있을 텐데 곽노현과 오세훈의 말싸움만 중계하고 있다"고 말했다. 언론의 의제 설정은 언론답게 해야 한다. 통계로만 얘기하는 것은 연구기관이 할 일이다.

〈한겨레〉가 복지논쟁을 주도하려면 현장으로 가야 한다. 빈곤층의 노동과 주거 현실, 보육과 교육, 의료 실태는 모두가 현장이다. 4대강사업과 과다한 도로건설 등 토건사업을 포기하지 않으면서, 군비경쟁을 줄이지 않으면서, 부자증세를 하지 않으면서 복지를 얘기하는 것은 거짓말이다. 시장의 도덕적 한계가 들통났는데도 복지를 시장과 개인에게 맡기는 것은 '위장된 복지'다. 대형 교회나 사찰이 세금 한 푼 안 내면서 열심히 불우이웃돕기에 나서는 것을 정의라 할 수 있을까?

플라톤은 "불의의 가장 나쁜 형태는 위장된 정의"라고 했다. 복지의 가장 나쁜 형태도 '위장된 복지'다. (한겨레 2010. 12.28)

'복지 포퓰리즘'
제대로 한번 해보자

오후 3시 반쯤이면 매일, 영국의 초중고교 앞에 학부모들이 몰려든다. 자녀들을 데려가기 위해서다. 교재는 물론 필기구까지 학교에서 제공하고, 숙제가 있을 때는 학습도구를 들려 보내기도 하는데, 심지어 A4 용지 한 장까지 나눠준다.

내가 2006년까지 6년간 살았던 영국 케임브리지의 학교 앞 풍경이 요즘 자연스레 떠오르는 것은 보편적 복지 체험이 인상적이었기 때문이다. 보편적 복지는 사람의 생각까지도 평등하게 만드는가? 케임브리지대 교수도 배관공도 함께 얘기하며 자녀들을 기다린다. 화장실 막힌 곳도 뚫어주는 배관공은 노란 작업복을 그대로 입고 나타난다. 영국에서 배관공은 소득이 높아 교수보다 세금을 더 내는 이가 많다.

부잣집 아이에게도 예외 없이 A4 한 장까지 나눠주는 것은 보편적 복지의 한 단면이다. 똑같이 대함으로써 '너희는 특별하지도 열등하지도 않다'는 생각을 심어준다. 복지국가로 가는 지름길은 복지 혜택을 고루 누리게 함으로써 사회에 감사하고 세금을 자발적으로 내게 하는 데 있다. 김대중 정부의 '생산적 복지'와 노무현 정부의 '사회투자국가론'이 일정한 성과가 있었음에도 정권을 내주게 된 것은 복지를 고루 맛보이지 못한 탓이 컸다고 생각한다.

한국에서 지금 보편적 복지는 보수진영으로부터 '망국적 포퓰리즘'이며 곧 '세금폭탄'이 떨어질 것이라는 거센 공격을 받고 있다. 복지논쟁에서 〈한겨레〉는 나름대로 큰 구실을 했다. 그러나 〈한겨레〉를 포함한 진보언론들은 그들의 한계 또한 뚜렷하게 드러냈다.

첫째, 진보언론은 복지국가가 되면 우리 삶이 어떻게 달라지는지 잘 그려내지 못했다. 정부와 보수언론이 4대강사업과 신방겸영 뒤 우리 강과 언론 환경이 어떻게 변할지 장밋빛 미래를 보여준 것과 대조적이다. 복지국가의 공약과 실천이 진보 정치세력의 몫이라면, 복지국가의 현실과 미래를 보여주는 것은 진보언론의 몫이라 할 수 있다.

'복지 망국론'을 잠재우는 효과적 수단은 복지 선진국들이 과연 망해가고 있는가를 전해주는 것이다. 이런 때야말로 유럽 복지국가에 순회특파원이라도 파견해 르포기사를 내보내면 어떨까? 복지 선진국에 오래 거주한 교민들의 체험담을 내보낼 수도 있으리라.

둘째, 보수진영이 보편적 복지를 포퓰리즘으로 매도하는데, 포퓰리즘이 아니라고 반박하는 것은 보수담론에 말려들 수도 있다는 점을 지적해야겠다. 차라리 '포퓰리즘이라도 제대로 한번 실천해보자'고 치고 나가는 건 어떨까? 포퓰리즘은 민주주의의 고질병이 아니라 대의민주주의의 한 구성요소임을 강조하자는 것이다.

흔히 '대중영합주의'라고 말하는 포퓰리즘, 곧 '대중주의'는 플라톤 이래 대중이 정치를 맡으면 중우정치가 되니 엘리트가 대신 해야 한다는 사고방식에 의해 매도돼왔다. 특히 한국 정치는 소수 정치엘리트가 '국민의 뜻'을 참칭해 자신을 포함한 기득권층의 이익을 확대해온 측면이 없지 않다. 유럽 선진국들은 노동조합이 중심축이 되어 정치를 대중에게 소속시킴으로써 복지국가의 기틀을 마련했다. 우리는 국민 다수가 4대강사업과 신방겸영에 반대해도 정치권이 밀고 나가면 별다른 제재 수단이 없다. 선거기간이 아닐 때 정치는 주로 대중의 이익보다 재벌과 언론 또는 부자의 이익에 영합한다.

셋째, 복지국가 담론이 한국 사회의 거의 모든 이슈들과 연결돼 있는 중요한 핵심의제라는 사실을 제대로 부각시키지 못했다. 저출산, 보육, 교육, 청년실업, 비정규직, 빈곤, 양극화, 고령화, 자살 등 태어나서 죽을 때까지 생애 전 주기에 걸쳐 숨 가쁘게 닥치는 장벽들은 복지국가를 실현하지 못하면 정말 돌파하기 힘든 난관들이다.

저출산, 사교육비지출, 40대암사망, 교통사고사망 등의 비율이 세계 1, 2위를 다투고, 연간노동시간, 산재사망률, 남녀성별임금격차, 저임금노동자비율 등이 OECD 국가 중 1위에 오른 나라이니 한국인의 평균적 삶은 너무나 고달프다. 그런데도 선진국 중 공적 사회복지지출은 꼴찌를 다툰다면 '국가가 나를 위해 무엇을 해줬나'는 불만이 폭발할 수밖에 없다. 이명박 정권이 중점을 두고 있다는 일자리 창출이나 성장동력을 회복하는 과제도 실은 복지에서 기반을 마련할 때가 됐다. 스웨덴 등 복지국가를 연구해온 사람들은 잘살기 때문에 복지를 한 게 아니라 복지를 했기에 잘살게 된 것이라고 말한다.

넷째, 복지의 비용 측면에서 '세금폭탄' 담론에 대응하는 방법은 어느 정도 부자증세가 불가피하다는 점을 설득하되, 감세와 탈세만 막아도 상당 부분 해결된다는 사실을 부각시키면 저항을 줄일 수 있다. 삼성의 3세 경영자는 이제까지 불과 수백억 원의 증여세를 내고 2백조 원의 그룹을 승계하려 하고 있다. 복지와 관련해 세금 타령을 늘어놓는 재정 관련 역대 장관과 국세청장은 그동안 뭘 했단 말인가? 4대강사업도 서해도서 요새화도 '하면 좋은 것 아니냐'는 생각을 깨려면 그런 지출이 복지를 불가능하게 한다는 사실을 알게 하면 된다.

다섯째, 복지국가를 위한 담론활동에도 감각적 접근이 필요한 시점이다. 우리 언론 중에서도 그래픽에 약한 게 진보신문들이다. 그저 시리즈와 칼럼을 내보내는 것으로 할 일을 다했다고 생각하는지, 읽게 만드는 노력이 매우 부족해 보인다. 〈가디언〉은 신문 한가운데 마주보는 페이지인 브리지면에 통째로 그래픽이나 사진을 실어 인상 깊게 담론활동을 펼친다. 복지 논쟁과 관련해 〈한겨레〉가 '재정정책의 나아갈 길'(1.24) 등을 제시하면서 모처럼 그래픽을 동원한 것은 반가웠다. 그러나 작고 단순한 그래픽들을 6~7면에 5개나 우겨 넣고 기사도 논문처럼 처리한 것은 시각화에 대한 인식 부족을 드러낸 것 같아 아쉬웠다.

복지 논쟁의 승패는 결국 진실을 얼마나 인상적으로 전달하느냐에 달려 있다. 오세훈 서울시장은 방송 진행 경력자답게 인상적인 화법을 구사한다. 그러나 진실한 것 같지는 않다. 그는 무상급식 등 보편적 복지는 포퓰리즘이라며 '공짜 치즈는 쥐덫 위에만 있다'는 속담을 인용했다. 실은 복지는 공짜라는 그의 생각이야말로 무지를 드러낸 것이다. 복지는 국민이 낸 것을 국민이 찾아 쓰는 것이다. 서울시는 2009년부터 5년간 학교급식 예산으로 360억 원, 홍보예산으로 3천4백억 원을 편성하려 했다. 오 시장의 정치적 기반을 쌓는 데 크게 기여할 홍보예산이야말로 그에게는 공짜 돈이다. 복지논쟁에서도 진실은 가장 좋은 무기다. (한겨레 2011.1.25)

언론은 '죽음의 행렬'을
멈추게 할 수 없나

유대인의 교육열은 세계적으로도 유별나 '주이시 맘'
(Jewish Mom), 곧 '유대인 엄마'라는 말은 특별한 의미로 통
한다. 근래에는 미국 등지에서 '코리안 맘'(한국인 엄마)도 위
세를 떨친다고 한다. 그런데 의미가 다르다. '주이시 맘'이 주로
가정교육에 열성적인 엄마를 뜻한다면, '코리안 맘'은 가정교육
에는 크게 신경을 안 쓰면서 학교에 가서 '치맛바람'을 일으키
거나 자녀를 여러 학원에 보내는 등의 열성으로 유명하다.

근본적인 차이는 교육관에서 비롯된다. 유대 격언에 '형제
의 머리를 비교하면 양쪽 다 죽이지만 개성을 비교하면 다 살
린다'는 말이 있는데, 유대인이 어디에 가정교육의 중점을 두는
지 드러난다. 유대인이 자식을 개성적인 인재로 키우려 한다면,
한국인은 '전교 석차 1등'이 꿈이다. 자녀를 학교에 보내더라도
유대인은 '남과 다르게 되기'를 바라고, 한국인은 '남을 앞지르
기'를 바라는 마음이 간절하다.

유대인인 아인슈타인의 어머니는 학교에서 '이 학생의 지
적 능력으로는 어떤 공부를 해도 성공할 가능성이 없다'는 쪽지
를 받았다. 그러나 그녀는 "남과 같아지려면 결코 남보다 나아
질 수 없다"며 "너는 남과 다르기에 훌륭한 사람이 될 것"이라
고 격려했다.

이런 교육관의 차이는 어떤 결과로 나타날까? 유대계 인구

는 세계 인구의 0.2%에 불과하지만, 유대계의 노벨상 개인 수상자는 2010년까지 181명으로 22%를 차지한다. 인구 비율로 따지면 100배 정도 많은 수상자를 배출한 것이다. 한국인 중에도 우수한 과학자가 무수히 많은 터에 노벨상을 기준으로 평가하는 것은 무리지만 한국 과학교육의 성과와 대비된다.

카이스트 학생의 잇따른 자살을 계기로 한국 언론은 '카이스트 개혁'과 관련한 기사를 엄청나게 쏟아냈으나, 문제 해결에 역행하거나 변죽만 울리다 말았다는 느낌이다. 자살은 계속되리라는 불길한 예감마저 든다. 언론이 주로 문제 삼은 것은 '징벌적 등록금제'와 '100% 영어강의'였고, 학교당국이 두 문제를 개선하겠다고 하자 곧 우선적 의제에서 밀려버렸다. 서남표 총장의 퇴임도 없었던 일이 됐고, 24일 KBS '일요진단'에 출연한 그는 "소통부족은 고치되 개혁은 계속한다"고 말했다.

그러나 문제가 소통부족에 있었다는 '진단'은 '오진'에 가깝다. 문제의 근원이 모든 학사행정의 초점을 무한경쟁에 맞춘 '서남표식 개혁' 자체에 있었기 때문이다. 국회에서도 카이스트 학생상담센터 전화가 불통이었다며 소통부족을 추궁했으나 그런 대책으로 해결될 사안이 아니다. 한국 사회 전체가 경쟁에 중독돼 무엇이 문제인지 인지하지 못하는 상태인 것 같다.

'개혁은 계속돼야 한다'는 일부 보수언론에 맞서 〈한겨레〉는 '자살 원인이 지나친 경쟁에 있음'을 해설기사와 칼럼 등으로 여러 차례 짚었다. 13일 오피니언면에는 무려 8건의 관련 칼럼이 실렸다. 그러나 시민편집인실에 보내온 정채호 독자와 김성옥 독자의 의견도 그렇듯이, 독자들에게는 식상하게 느껴질 수도 있어 출고 날짜를 조정했더라면 좋았겠다. 한 40대 여성 독자는 "무한경쟁 논리를 넘어 사람의 개성을 고려하는 교육평가 방식은 없겠는지 〈한겨레〉가 고민해 지면에 반영했으면 좋겠다"고 제안했다.

경쟁은 효율성 제고에 필요한 요소일 뿐 아니라 승자를 뽑는 공정한 수단이기도 하다. 그러나 경쟁이라는 수단이 목표가 되고 승자 독식의 형태로 보상이 이루어지는 사회라면 경쟁은 곧 경쟁지상주의로 치닫게 된다. '서남표식 개혁'은 자본주의 경쟁체제를 대학에 전면 도입하면서 원래 대학이 추구해왔던 가치, 곧 자율적 연구와 교육, 비판정신 등을 몰아내게 된다.

자본주의 경쟁체제는 가치마저 수치화하는 버릇이 있다. 대학에 순위를 매기려니 영어강의 비율 같은 것이 국제화지수로 채점된다. 강의 내용이 전달되고 안 되고는 점수와 무관하다. 우리말 강의는 아무리 전달이 잘되고 학생들을 감동시켜도 이 부문 점수가 빵점인 셈이다.

국내에서 대학에 순위를 매긴 것은 〈중앙일보〉가 처음이었고, 〈조선일보〉가 뒤를 이었다. 세계적으로 대학평가를 하고 있는 신문으로는 영국 〈더타임스〉가 대표적이다. 226년 전통의 이 신문은 언론재벌 루퍼트 머독이 인수한 뒤 보수성향이 너무 강해지면서 권위지 반열에서 밀려났다. 보수신문들이 대학평가에 적극적인 이유는 무엇일까? 대학 광고 유치 외에도 대학을 자본주의 경쟁체제로 몰아가고 싶기 때문이다. 시장주의자들이 만든 잣대에 따라 대학이 평가되니 시장과 기업의 대학 지배는 가속화할 수밖에 없다.

자율적 경쟁은 대개 효율을 가져오지만, 타율적 경쟁은 경쟁 참여자들을 획일화로 몰고 갈 수 있다. 점수화한 승자선발기준을 통과하려면 개성을 죽이고 부문별로 고루 득점해야 하기 때문이다. 초등학교 일제고사에서부터 박사논문 제출 자격시험에 이르기까지 수백 번 치르는 고난의 시험 과정은 범용 인재에게 유리하다.

전과목에서 80점가량 받은 학생보다, 한 과목 100점에 나머지 과목 낙제점을 받은 학생이 천재일 가능성이 높지만, 한국의 교육과정은 그런 천재를 낙오자로 만든다. 영국의 에이레벨(A-Level)을 비롯한 유럽과 미국·캐나다의 대학입학시험들은 대개 자신이 좋아하는 과목 셋 정도만 잘하면 된다.

정상적인 교육시스템에서라면 소중한 인재로 커나갈 수 있었던 카이스트의 네 학생은 우리 교육현실을 고발하는 것으로 세상 태어난 보람을 다하고 스러졌다. 그러나 〈한겨레〉를 포함한 한국 언론은 대개 카이스트 문제에 국한하면서 의제 확장의 기회로 삼지 못했다. 대학사회 전체의 문제로, 아니 유치원부터 대학까지 전체 교육과정의 문제로 부각시키지 못한 것이다.

참여연대 조사 결과를 보면 대학생은 등록금·공부·취업부담 등으로 60%가 자살 충동을 느낀 적이 있고, 경찰청 통계를 보면 실제로 2008년 332명, 2009년 249명이 자살했다. 이것이 대학진학률 세계 최고를 자랑하는 한국 고등교육의 현실이다. 서남표 총장은 툭하면 MIT를 거론하는데 그곳에서도 입학 첫 학기에는 통과(Pass) 여부만 가려 학생들의 적응을 도와준다. 그들에게는 적어도 영어 부담은 없는데, 우리 대학생에게는 그것이 멍에처럼 덧씌워진다. 대학을 향한 무한경쟁에 내맡겨진 중·고교생들은 2008년 교과부가 7만 명을 조사한 결과 '최근 1년 사이 자살을 생각한 적이 있다'고 응답한 학생이 19%에 이르렀다.

그런데도 '경쟁, 경쟁, 경쟁만이 살길이요 개혁'이라고 외치는 사람들을 보면―'그들은 도대체 어떤 부류인가'―욕이 나온다. 경쟁 자체도 한국 사회에서는 전혀 공정하지 않다. 학업에서도 부모의 재력이 곧 경쟁력이다. '적자생존'도 아닌 '부자생존'의 법칙이 통하는 천민자본주의 정글이다. 대학생의 88.6%가 등록금 마련에 고통을 느끼는 나라에서 장학생 선발도 학점이 기준이다. 많은 선진국에서는 대학에 지원되는 정부 보조금이 상당할 뿐 아니라 등록금도 성적이 아니라 부모의 재정상태에 따라 결정하는 대학이 많다.

사회가 조화롭게 굴러가려면 경쟁뿐 아니라 협력이나 연대 같은 것도 필요하다. '남을 앞질러야 살아남는다'는 무한경쟁 풍토는 그런 호혜의 정신이 깃들 여지를 없앤다. 세계 최고 수준의 연구는 끈질긴 집념과 팀원의 협력에서 나올 터인데 '몇 년 안에 졸업하고', '몇 년 안에 성과가 나와야 한다'고 다그치는 것은 열정과 팀워크를 빼앗는다. 공부만 해서는 길러지지 않는 게 창의력이라면 '여유'와 '놀이'도 학업과 연구의 과정으로 봐야 한다.

포항공대에는 1986년 설립 당시 우리나라에서 노벨상 과학부문 수상자가 나오면 흉상을 올리기로 하고 비워놓은 '미래의 한국과학자' 좌대가 있다. 그때 신문을 검색해보면 15년쯤 뒤에는 주인이 나타날 것으로 기대하는 분위기였다. 그런데 사 반세기가 지나도록 감감무소식이니 무슨 영문일까? 차라리 그 좌대를 허물어버리는 건 어떨까, 그것이 최후의 승자만을 부각 시키는 경쟁 일변도 교육의 상징이라면. (한겨레 2011.4.26)

종교·인종문제
성역 없는 도전을

우리 가족은 영국 케임브리지에서 하숙을 치며 어렵게 유 학생활을 했는데 무슬림 고등학생을 하숙생으로 둔 적이 있다. 이 소년은 영국인 집을 전전하다가 제대로 음식을 얻어먹지 못 해 바싹 여윈 채 담임선생의 소개로 우리 집에 왔다. 무엇보다 힘들었던 것은 종교와 음식문화의 차이였다고 한다. 그는 우리 집에 온 뒤에야 시간에 맞춰 예배를 할 수 있었고, 돼지고기 냄 새를 맡지 않아도 되었다.

그는 원래 아프간 출신이었는데 마침 9·11 사건이 터져 무 슬림이 테러범으로 찍히고 조국마저 전쟁에 휘말리는 바람에 마음고생이 더욱 컸다. 그러나 우리 부부는 그에게서 절제된 생 활태도와 성숙한 정신세계를 엿볼 수 있었다. 또 이슬람문화와 유교문화가 비슷한 점이 참 많은데도 편견이 가로놓여 있었다 는 사실을 발견하고 놀랐다.

〈한겨레〉 탐사보도팀이 선보인 '한국의 무슬림' 시리즈 (5.17~20)는 댓글이 수천 개 달릴 만큼 반향이 컸다. 그러나 댓글 대부분이 기사 게재 자체를 비난하는 것이어서 안타까움도 컸다. 많은 독자들이 지적한 이슬람의 부정적 측면, 곧 '일부다처제'나 '명예살인' 등을 종합적으로 다뤘더라면 하는 아쉬움은 있었다. 그러나 취재와 보도 기법 양면에서 새로운 가능성을 열었다는 평가를 하고 싶다. 무엇보다 언론이 건드리기 쉽지 않은 종교와 소수자 문제를 함께 다룬 심층성과 노력이 돋보였다.

주목해야 할 것은 독자들의 반응이다. 종교도 문화라고 본다면 최근 몇몇 사안에 대한 독자들의 반응은 우리가 다문화사회의 일원으로 살아갈 태세가 돼 있는지 걱정된다. 무슬림 시리즈에 대한 반응도 '한국에 왔으니 우리 관습을 따라야 한다'는 식으로 동화주의를 강요하는 게 많았다. 한국은 현재 종교분쟁이나 인종문제가 거의 없는 나라로 여겨진다. 이주노동자나 결혼이주여성과 관련한 언론의 보도 태도만 하더라도 인종주의적 시각을 보이는 외국의 상당수 보수언론에 견주면 우리는 관대한 편이다.

그러나 최근 일부 보수 종교단체나 교단이 보인 이슬람에 대한 적대적 태도는 종교간·인종간 갈등을 유발한다는 점에서 위험할 뿐 아니라 화해를 추구하는 종교의 원래 목적에도 맞지 않는다. 여의도순복음교회 조용기 원로목사는 대통령 하야까지 거론하며 이슬람채권법을 무산시켰는데, 이는 정교분리 원칙에도 맞지 않는다. 수쿠크법은 이슬람채권에 대한 역차별을 해소하고 해외자본 조달방식을 다양화하려는 것이다. '테러자금을 불려준다'고 비판하지만 미국도 유치경쟁을 벌이는 자금이다.

'천국은 없다'는 스티븐 호킹 교수의 발언이 특히 우리나라에서 난타당한 것도 같은 맥락으로 파악된다. 갈릴레이가 지동설을 주장했다가 회부됐던 종교재판은 한국의 인터넷상에서 재개됐다. 호킹 교수는 무신론자이지만 종교에 대한 적대감정은 없는 듯하다. 그는 케임브리지 한인교회 등이 주최한 행사에도 참가한 적이 있다. 자신은 종교가 없더라도 다름을 인정하는 태도일 것이다.

〈한겨레〉가 그의 발언과 관련해 과학자와 개신교계, 그리고 종교학자의 견해(5.21)를 내보낸 것은 다양한 목소리를 전달한다는 차원에서 적절했다. 그러나 한국 언론이 거의 성역으로 남겨두고 있는 교회권력을 파헤치는 기획도 언젠가 나왔으면 한다. 일부 목사들은 스스로 세습권력이 됐을 뿐 아니라 국가권력을 창출하는 데도 깊숙이 개입한다.

다른 종교에 대한 적대적 태도는 종교갈등은 물론이고 인종주의를 유발하는 화근이 된다. 최근 양극화가 극심해지고 일자리가 부족해지면서 외국인의 한국 이주에 반대하는 단체들도 속속 생겨나고 있다. 우리는 종교갈등이 적고 오랜 기간 '단일민족'이었다는 환상 속에 살아왔다. 그렇게 많은 외침을 겪고 275개 성씨 가운데 136개가 귀화한 성이며, 최근 결혼한 이주여성만도 14만 명이나 되는데, 개천절에는 '우리 조상은 모두 단군'이라고 노래한다. 인종문제를 의식하지 않고 살아왔으니 역설적으로 인종에 대한 편견이 심각한 양상으로 표출될 수도

있다. 진보를 표방하는 〈한겨레〉의 역할도 커져야 한다는 얘기다. (한겨레 2011.5.31)

대학의 주인을 주인답게
대접하라

애초에 대학의 주인은 군주도 교수도 아닌 학생이었다. 가장 오래된 대학으로 불리는 이탈리아 볼로냐대학은 학생길드로 출발했고 최고관리기구는 학생총회였다. 총장의 피선거권은 '5년 이상 법학을 공부한 25살 이상 독신 학생'으로 돼 있었다. 볼로냐대학은 세계 대학 발달사에 큰 영향을 끼쳤다. 1960년대 대학가를 휩쓴 스튜던트 파워의 근원도 '볼로냐 정신'으로 거슬러 올라갈 수 있다.

한국 사회를 뒤흔든 반값 등록금 주장은 새로울 것도 없는 당연한 권리이다. 주식회사는 물론이고 택시까지 돈 낸 사람의 뜻대로 굴러가지 않던가. 각종 통계는 우리 대학생들이 선진국 중에서 최고 수준의 등록금을 내면서 상당수가 최저 수준의 교육서비스를 받아왔음을 말해준다. 교육이 공공재임을 망각한 정부의 직무유기와 학벌주의에 편승한 대학의 등록금 무한 인상이 초래한 재앙적 결과이다.

학생들 집회로 뒤늦게 시작된 언론의 관심은 주로 등록금

인하와 부실대학 구조조정에 쏠렸다. 그러나 이대로 가면 등록금 반값 주장을 부분적으로 쟁취하는 대신 대학교육이 더욱 시장에 맡겨져 공공성을 더 상실하는 결과를 초래하지 않을까 걱정된다. 신문 중에서는 그나마 〈한겨레〉와 〈경향신문〉이 대학교육의 공공성을 언급했으나 매우 부족한 분량이었고, 방향감각을 상실한 기사도 눈에 띄었다.

　그런 점에서 〈한겨레〉가 연재를 시작한 '등록금, 대학 공공성 강화로 풀자' 시리즈는 너무나 굼뜬 대처가 아쉽긴 해도 상당한 기대를 걸게 한다. 언론의 의제활동은 어떤 결정이 내려지기 전에 해야 큰 영향력을 행사할 수 있다. 정치학자인 바크라크도 이슈화가 제대로 돼야 올바른 결정이 내려질 수 있다고 말했지만, 한국 언론은 종종 이슈화에 실패해 정책으로 성사시키지 못하거나 정책 왜곡을 초래하는 경우가 많다. 그동안 양극화, 저출산, 청년실업, 비정규직, 수도권 과밀과 균형발전, 토지·주택 문제 등 수많은 이슈들이 한국 사회를 시끄럽게 했으나 제대로 이슈화하는 데 실패했기에 이슈가 다시 잠복하고 문제가 증폭되는 양상을 되풀이해왔다.

　집권세력은 이미 등록금을 일부 깎아주고 대학 구조조정을 추진하는 선에서 대강의 정책조율을 끝낸 듯하다. 진보진영 일각에서도 반값 등록금 주장은 대학에도 진학하지 못하는 계층을 무시하는 처사이기에 '분배 정의에 반한다'고 말한다. 일리 있는 주장이다.

　그러나 대학 등록금이 지나치게 부풀려져 있다는 원가개념에서 보면 정부가 일부 지원을 한다면 반값 언저리가 적정가

격일 수 있다. 대학들은 건물 짓는 비용까지 원가에 포함시키려 하겠지만, 세칭 명문대학들이 초호화판으로 짓는 건물은 대학의 학문적 성취나 양질의 교육과는 관련이 없다. 재벌들이 지어준 건물이 많은데, 그들이 세금을 제대로 내고 정부가 예산을 분배했더라면 명문대학에만 재벌빌딩들이 즐비하게 들어서지 않았을 터이고, 그 돈을 장학금으로 돌릴 수도 있었을 것이다.

등록금 인상을 선도하는 서울의 일부 대학들을 방문해보면 샹들리에와 대리석으로 건물 안팎을 장식하고 교수연구실 가구도 원목으로 들여놓아 대기업 중역실을 방불케 하는 데가 꽤 있다. 케임브리지대 장하준 교수 초청으로 객원연구원으로서 그의 연구실을 처음 방문한 날 깊은 인상을 받은 적이 있다. 한국 교수연구실 절반 정도 되는 공간을, 그것도 두 교수가 함께 쓰고 있는 게 아닌가!

선진국, 특히 유럽에서는 교육을 공공재로 보고 국가가 전폭적으로 지원하는 대신 대학의 공공성을 강하게 요구한다. 런던대학에 다니면서도 케임브리지에 6년간 살면서 누렸던 가장 큰 이점은 '퍼블릭 렉처'라 부르는 공개강좌를 듣는 거였다. 특히 다윈 칼리지 공개강좌는 학문 분야가 다른 세계적 석학들이 초청돼 한 해는 '갈등', 다음에는 '생존' 등을 주제로 연강을 하는데 늦게 도착하는 시민은 다른 강당에서 영상강의를 들어야 할 정도로 인기가 높다.

유럽 대학들이 지역사회와 국가에 대한 공적 서비스를 늘리게 된 데는 역사가 있다. 대개 귀족·성직자 학교로 출발한 대학들은 지역사회와 갈등관계에 놓이게 된다. 케임브리지에서

'가운(gown) 대 타운(town)'의 대립은 살인사건이 여러 번 발생할 정도로 심해지면서 유화책으로 대학 시설을 개방하고 시민 공개강좌를 열었다고 한다.

세명대 저널리즘스쿨이 한국의 '젊은 석학들'을 서울 강의실로 초청해 개설한 '인문교양특강'과 '사회교양특강' 같은 무료 공개강좌도 그것을 흉내 냈다. 보람을 느끼지만 스쳐가는 분노도 있다. '서울에서는 국립대학인 서울대가 해야 할 일인데 지방 사립대가 여기 와서 왜 이러나' 하는 것이다. 서울대를 비롯한 국립대학 법인화는 사실상 사립화를 의미하는 것이니 이익 나지 않는 일을 꺼려 공공성은 더욱 떨어지게 될 것이다.

한국 대학들은 국가와 사회로부터 각종 배려를 받으면서도 대부분 지역사회와는 그야말로 '담장을 둘러치고' 배타적으로 존재한다. 대학 내 주차장도 손님에게는 비싼 요금을 받고 교수들은 주인이랍시고 공짜 또는 할인가격에 사용한다. 공공성 확보는 정부가 대학을 지원할 때 주요 변수로 고려해야 한다.

부실대학에 대한 정부 지원을 줄여 구조조정을 촉진하겠다는 발상에도 공공성 측면에서 문제가 있다. 대학 경영부실은 학생 잘못이 아닌데도 그들이 피해를 보게 된다는 점, 실용전문교육에 치중하는 4년제 또는 전문대학들이 일차적으로 피해를 보게 된다는 점에서 그렇다. 차라리 실업계 고교와 대학의 전문교육에 예산을 지원하고, 교육과 취업 사이에 불일치가 심각한 대학에는 지원을 줄이는 게 바람직할 것이다. 적성을 고려하지 않고 간판을 따져 진학하는 학생은 명문대학에 더 많다. 부실한 사립대학은 폐교할 게 아니라 국공립화가 적절한 대안이다. 국공립 대학을 줄이겠다는 교육당국의 발상은 대학의 공공성을 결정적으로 훼손할 것이다.

학벌사회 타파는 교육의 공공성을 회복하는 근원 처방이다. 수많은 문제들이 거기서 비롯되는데도 내 기억으로는 한국 언론이 그 의제를 연중 기획물 정도로 심층보도한 적이 없다. 이번에 시작한 시리즈에도 한번 다루기로 계획이 잡혀 있지만 단 1회 기사로 표시만 낼 일이 아니다. 그것은 수단 방법을 가리지 않는 뜨거운 교육열을 식히고 교육의 공공성을 회복하는 가장 중요한 시도가 될 것이다. 교육에 침투한 경쟁지상주의와 시장주의도 걷어내야 한다. 시장주의자들이 존경해 마지 않는 애덤 스미스까지 공공교육은 기부금에 의존하거나 시장 원리에 맡기지 말고 국가가 나서야 한다고 주장했다. (한겨레 2011.6.28)

교육문제 안 풀리는 이유
언론에 있다

세계 최고 경쟁지상주의 교육에 내몰려본 한국인은 모두가 교육문제 '전문가'다. 그러나 개인 경험에 근거한 판단은 스스로를 '동굴의 우상'에 갇히게 해 현실을 기정사실로 받아들이게 하는 측면도 있다. 서울대를 정점으로 하는 서열주의 교육체계를 당연시하고 선진국의 보편적 교육체계를 무시한다. 그런 인식의 오류에 크게 기여한 것이 선진국 교육제도에 대한 보수언론의 왜곡보도와 진보언론의 무기력한 대응이다.

우리 보수세력이 국가표준으로 여기는 미국의 교육제도조차 사실은 우리처럼 무한경쟁에 맡겨져 있는 게 아니라 형평성을 바탕으로 사회적 책임을 학교교육에 부과한다. 미국 고등교육체계에도 '뛰어난 자에게 영광'이라는 제퍼슨주의와 '기회의 평등'이라는 잭슨주의가 함께 녹아들어 있다. 입학은 주립대뿐 아니라 명문 사립대들도 시험점수 말고도 잠재력을 높이 평가하고 시골이나 소수집단 출신 학생에게 많은 기회를 준다. 장학금도 성적순이 아닌 가정형편에 따라 필요한 만큼 주는 게 원칙이다.

프랑스·독일·영국이나 북유럽국의 대학들은 재정에 관한 한 국립대나 다름없다. 최근 내국인한테도 등록금을 좀 받는 데가 생겼지만 학비 부담은 가볍다. 우리는 어떤가? 집안 좋은 학생들이 좋은 대학 입학을 휩쓰는 게 현실이고, 형편 어려운 학생을 위한 기숙사나 장학금 확충보다는 아르바이트비까지 긁어모아 초호화판 빌딩 짓기 경쟁을 벌이는 데가 '명문대'들이다.

서울대를 정점으로 하는 '줄 세우기' 교육체계를 더는 방치할 수 없는 이유는 한국 사회에 끼친 공적보다 폐단이 커지고 있기 때문이다. 서울대 동창회보를 보면 300명 현직 국회의원 가운데 서울대 출신이 132명이라고 한다. 대학원 단기과정을 포함한 숫자지만 그 또한 연줄을 잡으려는 목적도 있다고 보면,

국회의원 44%가 단일 대학 학맥으로 연결되는 '이상한 나라'에 우리는 산다. 〈한겨레〉가 보도했듯이 새로 구성되는 대법원은 '서울법대 동창회'나 다름없고(7.12), 행정부나 대기업도 고위직으로 올라갈수록 서울대 출신이 과점 상태에 있다.

하버드나 케임브리지가 아무리 명문대라 해도 그 나라의 수많은 대학이 분야별로 어깨를 겨루고 있어 서울대처럼 독과점적 위치에 있지는 않다. 기업이 시장을 독과점하면 시정명령을 내리면서 서울대의 고위직 독과점은 예외인가? 서민들 주머니를 턴 CD금리 담합 의혹이 일고 있는데, 담합행위도 학연을 중심으로 성사되는 경우가 꽤 많다. 위반하는 이들끼리는 물론, 단속하는 이도, 단속에 불복하면 재판하는 이도 학벌로 연결되기 십상이니 종종 솜방망이 처벌로 매듭지어진다.

시험 한번의 결과로 신분질서가 형성되고 고졸자는 대출이자까지 높아지니 인도의 '카스트' 제도가 무색하다. 이런 현실은 더 지독한 학벌주의의 온상이 될 뿐 아니라 자살 학생이 속출할 정도로 초·중등교육을 황폐하게 만들고 사교육비 부담으로 가계빈곤을 가속화한다. 또 지방대학을 고사시켜 지역불균형을 심화하고 수도권 과밀을 부채질하는 등 한국 사회 거의 모든 문제의 중심에 서열주의 대학체계가 있다.

물론 서울대 출신이 한국의 발전을 이끌었다는 주장에도 일리가 있다. 그러나 질곡의 현대사에서, 독재정권에 가장 격렬하게 저항한 것도 서울대 출신이지만, 가장 열렬하게 협력한 것도 그들이었음을 부인할 수 없다. 또 서울대가 '세계 대학순위 42위에 올랐다'고 자랑하지만, 공대생까지 입학하자마자 고

시공부에 돌입하고, 대학원은 정원을 채우기도 힘들 만큼 학부 졸업생이 외국 대학으로 유학 가는 현실은 무엇을 말해주는가? 한국은 미국 내 유학생 수로 선두를 다투는 나라다.

근원적 문제 해결책으로 국공립대 통합과 대학원 중심 서울대 개혁안이 야당의 정책으로 등장했으나, '서울대 폐지론'이라는 보수언론의 견강부회와 진보언론의 무관심 속에 선거 국면에서도 이슈화가 잘 안 되고 있다. 보수언론과 논객들 논리 중에는 자체 모순을 드러내는 부분도 있다. '서울대가 폐지되면 국가 경쟁력이 급락하고 결국 사립대로 학벌서열이 재편될 것'이라는데, 폐지론도 과장됐지만 설령 서열이 재편된다 해도 경쟁력의 원천이 분산될 뿐 전체적으로 손상되는 것은 아니지 않은가? 인재의 분산은 전체 대학교육의 질을 향상시킬 수 있다.

국공립대 통합은 고사 위기에 놓인 지방대학을 회생시키고 지방거점 도시를 살 만한 곳으로 만들어 국가 경쟁력을 끌어올릴 수 있다. 우리가 선진국 문턱에서 주춤거리는 반면 미국과 유럽 선진국들이 경쟁력을 유지하는 비결의 상당 부분은 교육체계의 차이에 있는 듯하다. 미국이 하버드를 정점으로 학벌주의가 짓누르는 사회였다면, 하버드 중퇴생 빌 게이츠는 학점을 따느라, 리드대학 중퇴생 스티브 잡스는 편입시험에 매달려 재능을 소진했을 것이다.

〈한겨레〉는 국공립대 통합·개혁안에 중도신문과 거의 비슷한 보도 태도를 보였다. 해설기사(7.3)와 '논쟁'(7.6)으로 양쪽 주장을 전달하고, '여야가 대학 혁신을 놓고 뜨겁게 경쟁하는 계기가 되길 바란다'는 식의 사설(7.3)을 내보낸 정도였다.

진보언론이 경제민주화 못지않게 부각시켜야 하는 것이 사회민주화이고 그 핵심이 모든 학생을 줄 세우는 학벌주의 혁파에 있다면 대선주자들에게도 물어야 한다. 문재인과 손학규는 찬성했고, 박근혜는 반대할 것이다. 안철수는 말하지 않았다.

언론인이기도 했던 프랑스 사회학자 피에르 부르디외는 『상속자들』『재생산』 등 책에서 '학교교육이 불평등한 문화자본을 가진 사회계급을 재생산한다'고 주장했다. 그의 사상은 68혁명을 통해 프랑스 대학체계를 변혁하는 데 기여했다. 한국의 보수논객들은 프랑스와 독일의 명문대가 해체돼 세계에서 '최상위권'에 드는 대학이 없다고 주장하지만, 적어도 '상위권'에 드는 수많은 대학이 프랑스와 독일의 세계적 학문성과와 국가 경쟁력을 떠받치고 있다. 한국의 보수는 역시 학벌주의 최대 '상속자'이니 불평등한 사회계급의 '재생산'에 기여하고 마는 건가? (한겨레 2012.7.24)

축구 이길까 봐 걱정하는
마음의 근원

스포츠에 관심이 적은 한국인은 올여름 올림픽 이야기의 융단폭격에 속수무책이었을 것이다. 영국이나 독일에서는 선술집인 펍에서 맥주 한 잔 시켜놓고 스포츠 중계방송을 즐기지만 오히려 월드컵이나 올림픽 기간에 중계를 보여주지 않는 술집들도 생긴다. '축구 없는 구역'이란 뜻인 '풋볼 프리존'이나 '올림픽 프리존' 같은 안내판을 내건다. 우리나라에는 왜 이런 '소수자 배려 문화'가 없나 싶어 인터넷에서 찾아보니 '올림픽 프리존'이 있기는 했다. 알고 보니 '방마다 대형 티브이를 설치해 올림픽을 자유롭게 즐길 수 있다'나.

오랜 기간 세계 주요국 언론들을 모니터링 해오면서 내린 결론은 우리만큼 거국적으로 스포츠 메가이벤트에 몰입하는 나라가 없다는 사실이다. 심지어 월드컵과 올림픽의 개최국인 독일과 영국에서도 보도를 절제하면서 스포츠에 관심이 적은 사람들을 위한 갖가지 배려를 했다. 인터넷에서는 BBC뿐 아니라 〈가디언〉과 〈더타임스〉도 '올림픽 감추기'(Hide Olympic) 배너를 클릭하면 올림픽 기사가 사라진 별도 홈페이지로 이동했다. 주최국인데도 올림픽이 머리기사를 차지하는 날은 많지 않았다.

BBC가 상당히 비중 있게 보도한 '의족 스프린터 피스토리우스'(8.4) 기사도 세 번째로 취급됐는데, 머리기사는 시리아 사태를 다룬 것이었고, 두 번째는 북한 홍수 기사였다. 우리 언론에서는 시리아 사태는 물론 북한 홍수 기사도 올림픽에 밀렸다. 올림픽이나 월드컵축구 같은 큰 이벤트가 있을 때 권력층 비리 등 한국 사회 주요 현안들이 언론에서 사라지는 일은 늘 반복된다.

〈한겨레〉가 올림픽 기사를 세 번만 1면 머리기사로 올리고, '용역폭력' '녹조현상' '공천헌금' 등 현안들을 계속 추적한 것은 의지가 엿보이는 보도 태도였다. '런던 클로즈업'처럼 특파된 기자가 경기장 안팎에서 주워 담아 전해준 읽을거리들도 재미있었다.

그러나 진보신문이 스포츠 저널리즘 영역에서 보여줄 수 있는 차별성인 비평 기능은 너무 약해 보였다. 그런 맥락에서 문화·스포츠 에디터의 칼럼 '또 하나의 감동'(8.16)은 일부 내용에 동의하기 어려웠다. 한국의 언론들도 '애국주의나 금지상주의의 틀에만 갇혀 있지 않았다'고 했는데, 과연 그렇게 평가해줄 만큼 변화한 걸까?

대한체육회는 '금메달 10개, 종합순위 10위'를 목표로 잡았는데, 〈한겨레〉에서도 금메달 순위가 곧 종합순위로 통했다. 메달집계표도 금메달순이었다. 미국·캐나다·일본 등이 총메달 수로 순위를 매기는데, 한국에서는 〈한겨레〉만이라도 총메달 수에 의미를 부여하는 건 어땠을까? 금메달만 중시하는 건 2등을 '실패'로 보는 일등지상주의 소산이다. 금메달 순위로 보면, 학교체육과 사회체육의 기반이 튼튼해 진짜 스포츠 선진국으로 불리는 덴마크가 고작 29위, 스웨덴이 37위, 핀란드가 60위였다.

올림픽에 끼어든 자본의 문제, 특히 엘리트체육과 일등주의를 부추기는 재벌의 올림픽 스타 마케팅은 비판받아 마땅하다. 공부와 운동을 병행하고 합숙을 금하는 등 학교체육을 정상화하려는 학교체육법안에 박용성 체육회장은 신문에 칼럼까지 기고하며 반대했다. 운동만 하던 선수들은 끝내 메달을 따지 못하면 정상적 사회활동을 하기 힘들어 빈민층으로 전락하는 사례가 많다. '금메달 따면 부자 되나요?'(8.11) 기사에서 '올림픽에 열광하는 것은 공정한 경쟁과 공평한 대가'가 '올림픽에서는 그나마 통하고 있기 때문'이라고 했는데 온전한 설명은 아니었다.

전경련이 한국의 메달 28개 중 22개가 10대 그룹이 협회장 등을 맡아 후원한 종목이라고 홍보했지만, 그것은 정부가 학교체육과 생활체육을 방치하고 있는 사이 재벌이 메달을 딸 수 있는 엘리트 중심으로 스포츠를 좌우해왔음을 반증한다. 메달을 딴 선수가 외국기자들도 참석한 기자회견 도중에 늦게 도착한 재벌회장에게 인사하고 기념사진까지 찍는 장면은 상업주의와 자본에 예속된 한국 스포츠의 본모습이다.

〈한겨레〉가 짚어줬으면 했던 또 하나 관점은 올림픽을 국가대항전으로 몰고 간 국가주의 분위기였다. 올림픽 헌장도 올림픽은 개인간 경기이지 국가간 경기가 아니라고 천명했는데 우리 언론은 메달 획득을 '국위선양'으로 찬양하기 바빴다. 국가주의가 극명하게 표출된 것은 축구였다. 축구에는 그렇지 않아도 경기 전에 유독 양국 국가를 부를 만큼 국가주의가 스며들어 있다.

세계 최강과 맞붙은 브라질전 때 든 기분은, 한국이 이기면 또 얼마나 요란하게 한국 사회를 뒤흔들까 하는 걱정이었다. 〈한겨레〉도 이미 '4강 신화'로 1면 머리기사(8.6)를 장식한 터에 '신화' 다음은 무엇일까? '신화'를 낳은 엘리트체육은 더욱 기승을 부리고 대다수 국민은 계속 운동부족 상태에 놓이지 않을까? 한국 사회 모든 현안도 '신화' 속에 묻히지 않을까? 말을 못해 그렇지 '거국적 몰입'에 불편해하는 사람도 꽤 있다고 본다. 그런 사람들을 인정하는 사회 분위기야말로 런던올림픽 개막식이 보여준 '다원화 사회'로 나아가는 출발점이 될 터이다. 한국 승리에 대한 걱정은 흔쾌하게 우리 팀을 응원할 마음을 되찾게 해달라는 소망의 다른 형태이다.

한일전을 앞둔 절묘한 시기에 이명박 대통령은 독도를 전격 방문함으로써 축구를 진짜 국가대항전으로 만들어버렸다. 정권이 곤경에서 빠져나오는 데 전쟁 다음으로 유용한 것이 스포츠란 말이 있다. 스포츠에서 정치와 자본을 분리해내는 일은 〈한겨레〉가 추구해야 할 스포츠 저널리즘의 중요한 가치라고 생각한다.

올림픽이 메가이벤트가 되면서 '올림픽의 저주'란 말이 나올 만큼 올림픽 개최국 또는 도시는 대부분 재정위기에 몰렸다. 국제대회를 유치한 영암, 대구, 부산, 인천에서 드러나듯 평창도 '경제효과 65조 원'은 '허풍선'이 될 게 확실하다. 직접경제효과는 세금 투입 효과이니 더 큰 효과를 낼 투자처가 얼마든지 있고, 간접경제효과는 신기루에 가깝다. 국민 세금이 재벌 건설사 등 '토건족' 주머니로 들어가고 주민이 시설 유지비용을 계속 뜯기는 '야바위'나 다름없다. 스포츠 메가이벤트의 신화에서 우리는 언제 깨어날 수 있을까? (한겨레 2012.8.28)

11 세계 일류 언론과 한국 언론, 무엇이 다른가

'주름진 노현정'을 우리도
볼 수 있을까[20]

2006년 4월 27일 BBC '1시 뉴스'의 마지막 아이템은 한 할머니가 젊어서부터 은퇴할 때까지 일해 온 모습들을 파노라마로 엮은 것이었다. 27년간 BBC에서 뉴스 진행을 맡아 온 안나 포드(62) 자신이 시청자들에게 작별을 고한 것이다. 영국에서 점심시간이 시작되는 오후 1시, 일손을 멈추고 TV를 켜면 언제나 이웃집 할머니처럼 살며시 나타나 세상사를 전해주던 그 모습은 시청자들의 기억 속에 오래 남을 것이다.

눈가의 잔주름이 얼핏 인자해 보이지만, '아니다' 싶으면 거리낌없이 치받는 팔팔한 성깔도 있었다. 남성 위주 전문직 사회에서 살아남기 위한 '호신책'이었을까? 1980년대 초 자신의 해고를 배후조종한 한 보수정객의 얼굴에 포도주를 끼얹는가 하면, 한때 동료였던 남성 앵커 마이클 뷰어크에게 "가엾은 늙은 박쥐"라는 욕설을 퍼붓기도 했다. 뷰어크는, 근래에 여성이 방송계 요직을 많이 차지한 것과 관련해 "여자가 지배하는 사회에서 남자는 단지 정자 제공자"라는 '과격발언'을 했다가 다음 날 역공을 당한 거였다. 여성 앵커로서 나이에 주눅들기는커녕 "대중은 캐릭터를 가진, 얼굴에 주름을 가진, 인생경험을 가

---

20 노현정 아나운서는 결국 현대가의 재벌3세와 결혼하면서 방송을 그만뒀다. 이런 패턴의 경력 단절은 외모지상주의가 판치는 한국 사회의 또 하나 풍속도다.

진 사람을 원한다"고 당당하게 말했다. "(시청자들이) 화면에서 보는 사람들은 화면 바깥 사람들과 딴판이어서는 안 된다"고도 했다.

한국으로 채널을 돌리면 누구나 목격하다시피 전혀 딴판이다. 여성 뉴스 진행자들은 젊은 미녀 일색이다. 방송사 여성 아나운서 소개 사이트에 들어가면, 미스코리아 뺨치는 미녀들을 많이도 뽑아놨다. 후배들에게 어느새 앵커 자리를 물려주고 잊힌 베테랑들도 거기 있다. KBS 이규원 아나운서 등이 '방송사 성차별 관행 조사'에서도 밝혔듯이, 오죽하면 "계속해서 충원되는 더 젊고 더 예쁜 여자 후배들에게 밀려나지 않기 위해 주름과의 전쟁을 벌여야 한다"는 아나운서의 고백이 나왔을까?

지성과 미모를 겸비한 게 본인들의 죄는 아니지만, 미모가 받쳐주지 못하는 지성인들이 입사시험에서 모조리 떨어졌을 것을 생각하면 방송사의 죄상은 결코 가볍지 않다. 아니 미모를 타고나지 못한 여성들은 아무리 지성적이고 목소리가 낭랑할지라도, 아예 입사를 포기하거나 거금을 들고 성형외과를 찾도록 만드는 게 한국의 아나운서·탤런트 입사시험이다. 포털 사이트에 뜬 유명인의 어릴 적 사진을 비교해보면서 '나도 손대면 안 될 것 없다'는 식의 외모지상주의에 감염된다. 한국의 성형 붐은 세계적으로도 유별나 얼마 전에는 BBC가 특집으로 보도했다. 바야흐로 '한국 여성의 규격화'가 진행되고 있는 건가?

여성의 외모를 상품화하면서 외모지상주의를 부추기는 주범으로 방송을 지목하지 않을 수 없다. MBC도 얼마 전에 뉴스데스크 여성 앵커를 박혜진으로 바꿨지만, 젊은 여성의 외모를 시청률 경쟁의 주요 수단으로 삼아 온 것은 어제오늘 일이 아닙니다. 시청률이 좀 올라간 것으로 집계되자, 다른 요인은 거의 무시한 채 '박혜진 효과'로 언론에 보도된다. YTN STAR는 '미녀 아나운서들의 방송국 안과 밖'(5.1)이라는 제목으로 인터넷 포털 사이트에 뜬 내용을 방송으로 내보냈다. 손문선 앵커는 자신의 사진도 떠있는 것을 가리키며 "여러분 실망시키지 않겠습니다, 맨 얼굴 때문에 안 되나"라며 화장거울을 꺼내 드는 모습을 보여주기도 했다.

영국 방송에는 미녀 앵커가 오히려 드물다. 그것이 이상해 BBC의 중견 언론인에게 물어본 적이 있다. 런던대 골드스미스 칼리지의 미디어학과 박사과정에 파트타임으로 다니던 동료였다.

"BBC는 여자 뉴스캐스터 뽑을 때 인물은 좀 안 보냐?"

"인물 보고 뽑으면 미인대회지. BBC 사장의 목이 달아날 일이다."

나이·성·인종·종교는 물론이고 미추의 차별까지 배제하려는 영국 방송의 전통은 절로 이루어진 게 아니다. 대처 총리 집권 무렵부터 영국의 진보적 지식인들은 '미치광이 좌파(Loony Lefts)' 소리를 들어가며 실질적 기회균등을 위한 이슈들을 지속적으로 제기해 왔다. '기회균등의 추상적 실행만으로는 충분치 않다'는 구호 아래, 정부기관부터 소수인종과 여성의 채용을 늘리고, 그들이 승진경쟁을 할 때도 기회균등이 이루어지도록 철저히 '모니터링' 할 것을 촉구했다.

1980년대 '미치광이 좌파' 출신으로 크게 성공한 사람 중에 현 런던시장 켄 리빙스턴과 전 BBC 사장 그렉 다이크가 있다. 다이크는 사장으로 취임한 뒤 BBC가 '백인 천하'라며 소수 인종 등에 대한 채용목표제를 도입했다. 소수자의 목소리는 그들 자신이 가장 잘 대변한다는 취지에서였다. 방송이야말로 그런 차별을 없애나가는 데 파급효과가 클 것으로 기대했다. 이제 영국에서는 프리미어 리그 풋볼클럽과 같은 수많은 민간기업 까지 그 제도를 도입하고 있다. 박지성과 이영표가 프리미어 리그에서 뛰게 된 데는 그들의 상업적 목적 외에도 그런 제도적 뒷받침이 있었던 것이다. '진보성향'이라는 정연주 씨가 KBS, 최문순 씨가 MBC의 사장이 됐을 때, 다이크를 본받으면 좋겠다고 기대했는데... 꿈 깨야 하나?

상업방송이 판치는 미국에서도 미모의 젊은 여성을 뉴스방송 또는 토크쇼의 간판으로 상품화하는 일은 드물다. 73세에 ABC 방송을 떠난 바버라 월터스는 스스로 "미인이 아니어서 내가 카메라 앞에 설 줄은 몰랐다"고 말했다. 저녁뉴스 공동진행자인 해리 리스너에게 따돌림을 받은 적도 있었으나, 배우 존 웨인으로부터 '그 자식에게 지지 마라'는 격려편지를 받기도 했다. 지난달 여성으로는 처음으로 CBS 저녁뉴스 단독 앵커로 발탁된 케이티 커릭(49) 역시 아리따운 외모는 아니다.

건강해 보여 방송진행도 안정된 듯한 이금희 아나운서에게 네티즌들이 언어폭력을 가한 것은 너무나 한국적인 현상이다. 〈더타임스〉에 따르면, 스페인에서는 너무 날씬한 마네킹까지 정부가 규제할 방침이라고 한다. 호리호리한 마네킹이 마른 몸에 대한 환상을 심어주고 결과적으로 여성들이 무리한 다이어트에 집착해 건강을 해친다는 이유에서다. 임신과 비만을 동일시하는 건지, 김주하 아나운서처럼 여성 앵커들은 임신만 했다 하면 일찌감치 방송에서 빼버린다. 그러고도 방송들이 '저출산 문제'를 떠드나?

BBC 아침 뉴스 쇼(BBC Breakfast) 진행자인 미셸 후세인은 만삭인데도 방송을 계속한다. 시청자들은 그녀가 몇 년 전에도 출산휴가 때까지 방송을 진행했던 걸 기억한다. 같은 시간대 경쟁사 뉴스 쇼 여성 진행자들도, 한국적 인선 기준으로 보면 한쪽은 너무 못생겼고, 다른 한쪽은 너무 뚱뚱하다. 소수인종 출신 앵커도 많아, 앞서 말한 후세인은 파키스탄계이고, BBC 정오뉴스와 ITV 10시 메인 뉴스는 흑인이 진행한다. 유럽의 TV 드라마들도 배역 선정에서 개성과 함께 평범함을 고려하기에 주연들까지 대개 미남미녀가 아니라 그냥 선남선녀들이다.

한국에도 그런 앵커·아나운서·탤런트들이 TV 화면을 지배할 날을 상상해본다. 좀 넉넉하고 평범하게 생긴 아나운서들, 하나같이 쌍꺼풀에 콧날 선 개성 없는 얼굴보다는 눈가의 잔주름이 경력을 말해주는 앵커들... 거기에 혼혈인도, 장애인도 몇 명 끼었으면 좋겠다. 노현정, 정세진, 최윤영, 박혜진, 김소원처럼 지금 인기 있는 앵커들도 현업에 오래 남아 때로는 임신한 모습 그대로, 종내에는 주름진 얼굴 그대로 방송에서 볼 수 있기를 기대한다. 얼굴 쪼글쪼글한 것은 한 인생의 '훈장'이지 흉칙한 '낙인'이 아니다. (프레시안 2006.5.12)

에디터들의 머리싸움, '미디어 전쟁'

'노던록은행 파산 위기'→'로이즈TSB 은행, HBOS 은행 인수'→'바클레이스 등 3개 은행, 공적자금 요청.'

2007~2008년 세계 금융위기의 확산과정을 보여주는 영국발 대형 금융뉴스 3건. 이들은 모두 BBC 특종보도로 제1보가 전해졌다. 놀라운 사실은 전 세계 언론이 받아쓸 수밖에 없었던 이 특종기사들을 모두 한 사람이 터뜨렸다는 것이다. 로버트 페스턴이 바로 그다. 그는 일선기자가 아닌, BBC의 비즈니스 에디터, 곧 산업부장이었다.

우리 언론사에서 에디터 또는 부장이라면 '데스크'라는 명칭에 걸맞게 대개 데스크톱 컴퓨터에서 눈을 떼지 못하는 사람이다. 그런데 에디터가 세계적 특종을 줄줄이 낚다니! 세계적으로 앞서가는 언론사들의 에디터 제도가 어떻게 운용되는지 알고 나면 의문이 풀린다. 그리고 몇 년 전 우리 언론계에 유행처럼 도입돼 겉돌고 있는 '한국식 에디터제'와 대비된다. 제도만 본떴지 행태는 예전과 크게 다르지 않아 보인다. 〈조선일보〉 초임기자 시절 사회부 회의 장면이 떠오른다. 데스크가 수첩 하나 달랑 들고 들어와서 고문하듯 한 명씩 기사 아이디어를 추궁하곤 했다.

영국에서 에디터들의 역할은 '내근 데스크'에 그치지 않는다. 일선기자보다 더 중요한 뉴스소스들을 만나고, 더 많은 아이디어를 내고, 중요한 기사를 직접 쓰는 사람이다. 한마디로 논조를 이끄는 진정한 의미의 에디터다.

페스턴 같은 에디터가 BBC 카메라 앞에 서면 런던 금융가, 특히 금융위기 때는 세계 금융시장이 신경을 곤두세울 수밖에 없다. 보수당은 금융가를 대신해 페스턴을 고발했다. 금융시장을 교란했다는 명분이지만, 페스턴에게 정보를 흘리는 사람을 밝혀내 노동당 정부의 스캔들로 몰아가려는 것이었다.

이런 에디터들의 활약은 위기에 처한 저널리즘의 신뢰성과 상품성을 동시에 높이는 효과가 있다. 앤드루 마, 닉 로빈슨 등 BBC의 쟁쟁한 정치에디터들은 의사당 앞에서 누구보다 자주 마이크를 잡아왔다. 신문 쪽에서도 〈가디언〉의 패트릭 윈투어를 비롯한 쟁쟁한 정치에디터들이 기사 경쟁에 뛰어든다.

이들이 더 치열하게 머리싸움을 벌이는 곳은 의제설정의 영역이다. 이라크전의 진실을 밝히는 데 공헌한 BBC 세계에디터 존 심슨, 신자유주의 경제정책의 무모함을 끊임없이 지적해온 〈가디언〉 경제에디터 래리 엘리엇, 지구 온난화 문제를 세계 어느 유수언론보다 앞서 부각시킨 〈인디펜던트〉의 에디터들... 이들이 제기한 어젠다들은 세계 여론의 흐름을 바꾸는 방향타가 되었다 해도 과언이 아니다.

국내외 유수 신문·방송들을 모니터링 하다 보면 저널리스트 능력 면에서 우리나라가 특히 뒤떨어져 보이는 인력층이 에디터급이다. 그들만을 탓할 수도 없다. 대개 1~3년 정도 부장이나 에디터를 하면 후배에게 자리를 물려줘야 하니 에디터로서 경력을 쌓고 노하우와 비전을 펼칠 겨를도 없다. 에디터로서 전문영역도 없이 여러 부장직을 전전한 것이 나중에 국장으로 선출되는 데 '화려한 경력'으로 둔갑하는 '이상한 나라'의 언론 이다. 직책을 '기능상 분업'이 아니라 '서열의 표현' 또는 '출세 의 상징'으로 보는 풍토에서 벌어지는 일이다.

BBC 세계에디터 심슨은 1988년부터 20년간 현직에 있었 고, 〈가디언〉 '경제에디터' 엘리엇은 11년간 같은 일을 하고 있 다. 올해 예순다섯 노인인 심슨은 세계 분쟁지역이라면 안 가 본 곳이 없고, '이라크전의 진실에 접근하기 위해 6주에 한번씩 이라크에 가겠다'고 공언한 뒤, 실천에 옮긴 것을 화면에서 목 격했다. 부문별 에디터뿐 아니라 편집국장에 해당하는 '디 에디 터'도 장기집권 하는 게 상례다. 〈가디언〉을 예로 들면 앨런 러 스브리저는 1995년부터 14년째 편집국장이다. 그의 전임자도 20년을 채웠다.

최근 〈한겨레〉 지면을 더 눈여겨보면서 안타깝게 생각되 는 점은, 특색 있는 몇몇 섹션을 빼고는 에디터들의 힘이 느껴 지지 않는다는 것이다. 몇 달 만에 한번씩 쓰는 칼럼 외에 에디 터들이 쓴 기사도 거의 없고 기획력도 두드러지지 않았다. 그다 지 중요해 보이지 않은 발생기사나 발표기사가 톱으로 올라오 는 날도 많았다. 휴일 다음 날 아침이 더욱 허전한 것은 에디터 들의 기획력 부족 때문이 아닐까 짐작해본다.

외국과 다른 여건을 탓할지 모른다. 물론 외국 언론을 금 과옥조로 여길 필요는 없다. 그러나 〈중앙일보〉가 탐사보도팀 을 그런대로 잘 가동하고 있고, 〈경향신문〉이 '진보개혁의 위 기'를 진단하거나 '국가의 의미를 묻는' 시리즈로 진보진영에 반향을 불러일으킨 것 역시 어려운 여건에서 나온 에디터의 노작들이다.

후배들을 탓할지 모른다. '기사를 고치느라 진이 다 빠진다'는 얘기를 하고 싶을 것이다. 그러나 일이 아니라 권한을 너무 많이 쥐고 있기 때문은 아닌지 생각해볼 문제다. 권한은 내려보내고 일은 틀어줘어야 한다. 데스크 역할에만 머물지 말고 때로는 데스크를 박차고 나갔으면 한다.

팀워크에 의한 공동작업의 완성도가 떨어지는 것은, 공동책임일지라도 에디터의 책임이 더 무겁다. 올림픽이 열렸을 때 스포츠부를 빼고는 '열중쉬엇' 자세로 들어간 신문이 있는 반면, 스포츠에 끼어든 과학과 의학을 재미나게 소개하거나 올림픽에 동원된 환경기술을 부각시키는 등 '총동원' 체제로 전환한 신문도 있었다. 에디터들은 '미디어 전쟁'의 야전지휘관들이다.
(한겨레 2008.10.29)

'잘나가는' 신문에는
'사람 이야기'가 넘친다

어느새 한 해의 끝. 우리의 삶이 얼마나 고단했으면 뒤돌아보는 해마다 '다사다난'일까? 그러나 국내적으로 올해만큼 인물의 부침이 심했던 해는 없었던 듯하다. 언론들이 '뜬 별, 진별, 사라진 별' 등으로 제목을 붙여 정리한 올해의 인물 속에는 '거성'들이 즐비하다. 서민들이라 하여 삶의 무게가 다를 수는 없을 터이니, 눈에 잘 띄지 않는 뭇별처럼 나름대로 한 해의 궤적을 뒤돌아보며 감상에 젖을 수도 있으리라.

신문의 출발부터 그랬지만, 사람 얘기는 독자의 흥미와 감동을 자아내는 원천이다. 오랜 기간 국내외 신문을 모니터링 하면서 발견한 '잘나가는' 신문들의 특징은 사람 얘기를 계속 늘려왔다는 점이다. 외국의 권위지들은 특히 사람 얘기를 다루는 방식부터 개성을 드러낸다.

〈가디언〉은 2005년 베를리너판으로 전환하면서 사람 얘기와 인터뷰 기사 등을 크게 늘렸다. 심지어 죽은 사람의 인생을 정리해주는 부음기사를 매일 두 면에 걸쳐 싣는 모험을 했다. 얼마나 끌고 나갈까 걱정했는데 기우였다. 국내외 인물을 가리지 않고 「워낭소리」의 노부부처럼 평범한 사람의 인생도 의미를 부각시키면 되는 일이었다. 세계보건기구 사무총장이었던 이종욱 씨와 '포니정' 정세영 씨 등 한국인도 여럿 부음기사로 다뤄졌다.

우리나라와 판이한 점은 죽은 사람의 공적은 물론이고 과오까지 가차없이 드러낸다는 사실이다. 〈가디언〉 부음기사의 객관성은 정평이 나 있어 '관 뚜껑을 〈가디언〉이 닫는다'는 얘기까지 있다. 누구나 죽음을 앞둔 처지이고 보면, 〈가디언〉이 부음기사를 쓸 만한 공인이라면 살아생전에 언행을 경건하게 하지 않을 수 없을 터이다. 죽은 이에 대해 좋게만 보도하는 우리 언론과 매우 다른 모습이다.[21] 두 대통령 서거 당시 〈한겨레〉 보도 태도에도 '역사적 기록'이라는 차원에서 치우침은 없었는지 뒤돌아볼 일이다.

우리나라 신문에서 사람 소식을 전하는 면은 부음란을 빼고는 모두 경사스런 소식으로 채워진다. 연말에는 거의 미담기사와 희소식 일색이다. 어려운 환경에서 명문대에 입학한 학생의 얘기나 출세를 해 '자랑스런 동문'으로 선정된 이를 비롯한 각종 수상자들이 '사람'면의 상당 부분을 차지한다. 그룹마다 대규모 임원 승진 인사가 발표되는 시기도 이때다.

합격자 뒤에는 사교육을 받지 못해 쓰라림을 맛본 불합격자가 더 많고, 승진 인사 뒤에는 평생을 바친 직장을 떠나야 하는 해고의 비애가 서려 있지만, 거기에 주목하는 언론은 거의 없다. 대기업은 사기업인 동시에 우리 사회의 자산이 된 지 오래건만 재벌 총수의 자식이라는 이유만으로 능력 불문하고 초고속 승진을 해도 그저 '추인'하는 게 한국 언론이다. 젊은 2, 3세 승계로 이어지면서 선대의 공신들은 한창 경륜을 펼칠 나이에 밀려나는 이들도 많다. 나이를 잣대로 능력과 의욕을 폄하하는 풍토는 나이든 사람들을 더 무능하고 의존적인 사람으로 만들어 이른바 '사회쇠약증후군'을 만연하게 한다.

연말의 경사스런 분위기에서도 최대의 행운을 누린 이는

---

21 영국 언론은 대개 죽은 이를 어느 정도 객관적으로 보도하는데도, 2013년 4월 마거릿 대처 전 영국총리가 죽었을 때 〈가디언〉은 '마거릿 대처와 잘못 적용된 죽음에 대한 에티켓', 〈인디펜던트〉는 '대처: 죽음에 대한 존경은 시대착오적이고 어리석은 원리'라는 칼럼을 실어 과도한 추모 분위기를 비판했다.

'초저속 사법처리'에 '초고속 사면'을 받은 이건희 전 회장이다. 거액의 사회공헌기금을 낸 데다 겨울올림픽 유치를 위해 뛸 수 있도록 사면해야 한다는 '여론'도 있었다. 그러나 그것이 거의 '만들어진 여론'이라는 사실은 삼성 쪽이 더 잘 알 것이다. 나는 삼성이 이 전 회장의 '국제올림픽위원회(IOC) 위원직 수주작전'을 펼 때 돈·권력·명예가 집중될 경우 폐단을 지적한 적이 있지만(한겨레 1996.7.3), 이렇게까지 그 직위를 활용할 줄은 예상치 못했다.

이쯤에서 짚어보아야 할 것은 이 시대의 '노블레스 오블리주'는 무엇이어야 하는가 하는 문제이다. 이 또한 사람을 평가하고 사람 얘기를 보도하는 기준이 되겠기에 늘어놓는 말이다. 이 용어는 '높은 사회적 신분에 상응하는 사회적 의무를 다하라'는 뜻으로 쓰이지만, 그 말 자체에 거부감을 갖는 견해도 있다. 피지배자의 자발적 복종을 얻어내기 위해 지배자가 모범을 보이려는 것일 뿐, 결과적으로 신분질서를 더욱 공고히 한다는 것이다.

자본주의 사회의 신분질서는 일차적으로 가진 돈의 액수로 간명하게 형성된다. 사회공헌기금이나 성금을 내는 것은 갸륵한 일이지만 돈이 종종 법 위의 신분으로 행세하는 수단이 되기에 문제가 된다. 실은 기업에 성금을 요구하는 것 자체가 잘못된 발상이다. 기업은 많이 고용하고 세금 많이 내면 최선의 사회공헌을 하는 것이다.

문제는 권력과 돈을 가진 자 중 상당수가 '고귀한 자'의 의무를 실천하기는커녕 납세와 병역이라는 일반인으로서 의무조차 이행하지 않는다는 데 있다. 미국의 양식있는 부자들이 소득세를 올리자고 청원하는데, 우리 부자들은 불로소득에 해당하는 종부세조차 무력화하고 말았다. 그러면서 연말에 성금을 내는 행위는 어쩌면 '셀프 면죄부'일지도 모른다.

지난 16일 이명박 대통령은 서울시청 광장 앞에 잠시 차를 멈추고 자선냄비에 금일봉을 넣었다. 그러나 더불어 사는 사회가 국민의 '성금'으로 이룩되지는 않는다. 조세와 예산배분 등을 통한 제도적 접근만이 유효할 뿐이다. 성금은 사회심리적으로 면죄부 구실을 해 개혁의식을 마비시키는 측면이 있다.

학력이 높거나 출세한 사람일수록 병역기피율이 높은 것도 선진국치고는 우리만의 현실이다. 병역의무를 다하지 않은 사람의 비율이 가장 높은 곳이 청와대다. 대통령과 총리가 병역을 마치지 않은 나라이다. 마오쩌둥은 아들이 한국전쟁에서 전사해 유해를 중국으로 송환하려 하자 '어디 한국전선에서 죽은 인민의 아들이 한둘인가'라며 한국 땅에 묻도록 했다. '노블레스 오블리주'는 좌우를 가리지 않는다. 당시 유엔군 사령관이었던 밴플리트와 클라크 대장의 아들을 비롯해 142명의 미국 장성 아들이 참전해 35명이 죽거나 크게 다쳤다.

〈한겨레〉는 나름대로 소외된 사람들의 얘기를 전하려고 노력하지만, 보도자료라도 뿌릴 만한 위치에 있는 사람들의 소식이 주로 지면을 장식하는 듯하다. 〈한국일보〉의 '워킹 홈리스의 힘겨운 겨울나기' 시리즈나 비주류 인물들의 도전 등을 다루는 '바깥'이라는 연재물은 〈한겨레〉에 실렸더라면' 하는 아쉬움을 남겼다. 굳이 소외된 계층 얘기가 아니더라도, 세계인의 심금을 울린 랜디 포시의 '마지막 강의'는 당시 〈한겨레〉만 보도하지 않았다. 텔레비전 쇼가 발굴한 가수, 수전 보일의 얘기가 빠진 것도 독자들에게 허전하지 않았을까?

12월 12일에는 신군부 쿠데타 30돌을 맞아 많은 신문들이 당시 주역들의 근황을 전해 관심을 끌었으나, 〈한겨레〉는 관련기사가 없었다. 그날은 조영래 변호사의 기일이기도 했는데 〈중앙일보〉는 '진보·보수가 모두 사랑한 사람'이라며 그를 기렸다. 요즘 이명박 정권의 억압에 맞서는 지식인들도 '노블레스 오블리주'를 실천하는 사람들이다. 고비마다 〈한겨레〉가 그들의 얘기를 들어주는 건 어떨까?

지면마다 사람 얘기를 많이 등장시키는 신문은 〈조선〉과 〈중앙〉이다. 조선의 주말특집 'Why'는 거의 사람 얘기로 채워지고, 〈중앙〉은 2면에 '기사 속 인물'을 10명 가까이 열거해 독자들의 흥미를 유발한다. 〈한겨레〉 '사람'면에 〈연합뉴스〉 기사가 너무 많이 실리는 현상은 각 취재부서가 '사람' 얘기에 신경을 크게 쓰지 않는 증거로 포착된다. 평소보다 심하긴 했지만, 26일치 '사람'면은 기사 작성자가 명시된 기사 8건 중 5건, 28일치도 7건 중 5건이 〈연합뉴스〉였다.

'사람'면은 한국 사회의 축도이다. 새해에는 전 지면에 걸쳐 사람 얘기가 넘쳐나기를 기대해본다. 〈한겨레〉식 '노블레스 오블리주'를 위하여! (한겨레 2009.12.30)

진보신문에 부족한 것은
'오피니언+비주얼'

내가 보기에 미국 의료보험 개혁의 주역은 오바마 대통령이 아니라 영화감독 마이클 무어이다. 미국에서 무어가 「화씨 9/11」로 반전여론을 일으키고, 「볼링 포 콜럼바인」으로 자유로운 총기 소지를 풍자하고, 「식코」로 의료보험 문제를 이슈화하지 않았더라면 오바마는 대통령이 되기도 어려웠으리라.

무어는 비정상적인 미국 사회의 모습들을 다른 나라와 극적으로 대비시켜 소수 지식인층에 머물던 진보담론을 대중의 열망으로 바꿔놓았다. 「식코」는 미국 의료보험제도가 캐나다·영국·프랑스 같은 선진국은 물론이고 미국인들이 증오하는 카스트로의 쿠바보다 훨씬 열악한 것임을 보여주었다.

미국에도 이런 이슈들을 줄기차게 제기해온 진보진영 연구소와 종이매체는 꽤 많았으나, 미국 사회를 바꿀 만큼 영향력은 크지 않았다. 단순히 발행부수로 영향력을 말하는 것은 무리지만, 미국의 대표적 진보잡지인 〈먼슬리리뷰〉는 고작 수천 부를 찍어낸다. 그런데 「식코」는 미국에서 수천만 명이 관람했으니 영상의 힘이 만 배의 사람들을 감동시킨 셈이다.

이 대목에서 유의할 만한 것은 세계 유수 진보신문들도 '오피니언+비주얼', 곧 의견과 시각적 요소의 결합으로 가고 있다는 점이다. 〈가디언〉을 필두로 〈르몽드〉 〈라스탐파〉(스페인) 〈라레푸블리카〉(이탈리아) 등은 모두 베를리너판으로 판형을 바꾸면서 오피니언면을 강화하고 시각적 요소를 대거 도입했다. 자칫 무거워지기 쉬운 진보담론들을 재미있고 설득력있게 전달하려는 노력의 일환이다.

〈한겨레〉가 창간 22돌을 계기로 오피니언면을 강화하고 온라인 사이트인 〈훅〉을 창설해 여론 형성 과정에서 독자와 교감하기로 한 것은, 이 난을 통해서도 몇 번 제안한 적이 있어 더욱 기대하는 바가 크다.

그러나 더 획기적으로 변신해 오피니언면을 하루 2~3개에서 3~4개로 늘리고 '오피니언+비주얼'이라는 세계 진보신문의 조류를 탈 수는 없었는지 아쉬움이 남는다. 오피니언면 확대는 온라인과 모바일 등이 '매스미디어' 구실을 대신하면서 신문은 '프리미엄미디어'로 나갈 수밖에 없기 때문이다. 지난해 말 세계신문협회 총회에서 '인터내셔널 미디어컨설팅그룹' 후안 세뇨르 부사장은 '뉴스 대 분석'의 비율을 '8 대 2'에서 '2 대 8'로 바꾸고 신문에 잡지의 장점을 더한 '뉴스진'(Newszine) 형태로 만들어야 할 것이라고 말했다.

세계 유수 신문들을 모니터링하다 보면 비주얼 쪽에서도 〈한겨레〉가 취할 만한 게 많다. 우선 〈한겨레〉를 비롯한 한국신문들은 뉴스면에서 사진을 매우 인색하게 사용한다는 점이다. 〈가디언〉은 가로 5단으로 편집되는 1면에 가로사진의 경우 3단이나 4단으로 아주 크게 싣는다. 지면 한가운데 기사와 상관없는 사진을 크게 싣고 왼쪽 상단에 1단으로 주요기사를 배치하기도 한다.

〈한겨레〉는 사진을 구색 맞추기로 옹색하게 쓰는 때가 자주 있다. 이슈 싸움에 강한 〈인디펜던트〉와 〈리베라시옹〉은 판형이 작긴 하지만 아예 1면 가득 사진이나 그래픽을 실어 한 가지 이슈만 부각시키는 편집으로 유명하다. 한 연구에 따르면 신문 독자들이 기사에는 평균 12%만 주목하지만, 1단 사진에는 42%, 4단 사진에는 70%가 주목하는 것으로 조사됐다.

특히 잘나가는 신문의 1면에는 기사를 보조하는 데 그치는 사진보다는 강렬한 이미지를 주는 독자적인 사진, 감성에 호소하거나 휴머니즘이 넘치는, 그야말로 '이 한 장의 사진'이 많이 배치된다. 그런 사진을 날마다 찍기는 어렵겠지만, 외국 신문은 물론이고 국내 다른 신문에도 실린 좋은 외신사진마저 자주 빠지는 것은 무엇 때문인가?

지난해 4월 21일치 〈조선일보〉는 국내 통신사인 〈뉴시스〉가 송고한 벚꽃 지는 사진을 1면 머리에 4단 크기로 쓰고, '꽃은 진다… 청춘이 그러하듯이'라는 감성적인 제목을 달았다. 자사 기자가 애써 찍어온 사진이라 하여 특별히 우대해서는 안 된다고 본다. 넥타이밖에 달라진 게 없는데도 매일 봐야 하는 정치인들 사진, 승리팀의 환호나 슛 장면 등 승리에 집착하는 스포츠 사진에는 승자의 기쁨은 있어도 독자의 감동은 없다.

비주얼 시대에 적합한 지면을 만들기 위해서는 일반 취재부서도 기사 기획 단계부터 시각적 요소를 염두에 둬야 한다. 사진을 적게 쓰기로 유명했던 〈르몽드〉가 문화면을 컬러면에 배치하고, 특히 디자인·건축·패션 기사를 많이 내보내는 것도 색감을 살리기 위한 변신이다. 〈인디펜던트〉는 종종 두 장면의 사진을 1면에 대비시켜 강력하게 이슈를 제기한다.

전국토를 공사판으로 만들고 있는 '토건국가 행진'을 저지하는 데도 사진과 그래픽이 기사보다 더 큰 힘을 쏠 수 있다. 4대 강사업으로 사라져가는 모래톱과 여울과 둔덕의 숲으로 어우러진 아름다운 풍경들을 기록해두는 것은 비주얼 시대 인쇄매체의 임무였을 터이다. 지율 스님이라도 몇 장 찍어둔 게 있어 공사 전후를 비교할 수 있으니 다행으로 여겨야 하나?

그래픽과 일러스트는 신문 제작자의 의도를 더 적극적으로 반영할 수 있다는 점에서 의견저널리즘을 구사하는 강력한 수단이다. 자칫 딱딱해서 외면하기 쉬운 오피니언면을 읽게 만드는 유인책이 된다. 의견저널리즘의 전통이 강한 유럽에서도 혁신을 주도하는 신문들은 4~5쪽에 이르는 오피니언면마다 그래픽이나 일러스트를 크게 그려 넣는다. 한국 신문처럼 필자의 얼굴사진들만 들어가는 오피니언면은 많지 않다.

비주얼 시대에 앞서 가는 신문이 되려면 편집국 조직도 편집·디자인·사진부서가 신문 제작을 선도하고 일반 취재부서에 주문을 하는 위치로 격상되어야 한다. 한국 신문의 위기는 시대착오적인 고정관념과 제작시스템에서 비롯되는 부분도 적지 않다고 본다.

고정관념과 관행이 벽처럼 느껴질 때 그 조직은 무기력증에 빠지게 된다. 드골은 〈르몽드〉 창간호에 "무기력한 것, 그것은 지는 것"이라고 썼다. 〈한겨레〉도 모처럼 시행한 지면개편이 '변화의 일단락'이 아니라 거기서 동력을 얻어 '변화의 출발점'이 되기를 고대한다. (한겨레 2010.5.25)

독자와 함께 신문 만들어야
살아남는다

〈한겨레〉를 위한 품위 있는 지적에 동감하면서 고마움을 느낍니다. 그러나 실례를 무릅쓰고 여쭈어봅니다. 지금 〈한겨레〉 필통 블로그 마을에서는 많은 블로거들의 심기가 불편하고 분노에 차 있는 블로거들도 있습니다. 저는 아직 분노까지는 아니지만, 정나미가 떨어져가는 중입니다. 교회가 싫으면 신도가 떠나면 그만이지만(하도 절만 가지고 비유하는지라) 자꾸 떠나는 교회도 문제는 있겠지요. 시민편집인이니 한번 필통 블로그 마을을 유람해보시고, 특히 [필통에 바란다]에 들어가셔서 관리 부재의 불성실함을 직접 목도하시기 바랍니다.

아울러 시민편집인이라면 〈한겨레〉에 '기대한다'는 식의 소극적 표현보다는 적극적이고 확실한 시정요구와 그에 대한 확인 책임까지 독자들에게 보여주시는 게 신뢰를 위해서도 좋지 않을까 합니다. 그저 구색 맞추기 옴부즈맨이라면 이 역시 불신만 조장하는 악순환이 될 수 있겠다 싶습니다. 사회에 만연한 소통부재를 지적하면서 내부적으로는 소통을 무시하는 〈한겨레〉의 모순을 그냥 내버려둘 수만은 없는 문제라 댓글을 남깁니다. (무달구름 2.23)

시민편집인 블로그에 이런 댓글이 달린 것을 계기로 시민편집인실은 〈한겨레〉 필통과 한토마, 그리고 일반기사 댓글 등에 내부 구성원들이 어떻게 반응하고, 고객센터로 접수되는 독자 의견과 제보는 어떻게 처리되는지 추적해보았다.

예상한 것 이상으로 소통부재는 심각한 지경이었다. 온라인상에서 성의 있는 답변은 드물었고, 소통은커녕 그냥 무시하고 있다는 느낌이 들었다. 깊은 밤 시간대에는 음란사이트 광고로 도배된 곳도 많았는데, 아르바이트생을 쓰더라도 지워야 하지 않겠는가? 그런 광고는 잡초와 같아서 자주 뽑아내는 곳에는 뿌리내릴 수 없다.

고객센터를 통해 편집국원들과 통화하려던 독자들의 불만은 더욱 컸다. 답변이 무성의하거나 '바쁘다'며 일방적으로 전화를 끊고, 담당부서로 전화를 돌려준다는데 막상 그 부서에는 아무도 전화를 받지 않는 등 불쾌한 경험을 한 독자들이 너무나 많았다.

한창희 독자는 평소 제보를 해오던 기자에게 또 제보할 일이 있어 사회부에 휴대전화 번호를 물었더니 무조건 '안 된다'며 전화를 끊었다고 증언했다. "전화 받는 분 성함이라도 알고 싶다"고 했더니 "그런 거까지 알려줄 필요가 없다"고 말했다는 것이다. 요즘 기업은 물론 관공서에서도 걸려온 전화에 먼저 소속과 이름을 밝히는 것이 기본예절이다. 다른 독자는 "딴 신문사는 24시간 전화를 받는 것으로 알고 있는데, 〈한겨레〉는 아침저녁에도 전화하기 힘들다"고 말했다.

실제로 세계 일류 매체들은 독자의 전화와 제보를 '황송하게' 받고 그것을 토대로 기사와 프로그램을 만든다. BBC는 2005년 런던에 테러가 나던 날 시민들이 보내온 휴대전화 영상으로 종일 뉴스를 제작했다. 당시 뉴스 책임자 헬렌 보든은 "우리 기자들은 현장에 접근도 못하는데 한 시간 안에 50개 영상이 뉴스룸에 쇄도했다"고 말했다. 지금 BBC는 20명의 소셜미디어 전담팀을 보도국 한가운데 배치하고 24시간 독자와 소통한다. 이들은 트위터 등을 통해 방송 아이템을 발굴해 취재팀에 넘기는가 하면 이미 내보낸 방송의 팩트를 체크 받아 후속 방송의 정확성을 높이는 구실까지 한다.

〈뉴욕타임스〉〈가디언〉 같은 권위지들도 소셜에디터와 전담요원을 많이 두고 독자와 좋은 관계를 유지하기 위해 최대한 노력한다. 미국 공영라디오방송국(NPR)은 거대 방송사들과 비교할 수 없을 만큼 적은 예산을 쓰지만 소셜미디어 커뮤니티 구축에는 발빠르게 대처해 미국에서 트위터와 페이스북으로는 가장 많이 중계되는 매체가 됐다.

독자와 소통하는 목적은 단순한 독자확보 차원에 머물지 않고 제보와 피드백을 받아 보도의 질을 높이는 데 있다. 국내에서는 〈경향신문〉이 23일 공익 제보 사이트인 〈위키리크스〉를 본떠 '경향리크스'를 개설했고, 그에 앞서 〈중앙일보〉는 세금낭비와 관련한 제보를 받아 남다른 지면을 꾸리고 있다. 〈한겨레〉는 지난해 11월 소셜미디어 섹션 '통하니'와 열린 책세상 '북하니'라는 소셜댓글 서비스를 시작했다.

중요한 것은 구성원들이 독자와 진정으로 소통하려는 의지다. 시민사회를 기반으로 탄생한 〈한겨레〉는 댓글 서비스뿐 아니라 기사 서비스조차 제대로 안 해줘 안타까운 때가 많다. 메뉴바에서 '사설·칼럼'을 클릭하면, 29일 현재 '강재형의 우리

말 칼럼'은 1월 7일치, '백승종의 역설'은 1월 22일치, '시민편집인 칼럼'은 지난해 12월 29일치가 노출돼 있다.

〈가디언〉 편집국장인 앨런 러스브리저는 이미 2006년에 "우리는 디지털 회사이니 웹이 종이신문보다 중요하다"고 선언한 뒤 "웹에서 독자와 함께 신문을 만들어가겠다"고 말했다. 〈가디언〉은 2009년 1백여 명을 감원했는데, 디지털에 잘 적응하지 못하는 이들이 많이 포함됐다고 한다. 찰스 다윈은 강한 종이 살아남는다고 하지 않았다, 변화와 환경에 적응하는 종이 살아남는다고 했지. (한겨레 2011.4.11)

'머독 제국'의 문제가
딴 나라 얘긴가

오스트레일리아 출신 두 사람이 세계 언론계를 쥐어흔들고 있다. 루퍼트 머독과 줄리언 어산지. 언론 관련 사업체 7백여 개를 거느린 언론제국의 황제와, 뭔가 구린 데가 있는 세계 주요 인사·정부·기업·단체들을 공포에 떨게 하는 〈위키리크스〉의 설립자 이름이다. 도청과 해킹이 주요 사업수단이었지만, 한쪽에는 비난이, 다른 쪽에는 칭송이 빗발친다. 수집한 정보를 한쪽은 자신의 이익을 위해, 다른 쪽은 공동체의 이익을 위해 사용했기 때문이다.

영국을 방문한 기회에 신문을 수집하고 방송을 모니터링하다 보니 영국에서 발발한 '미디어 전쟁'이 국제전으로 치닫는 모습을 실감나게 목격한다. 한국 신문을 주로 볼 때는 머독이 도청의 주역인 〈뉴스오브더월드〉를 폐간하고 꼬리를 내린 줄 알았는데, 그렇게만 생각할 일도 아니었다.

68쪽으로 만든 폐간호마저 반성하는 내용은 몇 줄뿐이고 자신들의 보도 태도와 전통을 자랑스럽게 여기는 내용으로 방대한 지면들을 다 채웠다. 프레이저 넬슨은 고별 칼럼에서 '(우리가 사라진 뒤) 위선적 정치인과 도시의 불법 외국인 고용주, 정직하지 못한 스포츠맨들이 좀 더 쉽게 숨쉴 것'이라고 썼다. 자매지 〈더선〉과 함께 '페이지 3 걸'이라는 신조어까지 만들어내며 매호 빠짐없이 제3면에 벌거벗은 여인을 등장시켜왔던 전통에 대해서도 '페이지 3 걸들이여, 안녕' 하며 작별을 아쉬워했다. 〈더선〉의 일요판 형태로라도 복간하지 않을까 예상된다.[22]

한국 신문의 대체적 분석과 달리, 치명타를 입는 쪽은 머독의 세습권력이 아니라 국민의 선출권력과 관료들일 가능성이 크다. 데이비드 캐머런 총리와 머독의 깊숙한 유착관계가 드러났고 있고 도청을 눈감아준 런던경찰청장 등은 사임했다. 머독은 대처와 캐머런의 보수당정권 탄생에 일등공신이었고, 우경화한 블레어의 노동당정권 탄생에도 크게 기여했다. 영국에는

---

22 비난 여론이 가라앉자 실제로 같은 머독 계열 〈더타임스〉의 일요판 격인 〈선데이타임스〉로 부활했다.

'총리가 두 군주를 모신다'는 말까지 있다. '군림하되 통치하지 않는' 여왕과 '군림하지 않되 통치하는' 왕, 곧 머독을 지목한 말이다.

머독은 영국 신문시장의 37%를 장악하고 위성방송 등에도 진출했다. 정치인들은 머독 제국을 비판했다가 찍히면 선거 때 보복 보도로 낙선하는 경우가 많아 몸을 사린다. 〈업저버〉에 쓴 칼럼에서 헨리 포터는 '30년 이상 머독을 위한 정치왜곡이 관습화했다'고 개탄했다.

'미디어 전쟁'에 대한 한국 신문 보도의 한계는 대체로 강 건너 불 보듯 외신 번역에 그치고 있다는 점이다. 신문의 정파성과 보수언론의 여론 독과점이 영국보다 더 심각한데도 진보 언론은 사실 전달에 치중하면서 '자신의 문제'로 의제를 끌어들이지 못하고 있다. 70% 정도 신문시장을 점유한 조중동이 각종 특혜를 받으며 방송까지 장악할 기세인데 생존의 위협을 느껴야 할 진보언론은 '미디어 전쟁'의 전선 확대에 소극적이다.

사실 도청을 계기로 시작된 '미디어 전쟁'은 머독 신문들이 오래전부터 신문시장을 교란하고 영국의 민주주의를 망치고 있다고 생각해온 〈가디언〉의 선전포고로 시작된 거나 다름없다.

거기에 〈인디펜던트〉〈뉴욕타임스〉 BBC CNN이 가세했는데, 모두 머독 매체들과 생존 경쟁을 벌이고 있다는 점에서 이채롭다. 〈인디펜던트〉는 머독의 〈더타임스〉 인수 때 쫓겨난 기자들이 설립해 해묵은 원한이 남아 있고, BBC는 머독의 위성방송 완전 인수가 눈엣가시였다. 〈뉴욕타임스〉는 같은 지역 신문인 머독의 〈월스트리트저널〉, CNN은 FoxTV의 공세에 시달리던 중이었다. 그레셤의 법칙대로 나쁜 매체들에 의해 시장에서 쫓겨날지도 모른다는 위기감을 느낀 좋은 매체들이 연합전선을 펴는 형국이다.

〈가디언〉은 〈뉴스오브더월드〉에 대한 '언론소비자 운동'을 상세히 보도하고 대기업 광고주 명단을 실었다. 사주의 이익을 위해 언론윤리마저 팽개치고 도청을 한 행위에 격분한 시민들은 대기업에 광고 중단을 호소해 대거 광고를 빼게 했다. 한국의 법원은 소비자 운동에 유죄 판결을 내렸지만, 영국에는 시민이 기업의 횡포에 맞서는 유일한 수단에 제동을 거는 데가 없었다.

언론이 다른 언론의 비리를 폭로하는 사례는 유럽에서 드물지 않다. 동업자 의식이 강한 한국과 달리, 유럽 언론은 '민주주의 파수꾼'이라는 의식이 강하기 때문인 듯하다. 올봄에는 독일 주간지 〈슈피겔〉이 독일 최대 신문이자 우파 선동지인 〈빌트〉가 자사 이익을 위해 어떻게 정경유착을 해왔는지 등을 파헤치는 탐사보도팀을 구성했다.

KBS의 '도청 사건'도 언론이 지켜야 할 기준에 충실하기보다 자사 이익에 쉽게 빠져드는 한국 언론의 한 단면을 보여준다. 공영방송이기에 영국 상업신문의 도청보다 더 심각한 문제를 던진다. 영국 신문은 그나마 보도를 위해 무리한 방법을 동원한 거지만, KBS는 수신료 인상이라는 자사 이익을 위해 도청을 했다.

불법 도청 자료를 여당 의원에게 넘긴 것은 정경유착의 관점에서 보면 도둑이 장물아비에게 '물건'을 넘기는 것보다 더 문제가 크다. KBS 기자들은 수신료 인상에 반대하는 민주당 의원들에게 "내년 총선 때 보자"며 윽박질렀다고 한다. 취재윤리는 고사하고 이미 정치를 하고 있었다. 〈한겨레〉는 상부 지시가 있었을 것으로 보고 주로 그걸 문제 삼았지만 자발적으로 했다면 더욱 큰 문제다. 조직문화에서 비롯되는 자발성은 때로는 언론에 독약이 된다. 머독 계열 언론사 237개 전부가 이라크 침공을 지지한 것은 누구 지시를 받고 한 게 아니다.

머독은 회사 간부들이 도청 사실을 몰랐다고 꼬리 자르기를 시도했지만, 〈가디언〉의 제이 로센은 머독 언론사들의 조직문화가 진정한 원인이라고 썼다. 도청을 사주한 리베카 브룩스를 문책하기는커녕 32살에 편집국장을 시키는 풍토에서는 너도나도 도청에 나서기 마련이다.

한국의 진보언론은 미디어 환경을 건전하고 균형되게 유도할 책무가 있다. 그것은 생존의 조건이기도 하다. '미디어 전쟁'을 벌일 계기를 찾기가 쉽지 않다고 말할지 모른다. 그러나 의지가 있으면 계기가 보이는 법이다. 〈한겨레〉는 최근 미국 항소법원이 신문과 방송의 겸영을 다시 불허하는 판결을 내린 사실도 보도하지 않았다. 우리 언론법 개정 때 정부여당이 본보기로 여겼던 조항이다. 지난 22일은 언론법 날치기 통과 2주년이 되는 날이었으나, 아무런 기사도 내보내지 않았다. (한겨레 2011.7.26)

'2% 이상' 부족한 지면개편
무엇을 놓쳤나

구텐베르크가 발명한 인쇄기가 제구실을 하게 된 것은 콜럼버스의 신대륙 발견이라는 빅뉴스 덕분이 컸다. 콜럼버스는 요즘으로 치면 좀 선정적인 '여행전문기자' 기질이 있었나 보다. 그의 전기『대양의 제독』을 써 퓰리처상을 탄 새뮤얼 모리슨에 따르면, 그의 항해가 뉴스 전달자와 투자자들의 눈길을 끈 요인은 그가 스페인 왕에게 보낸 편지에 적은 내용, 곧 '나체 원주민, 특히 나뭇잎 한 장만 걸치고 다니는 여자들' 얘기였다.

인쇄매체 보급에 한번 더 결정적 기여를 한 것은 활판에 삽화를 넣는 아이디어였다. 그의 편지가 베스트셀러가 되자, 나중에는 치부를 가리기도 힘들 만큼 작은 나뭇잎 하나만 그려 넣은 나체화가 책을 장식했다. 미국에서 퓰리처계와 허스트계 신문들이 불과 1, 2만 부씩 팔리던 신문시장을 1백만 부대로 끌어올린 것도 삽화와 만화를 동원한 선정적 보도 덕분이었다. 사진이 발달하고 사실보도가 중시되면서 사라져가던 삽화는 '의견 저널리즘'을 추구하는 유럽 신문들에 의해 선정성을 떨쳐 버리고 화려하게 부활했다.

시민편집인실은 이 면을 통해 '칼럼과 여론면 혁신으로 진보신문이 활로를 찾아야'(2009.8.27) 하고, 딱 2년 전에도 '진보신문에 부족한 것은 오피니언+비주얼'(2010.5.26)이라고 주장했다. 〈한겨레〉는 몇 차례 지면개편을 했으나 여전히 오피니

언면은 〈조선〉〈중앙〉보다 한 면쯤 적고, 비주얼 요소는 오피니
언면에도 필자들의 얼굴 사진이 고작이다.

〈한겨레〉는 이번에도 그런 점은 강화하지 않은 채 '좌우여
백 확대'와 '5단 짜기' 등에 주안점을 둔 지면개편을 했다. 시민
편집인 견해에 덧붙여 좀 더 객관적으로 지면을 평가하기 위해
전문가와 일반독자 조사를 병행했다. 〈중앙〉〈조선〉의 디자인
에디터 등과 신문·잡지 디자인회사 대표에게 〈한겨레〉 디자인
개편에 대한 의견서를 보내달라고 요청했다. 디자인 전문가 못
지않게 중요한 것이 독자 반응이라고 생각해 〈한겨레〉를 열독
해온 세명대 저널리즘스쿨대학원생 40여 명 등 일반독자들에
게도 의견을 받았는데 시민편집인실로 들어온 독자들 의견과
함께 전한다.

우선 좌우여백 문제는 〈한겨레〉 '지면개편 기본방향'에 따
르면, 세계 권위지의 트렌드가 좌우여백을 크게 두는 것이라며
그 모델로 〈파이낸셜타임스〉와 〈인터내셔널헤럴드트리뷴〉을
들었다. 그러나 그 신문들이 그런대로 권위지인 것은 맞지만,
세계적인 신문디자인상들을 검색해보면 명함도 못 내밀고 있
고 그것이 대세라는 얘기도 과장됐다. 세계의 신문 수집과 모니
터링에 취미가 있지만 〈한겨레〉만큼 좌우여백을 크게 둔 신문
은 아직 보지 못했다.

세계 신문의 대세는 대판은 6~7단 짜기, 베를리너판과 타
블로이드는 5~6단 짜기다. 이번 개편이 그만큼 혁신적일 수도
있고 어색할 수도 있다는 얘기다. 〈한겨레〉는 대판인데도 좌우
여백을 크게 두고 과감하게 5단 짜기를 했는데 얻은 것보다 잃

은 것이 많지나 않을까 걱정된다. 얻은 것은 개편팀이 밝힌 대로 편집된 지면이 날렵해져 주목도를 높이고 선택과 집중을 분명히 했다는 점이다. 이는 〈한겨레〉 숙원이었으니 그 효과가 극대화하기를 기대한다. 그러려면 출고부서에서 개편된 디자인에 걸맞은 기사를 많이 넘겨야 할 텐데, 창간 24돌 기획물 등을 빼면 변화가 두드러져 보이지는 않는다.

지면평가를 해준 사람들 중에는 잃은 것이 적지 않다는 견해가 많았다. 우선 기사 꼭지 수와 길이가 줄어드는 문제는 제작과정에서 더 커질 수 있다고 지적했다. 특히 세로 광고가 치고 올라오거나, 세로 사진이 출고될 때 꼭 키울 필요가 없는 사진도 크게 들어가게 돼 지면 압박이 심해진다. 사진은 크게 싣는 추세지만 적은 인원에도 품질이 뒷받침돼야 한다는 어려움이 있다.

5단 짜기에서는 편집의 다채로움이 줄어드는 문제가 있다. 좌우 여백이 "시원해 보인다"는 반응도 있지만 마주보는 면 사이는 공백이 두 배로 커 보여 "황량하다"는 평가가 많았다. 오피니언면을 예로 들면 마주보는 면 사이와 아래위 칼럼 사이에 늘 광화문 네거리 같은 '십자로'가 생긴다.

좌우여백에 대해 "베를리너판 편집을 대판 위에 올려놓은 것 같다", "액자 속 신문 같다"는 언급도 있었다. 〈더타임스〉와 〈가디언〉은 대판에서 콤팩트판(타블로이드) 또는 베를리너판으로 전환하고자 할 때 한동안 두 판형을 동시에 또는 끼워서 내놓아 독자들의 반응을 살폈다. 〈한겨레〉는 호흡 긴 기사들이 출고되는 토요판의 성공적 평가에 힘입어 전면 5단 짜기로 직행한 듯한데 뉴스면에는 적지 않은 부담을 주는 것 같다.

〈한겨레〉제호도 가운데로 다시 옮기고 약간 축소했는데, 그 이유를 잘 모르겠다. 제호는 가능하면 일관성을 필요로 하는데, 〈한겨레〉만큼 짧은 역사에 제호의 모양·색깔·위치를 자주 바꾼 신문도 없는 듯하다. 세계 유수신문들의 제호가 중세 베네치아에서 신문값으로 준 동전 이름에서 유래된 〈가제트〉나 전령을 뜻하는 〈헤럴드〉, 우편배달 시대의 유물인 〈포스트〉를 고수하고, 디자인도 대개 고색창연하게 유지하는 이유가 무엇이겠는가?

머리기사 제목에서 '한결체'라는 정체성을 포기하고 고딕체로 돌아간 것에 대해 특히 다른 신문 디자인 에디터들이 아쉬워했다. 독자들은 〈한겨레〉고유의 느낌이 사라진 것 같고, 한 면 전체가 관련 기사일 때는 상관없지만 다른 기사가 밑에 실릴 경우 부속 기사처럼 보여 지나치게 된다는 얘기도 했다.

'입에 쓴 약'이 되라고 좋은 점보다 거슬리는 점을 많이 지적했는데, 시민편집인실 견해도 일부 '적극적 독자'의 목소리일 따름이다. 이것이, 계속 추진되어야 할 지면혁신에서 제동장치는 되지 않았으면 한다. 변화에는 저항이 따르기 마련이다. 일정 기간이 지난 뒤 편집·디자인 전문가와 사내 구성원, 그리고 일반독자들을 상대로 더 정밀한 지면평가가 이루어져, 장차 디자인이 세계 최고 수준으로 진화하길 기대한다. 지난해 '세계 최고 디자인 신문상'을 받은 데는 2009년 창간된 포르투갈 작은 신문 'i'였다. (한겨레 2012.5.29)

12 말이 아니게 된 '언어의 공공성'

동사를 사역·수동·명사형으로
바꿔 쓰는 데 중독

지금부터 꼭 80년 전인 1929년에 나온 최현배 선생의 『우리 말본』에는 이런 구절이 있다. "세상에는 흔히 '시키다'를 그릇 쓰는 수가 있나니, 그는 '하다'로 넉넉한 것을 공연히 '시키다'로 하는 것이다."

그런 사례는 〈한겨레〉 지면에서 수도 없이 눈에 띈다. '경기침체를 더욱 가속화시킬'(3.2), '대만과 중국을 살살 자극시켜 경쟁시키면'(3.23) 등등. 그야말로 '가속화할' '자극해'로 넉넉한데 '시키다'라는 사역형을 중복되게 붙여 놨다.

최현배 선생이 '순한글' 신문인 〈한겨레〉를 보았더라면 어떤 반응을 보였을까? 아마 "뜻은 기특하다"면서도 "그렇게밖에 못해" 하는 질책이 떨어졌을 듯하다. 아름다운 우리말이 오염되고 언어생활에 혼란이 오는 것은 신문과 방송 탓이 크다. 특히 '순한글' 신문임을 자랑하는 〈한겨레〉에는 더 막중한 책임을 묻지 않을 수 없다.

수동형을 이중으로 쓰는 것도 명백한 오류다. '오바마는 양국 정상 간에서 보여졌던 전례와 달리'(3.6)에서 '보여졌던'은 '보였던'의 잘못이다. '보여지다'는 '보다'의 수동형 '보이다'에 다시 수동의 뜻이 있는 '-어지다'를 덧붙인 이상한 조어다.

수동형의 남발은 영어 번역투 문장을 흉내 내다 그리 되는 때가 많다. '읽힌다'는 표현은 뭔가 남다르게 써보려던 몇몇 문학평론가들의 글에서 자주 발견되더니 이젠 너도나도 따라 하는 유행어가 됐다. 최근 이틀치 신문에도 세 차례나 등장했다. '조용히 해결하겠다는 의지의 표현으로 읽힌다'(3.21), '민주당과 다르다는 점을 부각시키려는 전략도 읽힌다'(3.23), '돈을 받았다는 것은 그만한 자신감의 반영으로 읽힌다'(3.23).

수동형의 남발은 원래 우리 언어습관과도 잘 어울리지 않는다. 우리는 사람이 죽는 것까지 '돌아간다'는 식의 능동형으로 표현한다. 영화 「워낭소리」에서 보건소 의사는 병들고 쇠약한 몸으로도 농사 일손을 놓지 못하는 할아버지에게 이렇게 경고한다. "일 줄이지 않으면, 할아버지, 세상 버려요." 세상에 의해 사람이 버려지는 게 아니라 사람이 세상을 버린다는 식이다.

특히 저널리즘의 관점에서 수동형의 남발은 문제가 될 수 있다. 범죄나 전쟁 등의 피해자만 부각되고 행위 주체는 적시되지 않기 때문이다. 노엄 촘스키가 지적했듯이, 수동형 문장은 전쟁 보도에서 '민간인이 사살되었다'고만 할 뿐 '미국이 그들을 살해했다'는 사실을 감출 수 있다.

신문 기사에 특히 어색한 문장이 많이 등장하는 것은 기자들이 문장 수업을 제대로 받지 못한 채 선배들의 잘못된 문장까지도 기사문의 전형인 양 도제식으로 답습한 탓이 크다. 동사를 쓸데없이 명사형으로 바꿔 쓰는 것도 그런 악습 중 하나다. 예를 들어 '납품단가 부당인하'(3.2) 기사에서 '공정위가 대기업의 부당 납품단가 인하 관련 직권조사를 벌이기는 이번이 처음이다'라는 문장은 '벌인 것은 이번이 처음이다'라고 하는 게 자연스럽다. 또 이런 문장의 앞에는 대개 비슷한 내용을 담은

'리드' 문장이 나오니까 반복할 필요 없이 그냥 '공정위는 처음 이런 조사를 벌였다'는 식으로 쓰면 그만이다.

이오덕 선생은, 문익환 목사가 "우리말은 동사를 많이 쓰는 것이 특징"이라고 해서 가만히 돌이켜보니 자기가 신문이나 책에 나온 잘못된 글을 바로잡은 것 가운데 대부분이 명사형을 다시 동사형으로 고친 것이었다고 말하기도 했다.

주어와 술어, 목적어 사이 호응관계는 명문과 악문을 가르는 잣대가 된다. '삼성화재, 유관순체육관서 3·1절 만세'(3.2) 기사에서 '신경전을 보였다'고 했는데 신경전은 '보이는' 게 아니라 '펴는' 것이고 '벌이는' 것이다. "연체율 비상등' 은행권 심상찮다'(3.19) 기사에는 '경기침체 속도가 가팔라지고'라는 표현이 나오는데, 속도는 '가팔라지는' 게 아니라 '빨라지는' 것이다. '대통령 자리를 거머쥐었다'(12.1)고 표현했는데, 자리를 차지할 수는 있어도 거머쥐는 건 이상하다.

같은 어미를 반복해 악문이 되는 경우도 흔하다. "메신저 피싱' 쇼핑몰서 정보 낚았다'(2.18) 기사의 첫 문장을 예로 들어 보자. '유명 인터넷 메신저에 접속해 친구와 선후배 등으로 가장해 돈을 요구해 챙긴 '메신저 피싱' 일당이 경찰에 붙잡혔다.' 이 문장에는 '접속해' '가장해' '요구해'라는 표현이 이어진다. 이 기사 중간쯤에는 한 문장에 '접속해' '통해' '접근해' '요구해'라는 표현이 들어 있는 경우도 있다.

단어나 용어 선택에도 신중해야 한다. '정치인이나 기업인 관련 비리 수사에서 숨겨진 거액의 비자금이 심심찮게 등장한 것도'(3.20)라는 문장에서 '심심찮게'는 기사의 분위기와 어울리지 않는다. 비자금이 등장하지 않으면 심심하다는 얘긴가?

무심코 비민주적·권위주의적 용어를 쓰는 경우도 많다. 용산참사 때는 '공권력'이라는 단어가 수없이 쓰였는데 그냥 '경찰력'이나 '경찰'로 하면 될 일이다. '공권력'이라는 단어가 지니는 양면성에 대해서는 김수환 추기경이 잘 정리했다. 그는 1980년 광주 유혈사태에 대해 정부의 사과를 요구하며 "공권력이란 본시 국민의 기본권을 보호하고 증진하기 위한 것인데, 인권 탄압에 쓰이면 이는 공권력이 아닌 폭력"이라고 말했다. 대통령이 화내면 '진노했다'는 표현을 종종 쓰는데, '진노했다'는 말은 '존엄한 사람이 몹시 노했다'는 뜻이니 권위주의 냄새가 난다.

어려운 한자말이나 전문가들만 쓰는 용어를 적절한 설명 없이 마구 쓰는 것도 한글신문의 장점을 단점으로 만드는 자충수다. '등정주의'와 '등로주의'(2.13), '성 인지적 관점, 인권 감수성'(2.18) 등 사례가 너무나 많다.

그렇다고 우리말 사전 구석에서 찾아낸 순수 우리말을 지나치게 자주 쓰는 것도 생각해 볼 일이다. 의미 전달의 문제와 함께 자칫 우리말 혐오증을 불러일으킬 수 있다. 구어체가 좋다 해서 비속어를 활자매체에 그대로 옮기는 것도 문제다. '인디록밴드 국가스텐 '돌풍 장전''(3.3) 기사에는 "찌질하잖아요", "우리가 좀 쩔긴 하죠"라는 말이 그대로 나온다.

운동권에서 즐겨 쓰는 용어('방향성' '대오' '가열차게'), 정치 기사에 많이 등장하는 비민주적 용어('표밭갈이' '텃밭'), 전투적 용어('살생부' '전운' '대학살' '진검승부')도 가능하면 사용을 자제해야 한다. 우리 선거를 지역감정 싸움으로 몰아넣고 정치를 더욱 살벌하게 만드는 데 기여하기 때문이다. 또 건강 기사가 아닌 데서 환자들에게 상처를 주는 '자폐증' '레임덕' '정신분열증' 같은 용어들을 꼭 써야 하는지, 한번쯤 생각해 보자.

기사를 쓸 때 작은 데 신경을 곤두세우는 것은 기사 방향과 같은 큰 가닥을 잡는 일 못지않게 중요하다. 독자의 신뢰는 작은 데서 허물어진다. 그물에서 물이 금방 빠져나가는 것은 그 물눈이 크기 때문이 아니라 많기 때문이다. (한겨레 2009.3.25)

'말 안 되는 말들'의 퍼레이드, 저지 못하나

"참 희한한 정보가 있습니다." 서울 서대문구 변두리에 있는 단골 이발소 주인은 필자가 의자에 앉자마자 말을 걸어왔다. 노무현 전 대통령의 조문 인파 수가 조작됐다는 거였다. 노 전 대통령 서거 직후만 해도 애도를 표하던 이 60대 이발사를 분노케 한 '희한한 정보'가 무얼까? 듣고 보니 희한할 것도 없는, 신문 보도 내용이었다. 한나라당 강연회에서 송대성 세종연구소장이 한 발언, 곧 "누가 덕수궁 담 옆에 의자를 놓고 4시간을 지켜봤더니 검은 옷 입은 한 사람이 5번을 돌더라"는 얘기를 어떤 이발 손님한테 전해들은 듯했다.

이발소 주인의 인식 변화는 대중이 선전에 얼마나 취약한 지를 보여준다. 송 소장의 발언은 선전의 3대 원리인 단순화, 과장, 감정이입을 고루 갖추었다. '말 안 되는 말'이 선전에 크게 기여하는 것은 이른바 '현저성 효과' 때문이다. 인간은 '지적 게으름뱅이'여서 모든 정보를 다 처리하지 않고 어떤 것이 지각 적으로 특출하면 그에 따라 섣부르게 결론을 내리곤 한다. 뭔가 튀는 사람이 눈에 잘 들어오고, 그 사람의 영향력이 커지게 되는 것도 같은 이치다. 정치인과 학자들 중에도 튀는 말로 '나 여기 있음'을 알리려는 이들이 적지 않다.

독한 말을 쏟아내는 사람들이 온통 신문 지면과 방송을 장식하고 있다. 기자들은 독설가들의 홈페이지를 네티즌들 '성지 순례' 하듯 꼬박꼬박 방문해 그들의 목소리를 증폭한다. 특히 '권위지'를 자처하는 보수신문들이 말의 옳고 그름은 따지지 않고 대서특필하는 것은 정파적 선전효과와 함께 상업주의에도 부합하기 때문이다. '말 안 되는 말'의 진원지는 동서양을 막론하고 극우세력인 경우가 많지만, 이명박 정권 비판세력 중에도 증오에 찬 막말을 함으로써 비판의 이성적 기반을 스스로 허물고 상대방에게 공격의 빌미를 주는 이들이 적지 않다. '살인마' '개새끼' '처단' '척결' 등 살벌한 말들이 좌우에서 쏟아진다.

"이성은 필요 없다. 감정과 본능에 호소하라." "대중을 가장 빠르게 뭉치게 하는 것은 증오심이다." 나치 선동가 괴벨스의 지침을 그대로 따르는 듯하다. 이런 시대상황에서 〈한겨레〉의 구실은 무엇이어야 할까? '말 안 되는 말'을 무시하는 것이 한 방법일 수 있다. 그러나 이는 엄연히 존재하는 사회적 갈등을 외면하고, '공론장'으로서 직무를 유기하는 것이다.

건전한 비판에 근거한다면 사회적 갈등은 소중한 것이다. 갈등이 표면화하기 전에는 갈등이 있는지 없는지조차 알 수 없다. 갈등 연구자들에 따르면 갈등은 의사소통에 도움을 줄 뿐 아니라 상대방의 힘을 알게 해줘 친선회복이나 공존의 지혜를 터득하게 하는 순기능이 있다. 그러나 갈등이 선동가들에게 악용되면 감정의 골만 깊어지고 종종 있지도 않은 적을 만들어 마녀사냥을 한다. 이런 때 진정한 권위지라면 진영을 가리지 않고 무엇이 근거 없는 선동인지 논리적으로 반박하는 수고를 해야 한다.

앞서 언급한 송대성 소장 발언만 해도 〈한겨레〉는 강연회 분위기를 전하는 기사(6.5)만 내보냈다. 현장칼럼이나 뉴스분석 등이 있었더라면 그런 말의 선전효과를 잠재우는 데 기여했으리라.

송 소장 말은 극단적 단순화와 일반화의 오류를 동시에 범하고 있다. 그는 '한 사람이 하루 5번 돌면 일주일에 35번 돌았다'는 식으로 '숫자의 마력'을 동원했다. 실제로 그렇게 돈 사람이 있었는지 의심스럽지만, 설령 있었다 치더라도 5백만 조문객 가운데 '5백만 분의 몇'일 따름이다. "지 에미 애비가 죽어도 그 짓을 하겠느냐"는 말은 전형적인 감정이입의 선동수법이다. '하루 5천 대 버스' 얘기도 일반 조문객 대부분이 전세버스가 아니라 대중교통수단을 이용한 점을 고려하면 근거 없는 비난으로 반박할 수 있었다.

경찰과 보수신문들이 화물연대 시위대가 사용한 만장 깃

대를 '죽창'으로 부른 것도 일반화의 오류를 범하면서 '불온딱지 붙이기'를 시도한 사례다. 깃대 1천 개 중 20여 개가 제작 과정에서 좀 비스듬하게 잘렸다는 건데, 해방 직후 끔찍한 장면을 연상케 하는 '죽창'이라는 단어를 사용했다.

더 심각한 문제는 이명박 대통령조차 '말 안 되는 말'을 남발하고 있다는 점이다. 그는 어린이날 행사에서 "어린이들이 너무 공부에 시달리지 않도록 할 것"이라고 했고, "퇴임 뒤 녹색운동가가 되고 싶다"고 했다. 아이들 앞에서 한 말이 거짓말이 안 되려면 일제고사를 강행하지 않는 등 정부 교육정책을 전면 수정해야 한다. 더욱 의아한 것은 막강한 권한을 틀어쥔 재임 중에는 반환경적 사업들을 마구 추진하면서 퇴임 뒤엔 녹색운동을 하고 싶다는 말이다. 설마 재임 중에 시멘트로 싸 바른 4대강을 원래대로 복원하겠다는 뜻은 아닐 테고...

이명박 정부는 연초 50조 원짜리 투자계획을 발표할 때도 '녹색 뉴딜'이라는 이름을 붙였는데, '녹색'이라는 수식어가 정치권력의 야심과 경제권력의 이해타산을 감추는 '녹색 위장막'으로 활용되는 듯하다.

지난달 비상경제대책회의에서 "노동 유연성 문제는 연말까지 최우선적으로 해결해야 할 국정 최대 과제"라는 말도 했다. OECD 국가 중 임시직 비율 2위, 저임금 노동자 비중 1위, 공적 사회복지지출 꼴찌인 한국에서 노동 유연성을 더 확대하겠다니, 노동자에 대한 적대감 말고는 설명할 길이 없다. 노사관계에 대한 부정적 인식은 현대건설 경영인 경험과 스위스 국제경영개발원(IMD) 설문조사 관련 보도 등에 영향을 받은 듯하다. 한국에 대한 설문조사는 주요 응답자가 한국 기업 경영자들이라는 점에서 그들의 생각을 알 수 있는 자료일 뿐이다.

이런 대통령의 말들을 보도하면서 〈한겨레〉는 스트레이트 기사만 작게 내보내는 등 매우 소홀히 다루는 인상을 주었다. '노동 유연성' 기사를 예로 들면, '이 대통령 "노동유연성은 최우선 과제"'(5.8)라는 제목 아래 2면 2단으로 작게 다뤘다. 보수신문 중에서도 특히 경제지들이 환호하는 보도태도를 보인 반면, 〈경향〉이 '비정규직 850만 현실 무시'란 큰 제목을 달아 1면 머리기사로 올린 게 대조적이었다.

일부 참모들도 모순된 말을 양산한다. 박형준 홍보기획관은 '민주주의 후퇴'라는 비판에 동의하지 않는다고 했다. 우리나라만큼 비판의 자유가 보장돼 있는 나라도 없다는 것이다. 일견 맞는 말이다. 그러나 미네르바를 구속하고 방송작가의 인터넷 메일을 뒤져 정부를 비방한 글을 공개한 것은 어떻게 설명할 것인가?

무엇보다 민주주의는 여론의 정치다. 여론이 아무리 들끓어도 권력자들이 귀담아 듣지 않으면 민주주의가 아니다. 언론자유가 보장돼 있다고 하지만, 소수의 목소리를 전달할 매체들이 고사 위기에 있어 공공의 접근권 자체가 위축되고 있다. 언론법이 통과되면 그것을 더욱 부채질할 것이다.

『사기』를 잠깐 인용하면, 중국 주나라 때 왕이 포악해 백성들이 왕을 비방했다가 왕이 그들을 죽이자 소공이 간했다. "백성의 입을 막는 것은 물을 막는 것보다 심각합니다. 물이 막혔다가 터지면 피해자가 대단히 많은 것처럼 백성들도 그러합니

다."요임금은 대로에 '비방지목'(誹謗之木)이라는 팻말을 세워
두고 자신의 잘못된 정치에 대한 비방까지 적을 수 있게 했다.
한나라 효문제는 비방과 요언에 대한 죄목까지 없앴다.

언론의 자유는 '비방의 자유'까지 포함해야 한다고 본다.
그 대상이 고위 공직자라면 더욱 그렇다. 인신공격은 삼가야겠
지만, 비방의 내용이 사실이 아니라면 '공론장'에서 절로 도태
된다. 〈한겨레〉가 시비곡직을 가리고 공론장을 지키는 이 시대
의 '비방지목'이 되어줄 수는 없을까? (한겨레 2009.6.24)

'촌스럽다'는 표현,
왜 부정적 의미로 쓰나

사람의 생각은 언어라는 도구를 통해 드러난다. 그렇다면
'촌스럽다'는 말에는 어떤 생각이 들어 있을까? 대체로 '세련되
지 못하고 어수룩하다'는 부정적인 생각이 담겨 있다. 반대로
'도회적'이라는 말은 '세련되고 시대를 앞서간다'는 의미를 내
포한다.

'촌'이란 말 자체는 그렇지 않은데도 '촌스럽다'는 말이 맥
락에 따라 부정적 의미로 자주 쓰이는 것을 보면, 언어의 의미
를 그것이 사용된 맥락 안에서 파악한 언어철학자 비트겐슈타
인의 탁월함이 드러난다. 최근 〈한겨레〉 지면에 등장한 '촌스럽

다'는 말은 어떤 문맥에서 사용됐을까?

'염치, 촌스러움, 그리고 착각'('아침햇발' 11.9)에서는 주요 20개국(G20) 정상회의를 준비하는 우리 정부와 언론의 호들갑을 '촌스러움'이란 열쇳말로 조목조목 비판했다. '선진국일수록 있는 그대로의 '생얼'을 보여주는 반면, 뒤떨어진 나라일수록 '화장'에 의존하려 한다'는 맥락에서 '우리도 이제는 그런 종류의 촌스러움을 어지간히 졸업했다고 여겼는데 이번에 보니 착각이었다'고 썼다.

'G20, 어떤 시상이 떠오르세요?'('한겨레프리즘' 11.10)에서는 경북도교육청이 초등학생 글쓰기와 그림 그리기 주제로 'G20'을 포함시킨 것을 비판하면서 '이른바 주요 나라들 가운데 이렇게 촌스러운 나라가 있겠느냐고 한마디 해주고 넘어갈 수도 있다'고 표현했다.

'당신의 이름은 안녕하십니까'(esc 11.11)에서는 이름을 바꾼 사람들의 갖가지 사연들을 재미있게 소개하면서 '특히 '촌스러운' 이름에서 벗어나려는 중년층들의 개명신청도 늘고 있다'고 썼다.

외부 칼럼도 예외가 아니다. '스카이, 인서울, 이건 아니다'('야! 한국사회!' 10.28)에서는 서울 중심 학벌사회에 편승해 살아가는 이들을 신랄하게 비판했다. 그러나 '스카이, 인서울, 이건 나쁜 용어이고 창피한 단어이고 나쁜 구조'라고 지적하면서도 마지막 문단에서는 '참 촌스러운 놈들!'이라고 일갈했다.

비교적 잘 쓴 칼럼들조차 '촌스럽다'는 단어를 남발하는 이유는 농촌에 대한 부정적 생각이 의식 속에 잠재해 있는데다 언론언어의 공공성에 대한 경각심이 부족한 탓이 아닐까? 입버릇처럼 전원생활을 그리워하고 개발주의를 혐오하는 진보논객들조차 도시에 사는 이점과 개발주의 환상에서 벗어나기란 쉽지 않은 듯하다.

언어는 세상에 대한 관조가 아니라 삶의 실천과 연동시키는 데 필요한 도구라고 비트겐슈타인은 주장한다. 지난해 사이버 공간에서 벌어진 '촌스러워 고마워요'라는 캠페인은 지식인들의 언어생활을 바꿔놓지는 못했지만 나름대로 큰 의미가 있었다. 이름 없는 사람들은 '촌스럽다'는 단어의 의미를 바꾸기 위해, 아니, 제자리를 찾아주기 위해 '국어사전 다시 쓰기' 서명운동을 벌였다. 그들은 '촌스럽다'는 단어를 '순수한' '정이 넘치는' '자연스러운' 등의 의미로 사용하자고 제안했다.

'언어는 생각의 집'이라 했는데, 농업과 농촌에 대한 그릇된 인식 또한 언론에서 비롯된 바가 컸다. 농업에 '사양산업'이라는 딱지를 붙이고 농업은 공산품 수출을 위해 희생돼도 좋은 부문이라는 인식을 심어온 것도 한국 언론이었다. 진보든 보수든 신문들은 도시인을 위해 만들어졌다. 〈한겨레〉도 농촌을 보도할 때 친환경 농업이나 귀농 이야기가 주 메뉴였다. 언론이 목가적인 농촌에 주목할 때 농촌 현실은 외면된다.

외국 언론들이 농업·농촌 전문기자를 두고 수준 높은 기사를 내보내는 것과 대조적이다. 독일·프랑스·이탈리아·미국 등 강대국과 북유럽 복지국가들은 모두 공업국인 동시에 농업국이다. 농업이 공업을 뒷받침하고 농촌사회가 활력을 유지하게 된 데는 농업에 대한 언론의 애정이 큰 몫을 했다. 농촌에 대한 잘못된 생각을 바로잡는 데 〈한겨레〉가 앞장설 수는 없을까? 농촌을 말하는 언어를 바로잡는 게 그 첫걸음이다. (한겨레 2010.11.24)

알밴 주꾸미를
꼭 잡아먹어야 하나

봄은 이른바 '제철음식'에 끌려 입맛이 돋기 시작한다는 계절이다. 그러나 생태계의 수난이 시작되는 때이기도 하다. 수난은 언론보도에 의해 가중된다. 보도와 신문언어의 공공성 문제는 이 난에서 몇 차례 제기한 적이 있는데, 이번에는 반생태적 보도에 대해 살펴보기로 하자.

생선이나 게를 예로 들면, '제철'은 곧 산란기를 말한다. 산란기에는 잡지 말자는 캠페인을 벌일 만도 한데, 평소 생태·환경 문제에 관심이 많은 〈한겨레〉조차 맛집이나 지역축제 안내 기사 등에서 알 밴 놈을 먹어야 제대로 먹는 거라고 쓴다.

'꽃게장은 살이 많고 알이 꽉 찬 산란기 직전의 암게로 담가야 제맛이다.'('예종석의 오늘 점심' 3.8) '주꾸미는 산란기인 4~5월을 앞둔 3월에 알이 가득 차고 부드러워 맛이 좋은 것으로 유명하다.'('서해 주꾸미는 추워 집 나갔나' 3.22)

'꿩 먹고 알 먹기' 식으로 모두 먹어버리면 우선은 좋겠지만, 후일을 기약할 수 없는 게 생태계 균형이다. 선진국에서는 특히 연안 어종에 대해 산란기를 금어기간으로 정하고 엄중단속하는데, 우리는 정부가 방관하고 언론이 앞장서서 '제철 생선을 즐기라'고 부추긴다. 선진국들은 새끼도 못 잡게 하는데 우리는 새끼에 알까지 싹쓸이해 왔으니 어족자원이 고갈될 수밖에 없다.

동물뿐 아니라 식물도 '뭐가 뭐에 좋다'는 식의 검증되지 않은 속설을 그대로 지면에 옮겨 특히 희귀 동식물들이 온통 수난을 당하고 있다. '몇 억 원을 호가하는 몇 년짜리 산삼을 캤다'는 기사가 언론에 가끔 실리는데, 과연 그만한 약효가 있는지 의문이다. 그토록 과장되지 않았더라면 산삼도 멸종위기에 처하기는커녕 도라지나 더덕처럼 흔히 캐먹을 수 있는 산나물이 됐을 터이다.

언어생활에서 동물 학대와 비하는 흔한 일이지만, 적어도 언론에서 무의식적으로 사용해서는 안 될 것이다. 세살배기 아들을 상습폭행해 죽게 만든 아버지를 비난하면서 '짐승보다 못한 아빠'(3.18)라고 비유할 것까지는 없지 않았을까? 악독한 짓은 인간이 했는데, '인면수심'이라는 말을 갖다 붙여 동물을 모독하는 것도 언론이다. '쇠귀에 경 읽기'(3.9, 3.12), '마이동풍'(1.20)... 모두가 인간 기준의 조어일 뿐이다.

언어는 '생각의 집'이라는 말도 있지만 일정 부분 의식구조를 지배하게 된다. 언론보도에서부터 '인간도 생태계의 일원'이라는 자각이 모자라니, 4대강을 마구 파헤치는 일이 벌어지는 게 아닐까? 지난번 G20정상회의 때 창덕궁을 관람하던 정상 부인들 중에서도 우리 대통령 부인과 남아공 대통령 약혼녀가 모피 숄을 걸친 게 눈에 띄었다. (한겨레 2011.3.29)

익명 뒤에 숨어
맬서스 흉내 내나

맬서스의 『인구론』 초판은 1789년 익명으로 출판됐다. 인류의 미래를 지나치게 암울하게 본 책의 내용과 논리 구성에 스스로도 자신이 없어 실명을 뺀 것이다. 실제로 4년 뒤 출판된 2판에서는 실증적 자료가 보완되고 주장이 좀 누그러지는데, 저자가 실명으로 등장한 것도 이때부터다. 『인구론』은 6판이 나올 때까지 28년간 당시 출판계에서 유례가 없을 만큼 수정보완을 거듭해 명저가 된다. 그가 그냥 익명을 고수했다면 그런 수고를 했을까? 빵집을 하나 내도 자기 이름을 상호로 내거는 이는 품질에 신경을 쓰기 마련이다.

〈한겨레〉에 가장 많이 등장한 '사람 이름'은 뭘까? 검색해보면 '관계자'와 '아무개'일 것이다. 'ㄱ' 'ㄴ' 'ㄷ' 따위 머리글자(이니셜)로 표현되는 사례도 너무나 많다. 물론 취재원에게 불이익이 가지 않도록 하기 위해, 또는 사건의 피해자나 피의자의 명예를 보호하기 위해 익명이 필요한 때도 있다.

그러나 기자가 부실한 취재를 감추는 수단으로, 또는 취재원과 유착돼, 아니면 습관적으로 익명을 남발한다면, 보도의 신뢰도가 문제된다. 신정아 씨도 자서전에 유명인의 실명을 밝힌 이유가 신뢰도 때문이라 하지 않았던가? 익명 보도는 독자의 알 권리와 정면으로 충돌한다. 다음 사례들은 어디에 해당할까?

송영선 전 의원이 사업가 ㄱ씨에게 거액의 금품을 요구하는 대화 내용이 담긴 녹취록을 19일 보도한 것은 〈한겨레〉의 큰 특종이었다. ㄱ씨는 제보자이니 익명으로 보도할 수 있다. 〈한겨레〉는 후속보도에서 2007년 한나라당 대선후보 경선 당시 ㄱ씨가 25억 원을 빌려주고 돌려받지 못했다는 '친박계 ㅎ씨'에 대해서도 끝까지 익명을 유지한다.

그러면 ㅎ씨에 대한 익명 보도까지 정당화할 수 있을까? 〈한겨레〉 보도를 보면 그는 2007년에 박근혜 후보 지지조직인 '한강포럼'과 비선조직인 '마포팀' 운영을 주도한 인물이어서, 현재 대선 국면에서도 후보검증과 관련해 비중 있는 '공인'이라 할 수 있다.

그는 정치자금법 위반으로 유죄선고를 받은 적도 있으니 검색해보면 금방 이름을 알 수 있다. 아니나 다를까, 다른 매체들은 ㅎ씨의 실명을 밝혀버렸다. 〈한겨레〉가 정한 '범죄 수사 및 재판 취재 보도 시행세칙'에 따르더라도, 실명·초상 등 신원을 공개하지 않는 게 원칙이지만, '고위공직자나 사회 저명인사'는 예외로 한다.

그런데도 〈한겨레〉는 예외인 사람에게 일반 원칙을 적용한 경우가 많았다. 시민편집인이 보기에, 무리한 익명 처리 기

사는 '모니터링 일지'에 지난해 5월 이후 적힌 것만도 20여 건
이다. 예를 들어 지난해 5월 6일 〈한겨레〉는 금융감독원과 공
정거래위원회 간부들이 퇴직 후 감독 대상이었던 금융기관에
대거 취업한 것을 보도했는데, 모두 익명이었다. 그 기사는 하
루 전 〈조선〉이 실명으로 보도한 것이었는데, 〈중앙〉 〈동아〉가
역시 실명으로 기사를 받은 반면 〈한겨레〉는 굳이 익명으로 보
도했다.

지난해 11월 4일에는 등록금과 교수들 비리 관련 감사 결
과를 보도하면서 〈조선〉 〈중앙〉 등이 대학 이름을 상당수 밝혔
지만 〈한겨레〉는 밝히지 않았다. 같은 달 이상득 의원의 비리
혐의가 드러나기 시작할 무렵에는 언론들이 한동안 '정권 실세'
라는 표현으로 이름을 대신했는데 〈한겨레〉도 동조했다.

같은 해 〈한겨레〉 12월 16일치 '이사장은 발전기금 챙기
고, 총장은 공사 뒷돈' 기사에는 각기 다른 '아무개'가 6명이나
등장한다. 대학 이름까지 밝히지 않았으니 독자로서는 '신문을
왜 보느냐'는 불만이 나옴직하다.

'관계자' 등 익명을 남발하는 기사 작성이 습관이 되어버린
느낌도 든다. '독도 영유권 문제를 국제사법재판소에 회부하자
는 제안을 거부하는 구술서를 일본에 보냈다'(8.31)는 내용의
기사를 예로 들면, '(외교통상부는) 주한 일본대사관 관계자를
청사로 불러'라는 대목이 나온다. 기사 옆에 물린 사진에 일본
대사관 참사관의 이름이 들어가 있는 걸로 미루어 기사의 익명
처리가 의도한 바는 아닌 듯하다.

권력기관이나 정치인들이 익명을 요구하는 데 대해서는

좀 엄하게 선별적으로 대응할 필요가 있겠다. 익명 뒤에 숨어서 국민을 상대로 벌이는 '언론 플레이'에 언론이 놀아날 수 있기 때문이다. 익명은 '무책임 정치'의 수단이기도 하다. 새누리당 비상대책위원으로 활동했던 이준석 씨도 토크쇼에서 "언론 응대법을 많이 배웠다"며 "익명을 요청하면 쉽게 빠져나갈 수 있다"고 말했다.

정부기관 대변인들이 기자실에서 브리핑을 하면서도 '관계자' 등으로 보도되기를 바라는 관행은 한국 언론의 악습이다. 민주주의 선진국 정부 대변인들은 기자의 질문에 성실하게 답변하는 것을 국민에 대한 의무라 생각하고 익명 뒤에 숨는 일도 거의 없다. '청와대, '내곡동 특검' 거부권 결정 늦어질 듯'(9.18) 기사에서 발언의 주체는 '청와대 핵심관계자'로 돼 있다. 기자들에게 '청와대 핵심관계자'는 대개 홍보수석으로 통하지만 일반독자들은 알기 어렵다.

정치권력뿐 아니라 경제권력에 대해서도 익명을 이용한 '봐주기'식 보도가 많이 눈에 띈다. 부유층 학부모들이 자녀를 외국인학교에 입학시키기 위해 '국적 세탁'을 했다(9.15)는 기사에는 재벌 이름들이 머리글자로만 남았다.

과거 〈한겨레〉는 여느 언론과 달리 실명 보도를 고집스레 실천함으로써 기득권층과 불화했지만 존재감을 드러냈다. 2007년 한화그룹 김승연 회장의 폭행 사건이 가까운 사례다. 한화그룹의 로비로 모든 언론이 익명으로 조그맣게 보도할 때 〈한겨레〉는 회사는 물론 김 회장까지 실명으로 3개면에 펼쳐 보도(4.27)함으로써 영향력을 과시했다. 권위지의 위상은 불필

요한 익명 보도를 자제하는 데서 상당 부분 확보된다. (한겨레 2012.9.25)

한글신문의 '한자 중독'…
독립신문을 배워라

지난해 말 한글날이 쉬는 날로 다시 정해졌을 때 한글이 제 대접을 받는 계기가 되려나 했는데 그게 아니었다. 눈에 띄는 행사도 거의 없어, 대통령이 참석해 요란하게 치른 '국군의 날'과 더욱 견주어졌다. 사실 한글을 가꾸고 한글 사용을 부추기는 일은 말과 글로 사업을 하는 언론이 가장 힘차게 추진할 수 있다.

그런데도 스스로 한글신문이라 일컫는 신문들조차 작은 칼럼 등을 내보냈을 뿐 한글날에 큰 관심을 보이지 않았다. 오히려 〈조선일보〉가 '한글이 아프다'는 기획기사를 연재했다.

더 중요한 것은 여느 때에 언론이 한글을 제대로 부려 쓰는 것이다. 대중은 언론이 쓰는 말과 글을 표준으로 생각하고 따라 하기 마련이다. BBC 〈더타임스〉〈르몽드〉 등 세계의 권위 있는 언론들은 자국어를 가꾸고 퍼뜨리는 '주역'이었다. 그러나 우리 언론, 특히 신문은 한글을 망치는 '주범'이라는 욕을 먹어도 싸다.

지난 7월 시민편집인이 되어 〈경향신문〉을 샅샅이 읽으면서 다행스러웠던 것은 교열부 노력 덕분인지 단순한 오·탈자가 아주 많이 눈에 띄지는 않았다는 점이다. 문제는 기자와 필진이 한자말, 일본어, 영어 따위 표현법에 너무나 심하게 중독돼 있다는 거였다.

너무 많은 사례가 '모니터링 일지'에 적혀, 이번에는 한자말 중독 증세만 진단해보고, 일본어와 영어 중독 문제는 다음 기회에 차례로 살펴보고자 한다. 또 우리말과 글에 스며든 비민주적 요소 등 언어의 공공성 문제는 따로 따져볼 계획이다.

가장 애석한 것은 한자말이 우리말을 계속 밀어내고 있다는 사실이다. '교양인의 말과 신문의 글은 격식을 지켜야 한다'는 고정관념이 글은 물론이고 말에서도 한자투성이 문어체를 남발하게 만든다. 노무현 대통령이 구설에 오른 것도 '문어체 공화국'에서 구어를 막 쓴 탓이 아닐까? 문어체는 미래의 독자인 젊은 층에게 고리타분하게 보여 신문이 더욱 외면받을 수 있다.

쉽고 아름다운 우리말이 있는데도 지식인들은 굳이 한자말에 '하다' 접미사를 붙여 어색한 말을 만들어낸다. 〈경향신문〉에서 수없이 발견되는 '차치하고라도'(사설 10.7)는 '그만두고라도'보다 의미 전달에서 뒤진다. '위치해 있다'('위례신도시~' 10.8)는 그냥 '있다'로 넉넉하다. '~에 기초한'보다는 '~에 바탕을 둔'이란 말이 정감 있고, '달(達)하다'는 '이르다'가 제격이다. 심지어 밥 먹고 일하고 쉬고 잠자는 일상생활도 글에서는 '식사하고' '근로하고' '휴식하고' '취침하는' 걸로 바뀌는 게 보통이다.

한자말로는 의미 전달이 충분하지 않다 여겨 우리말을 겹말로 덧붙이기도 한다. '역전앞' '처갓집' 같은 이상한 말이 그래서 생겨난다. '차 타다'를 '승차하다'로 바꿔 쓰니 '버스 승차 거부 운동'('새 책' 10.5) 같은 말을 무심코 쓰게 된다. '버스 타기 거부 운동'이라 부르면 어쩐지 동조자가 늘어날 것 같은데 중복 표현을 그대로 쓴다. '이 기간 동안'('포털, 게시물 차단 남발~' 10.16), '먼저 선취점 올리네'(인터넷판, '경향포토' 10.9)는 완전히 중복이다.

한자말을 넣어 길게 쓰는 것도 잘못 든 버릇이다. '그럼에도 불구(不拘)하고'는 '그런데도'로 줄일 수 있지만 이달 들어 11번이나 눈에 띄었다. 또 '가능성도 있다'고 하면 될 것을 '가능성을 배제할 수 없다는 지적도 제기된다'('외교관 자녀 130명 복수국적~' 10.10)는 식으로 빙빙 돌려 쓴다.

'각 지역별로 인구수'(인터넷판, '와이파이 존 어디가 많을까' 10.13)는 그 짧은 문구에 두 번이나 말이 중복되는데 '지역별 인구'라 하면 충분하다. 인구는 원래 '사람 수'를 뜻하는 말이니까. '혜화동 옥상 위에'(주간경향 1037호, '신간 탐색')는 옥상이 이미 '지붕 위'라는 뜻이니 그냥 '~옥상에'로 써야겠다.

어려운 한자말도 가능하면 피했으면 한다. '박 대통령도 오불관언의 태도로 방관하지 말고'(사설 8.6)는 '박 대통령도 나몰라라 하지 말고'로 쓰면 어떨까? 'XX천국'은 너무 많다. '전남의 어획량은 2008년 5477t으로 '낙지천국'('귀하신 몸, 낙지~' 10.14)은 '낙지천지'로 쓰는 게 적절하지 않을까? 너무나 많이 포획됐으니 낙지에게는 '지옥'이었을 터이다.

　기자들의 글쓰기 습성 가운데 대표적인 오류는 자동사를 굳이 피동형으로 만들어 '일반화되다' '구체화되다' 식으로 쓰는 것이다. '화'란 어미 자체가 '될 화(化)' 자이니 '되다'란 말이 겹친다. 최현배 선생이 『우리 말본』에서 개탄했던 것처럼, 툭하면 '시키다'란 어미를 붙이는 것도 악습이다. '자극한다'를 괜히 '자극시킨다' 식으로 쓴다.

　'일반고 역량강화안 공청회~'(9.25) 기사에는 '슬럼화되고' '슬럼화시킨다' '고착화시킬' 등이 계속 등장한다. 심지어 '시민 편집인 시각'(9.27)에도 '빨간옷을 입으면 투자가 활성화된다니 대통령이 영험있는 무당이라도 된단 말인가'로 돼 있는데, 실은 '활성화한다니'로 원고를 보냈는데 누군가 바꿔놓았다.

　한자말 따위 외래어 중독에서 벗어나기 위해서는 순 우리말을 쓰는 데 더 과감해야 한다. 우리말은 처음에는 어색해 보여도 쓰다 보면 의미론적으로 제자리를 찾아가게 된다. 동아리, 새내기, 도우미, 걸림돌, 머리기사 같은 좋은 말들이 모두 그런 과정을 거쳐 탄생했다. 그렇다고 의미 전달이 1차 목표인 신문 글쓰기에서, 쓰는 이만 아는 순 우리말을 남발하는 건 무리다.

　그러나 지식인들이 칼럼에서 일상의 우리말을 인용할 때 굳이 거리를 둘 필요는 없다고 본다. '정치인 출신의 진영(장관)은 속된 말로 '더러워서 못하겠다'고 가출이라도 감행했지만'('진영은 무엇을 그렇게 잘못했나' 10.4)이라 썼는데, '더러워서 못하겠다'는 말에 꼭 '속된 말'이라는 낙인을 찍을 필요가 있을까?

'시쳇말로 박 대통령은 요즘 잘 나가고 있다'('경향의 눈' 8.20)는 표현도 거슬린다. '시쳇말'의 뜻은 '시체(時體)말', 곧 '그 시대에 유행하는 말'이라는 뜻이지만, 억지로 만든 말일 뿐 아니라 어감도 좋지 않다. 한자말에 밀려 한글, 특히 항간에서 쓰는 구어들이 비속어로 취급되는 풍경이 애처롭다.

1896년 창간된 〈독립신문〉을 보면 두 번 놀라게 된다. 유교·왕정시대에 너무나 당당하게 우리말을 살려 쓰고 있다는 사실에 놀라고, 한편으로 백여 년간 우리말이 얼마나 외래어에 중독되고 오염됐는지 놀란다. 한국 신문은 〈독립신문〉에서 배워야 한다. (경향 2013.10.17)

민주주의 질식시키는
'독한 말'들의 행진

'○○○ 상륙이 초읽기에 들어가면서 ○○○○가 속속 전투대형으로 전열을 재정비하고 있다.' 단어 두 개를 가리고 읽으면 전쟁 르포 같지만, '이케아'가 상륙하면서 국내 '가구업계'가 긴장하고 있다는 〈경향신문〉 기사의 첫 문장이다. 기사 제목도 '스웨덴 이케아 공습에 전운 감도는 가구업계'(3.6)이다.

이 기사에는 '작전' '상륙 지점' '대형 진지' '보급로 선점' 등 전쟁 용어뿐 아니라 '토털 인테리어 브랜드' '퍼니테인먼트' '제

품 라인업'에 '매장을 오픈했다' 등 조어법도 이상한 외래어까지
수없이 등장한다. 외래어 남발 문제는 다음 기회로 미루고 여기
서는 신문 언어의 공공성 문제를 집중해서 살펴보기로 한다.

전쟁 용어는 기사를 전쟁처럼 치열하고 박진감 있게 쓰려
는 의도인지는 몰라도 너무나 남발돼 폐해가 크다. '직격탄' '살
생부' '대학살' '진검 승부' 등 죽이지 않으면 죽어야 하는 살벌
한 전쟁의 언어가 정치·경제·사회 기사는 물론이고 문화·스포
츠 기사에도 넘쳐난다. 언어는 생각을 담는 그릇인데 이런 언어
가 난무하는 사회에 평화와 공존, 상생의 정신이 끼어들 여지가
있을까?

외국신문들도 전쟁 용어를 더러 쓴다. 특히 황색지들이 제
목을 선정적으로 달 때 자주 사용한다. 그러나 권위지가 우리
신문들처럼 전쟁 용어를 남발하는 것은 보지 못했다. 이런 차이
는 어디서 비롯된 걸까? 아마도 기자사회의 주류였던 한국 남
성의 군대 경험과 전쟁터처럼 치열한 삶의 현장, 그리고 살벌한
정치가 요인이 아니었을까 짐작해볼 따름이다.

신문 언어의 공공성 측면에서 특히 문제가 되는 것은 비민
주, 반노동자, 반생태, 서울중심, 성차별, 신체비하 혐의가 짙은
단어들이다.

선거철을 맞아 대거 등장하는 '텃밭' '표밭갈이' 같은 표현
은 국민을 정치의 주체가 아니라 객체로 여기는 비민주적 발상
에서 나온 것이고, 지역감정을 조장하는 말이다. 민주주의 시대
에 왕정이나 국가주의 시대 유물인 '시해' '진노' '석고대죄' '진
언' '하야' '대권' '통치' 같은 단어들이 문맥에 맞지 않게 사용되

는 사례도 허다하다. '시해'를 예로 들면, 경향신문 기사 '1970 박정희부터 선데이서울까지'(2013.10.5) 사진설명에는 '김재규가~ 현장검증에서 박정희 시해를 재현하고 있다'는 구절이 있다. '시해'는 '부모나 임금을 죽임'이라는 뜻인데, '박정희 시해'란 말이 온당한 표현일까?

대통령이 화내면 '진노했다'는 표현을 쓰는데 '진노'는 '존엄한 사람이 몹시 노했다'는 뜻이니 권위주의 냄새가 짙다. 경향신문 기사 '장성택 실각, 북·중관계에 어떤 영향?'(2013.12.10)에도 '장성택의 실각에 중국이 진노하고 있다는 말들도 나오고 있다'고 썼다.

'석고대죄'는 '거적을 깔고 엎드려서 임금의 처분을 기다리던 일'이다. 통합진보당 이정희 대표가 '박근혜 씨'라고 호칭하자 새누리당 홍지만 원내대변인은 "이 대표는 석고대죄해도 부족하다"고 일갈했는데, 거의 '주군'을 떠받드는 태도다.

'근로자'라는 단어에는 노동자에 대한 그릇된 인식이 들어 있다. '근로자(勤勞者)'는 '부지런히 일하는 사람'이라는 뜻이니 좀 쉬면서 일하면 안 되는 사람인가? '근로기준법'도 이름 자체가 잘못 지어졌다. 진보의 한 상징인물이 된 김상곤 전 경기도교육감마저 경기지사로 출마하며 '저임금근로자를 위한 생활임금 조례 추진'을 공약으로 내걸 정도이다. '부지런히 일해도 저임금을 받는다'는 심오한 뜻이 들어있는지는 몰라도 '저임금노동자'가 바른 이름이다.

'철밥통'이란 말도 보수세력이 이른바 '노동시장 유연화'를 추진할 때 등장한 반노동자적 표현이다. 지난해 12월 철도파업은 주목적이 '사영화' 저지에 있었는데도 보수언론은 예외 없이 '철밥통' 담론을 들고 나왔다. 더 많은 연봉을 받는 젊은 기자들이 중년 철도노동자의 6천만 원 연봉을 비난하는 근저에는 육체노동을 얕잡아보는 심리가 깔려 있다. 실업자와 비정규직이 1천만 명에 이르고 40~50대 퇴직자가 많은 노동환경을 고려할 때 '철밥통'은 고용안정을 위해 정부가 오히려 권장해야 할 일 아닌가?

'민영화'란 용어도 잘못 쓰이는 말 중 하나인데 '사영화'라 불러야 마땅하다. '민영화의 목적이 경쟁촉진에 있다'고 말하지만 공기업이 대재벌 계열사가 되어 독과점을 부추긴 사례가 많다. 영어로도 '사영화'(privatization)라 부르는 것을 '민영화'로 번역한 데는 '사영화'에 대한 거부감을 줄이려는 정부와 언론의 의도가 반영된 듯하다.

철도파업 때 최연혜 코레일 사장은 "회초리를 든 어머니의 찢어지는 마음으로 직위해제할 수밖에 없었다"고 하더니 "마지막 최후통첩을 내린다"며 파업 노동자들을 자극했다. 노사간을 부모자식간으로 본 것도 노동에 대한 인식 부족을 드러낸 거지만, '최후통첩'이라는 전쟁 용어를 쓴 것은 노동조합을 적으로 보는 노사관을 드러낸 것이라 하겠다.

최 사장은 노조간부 130명을 파면·해임하는 등 404명을 징계한 데 이어 단순 가담으로 직위해제된 8393명도 징계위원회에 회부해 책임을 묻기로 했다는 보도가 일제히 나왔는데, 〈경향〉은 어찌된 영문인지 당일 보도를 하지 않았다. 수백개 가정이 파괴되는 상황인데, 진보언론들은 심층보도를 통해 그들에게 관심을 기울여야 하지 않을까?

노조가 사용하는 언어에도 비민주성이 드러나는 때가 많다. 김명환 철도노조위원장은 지난해 12월 26일 전화를 통해 노조원들에게 "민영화 중단을 위한 총파업 투쟁 명령을 전달한다"고 말했다. "투쟁 명령을 전달한다"고 말하는 대신 "투쟁을 호소한다"고 말했더라면 더 호소력이 있지 않았을까?

대통령의 공식 발언은 정말 신중해야 한다. 그러지 않아도 '제왕적 권력'을 쥔 사람이 말을 절제하지 않으면 그 부작용이 엄청날 수밖에 없다. '통일은 대박'이라는 박근혜 대통령의 말은 천박한 물신주의를 그대로 드러낼 뿐 아니라 북한에는 흡수 통일을 떠올리게 해 남북관계 개선에도 도움이 안 된다. 박 대통령은 규제를 '쳐부술 원수'와 '암덩어리'로 규정하고, '사생결단하고 붙지 않으면' '천추의 한을 남긴다'고도 했다. 경제성장에 조바심을 내는 듯한 일련의 발언은 그 역효과가 매우 클 것으로 예상된다. 〈경향〉은 박 대통령의 말을 보수언론들보다 하루 늦은 13일치 신문에 조그맣게 묶어 보도하고 말 자체의 부작용을 지적하는 해설기사도 내보내지 않았다.

규제 중에는 풀어야 할 것도 있지만 상당수는 필요한 이유가 있다. 경제민주화와 복지확대 공약을 포기하고 규제 푸는 것 등을 뼈대로 하는 '줄푸세'로 전환하려면 선거 때 국민의 동의를 얻어야 했는데도, 대통령의 말 몇 마디에 '규제 폐기' 광풍이 불어닥친 것이다. 대통령 발언이 저렇게 강하면 정부부처들은 자율성을 잃고 무리한 조처를 내놓기 마련이다. 그린벨트 규제 완화는 역효과가 나타나는 신호다. 그린벨트는 박정희 대통령이 잘한 일 중 하나지만 딸이 아버지 청산에 나선 꼴이다.

독재는 말로부터 시작된다. 조지 오웰이 소설 『1984』에서 썼듯이 말을 제한하면 생각을 제한할 수 있고, 나아가 행동까지 지배할 수 있기 때문이다. 권력자들이 던지는 화두와 험악한 말 또한 말의 자유와 상상력을 옥죄는 경우가 많다. 〈경향신문〉이 잘못 사용되는 말의 부작용을 지적하고 말의 공공성을 회복하는 일에 앞장섰으면 한다. (경향 2014.3.13)

'살리기' 하는 것마다 죽이는 '정권의 말장난'

선전선동의 기법 중 '불온 딱지 붙이기'는 극우파가 상대 진영을 싸잡아 궁지로 몰아넣을 때 자주 쓰는 전래 수법이다. 선전선동가들은 툭하면 편을 가르고 자기 진영을 미화할 때는 역으로 '좋은 이름 붙이기' 수법을 동원한다.

1981년 봄 백령도에서도 산꼭대기 레이더기지에서 해군 장교로 복무하던 나에게 난데없이 훈장처럼 생긴 '국난극복기장'이란 것이 수여됐다. 신군부는 자기네가 정권을 잡을 때 저항한 사람은 '국난을 야기한' 자들이지만 나머지 군인·경찰은 모두 국난극복에 동참했다는 취지였다. 70만 병력이 졸지에 '쿠데타군' 편에 선 셈이다.

국난은 신군부의 범죄에서 비롯됐는데도 범죄행위를 '국 난극복'으로 반전시켰다는 점에서 수양대군이 자기 패거리에 게 내린 '정난공신' 훈호와 다를 바 없다. '정난'(靖難)은 '어려 움을 평안하게 했다'는 뜻이지만 애초 불안한 쪽은 역모를 꿈 꾼 자기들이었을 따름이다. 그런 전통은 '왕자의 난'을 일으켜 집권한 이방원 일당의 '정사공신' 책봉에 뿌리가 닿아 있다. '정 사'(定社)란 '사직을 바로잡았다'는 뜻이니 역시 자기중심적 '이름 붙이기' 수법이다.

'역사는 이긴 자의 기록'이라고들 하지만, 현실정치에서 자 기중심적 편가르기와 견강부회식 '이름 붙이기' 또는 '딱지 붙 이기'가 횡행하면 실질적 민주주의는 구현될 수 없다. 정당이 선거 때마다 정체성을 감추고 책임을 회피하기 위해 '신장개업' 하는 식이라면 선거는 민의를 참칭하는 한갓 수단이 되고 만다. 새누리당은 그럴듯한 작명과 함께 세계 진보정당들의 상징인 붉은색으로 로고까지 바꾸는 '혁신'을 했지만 결국 '이름 붙이 기' 수법에 불과했다.

도대체 이명박-박근혜로 이어지는 정권이 내세운 구호와 공약은 '명실상부', 곧 이름과 실제가 서로 부합하는 것을 찾기 힘들 정도가 됐다. 오히려 거꾸로 가는 정책에 이름만 그럴듯하 게 붙인 것이 열거하기 힘들 정도로 많다.

두 정권이 '살리기'를 하겠다고 나선 것 중에 '죽이기'가 되 어버린 게 많은 이유도 거기 있다. '4대강 살리기'가 대표적이 다. 그것은 '4대강 죽이기'로 판명 났고, 살판이 난 것은 녹조와 큰빗이끼벌레다.

박근혜 대통령이 입만 열면 하는 소리인 '경제 살리기'와 '민생'은 어떤가? 대통령이 당연히 해야 할 일이지만 정책방향이 잘못 잡히면 역시 '이름 붙이기'에 머물고 만다. 대선 당시 '줄푸세' 대신 경제민주화와 복지국가 공약을 내세웠지만, 오히려 서민증세와 규제 완화 등이 '경제 살리기'의 수단이 되어버렸다.

빈부격차가 극심한 사회에서 서민들의 가처분소득을 높여 줄 생각은 하지 않고, 강남의 재건축과 재정지출에 기대어 경기를 부양하겠다는 것은 지금까지도 많이 마셔온 우리 경제의 '독약'이 아닌가? 지금이라도 우리 경제를 진정으로 살리려면 경제민주화와 함께 복지지출을 늘리기 위한 증세를 해야 하고 국민을 설득하려면 엉뚱한 데 지출해온 재정운용의 책임을 물어야 한다. 이명박 전 대통령 등 '4대강 살리기' 주역들에 대한 단죄는 그 첫걸음이다.

황교안 법무부장관은 경제 살리기에 도움된다면 잘못한 기업인도 선처할 수 있다고 했는데, 그런 발언이야말로 '총수 리스크'를 가중시키고 건전한 기업인들을 싸잡아 욕 먹이는 짓이다. 경제부처장관이 그런 발언을 하더라도 견제하는 게 법무부장관의 책무일 터이다. 법무부의 영어 명칭은 'Ministry of Justice', 곧 '정의부'다. 그런데도 법무부 산하 검찰청은 정권을 위해 정의를 훼손하는 사례가 너무나 많았다.

박근혜 정권 들어 정부기관 중에서 '정명'(正名), 곧 '바른 이름'을 지키지 못하고 '오명'을 뒤집어쓴 곳이 많다. 규제를 수단으로 하는 부처인 환경부는 '4대강 죽이기' 사업에 손을 들어준 데 이어 청와대 규제개혁회의에서도 아무 소리 못하고 있다.

노동부는 살인적인 거액 손해배상 청구 등을 부추겨 노동자를 탄압하고, 교육부는 교원노조를 불법화하는가 하면 학부모들 지지로 당선된 교육감들의 작은 교육개혁 노력마저 제동을 건다.

KBS와 MBC는 '공영방송'의 가치를 저버리고 '정권방송'을 만들기로 작심을 했나? 박 대통령은 '방송 장악 않겠다'던 후보 시절 약속과 달리, 박정희 전 대통령을 찬양한 박효종·이인호 씨를 방송통신심의위원장과 KBS이사장에 임명했다.

아니나 다를까. 방송통신심의위원회는 제 구실 못하는 공영방송과 '막말 방송'을 일삼는 종합편성채널은 거의 방치해둔 채 그런대로 잘하고 있는 JTBC '뉴스9'과 CBS '김현정의 뉴스쇼'에 칼을 들이댔다. 이쯤 되면 '방송통신왜곡위원회'가 역할에 걸맞은 이름이다.

떳떳하지 못한 정권일수록 명실상부하지 못한 가짜 기구를 많이 만든다. 유신 때 만든 통일주체국민회의는 민주평화통일자문회의로 전통이 이어졌는데, 국민들은 그 기구가 통일에 어떤 역할을 했는지는 모르고 체육관에서 대통령을 뽑은 기구라는 오명으로만 기억한다. 유신헌법을 만들 때 '한국적 민주주의의 토착화'라는 구호를 내세웠는데 무슨 수식어가 붙는 민주주의는 독재의 다른 이름인 경우가 후진국 정치사에 많이 등장한다.

'민생'은 말 그대로 '사람을 살리는' 일인데 세월호 침몰 진상을 밝히려는 유족들마저 궁지로 몰아넣는 정부는 도대체 어떤 국민이 주인인 민주주의를 추구하나? 박 대통령 스스로 "언제든지 찾아오라"고 말해놓고 만나주지도 않는 건 무슨 경우인가?

극우단체의 '폭식투쟁'에 이어 '서북청년단'이 활동을 개시한 것도 박 대통령의 본심이 확인되고 뉴라이트 출신 인물들을 중용한 것과 무관하지 않다. 박 대통령은 국민의 정신에 영향을 미치는 조직의 기관장에 뉴라이트들을 유독 많이 기용했다. 앞서 박효종·이인호 씨 말고도 유영익 국사편찬위원장, 이배용 한국학중앙연구원장, 권희영 한국학대학원장 등이 그들이다.

'뉴라이트'라는 말도 실은 바른 작명이 아니다. 서구에서 'New Right'는 보통 우파성향의 민중주의자들을 일컫는데, 일본 제국주의와 독재체제를 경험한 한국에서 '뉴라이트'는 친일과 독재를 옹호하는 지식인들이 주도한다는 점에서 더 심각한 퇴영적 증상이라 할 수 있다. 추종세력은 극우파이고 인륜에 반하는 행동을 서슴지 않는다.

'톨레랑스', 곧 '관용'을 자랑하는 프랑스에서도 '게소 (Gayssot)법'에 따라 처벌하는데 우리 집권세력은 극우를 우군이라 생각하는 걸까, 수수방관 또는 조장해온 증거까지 드러났다. 천주교 정의평화위원회와 정의구현사제단에도 '종북' 올가미를 씌웠다. 정의구현사제단은 유신 시절부터 가장 치열하게 독재에 맞서온 민주주의 단체가 아닌가?

'비정상의 정상화'는 박근혜 정권이 내놓은 '말장난'의 결정판이다. 정상적인 것들을 수없이 비정상으로 바꾸면서 반대로 말한 것이다. 예를 들어 국정원 등 국가기관들이 선거에 개입하고 법원이 선거법 무죄 판결을 내리는 나라가 정상이면 서구의 모든 민주주의 국가들은 비정상인 나라들이다. 오죽하면 '비정상회담'이 웃기는 예능 프로그램으로 등장할까?

사회 한구석의 불평분자에 불과했던 극우파의 주장을 퍼뜨리는 데 결정적으로 기여한 게 종편방송에 대거 출연하는 극우 논객들이다. 이들에게 야단을 쳐야 진정한 보수이고 이들을 방송에서 배제해야 진정한 보수언론이라 할 수 있다. 우리는 극우파와 극우언론에도 '보수'라는 이름을 붙여 관용을 베푸는 문제가 있다.

보수당도 보수·진보정당이 양립한 유럽 국가들처럼 민주주의를 위해 꼭 필요한 존재다. 새누리당 안에도 합리적인 사람들이 꽤 있다. 그들이 진정한 보수의 가치를 지키는 데 목소리를 모을 것을 기대한다.

진보매체들도 직무유기 혐의가 있다. 일부 논객들은 박 대통령 집권 초 '신뢰와 원칙의 정치인' 운운하며 공약 실현 가능성을 별로 의심하지 않았다. 극우파가 말이라고 내뱉는 것들의 허구성과 위험성도 제대로 지적하지 못해왔다. 진보매체들이 선거 때마다 새누리당을 구제해준 조동원 씨를 크게 부각시킨 것도 의아했다. 그는 지켜지지 않을 공약을 설득력 있게 포장해 결과적으로 선거를 무의미하게 만든 선전선동가다. 새누리당이 표방한 '100% 대한민국'과 '국민행복시대'는 모두 거짓말이었고, 선거 때 조동원 씨가 이준석 씨를 내세워 띄운 '새바위'는 선거가 끝나자 해체됐다.

언론은 끊임없이 거짓을 기획하는 세력들을 응징해야 한

다. 언론이 조직과 정책에 '바른 이름'(正名)을 붙여주고, '바른 말'(正言)을 해야 민주주의가 숨쉴 수 있다. 정언은 조선시대 사간원에서 '바른 말'을 하는 사람이기도 했으니 오늘날의 언론인이다. 우리말이 정치판에서 이토록 오용돼 민주주의를 망치고 있으니 해마다 오는 한글날이지만 더욱 우울해진다. (경향 2014.10.9)

시민편집인에서 물러나며

전 시민편집인 이봉수입니다. 글로 의견을 내는 걸 많이 망설였습니다. 그러나 〈한겨레〉가 외부감시인인 시민편집인을 이런 식으로 내치는데 그냥 덮고 넘어간다면 〈한겨레〉의 미래를 위해 결코 바람직하지 않을 것이라는 강박감도 들었습니다. 망설이던 중 〈한겨레〉 '알림'을 보고 이건 아니다 싶어 글을 쓰기로 결심했습니다. '알림'은 '제도를 도입한 이후 시민편집인에게 확고한 독립적 위상을 부여해왔다'고 했습니다. 지금까지 세 명의 시민편집인이 단 1년 만에 그만두거나 편집간부와 충돌하면서 둘이나 계약된 임기를 채우지 못하고 중도하차 했는데 어디에 '확고한 독립적 위상'이 있었는지 모르겠습니다.

부끄럽지만 시민편집인 직을 수행하면서 겪은 수모에 대해서도 이제 고백함으로써 시민편집인 활동에 대한 내부의 이해를 구하고 시민편집인의 '진정한 독립적 위상'을 세우는 데 보탬이 되고자 합니다. 이는 후임자가 일할 여건을 위해 전임자가 해야 할 마지막 임무라고 생각합니다. 신문 지면에는 차마 쓸 수 없었던 마지막 당부도 드리고 싶습니다.

창간기념호는 내 칼럼이 '인상비평'의 한계를 크게 뛰어넘지 못했다'고 했습니다. 한국에서 '인상비평'은 '대충대충한 비평' 정도로 비하하는 뜻이겠지요. 십여 년간 하루 대여섯 시간씩 국내외 언론을 모니터링하면서 일지를 작성하고 스크랩한 방대한 자료를 바탕으로 쓴 57회 칼럼이 후배에 의해 한마디로 매도되는 '언어폭력' 앞에 망연자실했습니다.

설사 제 칼럼이 당신들이 낙인 찍은 대로 '인상비평'일지라도 매체비평에서 인상비평이 왜 중요한지부터 말하고 싶습니다. '인상비평'은 한국에서 잘못 쓰이는 말 중 하나입니다. 근대 문예비평사에서 인상비평은 판단비평이나 재단비평의 단점을 극복하기 위해 시작된 비평의 주요 영역입니다. 아나톨 프랑스, 월터 페이터 등이 확립한 인상비평의 개념은 다른 평가기준을 배제하고 텍스트(작품·신문)에서 받는 인상만을 기준으로 평가하는 겁니다.

외환위기 직후인 2000년, 나이 마흔일곱에 영국 유학을 떠난 것도 매체비평을 제대로 해보자는 각오를 했기 때문입니다. 나 스스로 사실상 삼성에 의해 기자를 그만두게 됐다는 회한을 갖기도 했지만 이 기회에 자본에 휘둘리는 미디어를 제대로 비평해보자는 거였습니다. 외환위기 전에 경제담당 논설위원이었고 위기를 전후해 경제부장이었으니 나도 죄인이었습니다. 위기의 주범이나 다름없는 보수언론의 행태, 정파적이고 삼성 눈치를 보는 〈한겨레〉에 한계를 느끼고, 한국언론 전체를 비판하기 위해 우리 가족의 밥줄이었던 〈한겨레〉를 떠났습니다.

경제보도를 비평하는 학위논문을 쓰면서도, 영국 체류 중 〈프레시안〉에 '이봉수의 미디어 동서횡단'을 쓰면서도, KBS 미디어비평 프로그램인 '미디어포커스' 자문위원을 하면서도 내가 매달린 것은 신문과 방송의 아웃풋, 곧 텍스트였습니다. 시민편집인으로서 편집국 내부통신망에 접속할 권한마저 포기한 채 내부 사정을 무시하고 철저히 독자의 견지에서 오로지 배달된 신문만으로 비평을 시도해온 것도 같은 맥락입니다.

　〈한겨레〉에 덧씌워진 '정파신문'의 이미지를 전적으로 보수세력의 오해와 악선전 때문이라고 할 수는 없을 겁니다. 일차로 〈한겨레〉 제작을 주도해온 편집부문 간부들이 가장 큰 책임감을 가져야 한다고 생각합니다. 몇몇 정치적 사건을 제보에 의존해 보도하다가 상당 부분 오보로 판명됐지만 제대로 사과하는 것을 보지 못했습니다. 사과에 왜 그리 인색한지 모르겠습니다. 몇 년간 시민편집인을 맡아온 나 또한 책임이 있음을 부인하지 않겠습니다. 〈한겨레〉에 큰 영향을 주는 데 실패했기 때문입니다.

　실은 시민편집인을 맡을 때 동시에 〈경향신문〉으로부터 비슷한 제의를 받았습니다. 처음에는 '한겨레맨'이라는 이미지를 희석시키고 미디어비평가로서 스스로 활동공간을 넓히기 위해 〈경향〉에 쓰는 것이 좋겠다도 생각했습니다. 내가 편집인의 설득에 넘어가 〈한겨레〉 시민편집인을 맡기로 한 뒤 첫 반응은 "미스 캐스팅"이었습니다. 편집인으로부터 전해 들은 건데, 나중에 편집국장을 하게 되는 편집국 간부가 '잘못 뽑았다'는 뜻으로 한 말이었습니다. 거부감이 높았으니 편집국 책임자가 된 뒤에도 조언을 수용할 의지가 별로 없었겠지요.

　언론사에 수많은 강연을 다니다 보니 참여 열기로 그 매체의 활력과 미래를 가늠해보는 버릇이 생겼습니다. '중도신문의 길' 등으로 주제가 조금씩 다르긴 했지만 〈한국일보〉〈경향신문〉 같은 곳에서는 둘 다 2백 명 가까운 사원들이 참석했고 자정이 넘도록 토론까지 했는데, 〈한겨레〉는 뭐랄까? 참여열기도 부족하고 오랜 기간 한 분야 선두주자로 군림해온 조직이 갖는 '현실 안주'와 '우리가 최고라는 지적 오만' 같은 분위기를 느꼈습니다. 위기를 자주 넘긴 탓인지 혁신에 대한 절박함도 후발 진보매체에 뒤진다고 느꼈습니다.

다른 편집국장으로부터는 시민편집인 칼럼을 비난하는 문자 메시지를 받기도 했습니다. 그날 모니터링 일지에는 메시지가 이렇게 기록돼 있네요. '옴부즈맨 칼럼마다 경향이 더 잘하니 편집국장 갈아야.' 내가 경향신문과 비교한 것이 많아야 두서너 차례일 텐데... 또 〈경향〉과 비교하면 왜 안 되는지 이해할 수 없었습니다. 〈한겨레〉에서 시민편집인 직무를 수행하는 것 자체에 근본적 회의를 느낀 사건이지만, 현직국장의 권위가 흔들릴 것을 고려해 아무에게도 말하지 않았습니다.

모니터링 일지를 쓰다 보면 너무나 많은 〈한겨레〉의 문제가 체크되는 게 실은 문제였습니다. 때로는 분노하기까지 했지만, 쓰고 싶은 대로 쓰면 〈한겨레〉 약점을 노출해 독자가 떨어져나가지 않을까? 어려운 여건을 뻔히 알면서 후배들을 이런 식으로 다그쳐야 하나? 측은지심이 들고 비판 대상인 기자와 데스크 얼굴이 떠오르기도 했습니다. 실명비판을 포기하고, 칼럼의 기조도 대개 대안을 제시하거나 〈한겨레〉가 왜 더 치열하게 이슈 파이팅을 하지 못하는가, 하는 식으로 썼던 것도 그 때문입니다.

그럼에도 지적받은 기자나 데스크가 수용하는 분위기는 높지 않았던 듯합니다. 초대 시민편집인이었던 홍세화 선배가 '시민편집인 칼럼은 알리바이용인가'라며 불만을 토했는데 이해가 가더군요. 시민편집인 견해가 반드시 옳지도 않고 전면 수용할 수도 없다는 점을 잘 압니다. 그러나 외부 목소리를 존중하려는 태도는 반드시 가져야 한다고 생각합니다.

57회 칼럼 중 절반은 '헛소리'라 치고 나머지 절반만이라도 수용했더라면 〈한겨레〉가 지금 수준에 머물지는 않을 거라고 저는 생각합니다. 외국 일류신문 사례를 들어가며 '오피니언면 강화하라' '사람면 강화하라' 등 숱하게 던진 제안들이 조중동에 의해 미리 실천되는 모습을 지켜보는 마음은 불편했습니다. 굼뜬 〈한겨레〉의 혁신속도를 바라보는 마음은 안타까웠습니다.

칼럼이 나가면 편집국 후배들이 전화를 걸어오기도 해 합리적인 지적은 두어 번 수용했지만 대부분 '섭섭하다'는 항의 또는 내부 사정을 늘어놓는 수준이었습니다. 편집위원회에서도 수용보다는 해명하고 비판하는 분위기가 꽤 있었다고 전해 들었습니다. 엘리베이터에서 만났을 때 인사조차 하지 않는 후배를 보면서, '내가 왜 이 악역을 계속해야 하나', 회의감이 밀려왔습니다. 비판문화가 그런대로 정착돼 있고 어느 정도 공사가 구분되는 미국에서도 내부를 향한 비판은 어렵다고 합니다. 〈뉴욕타임스〉 초대 시민편집인 대니얼 오크렌트도 "기자들의 싸늘한 시선이 무엇보다 견디기 힘들었다"고 토로했습니다.

'비평가'가 아니라 '메신저' 역할을 강조하는 쪽으로 〈뉴욕타임스〉 시민편집인 제도가 변질된 것도 그런 이유겠지요. 〈한겨레〉 편집간부들이 시민편집인 제도를 그런 쪽으로 개편하려고 시도한 것도 내 눈에는 누적된 불만의 표출로 보입니다. 독자의 반응을 편집국에 전달하는 일은 우리 시민편집인실도 해 왔지만 그것은 독자서비스국에서도 할 수 있는 일이라고 생각 합니다. 나아가 시민편집인실이 왜 편집국의 해명을 독자에게 전달하는 입 노릇을 중요한 임무로 삼아야 하는지 모르겠습니 다. 그런 일은 기자가 댓글에 답하거나 〈조선〉의 '취재 인사이 드'처럼 직접 쓰면 더 친절해 보이지 않을까요?

〈가디언〉 같은 신문에서는 논객들이 직접 자기 칼럼에 달 린 댓글에 답을 해주는 것을 자주 목격했습니다. 비판적 댓글을 단 독자라도 세계적 명성이 있는 논객의 친절한 반응에 얼마나 감격하겠습니까? 시민편집인 면에서 〈한겨레〉도 그렇게 해보 자고 제안했으나 실천하는 〈한겨레〉 논객은 보지 못했습니다. 일반 독자와 소통하는 일은 뒷전이고 같은 진영의 지식인들로 부터 "오늘 칼럼 잘 읽었다"는 전화를 받고 뿌듯해하는 게 나를 포함한 〈한겨레〉 필진의 일상은 아니었는지 반성해봅니다.

사외이사는 회사 밖에 있어야 존재가치가 있듯이 시민편 집인은 철저히 시민의 편에서 '싫은 소리' 하는 일을 떠맡아야 한다고 생각합니다. 내부 구성원이 아니라 외부 사람들 얘기와 독자 반응을 토대로 내부의 잘잘못을 따지는 게 시민편집인의 주 임무라고 생각합니다. 그동안 성과를 '인상비평'이라 매도 하고 〈뉴욕타임스〉가 하니 우리도 그래야 한다고 주장하는 것 이야말로 현실을 무시한 사대적 발상이라고 생각합니다. 〈뉴욕 타임스〉는 1주일에 독자편지 1천2백 통이 전 세계에서 밀려드 는 신문입니다. 그러니까 독자편지를 활용할 가치가 있었을 겁 니다.

사실 〈한겨레〉 시민편집인 직무에 환멸마저 느끼게 된 계기는 정치부 고참기자가 쓴 내부 메모였습니다. 같은 사무실을 쓰는 심의실에서 시민편집인에 관한 문제이니 참고하라고 전해줘서 알게 된 겁니다. 1월 칼럼으로 '패배한 검투사를 죽이지 않는 이유'를 썼는데, 문재인의 패배에 대한 민주당 내부의 가학적 비판에 문제를 제기하고 〈한겨레〉 보도의 문제도 아울러 지적한 것이었습니다. 이에 정치부 메모는 '정권교체에 한겨레도 잘못한 게 있다는 논지를 도저히 받아들일 수 없고' '그게 바로 진영논리'이며 '그의 지적은 평소 친노골수들에게 듣던 이야기'라고 일축했습니다.

친노와 아무 관련 없는 사람의 주장을 그렇게 한 마디로 매도할 수 있는지 참 어처구니없었습니다. 진영논리에 빠져들지 말고 진보의 가치 중심으로 논조를 펴야 한다는 게 내 일관된 주장이었습니다. 옳은 주장이라면 '친노'의 입에서 나오면 어떻고, 민노총·통진당, 아니 김정은의 입에서 나온 말이면 어떻습니까?

세계의 권위지들은 추구하는 가치를 천명하고 그에 따라 논조를 펴왔습니다. 정당의 정체성이 마음에 들지 않으면 가혹한 비판자로 변신하고 지지정당이 바뀌기도 합니다. 가치 중심의 보도는 미약한 진보정당을 키우는 자양분입니다. 세계에서도 유례없는 국민주 신문 〈한겨레〉가 창간 초부터 그런 원칙을 지켰더라면, 우파도 인정하는 〈가디언〉의 신화가 왜 먼 나라 얘기겠습니까? 〈한겨레〉는 선거 때마다 야당표 분산을 걱정해 왔습니다. 수구정당을 견제하려는 목적이 앞선 때문이겠지만 진보정치의 싹을 분질러온 역사 또한 부인할 수 없다고 생각합니다.

정치부 기자가 문제 삼은 칼럼은 민주당 책임론도 필요하다는 전제를 달고 쓴 것이었습니다. 책임론을 거론하는 사람들의 책임도 물어야 한다고 생각합니다. 그 칼럼은 '이 시점에서 진보언론이 역점을 둬야 할 부분은 야당에 대한 가학이 아니라 출범 전부터 권위주의 정권의 면모를 드러내는 여당의 오만을 제대로 견제하는 것'이라고 썼습니다. 한국 언론에 유난한 초기 권력과의 '허니문 기간'을 경계하는 글이기도 했습니다.

숱한 실정으로 이어진 이명박 정부의 오만은 어디서 비롯된 겁니까? 한국 사회가 수구로 더 퇴행하고 이명박보다 더한 박근혜 정부의 독선은 어디에서 비롯된 겁니까? 집권 초기부터 그것을 부추기는 보수언론과 제대로 견제하지 못하는 진보언론, 특히 〈한겨레〉 책임도 크다고 생각합니다. 내 모니터링 일지를 검색해보니 그 정치부 기자는 이명박이 집권했을 때 '이명박 당선자를 도와야 한다'는 제목의 칼럼을 썼습니다. 박근혜가 집권했을 때 '박근혜를 지켜라'라고 썼습니다.

물론 박근혜 주변 기득권 세력이 새 정부를 수구 쪽으로 견인하려는 시도를 차단하려는 의도로 쓴 칼럼임을 모르지 않습니다. 그는 눈에 띄게 노력하는 기자이고 칼럼들 중에는 선견지명이 있어 보이는 탁월한 것도 많습니다. 그러나 앞서 언급한 칼럼에서 '박근혜는 '원칙과 신뢰'의 정치인'이라고 쓴 대목은 오해의 소지가 있습니다. 주변 사람들이 문제가 아니라 박근혜 야말로 몸통이 아닙니까? '복지공약 갈등을 둘러싸고 박근혜와 다수 국민들은 같은 편'이라고요? 동의할 수 없습니다.

　NLL과 국정원 사건, 북한에 대한 그녀의 태도를 보십시오. 무원칙과 불신의 정치인이 아닙니까? 원칙은 자신에게 유리할 때만 지키고, 신뢰는 윤창중·남재준 같은 사람만 무한신뢰하는 스타일 아닙니까?

　물론 〈한겨레〉 정치부는 잇따른 특종보도로 선거 이후 대단한 성과를 거뒀지만 진보진영에 실망을 주는 보도도 꽤 체크됐습니다. 올해 창간기념호에서도 신뢰도 1위 신문임을 자랑했습니다. 그럴 만한 자격도 있습니다. 그러나 내부적으로는, 〈한겨레〉에 대한 혐오도 또한 높다는 사실에 유념했으면 합니다. 〈한겨레〉와 비교할 수는 없지만, 미국 민주주의를 망치고 있는 루퍼트 머독의 〈폭스뉴스〉는 신뢰도뿐 아니라 '믿지 못하는 신문'에서도 1위입니다.

　진보성과 대중성은 상반된다는 생각을 하는 이도 있는 것 같습니다. 그러나 〈가디언〉이 대중성을 획득하기 위해 정체성을 포기했다는 말을 들은 적이 없습니다. 〈가디언〉의 '일'(Work)은 노동과 일터 문제를 다루지만 독자들이 즐겨 읽는 섹션입니다. 〈한겨레〉 문화면에도 인디밴드 같은 동아리 얘기도 좋지만 조용필과 이미자도 좀 더 비중 있게 다뤄지길 기대합니다. 대중이 소비하는 문화나 스포츠 행사 같은 메가이벤트를 진보적 관점에서 해석하는 기사는 고급지일수록 자주 등장합니다. 그렇다고 '진보강박증'에 얽매일 필요는 없습니다. 반대로 '균형강박증'에 사로잡힐 필요도 없습니다. 유럽에 갖다 놓으면 중도신문이라 할 수 있는 〈한겨레〉를 진보 쪽에 치우쳤다고 비판하는 사람은 영원히 〈한겨레〉를 구독하지 않을 사람입니다.

외부 비판에도 귀를 열었으면 합니다. 열린편집위원회를 구성한 것도 그런 시도겠지요. 더 중요한 것은 실천입니다. 위원회는 어차피 충돌하는 가치의 경연장일 뿐입니다. 내부에서 정체성을 확립하고 〈한겨레〉를 밀고 나갈 동력을 찾으십시오. 실패란 실력이 부족해서가 아니라 실천력이 부족한 데서 비롯된다고 했습니다. 주인 없는 신문의 나태 대신 '모두가 주인인 신문'의 주인의식을 찾기 바랍니다.

바깥에서 지켜보는 저도 약이 오르고 하고 싶은 말도 너무나 많지만, 시민편집인 영역을 넘어서는 사안은 입을 닥치겠습니다. '말을 하면 이해가 되고 말을 안 하면 오해가 된다'는 말도 있어 쓰다 보니 길어졌습니다. 이 글로 새로운 오해가 생기지 않기를 바랍니다. 마음 상한 사람이 있다면 사과 드립니다. 그동안 수집한 자료가 아까워서도 어느 매체에서든 비평활동을 이어가겠지만 마음의 고향이었던 〈한겨레〉를 떠나는 것은 너무나 아쉽습니다. 시민편집인 활동을 지지해준 분들께 감사와 작별의 말씀을 올립니다.

2013. 7. 9. 이봉수 드림